HISTOIRE ILLUSTRÉE

DU

SECOND EMPIRE

COULOMMIERS. — TYPOGRAPHIE PAUL BRODARD.

HISTOIRE ILLUSTRÉE

DU

SECOND EMPIRE

PAR

TAXILE DELORD

Membre de l'Assemblée nationale

TOME CINQUIÈME

AVEC 67 GRAVURES DANS LE TEXTE

Têtes de chapitre et culs-de-lampe.

NOUVELLE ÉDITION

PARIS
LIBRAIRIE GERMER BAILLIÈRE ET Cie
108, BOULEVARD SAINT-GERMAIN, 108
Au coin de la rue Hautefeuille

Tous droits réservés

HISTOIRE DU SECOND EMPIRE

CHAPITRE PREMIER

LE 19 JANVIER

Procès du café de la Renaissance. — Condamnation des prévenus. — M. J. Favre est nommé membre de l'Académie française. — La lettre du 19 janvier. — Le ministère de l'Instruction publique est offert à M. Emile Ollivier. — Remplacement de l'adresse par le droit d'interpellation. — Les ministres devant le Sénat et le Corps législatif. — Lois nouvelles sur la presse et le droit de réunion. — Rétablissement de la tribune au Corps législatif. — Changement de ministère.
La question du Luxembourg. — Son origine. — Négociations entre les cabinets de La Haye et de Paris. — Incertitude générale. — Emotion causée en Allemagne par la nouvelle de la cession. — M. de Moustier pose la question de paix ou de guerre. — Inconséquence du gouvernement impérial. — Position fâcheuse dans laquelle il est placé. — Il cherche à calmer l'inquiétude générale. — Les journaux bonapartistes poussent à la guerre. — M. de Bismarck consent à la neutralisation du Luxembourg.

La police surveillait depuis 1864 un certain nombre d'étudiants qui se réunissaient au café de la Renaissance; elle en avait arrêté plusieurs le 7 novembre précédent. Les visites domiciliaires amenèrent la découverte chez ces jeunes gens d'écrits et de correspondances témoignant de leurs opinions exaltées. L'avocat impérial, dans son réquisitoire, cita principalement un passage d'une brochure de Félix Pyat relatif à une démonstration faite par les étudiants le 21 janvier de l'année précédente à la chapelle expiatoire de Louis XVI : « L'insulte au tyran mort est une menace au tyran vivant !... Allons donc, assez de politique expectative, il faut agir! Jeunesse est synonyme d'action. Ils n'allaient pas à Liège, vos pères, ils campaient à Saint-Méry ! »

Ces saisies appelèrent sur les bancs de la 6ᵉ chambre du tribunal correctionnel, présidé par M. Delesvaux, vingt personnes inculpées du délit de société secrète, parmi lesquelles M. Protot [1] et M. Tridon [2], avocats, des étudiants en médecine, un sculpteur, un élève de l'École centrale, un étudiant en droit, deux ou trois ouvriers et des employés. Neuf d'entre eux comparurent en état d'arrestation; les autres étaient libres. M. Protot n'étant pas présent, le tribunal prononça défaut contre lui. M. Tridon et trois autres prévenus avaient choisi pour défenseur un avocat de Bruxelles; l'autorisation de communiquer avec cet avocat leur ayant été refusée, ils firent défaut. Le maximum de la condamnation encourue par les prévenus ne dépassa pas six mois de prison.

Ce procès passa presque inaperçu; l'attention publique se reportait en ce moment avec une vivacité particulière sur la candidature de M. Jules Favre à l'Académie française. Personne ne contestait ses titres ; mais ses amis politiques étaient divisés sur la convenance qu'il y avait pour lui à les faire valoir. Le *Siècle* et l'*Avenir national* engagèrent à ce sujet une polémique assez vive; l'un approuvait fort une candidature dans laquelle il voyait la preuve de la réconciliation de l'Académie avec la démocratie; l'autre la repoussait comme une cause d'humiliation pour le candidat obligé de se présenter en solliciteur chez des gens qui ne seraient sans doute pas fâchés de savoir comment un démocrate courbe l'échine. L'*Avenir national* ne comprenait pas qu'un homme comme M. Jules Favre pût adresser une sollicitation quelconque à un homme comme M. de Falloux. L'Académie française, ajoutait-il, par son origine, ses traditions, sa composition actuelle, n'est et ne peut être que l'adversaire de la démocratrie. Béranger l'avait bien senti, et c'est la raison qui l'empêcha de s'y présenter. Si, au lieu d'être composée comme elle l'est, l'Académie ne comptait dans ses rangs que des libres penseurs, les écrivains religieux se présenteraient-ils à leurs suffrages? M. Jules Favre persévéra néanmoins dans sa candidature, et il fut nommé. L'Académie s'enrichit d'un grand orateur de la tribune et du barreau, au moment où elle

---

1. Délégué à la justice sous la Commune.
2. Membre de la Commune.

perdait un des plus grands orateurs de la chaire universitaire. M. Victor Cousin venait de mourir à Cannes, et son corps, ramené à Paris, fut porté le 26 janvier au cimetière de l'Est. Quatre orateurs prirent la parole devant sa tombe; ils glorifièrent à juste titre le professeur éloquent, le grand écrivain, le ministre qui avait rendu des services signalés à l'enseignement; ils oublièrent le philosophe.

Mais ces événements, qui avaient précédé ou suivi de quelques jours la lettre inopinément adressée le 19 janvier par l'Empereur à M. Rouher, pâlirent devant ce manifeste, dont l'explication exige que nous fassions quelques pas en arrière.

La mort de M. de Morny avait brusquement interrompu les tentatives de M. Émile Ollivier pour former à la Chambre un parti d'opposition dynastique, capable d'entraîner le gouvernement dans des voies plus libérales que celles où il avait marché jusqu'à ce jour. M. Rouher, qui ménageait beaucoup M. de Morny, feignit de se rallier à ses vues et de s'associer aux combinaisons de M. Émille Ollivier; mais, après sa mort, il se rattacha plus étroitement au parti de la résistance.

La majorité, en dehors du groupe fort nombreux de fanatiques qu'on désignait sous le nom de « Mamelucks », comprenait un certain nombre de députés qu'on pouvait diviser en deux catégories : la première, composée de gens bienveillants, distingués, comme MM. Segris, Larrabure, Louvet, n'approuvant pas toujours la politique du gouvernement, mais n'osant pas la combattre; la seconde, formée d'individualités décidées à obtenir des concessions libérales de l'Empereur, mais indécises sur les moyens les plus propres à atteindre ce but : MM. Buffet, d'Andelarre, de Talhouët, Lambrecht, Brame, Chevandier de Valdrôme, de Grammont, Plichon, de Janzé, Maurice Richard, de Chambrun, figuraient dans ce groupe, dont M. Latour du Moulin, ancien chef de division au ministère de la police, était un des membres les plus actifs.

Ces deux groupes, improprement appelés tiers parti, puisqu'ils ne se tenaient pas à une égale distance entre la droite et la gauche, et qu'ils n'agissaient pas d'ailleurs en commun dans toutes les circonstances, représentaient assez exactement une sorte de centre droit en deux branches se rapprochant l'un de la droite, l'autre du centre gauche, si le centre gauche eût existé. La fraction qu'on décorait du nom de tiers parti n'était donc, en réalité, que l'union momentanée de deux groupes de la Chambre, pour faire une campagne après laquelle la séparation devait avoir lieu.

M. Émile Ollivier, reçu par l'Empereur et par l'Impératrice dès l'année 1865, avait pris une part active à l'éclosion de l'amendement des quarante-deux, dont les signataires, mécontents de voir le discours d'ouverture de la session de 1866 écarter indéfiniment tout espoir de nouvelles mesures libérales, résolurent de forcer en quelque sorte la main à l'Empereur. MM. de Janzé et Maurice Richard, assurés de l'adhésion de MM. Brame, de Chambrun, Lambrecht et Chevandier de Valdrôme à leur politique de revendication, réclamèrent celle de M. Émile Ollivier. Il s'agissait d'obtenir, par une nouvelle édition de l'amendement des quarante-deux, la fixation d'un minimum de droits indispensables à l'exercice de la liberté; c'était la théorie des *libertés nécessaires*, revue et corrigée par le tiers parti.

M. Émile Ollivier consentit à entrer dans cette coalition. Les rôles furent distribués aux orateurs; M. Buffet, prié par ses amis de soutenir l'amendement, hésitait à s'en charger, sous prétexte qu'il n'était habitué qu'aux discours d'affaires; il finit pourtant par céder. M. Émile Ollivier se réservait pour la réplique. Il rédigea en outre l'amendement qu'il ne signa pas, afin de ne point éveiller des susceptibilités; on convint ensuite que tous les signataires de l'amendement se succéderaient à la tribune jusqu'à ce que M. Rouher eût répondu. On se rappelle le sort de cet amendement dans la session précédente, et la mésaventure de M. Émile Ollivier qui devait le défendre; vainement essaya-t-il de renvoyer sa réplique au lendemain. Il lui fallut, de par la majorité, parler tout de suite et prouver que l'amendement n'avait nullement pour but de faire sortir le gouvernement de la Constitution de 1852, ni de le faire rentrer dans le régime parlementaire, mais de « fonder la dynastie sur un roc ». L'amendement n'en fut pas moins repoussé, quoiqu'une partie de la gauche eut voté pour lui; un seul des signataires, M. Brutus Cazelles, se démentit au scrutin. *Tu quoque, Brute*, lui avait dit l'Empereur.

Le tiers parti ne fit pas de nouvelle tentative pendant la dernière session; mais M. Walewski avait, s'il est permis de s'exprimer ainsi, pris la suite des affaires de M. de Morny en ce qui concerne la fondation de l'Empire libéral. M. Émile Ollivier lui semblait aussi, comme à son prédécesseur, le seul homme capable de faire réussir cette grande entreprise; il s'en était ouvert à lui, et M. Émille Ollivier, tenu au courant par M. Walewski des intentions secrètes du chef de l'État, savait dès la fin de l'année 1866 que l'Empereur, convaincu de la nécessité de reconquérir à l'intérieur une partie du prestige que les affaires extérieures

Fig. 1. — Le président Delesvaux à la 6ᵉ chambre du tribunal correctionnel.

venaient de lui faire perdre, avait décidé, au milieu des fêtes de Compiègne, l'adoption de quelques mesures qu'il appelait libérales, entre autres la réduction du ministère d'État à ses anciennes attributions, le remplacement de l'adresse par le droit d'interpellation, et la subordination de la suppression des journaux à un jugement du Conseil d'État. M. Émile Ollivier consentirait-il à se charger de la défense de ces mesures devant la Chambre? L'Empereur lui offrait dans ce cas le portefeuille de l'instruction publique et la délégation générale à la Chambre en qualité d'orateur du gouvernement.

Les premiers jours de janvier 1867 se passèrent en réflexions et en hésitations de sa part; quelque grande que pût être son impatience d'arriver au pouvoir, il comprit qu'il ne pouvait sacrifier son passé à un programme si restreint de réformes, et, dans une audience qu'il eut de l'Empereur le 10 janvier, il lui fit agréer son refus du ministère. L'Empereur voulut pourtant qu'il causât avec M. Rouher des détails de l'exécution des mesures projetées. M. Émile Ollivier, en sortant de cette audience qu'il a racontée avec beaucoup de complaisance [1], crut avoir rendu la liberté à son pays et transmit notes sur notes à l'Empereur. M. Rouher n'écrivait pas, mais il voyait tous les jours Napoléon III, et les hésitations impériales renaissaient à chaque visite de son ministre. Les réponses à M. Émile Ollivier devenaient de plus en plus rares, et celui-ci, rempli d'inquiétudes, redoublait vainement de communications aux Tuileries; le 18, il écrivit à l'Empereur une dernière lettre presque désespérée; le 20 parut enfin au *Moniteur* la lettre impériale datée du 19 janvier.

« Depuis quelques années, disait Napoléon III, triomphant enfin de M. Rouher et de lui-même, on se demande si les institutions impériales ont atteint leur limite de perfectionnement, ou si de nouvelles améliorations doivent être réalisées; de là naît une incertitude regrettable qu'il faut faire cesser. Le ministre d'État a jusqu'ici lutté avec courage pour repousser au nom de l'Empereur les demandes inopportunes et pour lui laisser le soin d'opérer les réformes utiles lorsque le moment en serait venu; cette lutte va cesser, car l'heure a sonné de donner aux institutions de l'Empire tout le développement qu'elles comportent, et aux libertés publiques une extension nouvelle sans compromettre le pouvoir que le pays a confié à l'Empereur. »

La lettre annonçait donc d'importantes réformes qui commençaient

---

1. Voyez le *19 Janvier*.

malheureusement par la suppression de l'adresse. L'Empereur lui reprochait de « n'avoir pas amené les résultats qu'on devait en attendre ; « d'avoir plus d'une fois inutilement passionné l'opinion, donné lieu à « des débats stériles et fait perdre un temps précieux pour les affaires ; « enfin de tendre de plus en plus à s'écarter du cadre tracé par le dis- « cours de la couronne, auquel il s'agissait de répondre, et, faute de « base précise, de sujet bien déterminé, de s'égarer dans la région « vague des théories et des idées abstraites ». L'Empereur croyait donc devoir remplacer l'adresse par le droit d'interpellation sagement réglé. Sur l'avis favorable de deux bureaux sur cinq au Sénat et de quatre sur neuf au Corps législatif, il serait donné suite à une demande d'interpellation signée par cinq membres de la Chambre ; celle-ci formulerait ensuite son opinion par l'ordre du jour pur et simple si elle trouvait l'interpellation mal fondée, ou par le renvoi au ministre compétent si la question qui en faisait l'objet méritait à ses yeux l'attention du gouvernement. Tout ordre du jour ou renvoi motivé était complètement interdit.

Chaque ministre pourrait à l'avenir, par une délégation spéciale de l'Empereur, être chargé de représenter le gouvernement devant le Sénat et devant le Corps législatif dans la discussion des affaires et des projets de lois. Mais, si la substitution de l'interpellation à l'adresse rendait en quelque sorte cette disposition indispensable, elle ne s'écartait pas, l'Empereur le faisait remarquer avec soin, des termes de la Constitution, puisque les ministres n'intervenaient que comme délégués du chef de l'État, qu'ils n'étaient responsables que chacun en ce qui le concerne des actes du gouvernement, et qu'ils ne pouvaient pas être membres du Corps législatif. Les réformes, du reste, ne devaient pas se borner à la suppression de l'adresse : deux lois seraient bientôt proposées au Corps législatif, l'une pour attribuer exclusivement aux tribunaux correctionnels l'appréciation des délits de presse, l'autre pour régler le droit de réunion. La lettre se terminait ainsi :

« J'ai dit, l'année dernière, que mon gouvernement voulait marcher sur un sol affermi capable de soutenir le pouvoir et la liberté. Par les mesures que je viens d'indiquer, mes paroles se réalisent : je n'ébranle pas le sol que quinze années de calme et de prospérité ont raffermi. Je le consolide davantage en rendant mes rapports plus intimes avec les grands pouvoirs publics, en assurant par la loi aux citoyens des garanties nouvelles, en achevant enfin le couronnement de l'édifice élevé par la volonté nationale. »

La France libérale était loin d'adopter ces conclusions, et de considérer les réformes du 19 janvier comme le couronnement de l'édifice.

Fig. 2. — M. Émile Ollivier.

Le droit d'interpellation, réglementé par le décret, se bornait en définitive à une sorte de droit de recevoir des pétitions accordé sous certaines réserves au Corps législatif; ce droit d'interpellation entravé en outre par des restrictions considérables, et mis à la discrétion des bureaux, remplaçait mal la libre discussion de l'adresse, au moyen de laquelle on pouvait passer en revue la situation morale et matérielle du pays. L'opinion publique accusa le gouvernement de supprimer l'adresse pour échapper à une discussion rétrospective de sa politique extérieure. Le *Moniteur* fut obligé de déclarer que toute interpellation sur ce sujet serait acceptée.

Le retour de la presse au droit commun était sans doute une amélioration, mais l'exemple de tous les pays libres, l'opinion de tous les publicistes s'accordent à montrer dans le jury la seule juridiction qui assure à la fois la protection de la société contre les délits de presse, et celle de la presse contre les hostilités du pouvoir. Les journaux cependant, à défaut de jury, acceptèrent pour la plupart avec une certaine satisfaction les juges ordinaires, préférant avec raison leur périlleuse sévérité à la tutelle du pouvoir.

La publication de la lettre et du décret du 19 janvier semblait rendre indispensable une modification dans le cabinet. M. Denière, ancien président du Tribunal de commerce de Paris, M. Devienne, premier président de la Cour impériale, M. Pinard, ancien procureur général, alors conseiller d'État, le maréchal Niel, M. de Persigny, M. Buffet, M. Walewski, M. Emile Ollivier, tels étaient les divers personnages cités comme devant faire partie du nouveau ministère. La dissolution du Corps législatif et un nouvel appel au pays paraissaient être également dans les nécessités de la situation; cette mesure était décidée, disait-on, sauf à prendre les précautions nécessaires pour que tous ces événements s'accomplissent sans mettre en péril la dynastie; on ne disait pas précisément en quoi consistaient ces précautions, mais on annonçait tout bas le départ du prince Napoléon pour l'Amérique.

Les journaux bonapartistes affectaient de témoigner de grandes craintes sur l'avenir; depuis que le décret du 19 janvier avait, selon eux, si complètement changé la condition des pouvoirs de 1852, ils feignaient de redouter une trop grande concentration d'influence entre les mains du Corps législatif, et ils se demandaient en tremblant s'il n'y aurait pas quelque chose à faire pour éviter le choc trop brusque entre l'assemblée issue du suffrage universel et le souverain. Le secret de ces feintes alarmes fut bientôt trahi par le sénatus-consulte du 14 février donnant au Sénat le droit d'examiner non seulement la constitutionnalité, mais la valeur même des lois, et de décider par une résolution motivée qu'une loi serait soumise à une nouvelle délibération du Corps législatif, laquelle ne pourrait avoir lieu que dans la session suivante, à moins que le Sénat n'en déclarât l'urgence. Le Corps législatif ayant adopté sans changement la loi après une seconde délibération, le Sénat n'avait plus à délibérer que sur la question constitutionnelle. C'était la participation du Sénat au pouvoir législatif si souvent réclamée par M. de Boissy, malgré les rappels à l'ordre et au respect de la Constitution réitérés de M. Troplong. M. de Boissy était mort malheureusement, mais peut-être le sénatus-consulte n'eût-il pas comblé tous ses vœux, car le Sénat n'avait qu'un *veto* temporaire sans le droit d'amendement.

L'Empereur, pour contrebalancer le fâcheux effet de l'augmentation d'attributions d'un corps aussi dépendant du pouvoir que le Sénat, fit une grande concession au parlementarisme. Il était plus de minuit; le président du Corps législatif allait se mettre au lit, lorsqu'on vint lui remettre une dépêche très pressée, arrivée à l'instant même des Tuileries. M. Walewski, ému, se hâte de déchirer l'enveloppe et d'ouvrir le pli; il contenait l'ordre de rétablir la tribune. L'Empereur, on se le rappelle, l'avait fait démolir sous ses yeux, lorsque, quelques jours après le coup d'État, il vint visiter le Palais-Bourbon. Les ouvriers, appelés à la hâte, travaillèrent dès le lendemain à cette restauration, terminée le 14 février, jour de l'ouverture de la session législative.

Les membres du ministère, à la suite du conseil où l'Empereur leur fit brusquement part de la lettre et du décret du 19 janvier, auxquels ils étaient bien loin de s'attendre, donnèrent-ils leur démission ou bien cette démission leur fut-elle demandée? Ce qui est sûr, c'est que les portefeuilles de la guerre, de la marine, des finances, des travaux publics, passèrent des mains du maréchal Randon, de M. de Chasseloup-Laubat, de M. Fould et de M. Béhic dans celles du maréchal Niel, de l'amiral Rigault de Genouilly et de M. Forcade de La Roquette. M. Rouher joignit au fardeau du ministère d'État celui du ministère des finances. Il n'avait connu, comme tous ses collègues, le décret du 19 janvier qu'après que l'Empereur l'eut signé; mais le maintien entre ses mains du ministère d'État sans perte d'attributions et l'adjonction du ministère des finances compensaient cette légère contrariété.

Restait à formuler les lois annoncées dans la lettre du 19 janvier.

L'Empereur invita M. Rouher à s'entretenir à ce sujet avec M. Émile Olivier. « Entre gens du métier, dit-il, vous vous entendrez bien vite. » M. Rouher se serait volontiers dispensé d'obéir à cette invitation ; mais, comptant sur le temps et sur son habileté pour se débarrasser de son rival, il s'empressa de demander à M. Émile Ollivier une entrevue, qui eut lieu le 23 janvier au ministère d'Etat, et M. Rouher, convaincu, disait-il, qu'il n'est pas bon de ruser avec l'opinion et qu'il faut lui accorder plus qu'elle ne demande, promit à son interlocuteur de se conformer à ses idées dans l'application du programme du 19 janvier.

Mais ces réformes étaient loin de répondre à toutes les difficultés de la situation. Napoléon III, déçu dans l'espoir de se poser en arbitre suprême de la paix et de dicter ses conditions à l'Autriche et à la Prusse, sentait, après les agrandissements de cette dernière puissance, combien il importait au maintien de son prestige qu'il obtînt des compensations équivalentes. Mais on a vu qu'il n'avait rien à attendre de ce côté, et qu'il n'était pas prêt à faire la guerre. Les vieux bonapartistes blâmaient énergiquement la politique impériale ; la vieille école se lavait les mains de l'échec subi, la nouvelle école en était atterrée ; l'opposition, chaque jour plus forte, en profitait pour attaquer l'Empire. M. Thiers, se faisant le défenseur de ces traités de Vienne pour lesquels il se montre si sévère dans son histoire, conseillait au gouvernement de respecter le *statu quo* en Allemagne, en veillant rigoureusement à ce qu'il n'y fût apporté aucun changement ; avertissement tardif. M. de Bismarck publia le 19 mars, cinq jours après le discours prononcé par M. Thiers, le texte des traités d'alliance conclus depuis sept mois entre la Prusse et les Etats du Sud. C'était une réponse à la sommation de ne pas aller plus loin, faite par M. Thiers à l'Allemagne. La publication de ces traités fut accueillie avec satisfaction par l'opinion publique de l'autre côté du Rhin. Elle trouva bientôt une occasion nouvelle de se manifester au parlement du Nord à propos d'une discussion sur la cession du Luxembourg à la France. « Les obstacles s'aplaniront d'eux-mêmes, si l'étranger veut profiter de nos querelles intérieures pour modifier la situation à l'égard de l'Allemagne, dit un député ; montrons que nous sommes unis pour appuyer une politique énergique du gouvernement contre la tentative actuelle et contre toutes celles qui pourraient la suivre. »

« Il se peut, dit un écrivain allemand [1], que M. de Bismarck,

---

[1]. M. de Sybel, *Napoléon III* (numéro du 21 juin 1873 de la *Revue politique et littéraire*).

« espérant avec raison que l'excitation des esprits se calmerait peu à
« peu, ait consenti à la discussion « dilatoire » de ces dernières propo-
« sitions et ait fait traîner les discussions en longueur sans jamais se
« prononcer formellement. Il se peut aussi que dans ces discussions le
« ministre prussien ne se soit pas montré hostile à l'acquisition du
« Luxembourg par les Français. C'est du moins ce que ceux-ci ont
« assuré, sans pouvoir citer de promesse formelle. » L'aveu que M. de
Bismarck aurait consenti à discuter l'annexion du Luxembourg, la supposition admise qu'il ne s'y est pas montré hostile, sont des indices
graves à recueillir, de fortes présomptions qui permettent de croire que
la promesse dont on conteste l'existence était implicitement contenue
dans les pourparlers entre les ministres de Napoléon III et ceux de
Guillaume Ier, sur la question des compensations. M. de Bismarck
était seulement d'avis qu'une affaire semblable devait être conclue
en vingt-quatre heures ; malheureusement, il n'en fut pas ainsi.

Le Luxembourg relevait à la fois de la Hollande et de la Confédération germanique. Le baron de Tornaco, ministre du grand-duché,
craignant d'être entraîné à prendre part à la guerre qui menaçait de
s'allumer entre la Prusse et l'Autriche, avait adressé dès le 23 juin 1866,
dix jours avant la bataille de Sadowa, à M. de Perponcher, ministre de
Prusse à La Haye, des observations sur les dangers que l'occupation de
la forteresse de Luxembourg par les troupes prussiennes présentait au
point de vue international. La correspondance engagée à ce sujet entre
les deux ministres durait encore à la fin de novembre, et le Luxembourg
se débattait toujours contre les efforts de la Prusse pour l'englober dans
la Confédération du Nord. Le gouvernement impérial se préoccupait
beaucoup de ces efforts, et son ministre en Hollande, chargé de surveiller
les menées de la Prusse, écrivait à cette date, au ministre des affaires étrangères à Paris, que l'attitude des populations luxembourgeoises faisait de
l'effet à Berlin et qu'on y était moins disposé à pousser à l'adjonction du
Luxembourg à la Confédération du Nord, tout en persistant à maintenir
l'occupation de la forteresse.

M. de Bismarck avait déclaré que, si la négociation s'ébruitait, il serait
obligé de la rompre. Le roi de Hollande, imprudemment poussé par
Napoléon III, crut devoir à la fin de l'année 1866 déclarer à la Prusse
que la Confédération germanique n'existant plus, il cessait d'être astreint
aux obligations qui lui étaient imposées envers elle par le traité du
19 avril 1839. M. de Bismarck, sans se prononcer, déclara qu'il réservait

l'affaire au parlement du Nord. Cette réponse ne plaisait guère au gouvernement néerlandais; il redoutait plus que jamais que la Prusse, invoquant une certaine communauté de race et la position géographique des Pays-Bas, ne voulût, sinon les contraindre à faire entrer le Luxembourg dans la Confédération du Nord, du moins les amener à contracter avec elle une intime alliance, dont le résultat serait de compléter son système commercial, militaire et maritime. M. de Moustier invita M. Benedetti à vérifier jusqu'à quel point les craintes de la Hollande étaient fondées.

Le sort du Luxembourg, dit le ministre des affaires étrangères, intéresse la France au point de vue de la sécurité de ses frontières. Ce pays est français d'aspiration; le roi de Hollande consent à le céder à Napoléon III; mais comment le rattacher à la France? Le cabinet de La Haye a vainement essayé de traiter directement la question avec celui de Berlin; l'intervention de la France exciterait trop l'amour-propre national des deux côtés du Rhin. La Prusse, qui s'applique à resserrer ses rapports avec la France, ne peut pourtant avoir prémédité de « conserver contre toute espèce de droit, en dehors de ses frontières et si près des nôtres, une garnison d'un caractère éminemment offensif à notre égard. » M. de Moustier ajoutait que, « si grande que l'on pût supposer sa longanimité, » la France devait être amenée à s'en expliquer sans réticence.

Les journaux de Paris annoncèrent vers le milieu de mars 1867 que M. Baudin, ministre du gouvernement impérial, avait été reçu en audience particulière par le roi de Hollande, et que cette audience se rattachait à des pourparlers relatifs au grand-duché du Luxembourg, qui serait sur le point d'être cédé à la France moyennant une large indemnité pécuniaire. Les choses, ajoutaient les journaux officieux, sont même assez avancées pour que M. Rouher puisse annoncer cette augmentation de territoire au Corps législatif, pendant la discussion de l'interpellation sur la situation extérieure.

Le roi de Prusse et M. de Bismarck ayant déclaré formellement, à diverses reprises, que jamais ils ne consentiraient à l'abandon d'un pouce de terre allemande, la nouvelle de la cession du Luxembourg causa une certaine surprise; mais les journaux officieux firent remarquer que le Luxembourg n'avait pas été invité à envoyer des députés ni au parlement de la Confédération du Nord, ni à la conférence militaire tenue à Stuttgard par les États du Sud, et que, depuis la dissolution de la Confédération germanique, ce territoire était redevenu simplement une propriété du roi de Hollande, sur laquelle la Prusse ne pouvait avoir aucune prétention. Il était impossible cependant de nier que le Luxembourg ne fût une position stratégique importante, dont la Prusse pouvait fort bien ne pas s'inquiéter tant qu'elle restait au pouvoir d'une puissance secondaire comme la Hollande, mais qu'elle ne saurait aussi aisément voir passer entre les mains de la France; quant à la Hollande, la cession du Luxembourg, province à la fois hollandaise et fédérale, paraissait assez naturelle de sa part. La diète germanique placée entre le Luxembourg et la Prusse servait autrefois de barrière entre les États de Guillaume III et ceux de son ambitieux voisin. Les événements récents, sans rendre ce voisin moins ambitieux, l'avaient rendu plus redoutable, et la suppression de la diète mettait non seulement le Luxembourg, mais encore les Provinces-Unies en un certain péril. La Hollande ne pouvait donc repousser l'offre d'échanger contre une somme considérable un territoire très menacé, en remplaçant en même temps, au moyen de la France, la barrière que la suppression de la Confédération du Nord avait fait disparaître entre elle et la Prusse.

Au milieu de l'émotion causée par le bruit de ces négociations, l'arrivée inattendue à Paris de l'ambassadeur français en Prusse produisit une sensation d'autant plus grande, que tous les chefs de mission des autres puissances en congé s'étaient empressés de revenir à Berlin pour assister aux premières délibérations du parlement de l'Allemagne du Nord. La plus grande incertitude régnait cependant à la fin de mars 1867 sur cette cession du Luxembourg. M. de Bismarck, interrogé par l'ambassadeur d'Angleterre à ce sujet, lui répondit : « Rien n'est fait. » Les journaux officieux français assuraient au contraire que l'Empereur annoncerait le jour même de l'ouverture de l'Exposition, c'est-à-dire le 1er avril, l'annexion du Luxembourg en échange de 90 millions payés à la Hollande. Les choses étaient loin d'être aussi avancées.

Les deux puissances s'étaient mises d'accord le 21 mars 1867 sur les conditions du marché. Le roi de Hollande désirait se réserver le droit d'en informer la Prusse. Le gouvernement impérial préféra porter lui-même le traité à la connaissance du cabinet de Berlin et se chargea d'entamer à ce sujet avec lui des pourparlers confidentiels, en recommandant à la Hollande, qui n'en fit rien, de garder le secret.

Le premier soin du gouvernement impérial avait été de consulter les puissances sur l'acquisition du Luxembourg ; elles ne s'y opposèrent pas, l'Angleterre pas plus que les autres; ce fut même par elle que le gouvernement impérial connut les dispositions peu conciliantes de la Prusse, à qui le roi de Hollande, malgré ses promesses, avait communiqué la proposition qui lui était faite par Napoléon III. M. de Bismarck se montra fort étonné de l'apprendre par d'autres que par l'Empereur ; le pays, écrivit-il à M. de Moustier, est fort ému, et je crains d'être débordé par

Fig. 3. — La forteresse de Luxembourg.

l'opinion. M. de Moustier lui répondit qu'il avait assez d'autorité « pour imposer au patriotisme allemand les bornes que celui-ci ne saurait franchir sans blesser le patriotisme des autres. »

M. de Bismarck ne mentait pas en parlant de l'émotion de l'opinion publique en Allemagne. Il se fit adresser des interpellations au parlement de Berlin, et il eut l'art de paraître dans sa réponse défendre les principes de justice et de modération contre les excès du patriotisme germanique ; il reconnut que, n'ayant aucun droit à exercer une pression sur le Luxembourg pour le faire entrer dans la Confédération du Nord, il était obligé de ménager les susceptibilités de la France. M. de Moustier, en témoignant sa satisfaction de cette déclaration, crut le moment bien choisi pour pousser les choses à fond, et il fit demander à M. de

Bismarck « quelle sanction pratique il comptait donner à des paroles qui ne sauraient être considérées comme de simples formules de courtoisie ». C'était lui poser nettement la question de paix ou de guerre.

L'opinion publique en France s'alarma fort de ces paroles. Le gouvernement impérial a perdu, disait-on, l'année dernière, l'occasion de rectifier les frontières. Cent mille hommes au camp de Châlons, cent mille hommes sur le Rhin auraient empêché la Prusse d'entrer en Bohême. La neutralité du gouvernement impérial était indispensable à la Prusse, il pouvait se la faire payer d'avance; il a négligé cette précaution, et c'est aujourd'hui que l'Autriche est écrasée, que la Prusse règne sur l'Allemagne et qu'elle n'a plus besoin de lui, que le gouvernement impérial se jette dans la politique d'agrandissement. Pacifique quand il fallait être guerrier, il devient menaçant quand tout lui conseille d'être pacifique. Le gouvernement impérial ne peut, quoi qu'on en dise, espérer d'obtenir l'agrandissement de territoire dont on parle par la voie diplomatique. Il va donc faire la guerre après avoir déclaré, il y a un mois à peine, que, « dans les circonstances présentes, rien ne peut éveiller nos craintes. »

L'inquiétude gagnait de plus en plus les esprits. On annonçait la prochaine arrivée du maréchal de Mac-Mahon, mandé d'Alger, par le télégraphe, à Paris, et la présentation prochaine d'un ultimatum à la Prusse. On parlait aussi d'armements en Italie, et on signalait la présence d'officiers prussiens déguisés en Alsace et en Lorraine. L'alarme venait d'être portée à son comble par les explications de lord Stanley à la Chambre des communes; elles avaient en effet appris au public que l'affaire du Luxembourg se débattait exclusivement entre le cabinet des Tuileries et celui de Potsdam. Le gouvernement impérial semblait donc placé dans cette alternative de renoncer à son projet d'achat du Luxembourg, ou de subir les conditions de la Prusse pour obtenir son consentement, ou de faire la guerre en pleine Exposition, dans l'état critique où se trouvaient les affaires. La perspective, de quelque côté que l'on se tournât, n'était pas brillante. L'opinion publique était dans un tel état d'anxiété, et ses craintes se traduisirent à la Bourse par une baisse si énorme sur toutes les valeurs que le gouvernement se crut dans la nécessité d'adresser cette dépêche aux départements : « Le bruit que la France aurait adressé un ultimatum à la Prusse est dénué de fondement. » Les journaux officieux se chargèrent de rassurer Paris : « Le maréchal de Mac-Mahon n'a pas été mandé, aucun emprunt ne sera présenté au

Corps législatif, la Prusse n'a reçu aucun ultimatum. » Quelques mots du gouvernement à la Chambre auraient mieux valu que tous ces démentis; l'Empereur le comprit, et M. de Moustier annonça le 8 avril au Corps législatif la réunion d'une conférence qui discuterait la question du Luxembourg placée sur le terrain des traités de 1839. L'Angleterre et la Russie avaient puissamment contribué à ce résultat. La conférence devait se réunir le 7 mai à Londres.

L'inquiétude en Belgique avait été plus vive encore qu'en France. L'*Écho du parlement*, pour rassurer le public, eut beau annoncer le prochain départ du roi et de ses deux fils pour Berlin, où le cadet, le comte de Flandre, allait se marier avec une princesse de la maison de Hohenzollern, la Belgique, sans méconnaître l'utilité de cette alliance, se sentit encore mieux protégée lorsqu'elle eut été, sur la demande de l'Angleterre, invitée à la conférence.

La réunion prochaine de la conférence, au lieu de calmer certains journaux qui, dès le début de l'affaire du Luxembourg, avaient poussé à la guerre, semblait rendre leur langage plus menaçant. « Que l'on regarde, s'écriait la *Liberté*, dans ce carré formé en face de notre frontière par la Moselle, la Sarre et le Rhin, et l'on y verra se dresser menaçant le quadrilatère prussien. Il faut que la Prusse s'en retire avec ou sans tambour ni trompette; tout retard lui coûterait ses provinces du Rhin; il faut qu'avant la fin du mois, si le Luxembourg n'est pas évacué, le quadrilatère prussien nous appartienne comme le quadrilatère autrichien appartient à l'Italie. » Reprendre Mayence, Coblentz, Sarrelouis, c'était recommencer les guerres de la Révolution sans la Révolution. Cette perspective ne contribuait guère à rassurer le pays, et, quoique le gouvernement eût ordonné de poursuivre comme coupable du délit de fausse nouvelle l'*Avenir national*, qui avait parlé de préparatifs militaires à Lyon, les journaux officieux n'en poussaient pas moins à la guerre : « Une dernière et grave considération ne permet pas à la France d'hésiter à repousser la coupe si elle est amère. L'insuccès de la noble expédition du Mexique, la loyale neutralité de 1866 ont, à tort ou à raison, atteint dans l'opinion publique le prestige du drapeau. Il faut lui rendre son éclat légitime et nécessaire. » Le *Pays* exprimait l'opinion du parti bonapartiste pur.

Le 15 avril, la question avait changé de terrain; une circulaire adressée par le ministre des affaires étrangères à tous les agents français à l'étranger disait : « L'Empereur ne veut ni inquiéter ni offenser la Prusse, ni faire de la cession du Luxembourg une cause de guerre. Si les puissances trouvent un autre moyen d'assurer sa frontière, il l'examinera, il ne désire pas autre chose que la retraite de la garnison. » Il ne s'agissait plus d'un agrandissement de territoire, d'une compensation, en un mot. M. de Moustier confirma le 17 cette circulaire par une dépêche dans laquelle il prévenait M. de Gramont à Vienne qu'il n'excluait *à priori* aucun arrangement, mais qu'il tenait, comme condition essentielle, à l'évacuation du Luxembourg, et qu'il avait engagé les puissances à agir dans ce sens.

L'Autriche se rendit la première à cette invitation, en adressant le 25 avril à ses représentants une note dans laquelle elle les engageait à combiner leurs efforts pour amener le succès de l'arrangement suivant de l'affaire du Luxembourg : une demande d'évacuation de la forteresse de Luxembourg sera adressée par le roi de Hollande à la Prusse, et la France renoncera en même temps au droit de profiter de la cession à elle faite par le grand-duc de Luxembourg. La Russie et l'Italie s'associèrent à ces ouvertures de l'Autriche. M. de Bismarck comprit qu'il fallait se résigner à des concessions. La Prusse fit donc savoir à la Russie, qui, contrairement aux bruits répandus, avait fait comme l'Autriche des efforts réels pour assurer la paix, qu'elle consentait à une négociation collective à Londres sur la base de la neutralité du Luxembourg placée sous la garantie de l'Europe : cette combinaison entraînait l'évacuation de la forteresse, devenue inutile désormais.

L'Europe put se rassurer enfin le 13 mai. La conférence de Londres neutralisa ce jour-là le Luxembourg, arrangement qui ne satisfit personne. Une explosion d'enthousiasme dans les journaux impérialistes le célébra comme une grande victoire. Le public, du reste, ne s'y trompa point, et il ne vit dans cet arrangement qu'une trêve. L'Empereur ne l'accepta qu'à ce titre; nul doute qu'il n'eût fait la guerre s'il avait eu à cette époque une armée et si cette armée avait été munie d'un armement capable de raffermir le moral du soldat ébranlé par tout ce que l'on racontait de la supériorité du fusil à aiguille. Ces mots de Napoléon III après Nikolsburg : « M. de Bismarck m'a dupé, un empereur ne peut être dupé, » prouvent qu'il n'aurait pas mieux demandé que d'attaquer la Prusse; mais, encore une fois, il lui aurait fallu des fusils à aiguille et une armée prête à marcher. Tout cela lui manquait. Des ordres furent donnés pour préparer une nouvelle réorganisation de l'armée, pour renouveler le matériel, et po   fabriquer un million et demi de chassepots. En attendant, il fallait bien se contenter du mince succès qu'on venait d'obtenir et s'efforcer de le grossir. Les journaux officieux se hâtèrent d'obéir à cette consigne ; mais Napoléon III lui-même ne se faisait pas de trop grandes illusions sur son triomphe : « Il est heureux, dit-il à un historien allemand, que nous ayons trouvé un expédient honorable ; si nous avions dû rompre, la guerre eût été terrible [1]. »

L'expédient n'avait pas grande valeur ; la façon dont l'Allemagne le prit donna à tous le pressentiment de prochaines complications. Les étudiants d'Alsace et de Lorraine avaient signé une adresse « à leurs frères allemands » pour protester contre les haines et les guerres nationales. Les étudiants berlinois leur répondirent qu'ils regrettaient profondément les concessions faites par le gouvernement prussien au gouvernement français. « La neutralisation du Luxembourg, cette aliénation d'une terre allemande, est une atteinte au principe des nationalités, un de ces faits qui, en ne sauvegardant pas les intérêts des nations, lèsent ceux de l'humanité. »

L'Exposition universelle de l'industrie allait fort heureusement détourner pour quelque temps les esprits de ces sombres perspectives, au milieu desquelles avait eu lieu l'inauguration de cette grande solennité.

1. M. de Sybel, *Napoléon III*.

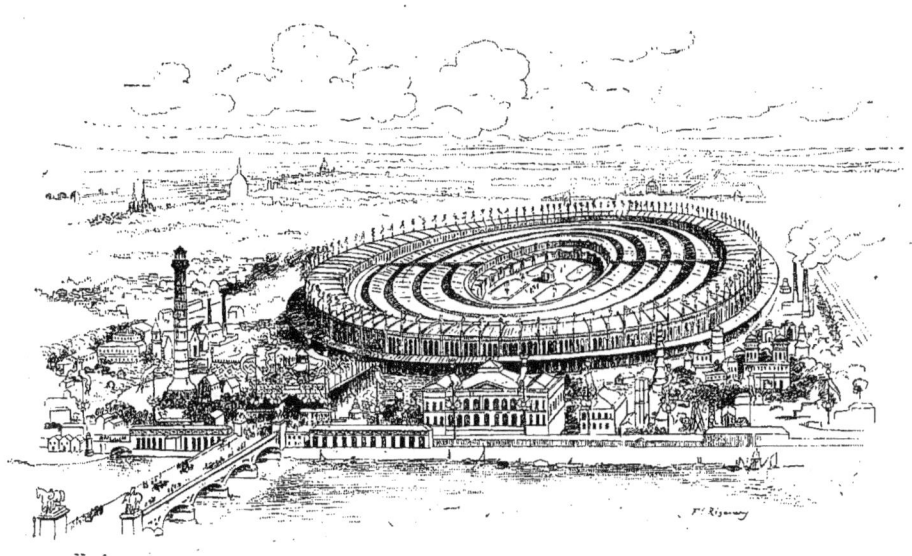

CHAPITRE II

L'EXPOSITION DE L'INDUSTRIE

Ouverture de l'Exposition. — Suppression de la colline du Trocadéro. — La transformation de Paris soumise à l'examen de l'Europe. — Conséquences de cette transformation. — La passion des décorations.
Situation de la littérature française. — M. Sainte-Beuve veut la rallier à l'Empire. — Pourquoi la littérature était hostile à l'Empire. — L'art français et ses origines. — Vogue de la peinture de genre. — Décadence de la musique française. — L'opérette remplace l'opéra-comique. — Effet réel produit par l'Exposition sur les autres peuples. — Le czar Alexandre II à Paris. — Arrivée du roi de Prusse à Paris. — Attentat sur la personne du Czar. — Berezowski est condamné avec admission de circonstances atténuantes. — Fête splendide aux Tuileries. — Le vice-roi d'Egypte, puis le sultan arrivent à Paris. — Arrivée du roi de Bavière et du roi de Portugal.

L'Exposition universelle de l'industrie s'était ouverte au moment où l'affaire du Luxembourg jetait une si vive émotion dans tous les esprits. Le gouvernement comptait, pour les calmer, sur cette grande solennité, destinée à unir tous les peuples dans la pacifique fraternité du travail. Des travaux gigantesques furent entrepris dans l'unique intention d'en accroître l'éclat. En face du Champ-de-Mars, sur la rive droite de la Seine, s'élevait une colline au sommet de laquelle devait être construit le palais du roi de Rome, et sous la Restauration le monument consacré à perpétuer le souvenir de la prise du Trocadéro. Le préfet de la Seine résolut de la supprimer et de la remplacer par un immense square, afin de permettre d'embrasser d'un coup d'œil l'ensemble du Champ-de-Mars et du palais de l'Exposition. Les travaux furent poussés avec l'ardeur que M. Haussmann mettait dans toutes ses entreprises. Deux cents tombereaux, conduits par de puissantes locomotives sur un chemin de fer construit comme s'il devait toujours durer, allaient déverser à plus d'un kilomètre les déblais provenant de la tranchée et des mines ; une fourmilière de terrassiers s'agitait au fond de cet immense chantier ; la montagne diminuait à vue d'œil : le 13 mars, il restait cependant encore à enlever la partie qui domine l'avenue Delessert, sur une surface de 20 000 mètres. La colline n'existait plus le 1er avril, jour de l'ouverture de l'Exposition. Le gigantesque palais où elle devait étaler ses merveilles, composé de cercles concentriques, offrait un aspect plus étonnant par la grandeur que par la grâce des proportions ; on voyait bien à première vue que l'art français n'avait qu'à moitié réussi dans sa tentative de construire un monument capable de balancer l'effet des bazars d'Orient ou des voûtes aériennes du palais de cristal couvrant les arbres de Hyde-Parck.

L'Empereur et l'Impératrice inaugurèrent l'Exposition par une visite sommaire ; les membres de la commission les reçurent à l'entrée du palais ; les spéculateurs de la Bourse, qui s'attendaient à trouver dans les paroles qui, croyaient-ils, ne pouvaient manquer d'être échangées à cette occasion, quelques éclaircissements sur la question du Luxembourg, furent déçus dans leur attente ; il n'y eut pas de discours. Le temps se prêtait peu à la cérémonie. Une bise aigre tourmentait les curieux et agaçait les nerfs des invités et des exposants, grelottant dans leur habit noir. L'Exposition, d'ailleurs fort incomplète, ressemblait à une pièce dont la mise en scène est à peine ébauchée et dont les décors et les machines ne fonctionnent pas. Dans l'enceinte, rien que planches, toiles, échafaudages et charpentes. Les palais mauresques, les mosquées, les pavillons chinois, les innombrables restaurants, cafés, buvettes, tavernes, où l'on était servi un mois plus tard par des femmes en costume national, les concerts, les spectacles, n'existaient encore que dans l'imagination des journaux officieux, qui célébraient d'avance toutes ces merveilles ; point de vitrine ouverte, point de boutiques installées ; personne n'était à son poste, si ce n'est l'infatigable protestantisme, qui déjà distribuait ses bibles et ses traités de morale à l'entrée des galeries, à la grande colère des feuilles cléricales, qui sommèrent le commissaire de l'Exposition d'interdire cette propagande.

Couvreurs, charpentiers, maçons, menuisiers, redoublèrent pourtant d'activité. Les échafaudages dressés de toutes parts firent peu à peu place à des temples, à des cathédrales, à des mosquées ; les jardins se dessinèrent ;

les lacs eurent de l'eau. Le plan de l'Exposition comprenait, comme on vient de le dire, une série de cercles enchâssés les uns dans les autres. Les restaurants, les buffets, les buvettes, cafés, brasseries, tavernes, formaient le premier cercle, le cercle de cocagne, le pays où l'on mangeait les mets de tous les pays. Les visiteurs commencèrent à s'y montrer en grand nombre dans les commencements de mai; et, grâce au retour du beau temps, on vit de jour en jour augmenter le nombre des étrangers que l'Empire conviait à venir admirer non seulement les produits de son industrie, mais encore ceux de sa littérature, de ses arts, et à constater les progrès réalisés par lui dans ses institutions civiles et militaires.

Une nation est un atelier social et politique, et son travail ne se borne pas aux étoffes, aux tissus, aux meubles, aux ustensiles, aux machines, etc. Les hommes et les cités que ces hommes habitent sont aussi des produits de son industrie. L'Empire offrait donc au jugement universel Paris transformé par lui, comme le premier et le principal échantillon du travail national. La capitale d'un pays n'est-elle pas en effet la principale pièce de l'outillage général? La France avait mis des siècles à faire Paris, l'Empire venait de le métamorphoser en quelques années. Quelle part devait être faite à l'approbation et à la critique dans cette transformation que Napoléon III soumettait avec orgueil à l'examen de l'univers. Des juges impartiaux accourus de tous côtés cherchaient, sans mettre ni trop d'indulgence ni trop de sévérité dans leur examen, à démêler les défauts et les qualités de l'œuvre colossale soumise à leur appréciation.

Paris avait dépensé en dix ans deux milliards en boulevards, en squares, en diverses constructions, et la magnificence du Corps législatif venait encore, l'année précédente, de voter 250 millions consacrés à de nouveaux travaux. La transformation de Paris, improvisée au prix de pareils sacrifices, offrait donc le double caractère de la promptitude et de l'uniformité. Il s'agissait, avant tout, de peupler d'immenses espaces déserts la veille et de faire surgir du sol des quartiers tout entiers et presque des villes. Des compagnies, des entrepreneurs, pouvaient seuls accomplir ce tour de force; ce furent donc les deux grands transformateurs de Paris; les compagnies et les entrepreneurs bâtissaient seuls et les rares propriétaires qui se chargeaient eux-mêmes de construire leurs maisons, loin de les marquer à leur empreinte individuelle, cherchaient à imiter les entrepreneurs; comme eux, ils sacrifiaient tout à l'ornementation extérieure, même l'air et le jour intérieur; plus de jardins, et, sous le nom de cours, des puits obscurs et malsains; les façades uniformes, les balcons calqués les uns

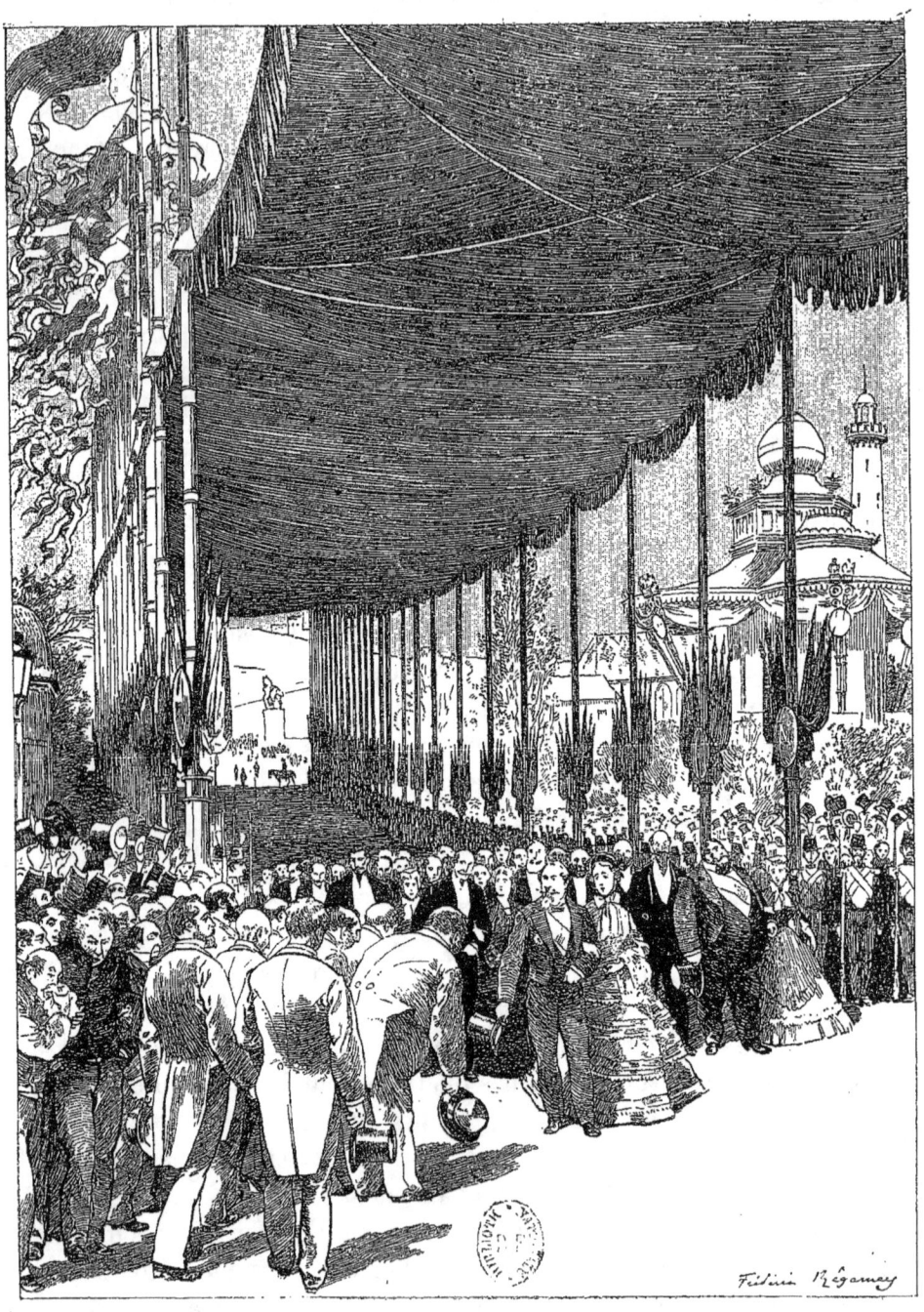

Fig. 4. — L'Empereur et l'Impératrice inaugurent l'Exposition universelle de 1867.

sur les autres, les pilastres surmontant des pilastres imprimaient un cachet de monotonie au nouveau Paris. Et l'église n'offrant qu'un pastiche, l'école triste et vulgaire, le théâtre lourd et insignifiant, quand il n'était pas d'un archaïsme tourmenté, montraient au premier aspect que la transformation de Paris avait pris naissance non dans un mouvement des esprits, analogue à celui qui créa les œuvres architecturales du moyen âge, mais dans la volonté personnelle d'un homme secondé par la force des choses, par une révolution dans les moyens de locomotion, et par un accroissement subit des fortunes qui créait un besoin pressant de luxe dans toutes les classes de la société. Aussi les innombrables constructions de Paris portaient-elles la marque d'un art somptuaire bien différent de celui qui, inspiré par le sentiment religieux, l'amour de la liberté municipale, le patriotisme local, avait créé dans les cités d'autrefois ces églises, ces hôtels de ville, ces palais, ces hôtels, ces maisons, qu'on admire encore aujourd'hui. L'ensemble merveilleux présenté par le nouveau Paris arrachait cependant, d'avance, — un des membres les plus importants du Conseil municipal en donnait du moins l'assurance officielle, — des cris d'admiration aux étrangers. « Lorsqu'on entend « l'opinion des étrangers à l'aspect du nouveau Paris, n'est-il pas permis « de penser que la capitale de la France aura le droit de se présenter avec « fierté en 1867 devant le jury des nations réunies. Le génie seul pouvait « concevoir cette grande œuvre, son exécution exigeait un esprit supé- « rieur [1]. » L'omnipotence de l'Empereur, l'argent versé à flots par M. Haussmann, avaient plus de part que le génie et le talent à la métamorphose improvisée de Paris. Cette ville-décor, où tout paraissait neuf et vieux à la fois, où la propreté était poussée jusqu'au vandalisme et jusqu'au ridicule, où l'on regrattait les statues pour les faire paraître neuves, où l'on badigeonnait les maisons au silicate pour leur donner un air de vétusté, ne disait rien à la pensée avec ses grandes rues et ses boulevards rectilignes. Les quartiers insalubres n'existaient plus, il est vrai, mais la population ouvrière qui les habitait avait disparu avec eux ; les maisons élégantes des nouveaux quartiers ne pouvaient être occupées que par des gens aisés ; la petite bourgeoisie elle-même se voyait obligée de s'exiler dans la banlieue, chassée de ses anciens logements par la hausse à laquelle les spéculations sur les terrains avaient donné lieu.

Personne depuis la création des chemins de fer ne niait la nécessité

---

1. Rapport de M. Devinck au Conseil municipal de Paris, 19 décembre 1865.

d'apporter de grands changements dans la topographie de Paris. Les tracés des chemins de fer français y convergeaient. Les lignes étrangères cherchaient à s'y rattacher. Une augmentation considérable de la population était la conséquence certaine de cette double tendance. Comment s'opéraient les changements devenus inévitables ? Il y avait là un problème d'une grande importance morale, économique et politique à résoudre.

Les corps de métiers sous l'ancien régime étaient groupés par quartiers. Paris conserva longtemps encore après la Révolution quelque chose de cette organisation. Certains faubourgs restèrent la résidence de telle ou telle industrie. Les ouvriers de commerce se répandirent dans toute la ville. Paris, avec ses quartiers de physionomies diverses, les uns plus spécialement habités par les riches, les autres par les pauvres, mais dans lesquels il n'y avait pas uniquement des riches et des pauvres, était vraiment la capitale industrielle et commerciale de la France. L'ouvrier trouvant à s'y loger partout, à côté ou non loin de son patron, vivait avec lui sur un certain pied de relations familières utile à tous les deux. Il restait dans son quartier, il recherchait l'estime des gens de son quartier, où toutes les classes de la société étaient représentées et se mêlaient de façon à empêcher que le pauvre ne vécût dans un isolement complet du riche. Plus de quatre cent mille personnes, hommes, femmes, enfants, commerçants, ouvriers, industriels, se trouvaient ainsi réunies dans les conditions les plus favorables à la prospérité de l'industrie, à l'aisance de la vie, à l'honnêteté des mœurs.

Napoléon III n'aimait pas ce qui restait de ce Paris de l'ancien régime et de la Révolution ; il en voulait un autre mieux approprié à ses besoins, à ses tendances, à ses craintes. Il rêvait un Paris sans autre industrie, sans autre commerce que l'industrie et le commerce ayant trait aux plaisirs. L'Empereur et son préfet de la Seine, marquant d'un crayon rouge le plan de Paris, y avaient donc tracé, sur des données stratégiques, des rues, des avenues, des squares et des boulevards destinés à remplacer les usines, les fabriques et les logements des ouvriers. Une armée de démolisseurs se mit à l'œuvre : quelques riches industriels, prévenus de cette irruption, purent accaparer les terrains près des tronçons de canaux et des gares de chemins de fer, mais les autres ne trouvèrent pour reconstruire leurs usines que des plaines sans routes et même sans chemins, autour de Paris. Les ouvriers, logés autrefois dans le voisinage des usines, se logèrent comme ils purent et fort cher, dans des villages ou des hameaux souvent très éloignés de leurs ateliers. Les gares, le fleuve introduisaient autrefois à bon marché dans Paris les matières premières. L'exportation des objets fabriqués s'opérait par les mêmes voies à des prix modiques; le fabricant qui avait sa demeure dans ses ateliers pouvait s'entendre directement avec l'ouvrier, lui communiquer ses observations et recevoir les siennes; l'ouvrier, passant d'un atelier dans l'autre sans changer de demeure, restait à la portée du contre-maître qui l'avait toujours sous la main dans les moments de besoin et qui l'utilisait selon ses aptitudes connues. La transformation de Paris rendit l'ouvrier et le patron étrangers l'un à l'autre; l'ouvrier aujourd'hui ne connaît du patron que son luxe qu'il envie, parce qu'il le croit uniquement alimenté par son travail; il n'y a plus entre eux de relations, l'ouvrier a le temps à peine de connaître le contre-maître; l'ouvrage cesse, il s'en va; obligé de déménager à chaque instant, il n'a plus de mobilier. Des entrepreneurs lui construisent des logements composés d'une pièce principale à l'entrée, avec une arrière-cuisine de un mètre carré, placée dans un des angles, une très petite chambre à coucher; cela lui coûte de 250 à 300 francs de loyer, le double du prix de son logement d'autrefois avec moitié moins d'air et d'espace [1].

Les ouvriers de commerce et en bâtiments, menuisiers, serruriers, peintres, cordonniers, tailleurs, chassés du centre de Paris, où ils avaient leurs habitations, ont aujourd'hui trois heures de marche, en moyenne, pour se rendre de chez eux au chantier et pour en revenir chargés de leurs outils. Leurs femmes, leurs filles, autrefois ouvrières à la journée dans leurs quartiers, n'y trouvent plus d'ouvrage. Le fils n'a plus d'école. Le patron paye la journée plus cher, l'ouvrier est plus pauvre. La maladie, c'est l'hôpital pour lui et la misère pour les siens. Aussi est-il moins gai, moins ouvert qu'autrefois. Il habite trop loin de Paris, même pour se distraire par la vue de ses monuments; il s'enferme le dimanche dans le cabaret voisin de son campement.

L'ouvrier de commerce travaillait autrefois dans sa chambre, peu éloignée du logement du patron; il pouvait sans peine communiquer directement avec lui, se rendre à son appel, écouter ses observations; ces rapports quotidiens sont maintenant impossibles. Le centre commercial est encore la Bourse; mais les ouvriers demeurent à la Chapelle, à la Villette, à Belleville, à Grenelle, à Vaugirard, à la Maison-Blanche; la distance oblige les fabricants à centraliser les travaux de couture dans les ateliers

---

1. *Le nouveau Paris industriel* (journal *le Temps* des 6, 7 et 8 août 1871).

et à supprimer le travail en chambre. La difficulté pour les filles d'ouvriers de travailler dans leur famille les rend plus accessibles à la paresse et à ses tentations. On cherche d'où vient le flot de femmes qui alimente la prostitution à tous ses degrés; il faut le demander à la transformation de Paris.

L'intelligence, l'habileté, le goût qui distinguent l'ouvrier parisien, de même que le bon sens, la clarté, l'esprit des écrivains français sont le produit de l'esprit de sociabilité qui caractérise la France et qui a son foyer à Paris. La société aristocratique et la société bourgeoise n'existaient pas seules autrefois à Paris; il y avait à côté d'elles une société ouvrière : contre-maîtres, dessinateurs, simples ouvriers, se rencontraient fréquemment, causaient entre eux, échangeaient leurs observations, amélioraient leurs travaux par la critique de leurs inventions nouvelles. Cet échange perpétuel de rapports produisait des ouvriers d'élite. Le nombre de ces ouvriers diminue chaque jour depuis que la transformation de Paris ne leur permet plus d'échanger leurs pensées, leurs méthodes, leurs moyens d'exécution.

L'influence de la transformation de Paris s'est fait sentir d'une façon aussi fâcheuse sur la classe bourgeoise que sur la classe ouvrière. Les lieux que l'homme habite ne sont point sans effet sur ses mœurs; le quartier, le logement sont des milieux où se forme aussi le caractère. L'homme que l'on force à en sortir brusquement y laisse une partie de la force morale qui lui vient de la tradition et des souvenirs de famille, sans gagner les qualités du nouveau milieu où il est transporté. C'est ce qui est arrivé au bourgeois de Paris chassé de ses pénates par l'expropriation. La bourgeoisie de Paris, si diversifiée, si nuancée autrefois par les quartiers, prend chaque jour un cachet plus prononcé d'uniformité et de monotonie; perdue dans l'immensité d'une ville cosmopolite, elle s'intéresse de moins en moins à la politique, à la littérature, aux arts; elle assiste au spectacle de la vie et de la société comme si elle n'en faisait plus partie. La transformation de Paris a hâté la décadence morale de la bourgeoisie parisienne.

Les divers règnes qui s'étaient succédé entre le premier et le second Empire, en augmentant la fortune publique et privée, et en poussant au plus haut point les besoins que le bien-être engendre, avaient accru progressivement l'infériorité morale de l'individu. Ce dernier n'ayant pour contre-poids à ses instincts matériels qu'un vague besoin de morale, impuissant faute d'être soutenu par l'exemple, ou un sentiment religieux inefficace, parce qu'il n'était chez lui qu'une précaution politique, tombait peu à peu dans un état d'abaissement qui accélérait celui de la nation tout entière. Que de fois n'avons-nous pas entendu au moment de l'Exposition des étrangers éminents obligés d'entretenir des rapports avec les dignitaires de la cour impériale, avec les ministres et les hauts fonctionnaires, s'étonner de l'ignorance, de l'indifférence dont ils faisaient preuve pour toute question générale, pour tout sujet sérieux. L'esprit et le goût de la conversation disparaissaient de la haute société du temps de l'Empire, et les étrangers voyaient dans ce changement le signe le plus évident de notre prochaine infériorité. La France avait beau vanter ses romans, ses pièces de théâtre, ses ballets que tous les peuples imitaient, à en croire les journaux, elle marchait à la décadence d'un pas dont la rapidité n'échappait pas à l'œil clairvoyant de l'étranger. Or, si une nation en décadence peut pendant quelque temps garder la supériorité dans les arts et dans la littérature d'agrément, elle la perd bientôt dans les sphères supérieures de l'art et de la science. Le Français se croyait toujours le précepteur des peuples, parce qu'il les fournissait de vaudevilles; mais, s'il pouvait citer encore des individualités remarquables dans toutes les branches du savoir humain, il n'en était pas moins vrai qu'il devenait de jour en jour plus inférieur à l'Anglais, à l'Allemand, au Russe même, qui, tout en imitant quelques-uns de ses vices, gardait quelque chose de la rudesse et de l'énergie natales.

L'Empire n'avait rien négligé pour surexciter les vieux défauts reprochés au caractère français, sa vanité et son goût pour les titres, les rubans et les croix. Un des premiers décrets signés par Napoléon III créait une comtesse. Les fonctionnaires publics furent assujettis à un costume officiel. Le *Moniteur* contint tous les matins une nouvelle liste de chevaliers de la Légion d'honneur.

Les nouveaux décorés sous Louis-Philippe osaient à peine se montrer le jour où leur nomination paraissait au *Moniteur;* ils sortaient la redingote boutonnée; leurs amis faisaient semblant de ne pas apercevoir le bout de ruban. Lorsque M. Clément Thomas, commandant de la garde nationale parisienne, traita à la tribune de la Constituante la croix de la Légion d'honneur de « hochet de la vanité », tous ceux qui s'en indignèrent sur les bancs de la droite étaient au fond de son avis; mais défendre les ordres de chevalerie, c'était défendre les institutions de la monarchie et protester contre la République. Leur indignation feinte ne trompait personne. L'Empire existait à peine depuis quelques années, et ce qui n'était plus que la faiblesse de quelques-uns devint la maladie de tous.

Le gouvernement ne négligea rien pour la répandre. Napoléon Ier, lors de la création de la Légion d'honneur, la défendit devant le Conseil d'État par des raisons très vulgaires ; il prétendit qu'on gouverne les hommes par leurs défauts, et surtout par la vanité : d'où il résulte que la vraie science du gouvernement, c'est la corruption. Fidèle à ce principe, le gouvernement surexcita la vanité française. Les tiroirs des ministres, du secrétaire de l'Empereur, des grands officiers de la couronne se remplirent de pétitions pour obtenir la décoration. Le gouvernement ne s'en montra pas avare. Tous ceux qui avaient pris part au coup d'État la reçurent. Le fait seul d'avoir fait partie de la députation du Corps législatif chargée de porter aux Tuileries les chiffres du scrutin du 20 novembre fut un titre pour l'obtenir.

La Légion d'honneur à son début ne comptait que d'honnêtes gens dans ses rangs. Soixante ans après sa création, la sévérité dans les choix, cette condition principale de l'existence d'un ordre de chevalerie, avait fait place à la plus complète indulgence. La croix d'honneur était devenue peu à peu la récompense prodiguée à tous les dévouements qui s'offraient aux gouvernements, la menue monnaie des marchés de conscience. Le second Empire en fit plus effrontément usage que tous les autres gouvernements. Il cessa même de s'informer si la vie privée de ceux à qui il conférait le signe de l'honneur était une vie honorable. Tel écrivain reconnu coupable par ses collègues, à la suite d'une minutieuse enquête des actes les plus contraires à la probité professionnelle, put se montrer le lendemain même de la publication de ce verdict avec le ruban rouge à sa boutonnière. L'utilité de la police n'est niée par personne ; mais personne n'admet qu'on accorde à ses services les mêmes récompenses qu'aux sciences et aux lettres. Le second Empire sema la croix d'honneur dans les recoins les plus obscurs de la préfecture de police. Napoléon Ier excluait les hommes d'argent des listes de promotion ; Napoléon III y fit entrer en foule des financiers qui, de son temps et plus tard, devaient porter leur décoration sur les bancs de la police correctionnelle.

La première condition d'une récompense honorifique, c'est la rareté. Elle est très difficile à réaliser en tout temps et surtout dans les sociétés modernes où domine le principe d'égalité et qui reposent sur le travail. Qu'un homme parti de bas obtienne la croix d'honneur après avoir fait sa fortune à force de persévérance, d'intelligence, de probité, en dotant son pays d'une industrie nouvelle, cela se conçoit. On récompense ici

Fig. 5. — Distribution des Bibles protestantes dans les jardins de l'Exposition.

l'effort en même temps que le succès. Mais l'Empire ne s'en tenait pas là. Il ne récompensait que le succès, croyant ainsi en paraître la cause et la garantie, non seulement dans le commerce et dans l'industrie, mais encore dans les lettres et dans les arts. Cet homme qui étale si fièrement son ruban rouge fait des romans détestables que le public lit avidement et que les libraires lui payent chèrement. Qu'a de commun cette industrie avec l'honneur? Question qu'on peut également s'adresser à propos de ce vaudevilliste qui vient de recevoir la croix pour avoir écrit trente ou quarante moitiés, tiers ou quarts de vaudevilles dont le seul mérite est d'avoir rapporté beaucoup d'argent à leur auteur. Pourquoi a-t-on aussi décerné la chevalerie à ce directeur de spectacle? Parce que la foule va voir à son théâtre une pièce qui l'amuse. Il serait injuste de ne voir là que des abus nés du système impérialiste. S'il les a exploités, il ne les a point créés. Le nombre toujours croissant des écrivains, des artistes, des savants, des industriels, rend l'existence d'une institution comme la Légion d'honneur de plus en plus difficile dans notre société. La nécessité d'accorder la même récompense à tant de travailleurs divers constitue une application de la théorie radicale de l'équivalence des fonctions par l'égalité des récompenses. Quelle différence établir entre les diverses fonctions, si un marchand de cirage est fait chevalier en même temps que l'inventeur de l'hélice. Si vous récompensez l'utilité, il faut récompenser tous les genres d'utilité; la nuit, on entend rouler sur le pavé de lourdes charrettes desquelles les passants attardés s'éloignent à la hâte; elles appartiennent à une compagnie dont l'organisation, l'administration et les services valent ceux des compagnies de chemins de fer, de gaz, de mines, etc.; le *Moniteur* un jour nous apprendra que le directeur de cette compagnie a reçu la croix de la Légion d'honneur.

Le ruban rouge eut beau être prodigué, personne ne s'en dégoûta, au contraire. J'en ferai tant, dit le Régent à propos de l'ordre du Saint-Esprit, qu'il sera aussi honteux d'en être que de n'en être pas; cela est vrai également de la Légion d'honneur. On le vit bien sous le second Empire.

L'homme a toujours la femme qu'il mérite; la Française du second Empire, élevée par l'Église et par sa famille, ne sachant lire que son livre de prières et le feuilleton de son journal, profondément hostile à la politique, et mettant sa coquetterie à en détourner l'homme, semblait, si l'on peut s'exprimer ainsi, avoir le don d'exister sans vivre. L'empire de la femme s'exerce par la conversation. On ne causait pas dans les salons de l'Empire; les femmes, sous la Restauration et sous le règne de Louis-Philippe, ne se faisaient pas un mérite de rester étrangères au mouvement intellectuel de leur temps : philosophie, religion, histoire, littérature, beaux-arts, elles s'intéressaient à tout ce qui fait la vie de l'esprit et du cœur. Les étrangers qui se rappelaient les salons de ce temps-là les redemandaient vainement à la société nouvelle; la vie du monde s'éteignait faute d'aliments; la fortune en effet ne fournit qu'aux jouissances matérielles; l'esprit de conversation, qui est l'âme de la société, vit de passions et d'idées, et les gens du monde d'alors, hommes et femmes, n'avaient ni passions ni idées.

La vie de famille existait à peine. La femme, n'ayant sa place ni au salon ni au foyer, courait les fêtes et les spectacles, auxquels elle prêtait l'éclat de ses parures et les grâces de sa personne, mais non les charmes de son esprit, que rien n'animait; n'appartenant en réalité ni au monde ni au ménage, n'ayant ni les grâces de l'un ni les vertus de l'autre, indifférente à elle-même et aux autres, la Française avait perdu son aimable influence sur la société; elle passait son temps en vains amusements, en frivoles lectures et en ardentes convoitises de luxe et de richesses; aussi le monde de l'Empire, toujours en joie en apparence, mais en réalité sombre et plein d'une amertume intérieure et d'un secret mépris pour lui-même, n'était plus qu'une sorte de foire aux toilettes et aux vanités.

M. Duruy, ministre de l'instruction publique, avait chargé divers écrivains d'écrire des rapports sur la situation de chacune des branches de la littérature. Les journaux de Napoléon III avaient annoncé, on s'en souvient, son avènement comme l'aurore d'une ère de splendeur et de fécondité pour l'esprit humain; un nouvel Auguste allait rendre au monde le siècle de Virgile et d'Horace, mais l'Empereur ne se hâtait pas d'accomplir leur promesse. Napoléon III, bien qu'il s'amusât à tracer des plans de roman et qu'il se vantât parfois dans l'intimité de n'être pas étranger à la fabrication de certains mélodrames que son chef de cabinet avait fait représenter, n'avait, comme son oncle, qu'un goût médiocre pour la littérature; mais, comme son oncle, il savait tout le parti qu'un gouvernement en peut tirer, et il fit quelques efforts pour rattacher les hommes de lettres à sa fortune.

Le docteur Véron, M. Sainte-Beuve et M. Mérimée s'offrirent à lui comme auxiliaires dans cette entreprise. Le premier, en sa qualité de propriétaire du *Constitutionnel*, comptait parmi les hommes qui avaient le plus contribué à la fondation de l'Empire; le second s'offrit longtemps pour conseiller ; on ne l'accepta qu'après avoir reçu de lui des gages ; le troisième, ami de la maison, inspira seul toute confiance.

Le premier s'occupa d'abord de la société fondée depuis plusieurs années par les gens de lettres, sur le modèle de la Société des auteurs dramatiques ; il institua des concours dont le comité de cette société fut chargé de décerner les prix. M. Sainte-Beuve ne s'en tint pas là, il se chargea du rapport de ces concours. Se rappelant que M. Guizot, dissimulant une très vilaine chose sous un fort beau nom, avait décoré du titre de « gouvernement des esprits » le recrutement et l'emploi des plumes vénales, il appela « organisation de la démocratie des lettres » l'embauchage des écrivains qui, « pour n'être ni de l'Université ni des académies », n'en représentent pas moins une grande force et qui forment la foule des collaborateurs de la presse littéraire, chroniqueurs, reporters, critiques et nouvellistes dramatiques. M. Sainte-Beuve était depuis longtemps en coquetterie réglée avec cette bohème de lettres. Préoccupé à la fois de la difficulté de la discipliner et du danger de la laisser livrée à elle-même, il voulait qu'on exerçât sur elle une influence au moyen d'encouragements pécuniaires dont l'origine remonterait à l'Empereur. M. Sainte-Beuve, partant de ce principe qu' « un bienfait du prince honore et relève l'écrivain qui en est l'objet et inspire aux autres un sentiment de reconnaissance [1] », exhortait le gouvernement à prendre comme points d'appui de son action la Société des gens de lettres et la Société des auteurs dramatiques. Il proposa d'établir ces deux sociétés dans un des palais de l'État : « Louis XIV logeait son académie au Louvre ; pourquoi la nouvelle représentation de la littérature n'aurait-elle pas l'honneur d'une pareille hospitalité? Rien n'avertit une littérature d'être digne, sérieuse, honnête, comme de sentir qu'on a les yeux sur elle et qu'elle est l'objet d'une haute attention [2]. » M. Sainte-Beuve dit dans son mémoire : « Au moment où vient de naître un enfant désiré par la France, où une paix glorieuse couronne tous les souhaits, où le pays entre dans une nouvelle voie de prospérité et de grandeur, on doit accorder aux gens de lettres ce que l'armée, ce que l'industrie, ce que les travailleurs et les serviteurs de la France ont obtenu de l'attention magnanime du Prince [3] ».

Distribuer aux chroniqueurs des pensions au nom de l'Empereur,

---

1. Note de Sainte-Beuve au sujet des encouragements à donner aux gens de lettres (papiers des Tuileries).
2. *Ibidem.*
3. Papiers des Tuileries.

fonder des prix annuels, installer le comité de la Société des gens de lettres et le comité de la Société des auteurs dramatiques au Louvre, les subventionner largement et s'imaginer que le gouvernement parviendrait par de tels moyens à leur donner la force morale nécessaire pour remplir un rôle analogue à celui des corps académiques, c'était se tromper bien étrangement. La bohème littéraire dont M. Sainte-Beuve voulait faire en quelque sorte la garde littéraire de l'Empereur n'avait pas besoin d'encouragements pour le soutenir ; née sous l'Empire, favorisée par l'Empire, elle le défendait d'elle-même.

« Sire, dit un jour le directeur du *Figaro* à l'Empereur, mon journal n'était possible que sous votre règne. »

La littérature que M. Sainte-Beuve s'efforçait d'amener à l'Empire, n'avait jamais cessé de faire corps avec lui, et les écrivains qui la composaient savaient fort bien, quand ils éprouvaient le besoin d'être encouragés, s'adresser directement à la bourse de l'Empereur, qui ne leur fut jamais fermée.

L'Empire ne pouvait cependant se contenter de pareils auxiliaires. Il voulut avoir des écrivains sérieux, et, afin de les attirer, il voulut créer une revue pour faire concurrence à la *Revue des Deux-Mondes;* mais où prendre des rédacteurs? Vainement M. Sainte-Beuve se mit-il en campagne, vainement le ministre de l'instruction publique fit-il la « presse » sur les professeurs de l'Université et enleva-t-il par force des collaborateurs pour compléter l'équipage de sa revue; il n'en échoua pas moins dans sa tentative. Le divorce entre le gouvernement et les écrivains tenait à une cause profonde que M. Sainte-Beuve n'apercevait pas : l'Empire, ennemi de la vie politique, ne pouvait se concilier les lettres, qui, en France, se sont toujours mêlées à la politique. Il ne pouvait en fait de plumes célèbres compter que sur « celles qu'il vaut mieux avoir contre soi que pour soi », selon les propres expressions de M. Sainte-Beuve [1]. L'Empire,

---

[1]. Les gouvernements n'exercent en réalité aucune influence sur la littérature, mais il existe à chaque époque un milieu plus ou moins favorable au talent de tels ou tels écrivains et au développement de certaines branches de la littérature. La méthode critique appliquée par M. Sainte-Beuve devait par exemple obtenir sous l'Empire un succès beaucoup plus grand que dans aucun autre temps. Demander comme l'auteur des *Lundis*, pour juger un livre, à être édifié sur les questions suivantes relatives à l'auteur : — Que pensait-il en religion? — Comment était-il affecté du spectacle de la nature? — Comment se comportait-il sur l'article des femmes et sur l'article de l'argent? — Était-il riche, était-il pauvre? — Quel était son régime, quelle était sa manière journalière de vivre? — Enfin, quel était son vice ou son faible? — n'était-ce pas introduire la critique dans la vie privée et la confondre un peu avec la chronique? M. Sainte-Beuve se promettait de n'appliquer sa méthode qu'aux morts, mais cette curiosité qui,

à vrai dire, en paraissait peu touché. Que lui importait d'avoir contre lui ceux qui lisent, s'il avait pour lui ceux qui ne lisent pas?

M. Mérimée poussait pendant ce temps-là l'Empereur à exercer sur les savants un patronage analogue à celui que le docteur Véron et M. Sainte-Beuve organisaient pour lui sur les gens de lettres. Les allocations destinées aux missions, voyages et souscriptions figuraient par moitié au budget du ministère de l'instruction publique et au budget du ministère d'État; cet arrangement choquait M. Mérimée, surtout parce qu'il enlevait à ces encouragements leur véritable caractère, de grâces émanant du souverain; la vieille monarchie ne voulut-elle pas que tous les établissements scientifiques et littéraires relevassent d'elle? ne disait-on pas : *jardin du roi, lecteurs du roi*, en parlant du Muséum d'histoire naturelle et des professeurs du Collège de France? M. Mérimée, convaincu que « les missions scientifiques en paraîtraient plus belles aux savants, que leur zèle en serait stimulé, si elles étaient directement données par l'Empereur, et que l'accueil même qu'on leur ferait à l'étranger s'en ressentirait de la façon la plus heureuse, » professait encore cette opinion que « les souscriptions aux publications nouvelles, les encouragements aux savants, les subventions aux sociétés scientifiques acquerraient plus de prix si elles émanaient de l'Empereur; » il travailla donc à lui en assurer la distribution. L'Institut était un obstacle à cet accaparement. M. Mérimée, pensant « que l'Institut, toujours difficile à conduire, deviendrait plus docile s'il dépendait d'un ministère plus voisin des Tuileries, » fit signer à l'Empereur le décret du 5 novembre 1860, qui enlevait l'Institut et les bibliothèques au ministre de l'instruction publique pour les donner au ministre d'État. Le gouvernement eut dès lors la haute main sur tous les établissements scientifiques; mais déjà l'Empereur, par son empressement à détruire les créations du gouvernement précédent, avait prouvé qu'il comprenait, sans avoir besoin de M. Mérimée, qu'il était bon que tout parût dater de son règne et émaner de lui.

Le règne de Napoléon III n'avait été signalé par aucune de ces expéditions maritimes entreprises dans l'intérêt seul de la science qui honorent

---

même à l'endroit des morts, eût paru suspecte aux lecteurs des deux derniers siècles, se rapproche beaucoup de celle de ces écrivains dont le rôle consiste à s'introduire chez les vivants illustres et à provoquer de leur part des confidences qu'ils s'empressent bientôt de trahir. Cette affinité entre la méthode de M. Sainte-Beuve et celle des chroniqueurs, ne contribua pas médiocrement à la vogue de ses portraits; ils vinrent au bon moment. Si l'Empire ne fit pas le talent de M. Sainte-Beuve, il lui fournit le public le plus disposé à le goûter. Le pressentiment de cet appui est peut-être ce qui le rattacha dès le début à un gouvernement avec lequel cependant il mourut brouillé.

une nation. Les prix de 100 000 francs ne suscitèrent aucune grande découverte. Pendant que l'Allemagne se couvrait d'admirables laboratoires, en France on donnait ce nom à des locaux humides, malsains, mal aérés, « tombeaux des savants [1] ». Parmi les établissements scientifiques relevant du ministère de l'instruction publique, deux ou trois avaient des laboratoires méritant ce nom; la chimie organique attendait des locaux pour l'étude dignes de ses progrès. Un membre de l'Académie des sciences pendant dix ans nettoya de ses mains tous les ustensiles dont il se servait. Le budget n'avait aucune rubrique à laquelle on pût rattacher « la création » d'un garçon de laboratoire. Les Facultés de province étaient aussi déshéritées que celles de Paris. Ce n'était un secret pour personne, dans le monde savant, que la vie du professeur de chimie de la Faculté de Lyon avait été abrégée par un séjour assidu dans la cave qui lui servait de laboratoire.

Le Français a toujours préféré le roman au théâtre. La Révolution et les événements qui la suivirent surexcitèrent encore la fibre romanesque de la France et lui communiquèrent une sorte de fièvre d'aventures qui n'est pas calmée. Aujourd'hui encore, deux ou trois millions d'individus des deux sexes se lèvent tous les matins avec la préoccupation de chercher un chapitre de roman au bas d'un journal. Pareille maladie ne s'est vue en aucun autre pays du monde; la France, ne lisant que des romans, perdit peu à peu les qualités sérieuses de son esprit et surtout la faculté de juger les événements. Il semblait que le second Empire, avec ses guerres brusques et grandioses, dût fournir une pâture suffisante à son besoin d'émotions; point du tout. La France, sous le règne de Napoléon III, lut plus que jamais des romans. Mais le roman ne peut être, comme on l'a dit, que la peinture des caractères ou la satire de la société; le roman de caractère n'étant plus possible dans l'uniformité des classes et des mœurs, le roman-satire, qui rend la société responsable des vices qu'elle renferme, l'avait remplacé. La société blasée se donnait le plaisir de s'entendre reprocher ses vices, sans songer que lorsque les vices ne sont plus représentés que comme les produits des hasards de la vie, ils cessent de paraître des vices.

Le roman avait jeté tout son éclat pendant le règne de Louis-Philippe. L'Empire, en le poussant de plus en plus dans la voie réaliste, activa sa décadence. L'Empire sans doute n'avait pas créé le réalisme, mais ses

---

1. *Le budget de la science*, par M. Pasteur.

Fig. 6. — L'Empereur, visitant l'Exposition, s'arrête devant les canons Krupp.

mœurs en favorisèrent singulièrement le développement; aussi, dans les dernières années de l'Empire, vit-on le roman glisser dans le réalisme de plus en plus plat où il se trouve aujourd'hui.

L'Empire, il faut le reconnaître, trouva le théâtre bien tombé de la hauteur où il avait été placé par le mouvement romantique. Le théâtre préférait depuis longtemps à la peinture des caractères et des passions celle des mœurs et des modes, lorsque ce mouvement éclata. Heureux moment pour l'art dramatique! Pendant que Victor Hugo, Alexandre Dumas, Alfred de Vigny, Casimir Delavigne, tentaient d'arracher le drame à la condition inférieure où il était réduit et de l'élever à la hauteur de la passion et de l'histoire, tel que l'avait compris les Anglais, les Espagnols et les Allemands, Scribe lui-même, cherchant à s'élever au-dessus de ses succès de vaudeville, trouvait dans l'anecdote historique, sinon dans l'histoire elle-même, un genre nouveau de comédie qui sembla aux yeux du public toucher à la politique sans cesser d'être innocent aux yeux de la censure. L'essor que l'art dramatique semblait vouloir prendre s'arrêta bientôt, et vers la fin du règne de Louis-Philippe le théâtre était déjà bien revenu de ses hautes visées. Le second Empire ne pouvait guère l'y ramener; il exila Victor Hugo, mit son répertoire en interdit et lui ferma la scène; Alfred de Vigny cessait de travailler pour le théâtre; Alexandre Dumas, se désintéressant peu à peu de l'art, se livrait entièrement à l'industrie dramatique; Casimir Delavigne n'était plus. Scribe avait déposé sa plume d'Aristophane bourgeois devant la censure impériale. La comédie politique, même à sa façon, devenait impossible. On vit, il est vrai, se glisser sur la scène du Théâtre-Français des pièces d'où la politique n'était pas entièrement bannie, comme le *Fils de Giboyer*, ou bien dans lesquelles le parterre pouvait, comme dans le *Lion amoureux*, applaudir l'éloge de la Convention; mais ce n'était là que des exceptions prouvant seulement que les auteurs avaient su profiter habilement d'un moment où l'Empereur croyait utile à ses intérêts de donner un petit avertissement au parti clérical ou de faire de légères avances au parti démocratique. Les auteurs dramatiques, en dehors de ces occasions fort rares où la censure s'effaçait par ordre supérieur, se voyaient renfermés par elle dans un cercle de plus en plus étroit, et ils se demandaient parfois où ils puiseraient désormais les sujets de leurs pièces.

Le théâtre, sous la Restauration, n'avait eu, pour produire des œuvres auxquelles le romanesque et la politique prêtaient un double attrait, qu'à faire revivre la société de la Révolution et de l'Empire. Plus libre après la chute des Bourbons de puiser à cette double source, il vit en outre s'ouvrir devant lui les horizons du moyen âge. Que faire quand tout cela fut usé? Deux types se détachent sur le fond banal de la société du temps de Louis-Philippe : l'homme d'affaires et la courtisane. Le théâtre se jeta sur cette proie et ne vit plus autre chose; de là dans le répertoire moderne une monotonie qui aurait fatigué le public d'autrefois, mais à laquelle échappait sans peine le public du jour, si l'on peut donner le nom de public à cette foule d'étrangers et de provinciaux accourus à Paris pour leurs plaisirs ou pour leurs affaires, et se renouvelant sans cesse, grâce à la facilité des communications depuis la création des chemins de fer. Ces spectateurs de passage, n'apportant au théâtre aucune préoccupation littéraire, regardaient les pièces sans les juger. Leur présence multipliait les représentations et élevait les recettes d'une pièce à des chiffres fabuleux. La critique, éblouie par ces succès d'argent, perdait la force de les discuter; les lutteurs courageux, capables, comme Gustave Planche, de remonter le courant, avaient disparu; la critique laissait la parole à la réclame. La fortune des auteurs dramatiques croissait à mesure que le théâtre s'abaissait, car rien ne présage mieux la décadence d'un art que le silence des passions en présence des œuvres littéraires. Les pièces de Victor Hugo, d'Alexandre Dumas, de Casimir Delavigne, d'Alfred de Vigny, de Scribe avaient été, à des points de vue différents, l'objet d'attaques ardentes et passionnées. Les auteurs modernes n'avaient rien de pareil à craindre. Le feuilleton, autrefois si ardent à se mêler à toutes les querelles d'école, et même à en faire naître, las, sceptique, blasé, constatait le succès des œuvres dramatiques, sans avoir la force de les discuter.

La lutte pour l'existence est cependant une loi fatale non seulement dans la nature, mais encore dans la littérature et dans les arts. La valeur d'une œuvre intellectuelle se constate par la vigueur qu'elle déploie à se frayer une route, au milieu des obstacles que lui opposent les œuvres rivales. Rien ne s'est mis en travers des œuvres dramatiques de ce temps-ci; la lutte des écoles étant finie, elles n'ont pas eu à se faire jour au milieu d'obstacles permanents; elles n'ont pas été discutées. Grand malheur pour elles! Ce qui est accepté d'emblée par tout le monde, ne l'est pas pour longtemps. Rien de fort, d'original, de passionné, ne pénètre que par force dans le cœur des hommes.

Si l'Empire n'avait pas arrêté les grands travaux historiques commencés dans un autre temps, il n'en suscita guère de nouveaux, à moins que ce ne soit en ramenant à la vie privée et à l'étude, les historiens absorbés autrefois par la politique, comme M. Thiers. Napoléon III avait voulu donner l'exemple en prenant la plume. Les travaux originaux de cette époque, comme la *Vie de Jésus*, sortent d'un courant opposé à celui de l'Empire ; il est vrai de dire que, sans l'importance prise par les questions religieuses à cette époque, ce livre n'aurait peut-être pas eu un si prodigieux retentissement.

L'Empire ne fut point favorable à l'éloquence. La juridiction administrative à laquelle la presse était soumise, en supprimant les procès politiques, avait porté un coup sensible à l'éloquence du barreau. La courageuse mais vaine tentative du Père Lacordaire, au lendemain du coup d'État, pour retremper l'éloquence sacrée à la source de l'histoire et de la politique, avait rejeté les orateurs de la chaire religieuse dans la prédication confuse de dogmes abstraits ou d'une morale sans élévation et sans profondeur.

Le second Empire, si peu favorable à l'éloquence du barreau et de la chaire, favorisa cependant, il faut le reconnaître, le développement d'un genre d'éloquence à peu près inconnu en France. Un des plus jeunes et des plus brillants professeurs de l'Université [1], exilé de France le 2 décembre, et réfugié à Bruxelles, eut l'idée d'ouvrir dans cette ville des réunions littéraires, auxquelles les hommes et les femmes seraient admis. Le succès le plus complet couronna cette tentative. L'année suivante, d'autres exilés français [2] suivirent cet exemple, et bientôt à Paris un professeur de l'Université, démissionnaire par refus de serment à l'Empire [3], eut l'idée d'ouvrir, à l'imitation des conférences de Bruxelles, les conférences de la rue de la Paix, qui comptèrent bientôt un grand nombre d'orateurs remarquables [4]. Le succès des conférences de la rue de la Paix éveilla la concurrence et l'imitation. De toutes parts on fit des conférences, quand on en obtint l'autorisation, aussi capricieusement accordée que refusée. Professeurs, députés, journalistes, académiciens,

---

1. M. Deschanel.
2. Madier de Montjau, Bancel, Laussedat, Versigny, Challemel-Lacour, A. Meunier, Agricole Perdiguier.
3. M. Albert Le Roy, d'abord en association avec M. Juette, et ensuite avec M. Lissagaray.
4. Ferdinand de Lasteyrie, Laurent-Pichat, Henri Brisson, Louis Jourdan, Ferdinand de Lesseps, W. de Fonville, Jules Favre, Jules Simon, Eugène Pelletan, Crémieux, Bancel, Saint-Marc Girardin, Laboulaye, E. Renan, Legouvé, A. Cochin, A. Coquerel, L. Ratisbonne, Sarcey.

se livrèrent à ce que l'on appelait la prédication laïque, ce qui remplissait tous les dimanches le Cirque et la Gaieté de fidèles, et contribuait au réveil de l'opinion.

Un seul genre de littérature, la satire, prit un grand développement sous l'Empire. Les *Châtiments*, *Napoléon le Petit*, les *Propos de Labiénus*, la *Lanterne* en sont la preuve. Si les *Châtiments* ne peuvent, comme tableau des mœurs d'une époque, être comparés à l'œuvre de Juvénal, ils forment, comme explosion de colère individuelle, un livre qui n'a d'analogue dans aucune autre langue. Les *Propos de Labiénus*, protestation d'un généreux et vigoureux esprit, méritent d'être placés au premier rang des écrits satiriques de ce temps. M. Rogeard a fait suivre ce morceau éloquent de beaucoup d'autres pamphlets ; mais l'ardente abeille avait laissé son dard dans la blessure de l'ennemi, et elle ne l'a pas retrouvé depuis. L'apparition de la *Lanterne*, son prodigieux succès, marquent une date dans l'histoire du second Empire. « On n'a jamais rien fait contre les opinions, a dit M. de Maistre, tant qu'on n'a pas attaqué les personnes. » M. Henri de Rochefort mit ce précepte en pratique avec une témérité qui, sans élever son pamphlet à la hauteur d'une œuvre littéraire, lui assure néanmoins une place et un rôle dans la comédie politique de notre époque.

La satire se glissait à la Sorbonne, et même dans le cours d'archéologie à la Bibliothèque impériale. M. Saint-Marc Girardin la fin monter dans la chaire de littérature française. Boileau, La Bruyère, La Fontaine lui fournirent contre le gouvernement ces armes de l'allusion, d'autant plus redoutables pour celui qui en est atteint qu'il est obligé de faire semblant de ne pas en sentir les blessures. M. Beulé, élève de l'École normale et de l'École d'Athènes, avait eu la bonne fortune de découvrir ou de déblayer un escalier de l'Acropole. Porté bientôt par ce hasard heureux au faîte des honneurs académiques, secrétaire perpétuel de l'Académie des beaux-arts, rédacteur du *Journal des savants*, titulaire de la chaire d'archéologie à la Bibliothèque impériale, jouissant de tous les avantages d'une grande position officielle, il brûlait d'y joindre les douceurs de la popularité. On le vit donc tout à coup aiguiser l'allusion archéologique dans sa chaire et, sous le masque des Césars et des césariens de Rome, faire leur procès au César et aux césariens de Paris. M. Félix Pyat avait eu l'idée, dans les premiers temps de la monarchie de Juillet, de transporter sur la scène de l'Odéon les hommes de son temps déguisés sous des noms et des costumes romains. M. Beulé, usant d'un procédé contraire, changea les Romains du Palatin en Français des Tuileries. Le public nommait de leurs vrais noms Auguste et Tibère, Agrippine et Julie, Agrippa et Mécène, Narcisse et Séjan, tous les personnages livrés à sa malice par le spirituel professeur. M. Beulé parvint à son but : il fut un moment populaire; mais on sait aujourd'hui que le Juvénal de la Bibliothèque impériale, descendu de sa chaire, redevenu courtisan dans son cabinet, s'empressait d'écrire à César qu'il n'attaquait que ses ministres et qu'il lui gardait un dévouement et une reconnaissance inaltérables.

Les partisans de l'Empire, sans nier précisément que l'état des lettres en général ait été quelque peu languissant sous le règne de Napoléon III, soutenaient que personne du moins ne conteste la splendeur des Beaux-Arts. Qu'y a-t-il de vrai dans cette assertion?

L'art français n'a jamais été complètement original; il s'est toujours ressenti de l'influence du Nord et du Midi, qui lui venaient, l'une des Flandres au temps des ducs de Bourgogne, l'autre de l'Italie par l'intermédiaire des papes d'Avignon. Son histoire peut se diviser en trois périodes : la période religieuse et gothique du moyen âge, la période royaliste de la Renaissance, la période républicaine. La première finit à François Ier; la seconde se prolonge jusqu'en 89; la troisième date de la Révolution française. La période gothique est celle où l'on bâtit la plupart des églises qui s'élèvent encore aujourd'hui en France; pendant la période royaliste, on ne construit guère que des palais et des châteaux : les Tuileries, le Louvre, Fontainebleau, Versailles, types divers de construction, mais uniformes par leur décoration, dont l'Olympe et ses allégories forment l'éternel sujet. La période républicaine imprime aux arts du dessin des tendances plus politiques et plus utilitaires; c'est l'époque des fêtes populaires et des plans de la Convention pour la construction d'hospices, d'abattoirs, de ports, de routes, de ponts, etc.

David retrempa la peinture aux sources de l'antiquité; Gros, son meilleur élève, lui donna l'allure héroïque; Gérard la réduisit aux proportions d'un art officiel. La Restauration donna le signal d'une réaction un peu anarchique en apparence, mais qui, en poussant à l'étude des maîtres flamands et italiens et en restituant son importance à l'exécution trop négligée par les maîtres modernes, rendit de vrais services à l'art : Prudhon, Ingres, Géricault, Delacroix, les chefs de ce mouvement, n'en avaient certainement pas prévu les conséquences; ils ne se doutaient guère que, les peintres devenant de jour en jour des exécutants plus habiles et de plus parfaits imitateurs des procédés de la peinture flamande, ils en donneraient le goût au public; que les amateurs se dégoûteraient de la grande peinture et finiraient par ne plus demander que des tableaux de petite dimension. Le temps des peintres comme Decamps, Meissonnier, des paysagistes comme Corot et Rousseau, des portraitistes comme Ricard, n'était pas loin.

Le règne du petit tableau commençait d'une façon brillante au moment de la chute de la monarchie de Juillet ; un artiste éminent, M. Paul Chenavard, profitant de l'élan qu'une révolution communique toujours aux esprits, tenta de ramener la peinture à la tradition républicaine toute morale, philosophique et politique. Présenté par M. Charles Blanc, alors directeur des beaux-arts, au ministre de l'intérieur, M. Ledru-Rollin, M. Paul Chenavard lui soumit un plan de décoration complet du Panthéon. M. Ledru-Rollin, après avoir examiné ce travail considérable, n'hésita pas à mettre à la disposition de l'auteur 30 000 francs, avec lesquels il devait payer les dépenses matérielles de son œuvre.

Le Panthéon serait devenu un temple dont les entrecolonnements devaient être occupés par les fragments d'une sorte de discours pictural sur l'histoire universelle; il commençait au déluge, représenté près de la porte d'entrée à gauche, et allait chronologiquement jusqu'à l'abside, où figuraient la naissance, la prédication et la mort de Jésus-Christ. Une suite de tableaux, dont le dernier était la Révolution française, conduisait à la porte de droite. Une longue frise sur laquelle était peinte une immense procession, ayant le caractère des sujets représentés au-dessous, faisait le tour des murs. Patriarcale, religieuse, triomphale, barbare, cette procession se terminait par les états généraux de 1789. Les statues d'Alexandre et de Charlemagne remplaçaient, dans les deux bras de la croix qui se font face, celles de saint Pierre et de saint Paul. Les statues de Moïse, d'Homère, d'Aristote, de Galilée, exprimant les quatre âges de l'histoire, étaient adossées aux quatre piliers qui supportent la coupole. Chacun des pendentifs placés au-dessous d'elles symbolisait la religion, la poésie, la philosophie et la science. Un monument en basalte ou en marbre de diverses couleurs, entouré d'un baldaquin constellé, de forme elliptique, supporté par douze colonnettes correspondant aux douze signes du zodiaque, un peu à l'imitation du maître autel de Saint-Pierre de Rome, remplaçait le maître autel. L'éléphant, le bœuf, la licorne et le sphinx, symboles primitifs du plus ancien Orient, formaient la base de ce monument, sur laquelle se superposaient la barque égyptienne, puis l'arche

Fig. 7. — Le pavillon Impérial à l'Exposition.

de Moïse surmontée elle-même du calice de la communion chrétienne, de façon à offrir ainsi la réunion de tous les symboles.

Le pavé de cette nécropole, destinée à devenir le Westminster français, devait être couvert de mosaïques ou de peintures sur lave représentant quatre sujets de forme circulaire : la résurrection, l'enfer, le purgatoire et le paradis, placés sur les quatre bras du sol à l'exemple du pavé de la cathédrale de Sienne. Enfin, au milieu et sous la coupole, une autre immense mosaïque, également de forme ronde, résumait la philosophie de l'histoire. Le temple eût été colorié et doré à l'intérieur à la façon des temples antiques [1].

Le coup d'État du 2 décembre et la restitution du Panthéon au culte catholique comme payement de l'appui que le clergé donnait à l'auteur de ce crime, interrompirent le travail de M. P. Chenavard ; était-il condamné à y renoncer? Cela dépendait de l'archevêque de Paris, Mgr Sibour. M. P. Chenavard alla le voir. « Monseigneur, lui dit-il, il ne tient qu'à vous de vous assurer que, dans une œuvre destinée à présenter l'histoire abrégée de toutes les religions, le christianisme tient la place qui lui est due et que la main respectueuse de l'artiste a tenu à lui laisser. » Mgr Sibour ne montra aucune répugnance à accepter cette invitation ; au bout de quelques jours, il se rendit, accompagné de quelques ecclésiastiques et laïques lettrés, au Louvre, dans l'atelier de M. P. Chenavard, où se trouvaient déjà divers personnages de la cour du prince Louis-Napoléon, des officiers attachés à sa personne, des généraux et des inspecteurs du ministère des beaux-arts [2]. L'archevêque examina avec attention les compositions exposées, et, frappé de la grandeur de l'œuvre qu'il avait sous les yeux, il exprima ses regrets à l'auteur d'être obligé de s'opposer à son exécution, à moins qu'il ne consentît à en modifier le plan trop peu religieux pour l'adapter à une église. « Peut-être, continua-t-il, peu de chose suffirait pour cela. Je le crois, Monseigneur, répondit M. P. Chenavard ; mais, au lieu d'une Eglise chrétienne, j'ai voulu faire une Eglise en quelque sorte philosophique, où le christianisme n'occupe que la place qui lui revient dans l'histoire des doctrines humaines, et je ne saurais

---

1. La coloration eût été surtout architecturale. Les compositions exposées et improprement appelées *cartons* étaient les originaux dessinés sur toiles qui, après avoir été maroufiés sur les murs, auraient subi un léger coloriage sur place, afin de les harmoniser avec l'ensemble de l'architecture, et enfin revêtus d'un enduit ou vernis pour les préserver de l'humidité.

2. M. Romieu entre autres ; ce célèbre farceur taxa de panthéisme une œuvre où l'on ne met en scène que des dieux personnels.

me prêter à rien de contraire à ma pensée [1]. » Une des personnes qui faisaient partie de la suite de l'archevêque s'empressa d'ajouter : « Votre pensée en effet est trop claire pour qu'on puisse s'y méprendre; vous n'êtes pas cet athée, cet hébertiste dont on nous avait parlé, vous ne nous injuriez pas, vous nous mettez à la porte le chapeau à la main. »

M. P. Chenavard ne crut pas devoir, au prix de quelques concessions, acheter une commande aussi considérable [2], non qu'il ne fût touché de la flatteuse générosité de l'archevêque; mais le désir d'atteindre un grand but n'existant plus pour lui, et la foi dans son œuvre venant à lui manquer, il sentit qu'il n'aurait plus la force nécessaire pour la mener à bonne fin [3].

Le coup d'État fit avorter la tentative de M. P. Chenavard pour rattacher l'art à la tradition républicaine. M. Frédéric Mercey, successeur de M. Charles Blanc, s'empressa de ramener les beaux-arts dans la voie monarchique. M. de Niewerkerke, qui remplaça M. Frédéric Mercey, commença par rétablir à son profit le titre de surintendant des beaux-arts emprunté à l'ancien régime, en attendant d'en ressusciter les traditions. Il engagea avec l'Académie des beaux-arts une lutte d'où elle sortit humiliée, amoindrie, ayant perdu quelques-unes de ses plus vieilles prérogatives, celle entre autres de juger et de décerner les prix de Rome. M. de Niewerkerke administra les beaux-arts en favori de cour et en amateur. Le

---

[1]. Les restes des grands hommes ne devaient être admis dans le Westminster français qu'un siècle après leur mort. La liste en aurait été dressée par les membres de l'Institut et approuvée par le gouvernement de la République. Les restes mortels désignés aux honneurs du Panthéon auraient eu souvent à traverser la France entière sous la surveillance d'une commission chargée de leur transport et de leur remise. Les communes, les villes, se seraient portées sur le passage de ces glorieux cercueils, qui auraient appris ainsi aux spectateurs les plus illettrés, que la France n'oublie pas la mémoire des grands hommes, si lointaine qu'elle soit. Sur ces cercueils, reçus par les membres du gouvernement et de l'Institut réunis, conduits processionnellement jusqu'au Panthéon, auraient été prononcées des oraisons funèbres au milieu d'une cérémonie propre à frapper l'imagination populaire. Le peintre se flattait que ces reliques, descendues dans de magnifiques caveaux, nuit et jour éclairés, deviendraient bientôt le but de visites plus nombreuses et plus respectueuses que celles qui s'adressent aux saints. Il lui semblait naturel de croire qu'une grande impression morale pouvait résulter d'un monument comme le sien, qui, si la France substituait un jour sur son calendrier les noms de grands hommes à ceux des saints, pourrait servir à la célébration d'un culte en harmonie avec les idées du rationalisme moderne.

[2]. M. P. Chenavard a refusé également une part importante dans l'exécution des travaux de peinture commandés dernièrement par le gouvernement pour la décoration de l'église Sainte-Geneviève. Le prix de la commande s'élevait à 50 000 francs.

[3]. On avait, en trois ans de travail, dépensé à peine la moitié des 30 000 francs alloués à la décoration du Panthéon. Le ministre des beaux-arts écrivit à M. P. Chenavard de venir toucher le restant de cette somme. Il crut devoir refuser. Les 15 000 francs sont restés dans les coffres de l'Etat. Un million neuf cent mille francs de crédit ont été affectés dernièrement à la décoration de l'église Sainte-Geneviève.

principal mérite de la peinture à ses yeux était de contribuer à l'ornementation, et il la fit servir en grand à cet usage. Les tableaux des musées ornèrent par ses ordres non seulement les appartements particuliers de l'Empereur et de l'Impératrice, ceux du président du Sénat, mais encore les salons de jeu des cercles où se réunissaient les amis de l'Empire.

Fig. 8. — Le pourtour de l'Exposition le soir.

L'Empire faisait sans doute des commandes et achetait, comme tous les autres gouvernements, des tableaux d'histoire; il avait des monuments à faire décorer; désireux de plaire au clergé, il multipliait les décorations d'églises; mais les peintres chargés de ces travaux avaient depuis longtemps leur réputation faite, et ils sont morts sans laisser de successeurs [1].

Le nombre des peintres de genre augmentait au contraire tous les jours; leur art devenait celui de l'époque, parce qu'il se prête le mieux aux combinaisons du réalisme. Ce n'est pas que le second Empire puisse être

[1]. M. le directeur des beaux-arts voulait, en effet, distribuer il y a quelques mois les travaux de la décoration de Sainte-Geneviève, et, ne trouvant pas un nombre suffisant d'artistes capables d'entreprendre une pareille besogne, s'est vu obligé de recourir à deux peintres éminents, mais connus jusqu'ici pour leurs succès dans la peinture de genre, MM. Meissonier et feu Millet.

considéré comme le créateur du réalisme dans la peinture, pas plus que dans le roman; mais si la Restauration avait déjà préparé son avènement, si sous la monarchie de Juillet on vit se former des talents faciles, élégants, souples à s'accommoder aux goûts, aux fantaisies, aux caprices, aux modes de leur temps, résignés à faire de l'art une sorte d'annexe du luxe de l'ameublement, l'Empire facilita merveilleusement le développement de cette tendance. La reconstruction de Paris dans un moment où, pour des causes auxquelles l'Empire était à peu près étranger, la fortune publique et la fortune privée recevaient un accroissement considérable, permit aux nouveaux enrichis non seulement de bâtir des demeures somptueuses, mais encore de déployer pour les meubler un luxe princier; de nombreux hôtels furent construits et ornés de peintures et de fresques comme ceux de la Renaissance et des deux siècles suivants; les tableaux devinrent un luxe à la mode, à la condition cependant de se plier aux exigences du tapissier. Le luxe improvisé par la fortune aime à s'étaler tout de suite. L'amateur d'autrefois, assistant au long enfantement d'un tableau, trouvait dans le plaisir de le voir naître, la récompense de sa patience. Le parvenu du second Empire, impatient de montrer sa richesse, n'eut pas d'autre pensée que de pousser les artistes à redoubler leur rapidité de main, déjà fort surexcitée par la cupidité des marchands. En vain le peintre voudrait-il caresser, finir son esquisse, la transformer en tableau. « A quoi bon? s'écrie derrière lui le marchand impatient; une esquisse bien enlevée, c'est ce qu'on demande aujourd'hui, celle-ci l'est admirablement; prenez ces 10 000 francs, et je l'emporte! » Le peintre cédait à l'appât du gain, et il recommençait un autre tableau, qui ne tardait pas à lui être enlevé de la même façon; on s'enrichit bientôt à ce métier, mais on ne laisse rien de durable [1].

Le luxe peut contribuer au progrès des arts, mais il aide puissamment aussi à leur décadence. Quand les artistes travaillent uniquement pour les gens riches, ils cherchent à flatter leurs goûts et leurs instincts souvent vulgaires. Le règne de quelques souverains a coïncidé avec une grande époque de l'art; ces souverains en ont profité, ils ont payé richement de grands travaux à de grands artistes : peut-on dire qu'ils les aient suscités? Les belles époques de l'art sont les époques pauvres, où les plus illustres

---

[1]. Trois ou quatre marchands ont aujourd'hui le monopole de la vente des tableaux; loin de se faire concurrence, chacun d'eux a une clientèle différente; l'encombrement n'est pas non plus à craindre pour eux : l'Amérique, qui s'est éprise tout à coup pour la peinture d'une passion qu'elle satisfait sans marchander, est là pour épuiser leur stock. Le peintre est donc poussé à produire.

artistes sont pauvrement payés. Dans les temps où la richesse domine, le luxe impose son goût à l'art, et il est rare qu'il crée des artistes originaux; les peintres des époques de luxe se contentent de restaurer l'art ancien. L'argent des enrichis de l'époque actuelle n'a servi qu'à élever les tableaux, les statues, les objets d'art anciens à des prix fabuleux; il a fait la fortune des marchands de bric-à-brac, mais voilà tout. Heureusement, il n'y a pas grand mal à ce que les riches payent trop cher des tableaux qui ne valaient pas grand'chose hier et qui ne vaudront rien demain.

Si la sculpture n'avait point participé à la décadence de la peinture, c'est que le sculpteur était garanti par son art même contre le danger de le rabaisser. La sculpture devient moins aisément un objet de commerce que la peinture; la mode n'a pas la même prise sur elle, la tradition la trouve plus obéissante; c'est grâce à ces avantages que la sculpture avait pu rester plus fidèle que la peinture au respect du grand art. Quant à l'architecture, elle avait son chef-d'œuvre dans le nouvel Opéra, édifice pompeux né d'une inspiration composite où se heurtent tous les genres, où le goût disparaît sous la profusion des ornements, où le luxe se transforme en faste, où la magnificence n'est que le reflet d'une gigantesque ostentation.

La musique, le plus jeune de tous les arts, est celui qui a vieilli le plus vite. Né au siècle dernier, il avait produit tout de suite la plupart de ses chefs-d'œuvre, et il semblait que parvenu au milieu de notre siècle, après avoir produit les œuvres de Beethoven, de Rossini, de Weber, de Meyerbeer, il n'eût plus rien à nous dire. L'épuisement de l'art musical, visible en Europe, se trahissait en France à des signes certains. Les compositeurs devenaient de plus en plus rares, et les noms de ceux-là mêmes dont les pièces paraissaient, si l'on s'en tient au chiffre des représentations, obtenir des succès égaux aux succès des œuvres de Boïeldieu, Auber, Hérold, Halévy, étaient à peine plus connus le lendemain de ces brillants triomphes que la veille. Quel est le compositeur qui depuis vingt ans pouvait se flatter d'être devenu populaire? C'est que dans le drame et dans la comédie lyriques, comme dans le drame et dans la comédie ordinaires, le public blasé qui remplissait les salles de spectacle faisait des recettes, mais non des renommées. Les chanteurs manquaient autant que les auteurs. Le Conservatoire, sous la direction d'un vieillard spirituel et insouciant, ne donnait à ses élèves qu'un enseignement superficiel et expéditif, comme il convient à des gens qui ne voient dans leur art qu'un moyen de faire fortune en quelques années. La musique française, oubliant sa grâce élégante et spirituelle, sa verve aimable et l'on peut dire nationale, se parodiait elle-même et s'égarait sur les théâtres de farce. L'opéra-comique cédait la place à l'opérette, produit d'une époque où les hommes étaient trop corrompus, trop désenchantés pour goûter le charme de la finesse et de la distinction dans un art quelconque, et où ils ne comprenaient l'art lui-même que s'il s'y joignait une pointe de bouffonnerie et de dépravation.

Si notre décadence morale frappait les regards intelligents, la splendeur matérielle du nouveau Paris étonnait l'étranger qui, par une de ces belles journées dont l'été de 1867 ne fut pas trop avare, suivait pour se rendre à l'Exposition les boulevards depuis la Bastille jusqu'aux Champs-Élysées, entre deux rangées de maisons monumentales, de théâtres, de restaurants, de brasseries, d'estaminets, de cafés. Ces établissements, la nuit venue, formaient une illumination de deux lieues et offraient au promeneur tout ce qui pouvait flatter ses sens. Gourmand, il trouvait dans vingt restaurants toutes les joies de la cuisine depuis la plus simple jusqu'à la plus raffinée ; recherchait-il les distractions de la scène, un nouveau théâtre s'offrait à lui à chaque pas ; était-il amateur de galanterie il la rencontrait partout, sous toutes les formes, non seulement dans la rue, mais encore dans les salles de spectacle, où elle occupait la moitié des loges et des premières places. Elle était souvent aussi sur la scène, et l'étranger riche trouvait sur sa table de nuit le tarif des beautés de théâtre et leur photographie. Si le costume sous lequel se présentait l'actrice qu'il venait d'admirer ne lui plaisait pas, il n'avait qu'à entrer le lendemain chez un photographe, il la revoyait dans vingt attitudes et dans vingt costumes différents. Paris exhibait vraiment dans la femme galante un produit, sinon nouveau, du moins très perfectionné de son industrie. La mode, aidée par le journalisme, par le roman et par le théâtre, avait, en quelque sorte, proclamé l'égalité des femmes ; le monde s'était empressé de la mettre en pratique ; le costume ne séparait plus la femme honnête de la femme galante ; il n'existait plus, pour cette dernière, de lieu de fréquentation spécial ; elle ne se distinguait plus de la société qui la produisait, elle se confondait avec elle.

L'aisance, le naturel, la naïveté avec lesquels la femme galante, à Paris, exerçait son métier ou plutôt son art, et savait le proportionner aux hommes et aux circonstances, frappaient singulièrement l'observateur étranger : rien de choquant dans sa conversation, si cela n'est point néces-

Fig. 9. — Au bal donné à l'Hôtel-de-Ville, M. de Bismark en colonel de cuirassiers attirait tous les regards.

saire ; des mots souvent appris, quelquefois improvisés, ordinairement amusants et drôles. La prostitution était plus répandue que jamais ; mais la prostituée avait en quelque sorte disparu, pour faire place à un bon petit camarade en jupons, que l'étranger rencontrait à chaque instant sur ses pas, qui le tentait sans s'offrir, qui l'amusait sans le choquer, et qui avait l'art de lui prendre son argent sans paraître se faire payer.

Le Parisien, façonné de longue date aux habitudes du monde et de la société, a ce caractère d'aisance, de gaieté, de politesse, d'affabilité qui le distinguent. Le Parisien ne se renferme pas chez lui ; il aime à manger et à boire en commun, dans ces cafés, ces restaurants si brillants, si nombreux, où l'étranger trouve un si charmant accueil ; familier avec les arts du luxe et les industries du plaisir, il en étale les produits dans ces magasins, ces boutiques, où il se montre si ingénieux dans l'art d'attirer les chalands et si poli dans leurs rapports avec eux ; tout contribue à l'agrément que le séjour de Paris offre à l'étranger ; Paris est devenu depuis longtemps, grâce à la centralisation politique, le foyer des lettres, de la littérature et des arts ; soumis à l'influence d'un personnel charmant et corrompu, il avait gardé quelque chose de la grâce et des vices de l'ancien régime, qui a tant contribué à le fonder ; il est bien la capitale d'un pays qui depuis la Renaissance jusqu'à la Révolution a presque toujours été gouverné directement ou indirectement par des femmes. L'ancien régime avait commencé à lui imprimer ce cachet de cité cosmopolite que l'Empire s'efforçait de rendre encore plus marqué. L'Europe tout entière décernait à Paris le titre de capitale du plaisir universel et, sans lui marchander une admiration d'un certain genre, sentait diminuer son estime pour lui. Paris le comprenait, dans son voluptueux énervement, comme un homme qui sait qu'il gaspille sa vie et qui juge ses folies en s'y livrant.

Les étrangers pouvaient constater le changement considérable opéré dans les mœurs françaises depuis l'Empire. Le Parisien, le Français par excellence, avait subi, comme Paris, un changement dû à des causes qu'on ne pourrait sans injustice reprocher uniquement à l'Empire.

L'affluence des visiteurs à l'Exposition baissait à l'approche des chaleurs ; le moment était venu de procéder à la proclamation des récompenses décernées aux exposants ; la cérémonie eut lieu le 2 juillet. Napoléon III, qui obtint un premier prix hors classe pour ses maisons ouvrières, présida avec l'Impératrice à cette grande solennité : les portes du Palais de l'Industrie s'ouvrirent à midi. Les hommes en habits brodés, les militaires français et étrangers en uniforme, les femmes en brillantes toilettes, attendaient depuis onze heures le moment d'entrer ; cette foule bigarrée remplit bientôt les vingt mille places que contenait l'intérieur de la salle. Ce vaste espace, partagé en deux parties, l'une réservée à la France, l'autre aux autres nations, cet immense pourtour garni de massifs de verdure et de fleurs, ces huit trophées construits avec les produits qui avaient mérité les prix, ce trône sur une estrade tendue en velours rouge semé d'abeilles, formaient une imposante décoration.

L'Empereur et l'Impératrice prirent place sur l'estrade ; aussitôt l'orchestre exécuta un hymne fort peu poétique [1] dont Rossini avait composé la musique, et le cortège des exposants, bannières en tête, défila devant Leurs Majestés. Le ministre d'État lut ensuite son rapport sur l'Exposition, et l'Empereur prononça un discours tout rempli de la rhétorique que comporte un pareil sujet : l'Exposition représentait « les jeux olym-
« piques du monde entier, où tous les peuples, luttant par l'intelligence,
« semblent s'élancer à la fois dans la carrière infinie du progrès vers un
« idéal dont on approche sans cesse, sans l'atteindre. » L'orateur était convaincu que

« De ces grandes réunions, qui paraissent n'avoir pour objet que des intérêts matériels, il se dégage toujours une pensée de concorde et de conciliation ; les nations en se rapprochant apprennent à se connaître et à s'estimer, les haines s'éteignent, et cette vérité s'accrédite de plus en plus que la prospérité de chaque pays contribue à la prospérité de tous. L'Exposition de 1867 marque une nouvelle ère d'harmonie et de progrès. »

L'Empereur finissait ainsi :

Félicitons-nous, messieurs, d'avoir reçu parmi nous la plupart des souverains et des princes de l'Europe et tant de visiteurs empressés. Soyons fiers de leur avoir aussi montré la France telle qu'elle est, grande, prospère et libre. Il faut être privé de toute foi patriotique pour douter de sa grandeur, fermer les yeux à l'évidence pour nier sa prospérité, méconnaître ses institutions, qui parfois tolèrent jusqu'à la licence, pour ne pas y voir la liberté.

1.
O Providence,
Notre espérance,
Garde la France,
Protège-nous !
Sainte Patrie,
Art, industrie,
A ton génie,
Tout rend honneur.
Pour son bonheur,
Pour sa grandeur,
Sur l'Empereur,
France, à son règne honneur !

LA SOIRÉE DE GALA A L'OPÉRA

« Les étrangers ont pu apprécier cette France jadis si inquiète, et rejetant ses inquiétudes au delà de ses frontières, aujourd'hui laborieuse, calme, toujours féconde en idées généreuses, appropriant son génie aux merveilles les plus variées et ne se laissant jamais énerver par les jouissances matérielles.

« Les esprits attentifs auront deviné sans peine que, malgré le développement de la richesse, malgré l'entraînement vers le bien-être, la fibre nationale y est toujours prête à vibrer, dès qu'il s'agit d'honneur et de patrie; mais cette noble susceptibilité ne saurait être un sujet de crainte pour le repos du monde. »

Fig. 10. — La galerie des machines à l'Exposition de 1867.

Cette pompeuse phraséologie ne faisait illusion à personne. Les souverains étrangers, les visiteurs empressés dont parlait l'Empereur, ne s'étaient point trompés sur la prospérité plus apparente que réelle de l'Empire, et ils avaient pu juger, en voyant de près les Parisiens, de leur aptitude à ne pas se laisser énerver par les jouissances matérielles. L'Empereur choisissait pour vanter les institutions de la France le moment où elles étaient à la veille de s'écrouler; quant à la fibre nationale, s'il entendait par là ce frivole amour-propre qui porte en toute occasion le Français à se déclarer le premier peuple du monde, elle ne fut jamais, il est vrai, plus excitée qu'en ce moment. L'Exposition, s'écriaient tous les matins les journaux impérialistes, place la France à la tête des nations. Le gala de l'Opéra devait suffire, selon la *France*, « pour donner à l'Europe une éblouissante idée du peuple français », du « charme incomparable de nos patriciennes », c'est ainsi que les journaux officieux désignaient les femmes des membres de la commission municipale qui faisaient les honneurs des bals et des banquets de l'hôtel de ville aux souverains avec un écusson aux armes de la ville sur l'épaule.

Cet enthousiasme se calma pourtant peu à peu, et, quand la clôture de l'Exposition eut lieu le 4 novembre, le gouvernement, les exposants, les Parisiens, s'aperçurent qu'elle était loin d'avoir produit tous les résultats qu'ils en attendaient. Au point de vue des intérêts, il n'y avait en effet aucun avantage à concentrer pendant un an toutes les préoccupations du pays sur une foire gigantesque. La prospérité de cette année-là se payait au prix de la stérilité des suivantes. L'union des peuples n'en éprouvait pas de meilleurs effets. Les hommes rassemblés pour juger du mérite d'une machine, d'un tissu, d'une substance alimentaire, et ceux qui se réunissent sous l'influence d'une idée, ne ressentent pas la même influence de leur mutuel contact. Une fête dans le genre de celle de la fédération en 89 aurait beaucoup plus fait pour unir les hommes que toutes les solennités de l'industrie. La fréquence de ces dernières en diminuait d'ailleurs l'importance. Une grande révolution dans les procédés du travail de l'homme ne s'accomplit pas tous les cinq ans, juste à point pour justifier une exposition universelle des produits de l'industrie. Rien ne s'était passé de nouveau dans le monde industriel depuis l'Exposition de Londres. Il s'agissait simplement de savoir si depuis ce temps les Anglais étaient décidément parvenus à disputer la supériorité aux Français dans certains arts industriels. La question avait sans doute son importance, mais le public comprenait qu'on pouvait la résoudre à meilleur marché ; vainement cherchait-on à lui monter l'imagination par des grands mots : tournoi pacifique, cour plénière du travail, grandes assises de l'intelligence, son bon sens protestait contre ces exagérations. Les guerres étaient devenues plus fréquentes depuis ces tournois pacifiques. Une guerre formidable semblait sur le point d'éclater à la veille de la dernière Exposition. Une guerre n'éclaterait-elle pas avant la clôture de celle-ci ? Le fait est qu'on ne parla jamais plus de guerre que pendant l'Exposition. Un défaut capital de ces grandes exhibitions industrielles, c'est l'impossibilité de les réserver aux produits de l'industrie. Où l'industrie commence-t-elle et où finit-elle, aux yeux d'un jury ? Tout est confondu dans ces gigantesques bazars où l'instruction publique a sa vitrine à côté de la parfumerie, où le pittoresque envahit tout, et où l'air est imprégné d'une vague odeur de charlatanisme.

Ces palais, ces édifices, ces églises à la Potemkin qui avaient coûté des sommes fabuleuses allaient disparaître pour jamais dans quelques jours. Il ne resterait plus rien de l'Exposition que l'impression laissée par la France impériale dans l'esprit des observateurs attentifs et sagaces qui avaient intérêt à la voir et à la bien voir. Les amis de l'Empire ne doutaient nullement que tous les étrangers ne quittassent la France en emportant la plus haute idée de sa puissance.

Les événements devaient prendre soin de les détromper. L'Empire n'avait fait illusion ni aux Anglais, ni aux Russes, ni aux Italiens, ni aux Allemands, ni aux peuples du Midi, ni aux peuples du Nord. Les Allemands ne sont pas, quoi qu'on en dise, tellement habitués à se perdre dans les généralités, qu'ils ne sachent au besoin retrouver le chemin de la réalité et pénétrer dans le détail des choses. Gœthe, assis devant un feu de bivouac le lendemain de Valmy, écrivit : « De ce lieu et de ce jour date une nouvelle ère dans l'histoire du monde, et vous pourrez dire : J'y étais ». Les compatriotes de Gœthe venus en grand nombre à Paris pendant l'Exposition avaient vécu de sa vie, goûté ses plaisirs, pénétré dans l'intérieur des familles et surpris plus d'un secret de leur existence intime : l'un d'eux, sortant d'une de nos salles de spectacle ou de bal, traça peut-être cette phrase sur ses tablettes : « De ce lieu et de ce jour date la décadence d'une nation dans l'histoire du monde. J'y étais. »

Paris, pendant les trois mois de l'Exposition, vit passer tour à tour sur ses boulevards plusieurs souverains et princes d'Europe et de l'Orient, le roi des Belges, le czar de Russie, le roi de Prusse, le Sultan, le prince de Galles, le prince de Prusse, le prince d'Orange, le prince de Saxe-Weimar, le vice-roi d'Égypte et le frère du Taïcoun du Japon. Le roi des Belges arriva le premier [1]; le czar, suivi de son fils aîné, remplaça le roi des Belges. Le général Lebœuf, aide de camp de l'Empereur, s'était rendu au-devant de lui jusqu'à Maubeuge ; Napoléon III, en personne, l'attendait à la gare de l'Est le 1er juin, et il l'accompagna jusqu'aux Tuileries, en suivant les quais et non, comme les journaux l'avaient annoncé, les boulevards, les rues de la Paix, Castiglione et

---

1. Maintenant que l'on connaît les pourparlers auxquels avait donné lieu, entre M. Benedetti et M. de Bismarck, la question des compensations territoriales à accorder à la France en échange des agrandissements de la Prusse, il est permis de supposer que le désir d'admirer les produits de l'Exposition n'était pas l'unique cause de l'empressement de Léopold II.

Rivoli, changement d'itinéraire ordonné, dit-on, pour éviter au souverain russe la vue du boulevard de Sébastopol.

Le czar avait tenu à présenter avant tout ses hommages à l'Impératrice; la visite ne fut pas de longue durée. Après lui avoir présenté son fils, il se rendit à l'Élysée, préparé pour le recevoir. Il avait fait télégraphier de Cologne qu'on lui retînt une loge au théâtre des Variétés, où l'on jouait la *Belle Hélène*; il y passa sa soirée et parut prendre grand plaisir au spectacle; il se rendit ensuite à l'Élysée à pied, en fumant son cigare au milieu des flâneurs du boulevard.

Le voyage du czar avait-il uniquement pour mobile son désir de voir l'Exposition, ou bien l'Exposition, comme l'insinuaient quelques feuilles officieuses, n'était-elle qu'un prétexte pour voiler des négociations relatives à la révision du traité de 1856 et à la reprise des bons rapports existant entre les deux cours de Paris et de Saint-Pétersbourg avant l'insurrection de Pologne? Voilà ce qu'on se demandait de tous côtés. La présence du prince Gortschakoff dans la suite du czar permettait de supposer que la politique tenait autant de place que la simple curiosité dans un voyage dont les inconvénients et même les dangers n'avaient échappé ni au czar, ni à sa famille, ni à ses conseillers. Le gouvernement russe, en général bien instruit par ses agents, ne pouvait ignorer que le sentiment national n'avait jamais été plus vivement excité en France en faveur des Polonais qu'en ce moment : discours, articles, conférences, retentissaient de plaintes pour déplorer le sort de tant de malheureux morts dans les mines ou dans les casemates des citadellles, martyrs d'une nation dont la moitié ne peut ni parler ni prier dans sa langue et dont l'autre moitié erre dans l'exil. La pitié inspirée à la population parisienne par les souffrances de la Pologne ne se ferait-elle pas jour d'une façon dangereuse pour le czar [1]? Le séjour d'un grand nombre de proscrits à Paris ne créait-il pas pour lui un péril encore plus grand?

Ces deux points avaient été l'objet de communications intimes entre l'entourage d'Alexandre II et celui de Napoléon III; les craintes témoignées à Saint-Pétersbourg finirent par s'apaiser devant l'assurance formelle donnée par le préfet de police Piétri au comte Schouvaloff, grand maître de la police russe, que toutes les précautions étaient prises et que rien n'était à redouter ni du côté des Parisiens ni du côté des Polonais. Ces derniers, d'ailleurs, avaient quitté Paris en apprenant l'arrivée du czar,

---

[1]. Tout se borna de la part des Parisiens à crier : Vive la Pologne! sur les pas du Czar dans ses visites à l'Opéra, au Louvre et au Palais-de-Justice.

Fig. 11. — Au moment où l'Empereur de Russie montait l'escalier du Palais-de-Justice, M. Floquet, avocat, s'approche de lui et crie : « Vive la Pologne, monsieur. »

sauf les pauvres et les ouvriers, qui s'étaient promis de rester chez eux ou de se rendre uniquement de leur logis à l'atelier.

Si le czar avait oublié ses préoccupations personnelles, les préoccupations politiques auxquelles il lui était plus difficile de se soustraire ne lui permettaient guère de goûter les plaisirs de Paris. L'alliance intime entre la Russie et la Prusse, la certitude de son appui, avait seule permis à cette dernière d'adopter une politique aussi téméraire que celle de M. Bismarck et d'y persévérer. Détacher la Russie de l'alliance avec la Prusse, c'était porter un coup sensible à cette puissance et permettre à la France d'adopter un langage plus pressant au sujet de ses revendications. Napoléon III s'y employait avec ardeur, mais ses tentatives échouaient devant le parti pris du czar, qui ne cachait pas à ses intimes l'ennui qu'elles lui causaient.

Le roi de Prusse fit son entrée à Paris sans apparat quelques jours après le czar, dans une voiture découverte où se trouvaient le général de Moltke et M. de Bismarck en uniforme d'officier supérieur de cuirassiers de la landwehr. Guillaume Ier, comme son neveu Alexandre II, ne s'était décidé qu'à grand'peine à venir en France; à son départ de Berlin, on avait dit des prières dans toutes les églises pour « appeler la bénédiction de Dieu sur le voyage du roi et pour demander l'affermissement de la paix par l'entente des souverains réunis à Paris »; mais une entente semblait bien difficile entre Napoléon III et Guillaume Ier, entre le médiateur incomplet et mécontent d'une paix qu'il avait assurée par sa neutralité et qu'il voulait donner comme désintéressée, tout en s'étonnant de n'en pas recevoir le prix, et le vainqueur de Sadowa, fier d'avoir accompli la première partie de ce que les membres de la maison de Hohenzollern appellent leur mission historique, et en même temps inquiet et préoccupé des difficultés que son hôte pouvait lui susciter dans l'accomplissement de la seconde; l'un ne voulant pas être pris pour dupe et craignant de montrer qu'il redoutait de l'être, l'autre résolu à ne pas revenir sur le passé, à ne rien compromettre dans l'avenir, et à résister à son adversaire sans rompre avec lui. Comment, dans cette situation, les rapports entre les deux souverains n'auraient-ils pas été difficiles et les entretiens embarrassants ? Guillaume Ier mettait à les éviter ou à les rendre stériles un art qu'on n'aurait pas attendu de lui. M. de Bismarck, il est vrai, ne le quittait pas et lui enseignait l'art de repousser les insinuations et de ne pas s'apercevoir des reproches. Guillaume Ier se trouvait d'ailleurs aussi embarrassé devant l'opinion publique que devant Napoléon III. La duplicité et la rapacité dont il avait fait preuve le rendaient aussi impopulaire que le czar, il le sentait, et il ne cachait pas à ses familiers son impatience de regagner Berlin. Les petits souverains de l'Allemagne, fort nombreux à Paris, ne s'y trouvaient pas plus à l'aise; placés entre la France et la Prusse, ayant autant à craindre ou à espérer de l'une que de l'autre, ils étaient obligés de jouer un double rôle, fatigant pour leurs personnes et compromettant pour leur dignité. La contrainte à laquelle les hôtes de Napoléon III, et Napoléon III lui-même, étaient soumis, n'avait d'autre adoucissement que l'incessante succession des fêtes de cour aux fêtes militaires. La plus brillante de ces dernières fut sans contredit la grande parade de la garde impériale sur le terrain du bois de Boulogne [1]. Soixante mille hommes, commandés par le maréchal Canrobert, avaient été réunis sur le terrain des courses. Il était cinq heures. Le défilé venait de finir; les souverains rentraient en calèche découverte dans Paris, Napoléon III, le czar, le prince héritier de Russie et son frère le grand-duc Wladimir dans la première voiture; l'Impératrice, le roi et le prince royal de Prusse dans la seconde. La calèche de l'Empereur et du czar passait près de la grande cascade au milieu des flots de curieux qui l'obligeaient à marcher au pas, lorsqu'un sergent-major anglais sentit une main s'appuyer à son épaule; une explosion retentit en même temps à son oreille. Il se retourne et se trouve en face d'un jeune homme tenant à la main la crosse d'un pistolet brisé, qu'il vient de décharger sur la voiture des deux empereurs; ni l'un ni l'autre n'avait été atteint. Un écuyer de l'Impératrice ayant vu s'avancer un individu près des chevaux, et voulant s'opposer à la violation de la consigne qui défend de jeter des pétitions dans la voiture de l'Empereur, avait fait faire à son cheval un bond violent qui le plaça entre le prétendu pétitionnaire et les souverains. Les naseaux de son cheval furent traversés par la balle du pistolet, qui blessa légèrement une dame de l'autre côté de la route. Le second canon avait crevé entre les mains du meurtrier, que le sergent-major anglais avait arrêté. Une cohue aveugle et cruelle voulait le massacrer. Les gardes de Paris eurent beaucoup de peine à l'arracher de leurs mains et à le conduire au dépôt de la préfecture de police; le *Moniteur* ne tarda pas à donner des détails :

« Un individu, se disant Polonais, a tiré un coup de pistolet sur la « voiture qui ramenait Sa Majesté avec l'empereur de Russie et ses deux

---

[1]. A l'endroit même où le roi de Prusse, devenu empereur d'Allemagne, devait trois ans plus tard passer sa propre garde en revue.

« fils, à l'issue de la grande revue passée aujourd'hui par l'empereur
« au bois de Boulogne, en l'honneur des souverains étrangers, au milieu
« d'un enthousiasme indescriptible. »

On pouvait se demander si l'on avait tiré sur Napoléon III, et il semble que le *Journal officiel* n'eût pas été fâché de le faire croire, mais l'origine du meurtrier ne laissa bientôt plus de place à l'équivoque. M. Rouher, M. Baroche, le comte Schouwaloff, grand-maître de la sûreté générale en Russie, avaient soumis l'homme au coup de pistolet, à des interrogatoires très pressants, à la suite desquels il s'était décidé à faire des aveux : il s'appelait Bérezowski, et, s'il avait commencé par dissimuler le lieu de sa naissance, c'était de peur d'attirer sur sa famille, habitant la Pologne, les persécutions d'une police impitoyable. Le grand-maître de la police russe lui demanda où était son père. « Je l'ignore, répondit-il, mais je sais que le malheureux sert les Russes! » Il espérait par ce mensonge soustraire le vieillard, dont il connaissait fort bien la retraite et les opinions, aux persécutions auxquelles l'exposait l'acte qu'il venait de commettre.

Bérezowski avait eu le poignet fracassé par l'explosion de son pistolet; le chirurgien du dépôt lui faisait subir un pansement douloureux, pendant que MM. Rouher, Baroche et Schouwaloff l'interrogeaient; il ne fit entendre aucune plainte; il soutint avoir agi selon son droit; son seul regret était d'avoir commis son acte en France, dans un pays pour lequel il n'avait que des sentiments de reconnaissance. MM. Rouher et Baroche s'empressèrent de porter aux Tuileries le résultat des interrogatoires aux deux empereurs qui étaient à table : Bérezowski fut transféré dans la soirée à la Conciergerie, dans la chambre d'Orsini.

Le parquet déploya la plus grande activité dans l'instruction de son procès et se livra aux investigations les plus étendues sur ses antécédents; elles ne servirent qu'à constater la moralité de sa vie. Bérezowski, âgé de dix-huit ans, petit de taille, d'une physionomie très douce, avait l'air d'un enfant plutôt que d'un jeune homme; arrivé à Paris dénué de ressources, il s'était fait ouvrier mécanicien; parvenu à réaliser sur sa paye des économies suffisantes pour payer un semestre dans une pension, il y était entré pour se perfectionner dans la langue française. Le chef de cette institution regretta publiquement à l'audience que Bérezowski ne lui eût pas fait connaître le motif qui l'avait obligé à le quitter. « Je
« l'aurais gardé pour rien, dit-il, je l'aimais, et tout le monde l'aimait
« chez moi. » Bérezowski avait d'abord refusé de se défendre, et il ne

se décida à prendre un avocat que sur cette observation qu'on ne manquerait pas d'attaquer la Pologne dans sa personne et qu'il fallait bien qu'on parlât pour elle. Il choisit M. Emmanuel Arago, parce qu'il se souvint que cet avocat, ambassadeur de la République française à Berlin en 1848, avait profité de ses fonctions pour solliciter et obtenir la grâce de Mieroslawski, condamné à mort pour crime politique. Bérezowski, trois semaines après sa tentative, comparut devant le jury, qui, touché de sa jeunesse et de la pureté de sa vie, lui accorda le bénéfice des circonstances atténuantes, indulgence qui ne fut comprise ni par le czar ni par ses sujets.

La presse démocratique désapprouva en termes très nets le crime de Bérezowski. Le général Zamoyski s'était empressé de protester contre cet attentat, au nom d'un groupe considérable de membres de l'émigration polonaise. Le gouvernement impérial essaya de susciter à son tour une sorte de protestation nationale. Le Sénat et le Corps législatif donnèrent l'exemple. Le baron Dupin fit à ses collègues la singulière proposition « d'unir aux sentiments que le danger couru par les *deux* empereurs leur inspirait, l'expression des sentiments non moins vifs qu'ils éprouvent pour un troisième souverain dont les jours sont aussi menacés par des bandes armées ». Le Sénat, quelque dévoué qu'il fût au pape, trouva que ce n'était pas précisément le moment de s'occuper de lui. Le président Troplong se fit l'interprète de l'indignation du Sénat contre le régicide ; M. Schneider exprima les mêmes idées au nom du Corps législatif.

L'initiative du Sénat et du Corps législatif, l'ordre donné aux préfets de pousser les conseils municipaux et départementaux à envoyer des adresses au czar, restèrent sans effet. Qu'auraient pu d'ailleurs ces adresses pour calmer la colère intérieure du czar? Alexandre II et sa famille avaient, comme on l'a vu, témoigné à propos de son voyage des inquiétudes que les assurances les plus formelles sur sa sécurité, étaient parvenues seules à vaincre, et non seulement le czar avait couru le risque de la vie, mais encore il venait de fournir à l'Europe l'occasion de se convaincre une fois de plus de l'indomptable vitalité de la Pologne. Il y avait bien là de quoi justifier le mécontentement profond qu'il témoigna en secret à ses serviteurs, et qu'il exhala plus tard publiquement à la fois contre l'Empereur et contre la nation française, complice de Bérezowski.

Un pompeux *Te Deum* auquel assistaient, à côté du czar, l'Empereur et l'Impératrice des Français, fut chanté le lendemain de l'attentat du bois de Boulogne à l'église russe. Le soir même, Alexandre II dut se rendre au bal de l'hôtel de ville et le surlendemain au bal des Tuileries. Le théâtre du palais transformé en salle à manger, et la salle des maréchaux en salle de bal; un escalier en fer à cheval, deux fois plus grand que celui de Fontainebleau, permettant aux invités de descendre dans le jardin réservé; becs de gaz au nombre de 50 000 gerbes, jets de lumière, globes, cordons lumineux autour des bassins, flammes de Bengale, batteries électriques, tous les moyens connus d'éclairage mis en réquisition; les femmes en robe décolletée, couvertes de diamants et de fleurs, circulant sous les arbres et dans les bosquets comme les fées de ce pays de la clarté : jamais fête plus splendide ; le jour levé, elle durait encore, et le soleil naissant, se confondant avec l'illumination mourante, semblait la rallumer. C'est au milieu de cette fête que les souverains apprirent la capture de Maximilien à Queretaro.

Le czar et le roi de Prusse quittèrent Paris le 11 juillet. Le prince royal d'Italie, le prince Arthur d'Angleterre, les ambassadeurs persans, défrayèrent la curiosité publique jusqu'à l'arrivée du Sultan. Le vice-roi d'Égypte précéda son suzerain de quelques jours à Paris. Ismaïl-Pacha, entouré de faiseurs d'affaires, de journalistes, de financiers véreux, offrit au public un excellent spécimen de ces souverains orientaux, intrigants, libertins, brocanteurs, qui demandent à la civilisation les moyens de satisfaire leurs caprices et leurs vices, sous prétexte de lui emprunter le secret d'assurer le bonheur de leurs peuples; courant les théâtres, les promenades, les lieux publics, « le régénérateur de l'Égypte », comme l'appelaient les journaux officieux, magnifique sans générosité, intelligent sans élévation, civilisé dans ses habitudes, barbare dans ses goûts, fournit pendant près d'un mois aux reporters d'une certaine presse une série d'anecdotes intimes sur ses galanteries, dans lesquelles rien n'était omis, pas même leur tarif. Le Sultan prêtait encore plus à la curiosité et à la phraséologie ; ce fut à son arrivée un vrai débordement de rhétorique dans les journaux officieux, étalant les horizons nouveaux que la présence du commandeur des croyants sur le sol chrétien ouvrait, selon eux, à la civilisation, comme si le voyage du Sultan allait mettre fin à la contradiction dans laquelle se débat en vain la Turquie, placée entre une aristocratie qui comprend l'importance des réformes et qui les accueille ou s'y résigne, et un peuple soumis encore jusqu'au fanatisme à une loi religieuse qui lui défend tout changement.

Le roi et la reine de Portugal, l'infant frère du roi, le roi de Bavière et quelques princes allemands remplacèrent le Sultan ; mais l'Impératrice avait brusquement quitté Paris pour se rendre dans l'île de Wight auprès de la reine Victoria, et les fêtes se ressentaient quelque peu de son absence. Il est difficile que dans une monarchie les événements intérieurs dont la cour est le théâtre ne se transforment pas à la ville en historiettes plus ou moins vraies, mais toujours embellies par la médisance. Le bruit ne tarda pas à se répandre que le départ de l'Impératrice, ou plutôt sa fuite, car c'est bien ainsi que pouvait s'appeler un voyage si subit et si inattendu, était due à des querelles de ménage entre elle et son mari dans lesquelles la jalousie jouait le rôle principal.

L'Empereur reçut donc seul le roi de Bavière. Le roi d'Italie, attendu, disait-on, d'un jour à l'autre, ne parut pas ; son absence fut mise sur le compte de sa mauvaise santé, qui ne l'empêchait cependant pas de chasser le chamois dans les Alpes. Le prince royal d'Italie, Humbert, tint la place de son père. Le mécontentement causé au gouvernement italien par l'envoi du général Dumont à Rome était le vrai motif de la conduite de Victor-Emmanuel. La question romaine, avec laquelle on croyait en avoir fini, sinon pour toujours, du moins pour longtemps, par la convention du 15 septembre, allait bientôt reparaître à l'état aigu et succéder à la question du Luxembourg dans les préoccupations de l'opinion publique.

Fig. 12. — Les querelles de ménage entre Napoléon III et l'Impératrice Eugénie aboutirent au brusque départ de l'Impératrice pour l'Angleterre.

CHAPITRE III

MORT DE MAXIMILIEN

Triste situation de l'empire mexicain. — Napoléon III consent au rétablissement de la République. — Le maréchal Bazaine se décide à partir. — Débarquement de Bazaine à Toulon ; il est en disgrâce. — Maximilien recommence la lutte au Mexique. — L'armée républicaine arrive devant Queretaro. — Situation désespérée des assiégés. — Maximilien consulte les généraux. — Maximilien essaye inutilement de traiter avec les Républicains. — Maximilien est obligé de se rendre. — Il remet son épée au général Escobedo. — Instructions du ministre de la guerre. — Maximilien fait choix de deux avocats. — Les avocats ont une entrevue avec Juarez. — Inutilité de leurs efforts. — Maximilien est condamné à mort. — L'exécution est fixée au 19 juin. — Maximilien demande la grâce de ses compagnons. — Juarez la refuse. — Derniers moments de Maximilien. — Effet de la mort de Maximilien sur l'opinion publique en Europe. — Napoléon III seul responsable de la mort de Maximilien.

Au milieu des joies et des fêtes de la cour de Napoléon III, pendant l'Exposition, s'accomplissait le tragique dénouement de l'aventure du Mexique.

L'état de ce pays n'avait fait qu'empirer depuis l'année précédente. Une dépêche adressée le 10 janvier 1867 par Napoléon III au général Castelnau lui commandait de rapatrier tous les Français établis au Mexique. L'insurrection grandissait et s'organisait dans les villes et dans les campagnes. Juarez était à Monterey, à la veille de rentrer à San-Luis de Potosi. Maximilien, réduit à ses propres forces par l'interdiction mise au départ de 6000 recrues, par son propre frère, forcé de céder au ministre des États-Unis à Vienne qui menaçait de demander ses passeports, aurait dû comprendre qu'il était temps pour lui de revenir en Europe; il resta « parce qu'il ne voulait pas ternir la gloire de ses aïeux ».

Le ministre de Napoléon III à Washington avait reçu en même temps que le général Castelnau des ordres directs au sujet du Mexique; il devait déclarer à M. Seward que son gouvernement était prêt à rétablir la république, à condition qu'il ne serait pas question de replacer Juarez à sa tête; il s'agissait seulement de savoir si M. Seward était d'humeur à se prêter aux rancunes de Napoléon III, et à favoriser les combinaisons du maréchal Bazaine, qui était en négociation avec le général Porfirio Diaz. Ce dernier, dans une lettre adressée le 3 mai 1867 à M. Romero, ministre de M. Juarez aux États-Unis, émet de bien graves assertions au sujet de ces négociations. Le maréchal Bazaine, à l'en croire, lui aurait formellement fait offrir de mettre entre ses mains les villes occupées par les Français et de lui livrer Maximilien, Marquez, Miramon, etc., et de lui vendre 6000 fusils et 4 millions de cartouches. Il est difficile d'admettre que le général Porfirio Diaz n'ait été ici la dupe de quelque intrigant. Quant à une troisième proposition dont il est aussi question dans la lettre du général Porfirio Diaz, et « qu'il avait repoussée parce qu'il ne la trouvait point honorable », on a prétendu qu'elle se rapportait à la reconnaissance de la dette et des emprunts français; mais comment ne pas remarquer que le Mexique ne devait plus rien à la France? Il n'y avait plus que des souscripteurs aux emprunts du Mexique, c'est-à-dire des créanciers particuliers de ce pays; par quels moyens espérerait-on alors amener le gouvernement républicain à payer les emprunts contractés pour le renverser et pour détruire l'indépendance du Mexique? On peut cependant admettre à la rigueur que ce fut bien là l'objet de la proposition faite à Porfirio Diaz, qu'on aurait proclamé président du Mexique, à condition qu'il rendrait à l'Empereur le service de lui permettre de dire, par l'intermédiaire de M. Rouher, au Corps législatif : « La dette et les emprunts français ne courent aucun risque. »

Le général Castelnau pressait le départ des troupes. Le maréchal Bazaine comprit que le moment était venu de mettre un terme à ses hésitations : le colonel Boyer, son chef de cabinet, adressa par son ordre aux journaux un avis portant qu'un grand convoi de rapatriement partirait le 1er février de Mexico. La proclamation d'adieu du maréchal à « la chevaleresque nation mexicaine » parut le surlendemain. Le départ de l'armée était fixé au 5. Toutes les troupes se réunissaient sur l'esplanade du Cheval de Bronze, d'où le commandant en chef, après les avoir passées en revue, les fit défiler par l'Alameda ; à six heures, il ne restait plus un soldat français dans la ville, qui, après le départ des étrangers, conserva sa tranquillité et son aspect habituels [1].

Le maréchal Bazaine, décidé à descendre à petites journées le plateau de l'Anahuac pour se rendre à Vera-Cruz, s'arrêta à quelques lieues de Mexico, espérant vainement que Maximilien, voyant disparaître l'uniforme français, viendrait enfin déposer le pouvoir entres ses mains. Le 10 février, il était à Puebla, où les Français arrivaient par bandes pour se joindre au convoi civil, remorqué en quelque sorte par la colonne militaire. Le maréchal Bazaine put jeter en passant un dernier regard sur le champ de bataille de San-Lorenzo, où il remporta la victoire qui lui ouvrit les portes de Puebla. Les soldats français quittèrent, au milieu du silence des habitants, cette ville, où on les avait comblés de fleurs et de couronnes quelques années auparavant. Le maréchal Bazaine entra le 18 à Orizaba, après avoir appris la défaite de Miramon à San-Jacinto ; là, il crut devoir alors faire une tentative auprès de Maximilien pour l'engager à le rejoindre. L'Empereur refusa de partir.

Les passages des *petites* et des *grandes Cumbres* furent franchis sans coup férir ; les partisans mexicains, tenus à distance par l'artillerie, assistaient de loin au défilé des chariots chargés les uns de malades et de vivres, les autres d'armes, de munitions, d'effets de campement, des véhicules de tous genres transportant des familles entières avec leurs dernières ressources. Les hommes s'attelaient souvent aux bêtes de somme pour tirer les chariots des fondrières, car ce n'était que par une marche rapide qu'ils pouvaient se soustraire, eux, leurs femmes et leurs enfants, aux cruels traitements que les bandits mexicains faisaient subir aux traînards. La foule de malheureux couverts de haillons, n'ayant d'autre nourriture que les restes de la gamelle, le cortège assourdissant et misérable des femmes indigènes suivant les soldats, complétaient cette espèce de débâcle humaine roulant ses flots de Mexico à Vera-Cruz, et semant sur sa route des armes, des effets d'équipement et d'habillement, sans parler des morts et des malades.

1. Les derniers jours de l'intervention ne furent pas exempts de scènes violentes entre le maréchal Bazaine et l'empereur Maximilien. Le maréchal, qui voulait le forcer à l'abdication, voyant ses menaces vaines, prit le parti de cesser de considérer Maximilien comme le légitime souverain du pays, et il alla jusqu'à lui interdire l'entrée de la forteresse de Mexico.

L'armée devait séjourner à Orizaba, où des vivres pour 15 000 hommes et pour quinze jours avaient été rassemblés; mais tout à coup le maréchal, craignant, dit-on, d'être enlevé avec ses immenses bagages, quitta précipitamment cette ville, dont le général juariste, Manuel Gomez, prit possession à la tête de 8 cavaliers dont 5 déserteurs français; les troupes républicaines suivaient de si près l'armée en retraite et s'installaient si aisément dans les villes quittées par elle, qu'on eût dit que le changement s'opérait d'un commun accord. Il était temps cependant que la retraite finît. Les Français étaient massés le 28 février autour de *Paso del Macho*, ou échelonnés le long du chemin de fer entre cette ville et Vera-Cruz. Ils étaient souvent suivis par les cavaliers juaristes, qui poussaient leurs charges jusqu'au milieu de la place de Vera-Cruz, occupée par les Français, et regagnaient leur campement après cette bravade.

Le 13, les troupes étaient embarquées, et la flotte filait à toute vapeur, emportant l'armée, qui s'était bravement battue dans toutes les rencontres avec l'ennemi, mais qui n'avait guère reçu de ses chefs des leçons propres à élever son moral. Les villes rançonnées, les otages pris, les prisonniers fusillés sans jugement, l'incendie et le pillage autorisés, étaient de tristes souvenirs laissés par l'intervention. Le maréchal Bazaine se trouvait devant Toulon le 5 mai. Le préfet maritime, en habit bourgeois, se rendit au-devant de lui pour l'avertir officieusement qu'il avait reçu l'ordre de ne pas lui rendre les honneurs militaires, et de ne pas lui faire la réception ordinaire due à un maréchal. Cette disgrâce ne devait pas durer longtemps; le maréchal Bazaine ne tarda pas en effet à être appelé au grand commandement de Nancy. Le maréchal Bazaine avait-il entre les mains certains papiers prouvant la connivence de Morny avec Jœcker? ou bien la réputation militaire du commandant en chef de l'armée du Mexique, et les préoccupations dynastiques, qui pesaient d'un si grand poids sur l'esprit de l'Empereur, lui conseillèrent-elles de ne pas mécontenter un chef influent de l'armée? Quel que soit le motif auquel l'Empereur ait obéi un moment, il s'étudia dès lors à faire oublier sa courte disgrâce à Bazaine.

Maximilien, pendant ce temps-là, entreprenait la tâche de rétablir l'empire avec un trésor vide, une armée et une administration désorganisées et 4 millions de piastres que le parti clérical prit l'engagement de lui prêter. Le Mexique fut divisé en cinq grands commandements, et on pourvut à la défense de Mexico, de Puebla et de Vera-Cruz. Miramon se mit en campagne le 16 janvier, à la tête de 500 hommes; Marquez prit le

commandement des districts de Puebla et de Vera-Cruz. Quant à Maximilien, il avait été obligé d'abandonner Morelia. Le départ des troupes s'effectua en bon ordre aux cris de : Vive l'empereur! Un républicain y répondit par le cri de : Vive la liberté! « Un cavalier de l'escorte du gé-
« néral, l'ayant entendu, revint sur ses pas au galop et lui fendit la tête
« d'un coup de sabre [1]. »

Un long convoi composé d'employés, de gens compromis par leurs opinions, de négociants, de voyageurs, de malfaiteurs sortant des prisons, de femmes de soldats, embarrassaient la marche de la colonne. Les désertions commencèrent dès la première journée et continuèrent jusqu'à Quéretaro, où Maximilien avait devancé l'armée. Cette ville est la clef de la partie centrale du Mexique; elle couvre Mexico autant que peut le couvrir une ville ouverte et dominée par les montagnes, excepté à l'ouest, où se trouve le Cerro de las Campanas, hauteur rapprochée de la ville d'où l'on peut surveiller la plaine.

L'approche de l'ennemi mit fin aux revues, aux banquets, aux représentations théâtrales et aux ovations faites à Maximilien par les soldats. Les républicains arrivèrent, le 4 mars, par la route de San-Luis de Potosi, sous le commandement d'Escobedo, et par celle d'Acambaro, sous le commandement de Corona. La récente défaite de Miramon à San-Jacinto, le départ de l'armée française, l'évacuation des places de l'intérieur par les impériaux, la défensive à laquelle ces derniers étaient réduits, relevaient singulièrement le moral des troupes républicaines. La défense de Puebla, une guerre de plusieurs années, avaient communiqué quelque instruction aux officiers et un peu de discipline aux soldats républicains. Les opérations militaires s'engagèrent donc sérieusement le 12 mars et continuèrent, sans grand avantage de part et d'autre, jusqu'au 17. Maximilien, après la sortie qui eut lieu ce jour-là, se donna le spectacle d'une représentation militaire imitée de Napoléon III; il attacha lui-même une croix de l'ordre de l'aigle du Mexique aux drapeaux de deux bataillons de la réserve, auxquels il promit qu'ils formeraient plus tard le noyau de sa garde.

Marquez et quelques autres généraux de l'état-major impérial, doutant de la possibilité de se maintenir à Quéretaro, penchaient pour une retraite sur Mexico, afin de réunir les forces restées dans la capitale et de les ramener pour livrer une bataille décisive aux républicains. Ce plan fut

---

1. Albert Hans, *Souvenirs d'un officier de l'empereur Maximilien.* Quéretaro.

rejeté le 20 mars, dans un conseil de guerre où l'on décida cependant l'envoi à Mexico d'un général chargé d'y rassembler toutes les troupes et les ressources pécuniaires dont on pourrait disposer. Ce général devait ensuite rejoindre Maximilien ou combiner ses mouvements avec ceux de l'armée impériale, de façon à forcer l'ennemi à lever le siège de Quéretaro. Marquez, chargé de remplir cette mission, et Vidauri, nommé président du conseil des ministres, escortés par une brigade de cavalerie, quittèrent Quéretaro dans la nuit du 22 au 23, par le sud de la ville, que l'ennemi n'occupait pas encore.

Quéretaro n'était guère préparé à une résistance régulière. Les munitions manquaient, et ni la fonte de la toiture de plomb du théâtre, ni celle des cloches, ne les augmentèrent beaucoup. Les couvents et les églises formaient heureusement de solides fortifications, à l'abri desquelles les impériaux firent diverses sorties, entre autres celle du 24 mars, à la suite de laquelle Maximilien, croyant avoir remporté une grande victoire, se jeta dans les bras de Miramon pour le féliciter et nomma un général. Le 1ᵉʳ avril, nouvelle sortie sans grand résultat; le 10 avril, célébration de l'anniversaire de l'avènement de Maximilien au trône du Mexique, discours des ministres, réponse de l'empereur : « Je suis ferme au poste que « les vœux de la nation m'ont fait occuper, et je ne chancellerai point « dans l'accomplissement de mes devoirs; ce n'est pas au moment diffi- « cile, qu'un véritable Habsbourg abandonne son poste. Je suivrai avec « la même conscience le chemin du devoir. »

Le lendemain de cette fête, une tentative manquée pour faire passer entre les lignes des assiégeants, un courrier adressé au général Marquez, dont on n'avait pas encore reçu de nouvelles, commença à jeter du découragement dans la population; le retard de Marquez étonnait et inquiétait l'empereur, car les forces de l'ennemi augmentaient sensiblement, les vivres devenaient rares, et la démoralisation était à craindre parmi les assiégés. Miramon et Arellano conseillèrent à Maximilien de faire une trouée à la tête de la cavalerie, et de revenir à Quéretaro après avoir destitué Marquez à Mexico même. Maximilien refusa de se charger de l'entreprise, pour rester, dit-il, au poste le plus périlleux. La trouée, tentée par un autre général, échoua; deux sorties opérées pour atténuer le mauvais effet de cet échec, sans être décisives, permirent cependant de ramener quelques animaux de boucherie. Le siège, malgré une nouvelle sortie qui eut lieu le 1ᵉʳ mai, se resserrait chaque jour davantage; aucun courrier ne pouvait franchir les lignes ennemies. Marquez ne

Fig. 13. — Le maréchal Bazaine, en quittant Mexico, jette un regard sur le champ de bataille de San-Lorenzo.

revenait pas, et la disette augmentait. Maximilien, pour combattre le découragement et pour dissimuler le triste résultat d'une quatrième sortie, fit répandre le bruit que l'attaque avait été suspendue, parce qu'un courrier s'était introduit dans la place à la faveur du combat, avec des dépêches de Marquez annonçant son arrivée à la tête du corps auxiliaire. En même temps, un *bando* condamnait à mort tous ceux qui ne mettraient pas, dans les vingt-quatre heures, à la disposition de l'autorité, le blé et le maïs qu'ils avaient cachés. Les chevaux et les mules furent abattus; on frappa d'emprunt forcé tous les propriétaires et commerçants. Maximilien n'en continuait pas moins à distribuer des croix ou plutôt des rubans. « Nous n'avons plus de croix, dit-il à un nouveau chevalier de la Guadalupe; mais, à l'arrivée du général Marquez, vous viendrez me trouver et je vous en remettrai une [1]. »

La situation, vers le milieu de mai, était perdue. Les habitants de Quéretaro, obligés de travailler aux fortifications de la place ou de payer une certaine somme par semaine, murmuraient ouvertement contre les rigueurs et les privations du siège. Les visites domiciliaires, les réquisitions de vivres, les fournitures à l'armée imposaient à la population les plus dures privations. Tous les habitants, même les journaliers et les domestiques, étaient soumis à une taxe proportionnelle par semaine. Les payeurs retardataires subissaient une amende dix fois plus forte que l'impôt. Les habitants ayant des grains dans leurs magasins étaient tenus de les mettre en vente au prix courant de la place, à l'exception du maïs, qui était fixé à 4 piastres la charge pour les citoyens, et seulement à 2 pour les militaires.

A la fin de la première quinzaine de mai, il devint manifeste que l'état de choses ne pouvait se prolonger. L'empereur demanda un rapport sur la situation aux généraux Miramon, Mejia et Castillo, qui lui remirent le 14 mai une note dont voici la conclusion :

« Dans cette dure extrémité, les soussignés croient remplir un devoir
« de conscience et de soldats, en disant à Votre Majesté que son carac-
« tère de souverain et leur qualité de généraux leur imposent à tous
« un dernier devoir. Il faut attaquer de suite l'ennemi et le mettre en
« déroute sur tous les points de sa ligne. Si les troupes impériales sont
« repoussées dans cette attaque, il faudra évacuer immédiatement la
« place, après avoir utilisé l'artillerie et tous les trains, et faire une trouée

---

[1]. Albert Hans, *Souvenirs d'un officier de l'empereur Maximilien*. Quéretaro.

« coûte que coûte, unique moyen d'arracher à la barbarie de l'ennemi
« le plus grand nombre possible de soldats de l'armée impériale. »

Les hommes qui donnaient ces conseils étaient sans doute assez braves pour les exécuter; cependant l'impossibilité personnelle, dans laquelle ils se trouvaient, de conclure un arrangement avec le gouvernement de Juarez, la certitude qu'ils n'avaient rien à espérer de lui, et que leur mort était sûre s'ils tombaient entre ses mains, rendaient leurs avis un peu suspects à Maximilien. La trouée faite, quel serait son sort? Une vie errante à la tête de bandes misérables, dans un pays malsain, la fièvre et une mort obscure sur un grand chemin. Il venait de se battre en soldat. Pourquoi une capitulation honorable suivie de son abdication ne lui sauverait-elle pas la vie? Maximilien, décidé à entrer en négociation avec les républicains, choisit comme confident et comme intermédiare le colonel Lopez, un de ses favoris, fort mal vu des autres officiers à cause de cette préférence. Lopez, chargé d'obtenir d'Escobedo, pour Maximilien, l'autorisation de se rendre au port le plus voisin d'embarquement, ne put rien obtenir du général en chef républicain. Lié par les instructions du gouvernement, très bien au courant d'ailleurs de la situation désespérée de la place, Maximilien apprit cette nouvelle sans montrer aucune émotion et sans donner d'ordres relatifs à l'exécution d'un plan de sortie, proposé le matin même par ses généraux.

Le général Escobedo comprit que le moment était favorable pour faire une tentative sur la place. Les républicains se glissèrent vers les murs de la ville, surprirent la sentinelle qui veillait à l'une des embrasures et pénétrèrent dans le jardin du couvent de la Cruz. Le colonel Lopez faisait précisément une ronde en ce moment; les ennemis l'obligèrent, le pistolet au poing, à les introduire dans l'intérieur du monastère. Lopez, jugeant inutile de se faire tuer à son poste comme un homme de cœur, obéit à cet ordre; on le laissa libre sur parole [1]. L'ennemi pénétrait pendant ce temps-là dans le couvent et sonnait les cloches pour donner au gros de l'armée assiégeante le signal d'accourir; les impériaux, surpris et craignant d'être placés entre deux feux, se réfugièrent dans l'intérieur de la ville.

La chute du couvent de la Cruz entraînait celle de Quéretaro. Maximilien, averti par Lopez, prit tout de suite son parti. « Sortir d'ici ou mourir, dit-il en mettant ses pistolets et quelques papiers importants dans sa poche, il n'y a pas d'autre alternative, » et il partit, suivi de

---

[1]. Il a dit, pour excuser sa conduite, que son intention était de profiter de sa liberté pour sauver l'empereur.

Lopez, du général Castillo et de deux aides de camp. Couvert d'un large sombrero de feutre blanc, son uniforme caché sous un paletot, il passa devant les sentinelles et se trouva bientôt sur la place de la Cruz. Les premières clartés du jour lui montrèrent les républicains qui l'occupaient : *adelante!* (en avant!), s'écria-t-il en armant son revolver ; mais Lopez dit au chef républicain de laisser passer ces quatre civils (*paisanos*). Maximilien se dirigea vers le *Cerro de las Campanas* pour y attendre Miramon et Mejia, réunir quelques troupes et tenter un dernier effort. Mejia vint seul le rejoindre ; Miramon était blessé et prisonnier.

Le Cerro de las Campanas et la redoute qui le surmonte, déjà occupée par sa garnison ordinaire, ne tardèrent pas à se remplir d'officiers et de soldats qui venaient y chercher un refuge ; mais, les républicains ayant tourné sur ce point les canons des remparts, il fallut arborer le drapeau blanc. Un aide de camp de Maximilien courut dans la plaine à la recherche d'Escobedo, pendant que l'artillerie ennemie continuait à couvrir le Cerro de boulets.

Le général en chef Escobedo arriva bientôt, suivi de son état-major. Maximilien s'avança vers lui, et, après un salut grave, mais poli, il manifesta l'intention de l'entretenir en particulier. Escobedo fit retirer les officiers de sa suite, et le prince lui posa tout de suite cette question : « Me permettez-vous de me rendre, sous la garde d'une escorte, à un point quelconque de la côte où je pourrai m'embarquer pour l'Europe ? Je jure sur mon honneur de ne plus mettre les pieds au Mexique. — Il m'est impossible, répondit Escobedo, de vous accorder cette demande. — Puisqu'il en est ainsi, répliqua l'archiduc, vous ne me laisserez pas insulter, je l'espère, et vous me traiterez en prisonnier de guerre. » Maximilien remit en même temps son épée au général Escobedo, qui ordonna à son chef d'état-major de la recevoir.

L'archiduc, conduit au couvent de la Cruz, fut transféré bientôt, ainsi que Mejia et Miramon, à celui de las Capuchinas, vaste édifice qui avait dû présenter autrefois un ensemble imposant, mais qui n'était plus alors qu'un assemblage de divers corps de logis sans caractère. Maximilien fut installé avec ses généraux dans une de ces vastes masures, d'où il adressa ce télégramme à sa famille :

« Je suis prisonnier de guerre, mais n'ayez aucune crainte ; on me « traite d'une manière qui n'est en aucune façon une violation des lois et « coutumes des peuples civilisés. »

Le général Escobedo adressa deux télégrammes, le 15 et le 16 mai, au ministre de la guerre, pour lui annoncer la capture de l'empereur; il ajouta dans un rapport détaillé que Maximilien, au moment de son arrestation, lui avait fait la déclaration suivante : « J'ai signé mon « abdication dans la première moitié du mois de mars dernier. La copie « de cet acte, certifiée et contresignée par le ministre, se trouve parmi « les papiers qu'on m'a pris au couvent de la Cruz. L'original est à « Mexico entre les mains du président du conseil d'État, M. José « Lacunza, qui a l'ordre de le publier sans retard si je suis fait prisonnier. « S'il est nécessaire qu'il y ait quelque victime, que je sois au moins « la seule. Je désire que mes domestiques et ma suite soient bien traités, « car ces gens-là m'ont servi avec loyauté dans les périls et l'instabilité « de ma situation. Mon unique désir d'ailleurs est de quitter le Mexique, « et je compte qu'on me fera bientôt conduire au lieu de mon embarque- « ment. » Escobedo ajoutait : « Je m'empresse de communiquer ces paroles au gouvernement suprême, et je le fais ainsi pour qu'il donne les ordres nécessaires à ce sujet. »

La réponse du ministre de la guerre fut une sorte de réquisitoire anticipé qui ne laissait plus de doute sur le sort réservé à Maximilien [1].

1. « Après cinquante années de maux et de souffrances infligés au Mexique par la guerre civile, le pays était enfin arrivé à son but; il était parvenu à faire prévaloir le respect de ses lois et de sa constitution; il avait réduit à l'impuissance certaines classes corrompues de citoyens qui, pour la satisfaction de leurs intérêts privés, sacrifiaient tous les autres intérêts, ainsi que les droits mêmes de la société. La paix et la tranquillité étaient en voie de rétablissement, conformément à la volonté du peuple et malgré ceux qui aspiraient à le subjuguer. Ce fut ce moment que choisirent les restes de ces classes abattues pour appeler l'étranger, dans l'espoir d'assouvir avec son aide leurs cupidités et leurs vengeances. Ils se mirent à l'œuvre en excitant l'ambition d'un prince étranger, et bientôt une intervention étrangère, uniquement liguée avec la trahison, déborda sur la République.

« L'archiduc Ferdinand-Maximilien de Habsbourg se prêta comme instrument principal à l'œuvre d'iniquité qui, pendant cinq ans, a répandu sur la République tous les crimes et toutes les calamités possibles. Il vint pour opprimer le peuple, pour détruire sa constitution et ses lois, sans autre titre que quelques votes dénués de valeur, puisqu'ils furent imposés par les baïonnettes étrangères. L'archiduc Maximilien, en assumant la responsabilité de l'invasion, s'est placé dans un cas prévu par les lois de toutes les nations et par diverses lois de la République, dont la dernière est celle du 25 janvier 1862, définissant les crimes contre l'indépendance et la sûreté de la nation, contre le droit des gens, contre les droits individuels, la paix publique et l'ordre.

« Les actes notoires de la carrière de Maximilien tombent sous la plupart des responsabilités spécifiées dans cette loi. Non seulement il s'est fait l'instrument de l'intervention étrangère, mais encore, dans le but de poursuivre pour son propre compte une guerre de flibustiers, il a amené ici d'autres étrangers, Autrichiens et Belges, sujets de puissances étrangères qui n'étaient pas en guerre avec la République.

« Il a promulgué un décret contenant des prescriptions barbares pour l'assassinat des Mexicains qui défendaient ou qui refusaient de dénoncer ceux qui défendaient l'indépendance et les institutions de leur pays.

« Il est l'auteur des exécutions nombreuses et sanglantes ordonnées en vertu de ce cruel décret, qu'il a fait appliquer tout d'abord à des Mexicains distingués qui, d'après

Mexico, cerné par les républicains, ignorait que Maximilien avait rendu son épée, lorsqu'un capitaine d'artillerie de l'armée assiégeante eut l'idée de lancer cette nouvelle dans la ville au moyen d'un rouleau de papier introduit dans un obus; une lettre du général républicain Riva-Palacio, fils de l'avocat futur de Maximilien, remise à sa femme par une voie secrète, confirma cette capture, en ajoutant que le président du conseil d'État, D. Lacunza, avait entre les mains l'instrument authentique de l'abdication de l'empereur, signée par lui, et qu'il était de l'intérêt le plus pressant pour Maximilien de lui faire parvenir cette pièce. D. Lacunza refusa de s'en dessaisir, à moins d'une preuve plus certaine de la captivité de Maximilien. La publication de l'abdication n'eut donc pas lieu, mais elle n'aurait rien changé au sort du prisonnier.

Le baron Magnus, ministre de Prusse à Mexico, ne tarda pas à recevoir cette dépêche, datée de Quéretaro, 28 mai :

« Ayez la bonté de venir me voir tout de suite, avec les avocats D. Mariano-Riva-Palacio et D. Rafaël Martinez de la Torre ou tel autre que vous jugerez capable de me défendre. Il n'y a pas de temps à perdre; qu'on n'oublie pas les documents nécessaires.

« Maximilien. »

Le baron Magnus prévint les deux avocats de la mission qui leur était confiée, et il leur adjoignit un de leurs confrères, Eulalio Ortega;

toutes les présomptions, ne pouvaient pas même connaître encore le fait de sa promulgation.

« Il a ordonné à ses propres soldats, ou tout au moins il a permis, sous le faux titre de chef de la nation, aux soldats de l'envahisseur étranger, de brûler ou de détruire des villes entières, d'un bout à l'autre du sol mexicain, notamment dans les États de Michoacan, de Sinaloa, de Chihuahua et de Nuevo-Leon.

« Il a ordonné à ses propres agents, ou permis aux agents de l'étranger d'assassiner des milliers de Mexicains, auxquels on faisait un crime de défendre leur patrie.

« Et lorsque les armées étrangères se sont retirées, lorsqu'il a vu la République tout entière soulevée contre lui, il a rassemblé autour de sa personne les plus coupables fauteurs de notre guerre civile et a employé tous les moyens de violence, de déprédation, de dévastation et de mort pour soutenir jusqu'au bout ce faux titre qu'il ne pouvait se résoudre à abandonner, et qu'il n'a abdiqué, malgré lui, que lorsqu'il y a été contraint par la force.

« L'article 28 de la loi mentionnée ci-dessus dispose que le châtiment dont elle frappe les coupables peut leur être infligé sur la simple constatation de leur identité, lorsqu'ils sont pris en flagrant délit ou dans un engagement de guerre. La notoriété des faits suffirait pour nous donner le droit d'agir conformément à cet article de la loi.

« Néanmoins, l'intention du gouvernement étant d'user de ses pouvoirs de manière que, dans le cas actuel, il ne puisse s'élever aucun doute sur la légalité et l'équité de la procédure, il a été résolu qu'on suivrait la marche indiquée pour d'autres cas par cette loi, qu'on entendrait dans le procès tout ce que les accusés pourraient avoir à dire pour leur défense, et que la sentence serait proclamée d'après toutes les règles de la justice. A cet effet, le président de la République a décidé que vous prendriez des mesures pour faire juger Ferdinand-Maximilien de Habsbourg et ses généraux susnommés, Miguel Miramon et Thomas Mejia. »

en même temps, il télégraphia à M. Lerdo de Tejada, ministre de la justice à San-Luis de Potosi, pour lui demander un délai qui permît aux défenseurs de se rendre de Mexico à Quéretaro. M. Lerdo de Tejada répondit le 3 juin : « Le premier délai que la loi accorde à Maximilien commence aujourd'hui à six heures. »

Il fallait donc se hâter. Mais la distance de près de 80 kilomètres qui sépare Mexico de Quéretaro, était encore accrue par des obstacles de tout genre. Le baron Magnus sollicita donc par télégraphe, et obtint que le second délai pour la défense ne commencerait qu'à dater de son arrivée et de celle des défenseurs.

Le ministre prussien et les trois avocats, arrivés à Quéretaro le 5 juin à minuit, s'abouchèrent immédiatement avec le señor Vasquez, avocat de cette ville, chargé des préliminaires de la procédure ; leur première entrevue avec Maximilien eut lieu le lendemain. L'ex-empereur, en voyant ses défenseurs, ne songea qu'à leur demander des nouvelles de ses anciennes connaissances de Mexico. Il fallait pourtant fixer les points principaux de la défense ; le soir même commençait le dernier délai accordé par le ministre de Juarez.

Les défenseurs obtinrent, heureusement, un nouveau répit de trois jours. Ils en profitèrent pour se partager le travail. Ortega et Vasquez restèrent à Quéretaro pour l'examen des papiers et pour la plaidoirie devant le conseil de guerre ; Riva-Palacio et de la Torre partirent pour San-Luis de Potosi, pour agir sur le gouvernement.

Les défenseurs, arrivés le 8 juin à San-Luis, eurent tout de suite une entrevue de plus de trois heures avec D. Lerdo de Tejada, ministre de la justice. Ces trois hommes, amis de tous les temps, également fidèles à la cause de la liberté, se trouvaient pour la première fois séparés d'opinion sur une question d'où dépendait la vie d'un homme. Le ministre mit fin à leur longue discussion en déclarant que le gouvernement ne s'était décidé qu'après mûre délibération, sans haine ni esprit de vengeance, et sans obéir à un autre sentiment qu'à celui de la justice, qui s'opposait à toute modification de la loi. Il conseilla néanmoins aux défenseurs de se rendre chez le président de la République, en leur faisant espérer d'ailleurs que le conseil des ministres serait appelé à délibérer sur leurs observations.

MM. Riva-Palacio et de la Torre, reçus par Juarez comme deux amis qu'on n'a pas vus depuis longtemps, lui demandèrent que Maximilien fût jugé par un tribunal civil, au lieu de passer devant un conseil de

Fig. 14. — Convois de l'armée française quittant le Mexique.

guerre, et qu'un délai d'un mois leur fût accordé pour préparer la défense. Le président répondit par un refus calme à travers lequel perçait la fermeté d'une résolution prise d'avance; il leur promit cependant que toutes leurs réclamations seraient portées devant le conseil des ministres.

Les deux défenseurs attendaient le 9, au palais, la décision de ce conseil. Ils ne la connurent qu'à minuit. Le cabinait refusait à l'unanimité de modifier la marche ordinaire de la loi. C'était son dernier mot.

Le premier délai touchait à sa fin. Les défenseurs prièrent leurs collègues de Quéretaro, par un télégramme, de faire en sorte que la nouvelle de la condamnation, désormais certaine, de Maximilien, parvînt au président immédiatement après la sentence, afin de leur donner le temps de solliciter sa clémence. L'idée leur vint, en attendant, de chercher dans l'armée même des appuis. Ils s'adressèrent au général Trevignano, qui, malgré sa jeunesse, — il n'était pas âgé de trente ans, — jouissait d'une grande influence militaire. Le général Trevignano, quoique convaincu de l'inopportunité de l'exécution de Maximilien, refusa cependant de s'associer publiquement aux démarches tentées pour l'empêcher, de peur de n'être suivi par aucun de ses camarades. Il écrivit pourtant au général Escobedo, qui devait, selon l'usage, approuver et faire exécuter la sentence. Les défenseurs, en attendant le retour du courrier expédié à Quéretaro, essayèrent de nouveau de faire valoir auprès des deux principaux ministres de Juarez, MM. Lerdo de Tejada et Iglesias, les arguments qui leur paraissaient les plus propres à détourner le gouvernement de l'idée d'appliquer à Maximilien la loi du 25 juin, promulguée, dirent-ils, en un temps malheureux pour le pays, qui n'avait plus sa raison d'être, et que Maximilien n'avait peut-être pas connue. Les ministres répondirent que le senor Teran, agent de la République, s'était rendu à Miramar pour expliquer à l'archiduc, les dangers de l'entreprise dans laquelle il s'engageait, et l'impossibilité de fonder une monarchie au milieu de générations habituées à la République, dans un pays où la démocratie avait jeté de si profondes racines que la force seule des armes étrangères ne parviendrait pas à les arracher du sol. M. Teran n'ayant pas négligé non plus de faire connaître à l'archiduc l'existence de la loi du 25 juin 1862, Maximilien savait donc à quoi il s'exposait en venant au Mexique. Les défenseurs firent ensuite valoir la pureté des intentions du prisonnier, sa répugnance à se faire l'instrument des étrangers, sa résistance aux exigences françaises; ils évoquèrent le décret du 3 octobre, qui laissait le champ libre à la clémence. Tous leurs efforts demeurèrent vains.

Le conseil de guerre de Quéretaro avait entamé le 15 juin le procès de Maximilien. La sentence de mort, prononcée le même jour, avait été signifiée aux condamnés, dont l'exécution était fixée au lendemain.

La condamnation, prononcée à Quéretaro, fut bientôt connue à San-Luis de Potosi. Il ne restait plus aux défenseurs de l'ex-empereur que la faible espérance d'obtenir la grâce de leur client. Ils adressèrent au président une supplique qui se terminait ainsi : « Les racines de la « République et de la démocratie n'ont pas besoin d'être arrosées de sang. « L'expérience que les Mexicains viennent de faire, que le pire des maux « est d'attendre le salut de l'étranger, suffira seule à les protéger. La « ferme résolution du peuple mexicain de ne pas accepter d'autre gou- « vernement, que celui qui repose sur la volonté nationale, est le signal « d'une ère nouvelle, qui datera du départ de l'armée d'invasion. La patrie « n'a donc aucun péril à conjurer, et la vie de Maximilien sera la preuve « que le gouvernement qui a triomphé de l'étranger sait honorer sa victoire « par la clémence envers les vaincus. »

Une dépêche des défenseurs engagea le baron Magnus à quitter Quéretaro pour venir à San-Luis, joindre à leurs efforts ceux d'un homme autorisé à parler non seulement au nom de la Prusse, mais encore de l'Autriche, de l'Italie, de la Belgique et de toute l'Europe, si c'était nécessaire. Le ministre de Prusse se hâta de se rendre à la pressante invitation des deux avocats de Maximilien.

Les défenseurs et le baron Magnus n'obtinrent rien, qu'un sursis; un télégramme rédigé en conseil et envoyé au citoyen général Escobedo à Queretaro, portait que le gouvernement, après mûre délibération, avait repoussé la demande en grâce formée au nom des condamnés; mais que, voulant donner à ces derniers le temps de mettre ordre à leurs affaires, le citoyen président de la République retardait l'exécution jusqu'au mercredi 19 juin au matin.

Le baron Magnus repartit tout de suite pour Quéretaro, afin de se trouver auprès de Maximilien au fatal moment, et les défenseurs, ne comptant plus que sur un secours imprévu de l'Europe ou des États-Unis pour sauver le condamné, n'eurent plus qu'à prendre congé du président. D. de la Torre lui dit en le quittant : « Plus de sang; ne creusez pas « un abîme entre les vainqueurs et les vaincus. Le temps du pardon « est arrivé. Ce n'est pas le défenseur de Maximilien qui vous parle,

« mais un ami dévoué de son pays. Que l'avenir du Mexique ne soit
« pas souillé par le sang de ses enfants; le deuil des familles serait un ou-
« trage à la liberté reconquise. » Juarez répondit laconiquement : « Les
« défenseurs ont dû souffrir beaucoup de l'inflexibilité nécessaire et juste
« du gouvernement. Le temps l'absoudra. Le salut public exige que la
« loi soit respectée. Je serai heureux de lui obéir toutes les fois qu'elle
« me dispensera de verser le sang. »

Les trois condamnés s'étaient déjà confessés au moment où arriva
l'ordre de suspendre l'exécution. Ils avaient donc en quelque sorte subi
la mort moralement. N'était-il pas horrible de leur donner, pour ainsi
dire, le trépas une seconde fois? Maximilien songeait à ses compagnons
d'infortune en adressant cette demande à Juarez :

« Quéretaro, 18 juin.

« Citoyen Benito Juarez,

« D. Michele Miramon et D. Tomaso Mejia ont passé mercredi dernier par toutes les
angoisses de la mort. Donnez-leur la vie. Que je sois seul frappé, comme je l'ai déjà
demandé en me rendant prisonnier. »

Juarez repoussa la demande contenue dans cette dépêche. Maximilien
lui écrivit encore une fois :

« Quéretaro, 19 juin.

« Monsieur Benito Juarez,

« Sur le point de subir la mort pour avoir tenté de mettre fin par de nouvelles institutions politiques à la guerre civile qui désole ce malheureux pays, je meurs sans
regret, si ma mort peut contribuer à la paix et au bonheur de ma nouvelle patrie.

« Convaincu que rien de stable ne peut se fonder, sur un terrain trempé de sang et
soumis aux agitations les plus violentes, je vous conjure, avec la sincérité qu'inspire à
tout homme la position dans laquelle je me trouve, de faire que mon sang soit le dernier versé. J'ai rendu justice dans mes temps de prospérité à l'énergie avec laquelle
vous avez défendu la cause qui triomphe aujourd'hui; consacrez cette énergie à calmer
les esprits et à fonder l'ordre et la paix dans ce malheureux pays.

« MAXIMILIEN. »

L'ex-empereur dormait, le 19 juin, à trois heures du matin, lorsque
le général Escobedo vint lui faire ses adieux. Le bruit lointain des clai-
rons et des tambours des troupes destinées à former le carré d'exécution
réveilla les autres condamnés. Le trot des chevaux de l'escadron qui devait les escorter au lieu du supplice, retentit à six heures. Maximilien et
ses deux généraux sortirent de leurs cellules, traversèrent les corridors
de la prison et se trouvèrent bientôt dans la rue, où les attendaient trois

voitures. Ils y montèrent, accompagnés chacun d'un prêtre, et prirent le chemin du *Cerro de las Campanas*. La foule suivait silencieusement le cortège ; les fenêtres et les terrasses sur son passage étaient garnies de spectateurs. Les condamnés arrivèrent à six heures et demie au *Cerro de las Campanas*, entouré par 4000 hommes, et se placèrent à l'endroit désigné. Le *fiscal* leur lut l'arrêt. Maximilien répondit : « Je meurs pour l'indépendance et la liberté du Mexique, et je souhaite que mon sang les cimente toutes les deux. » Il donna ensuite une pièce d'or à chaque soldat du peloton d'exécution, qui ne craignit pas d'accepter devant ses chefs ce présent d'un homme qu'il allait frapper ; après avoir recommandé aux soldats de ne pas tirer au visage, il tendit la main à l'officier qui les commandait. Miramon, pendant ce temps-là, criait : Vive l'Empereur ! vive le Mexique ! et Mejia baisait le crucifix. L'officier leva son épée, et les condamnés tombèrent sous une triple décharge.

Leurs cadavres, rapportés quelques minutes plus tard à la prison de *las Capuchinas*, furent étendus sur les dalles d'une chambre basse. Le baron Magnus, d'accord avec les représentants de l'Italie, de l'Autriche et de la Belgique, réclama le corps de Maximilien. Le gouvernement mexicain refusa de le livrer, et il le fit embaumer, ne voulant le rendre qu'à la famille. Le vice-amiral Tegethoff reçut la mission d'aller demander à Juarez les restes de l'archiduc au nom de sa mère et de ses frères. Il les ramena en Europe dans les premiers jours du mois de septembre [1].

L'opinion publique européenne, qui ne connaît la situation, les mœurs et les idées des populations des républiques de l'Amérique du Sud que par les récits de quelques voyageurs et par des livres superficiels et pittoresques, se montra très sévère pour les ordonnateurs de l'exécution de Maximilien, sans songer à tout ce que la domination étrangère, qui pesa

---

1. La captivité de Maximilien a donné lieu à des récits très dramatiques. On a beaucoup parlé des mauvais traitements subis par l'ex-empereur pendant sa captivité. Le prince Salm-Salm, son compagnon d'infortune, attribue ces bruits « à des exagérations passionnées ». Maximilien n'eut pas à se plaindre de ses gardiens ; mais allant sans cesse de la confiance au découragement, un jour ne croyant pas au danger, et le lendemain cherchant à le fuir, passant d'heure en heure par toutes les alternatives de la confiance et du découragement, la vérité est qu'il dut subir de longues tortures morales. Ce qui étonne, c'est que dans un pays aussi vénal il ne soit point parvenu à se soustraire au supplice par la fuite. Il paraît cependant que divers plans furent combinés ; l'un d'eux paraissait même offrir de grandes chances de succès : des officiers mexicains s'engageaient à ouvrir les portes de la prison au condamné moyennant un billet à ordre de 100 000 francs, mais ils réclamaient la signature des ministres étrangers, qui hésitèrent à la donner et laissèrent passer le moment. Ces messieurs jouèrent un triste rôle dans cette affaire ; accrédités auprès d'un souverain considéré comme usurpateur, parlant au nom de puissances dont le président Juarez n'avait rien à craindre, ils ne surent que se montrer hautains, menaçants et avares.

si longtemps sur le Mexique, y a laissé de traditions funestes dans les mœurs politiques et jusque dans les habitudes les plus intimes de la famille. L'Europe oublie trop facilement qu'elle donne elle-même parfois de dangereux exemples aux peuples du nouveau monde. Le frère de la victime de Quéretaro n'avait-il pas fait tomber lui-même, en 1849, de nombreuses victimes dans les fossés de Vienne et sur les glacis des citadelles de Hongrie et d'Italie? Le promoteur de l'entreprise qui coûtait la vie à Maximilien s'était-il fait faute, au 2 décembre, d'entasser les cadavres sur les boulevards de Paris? Les potences de Mourawieff, par les ordres d'Alexandre II, ne se dressaient-elles pas, dernièrement encore, en Pologne? Un prince de la famille impériale, dans une récente discussion au Sénat français, ne s'était-il pas déclaré prêt à faire fusiller les orléanistes qui tenteraient de débarquer sur un point quelconque du territoire de l'Empire? François-Joseph, Napoléon III, Alexandre II, pour justifier les exécutions commandées par eux, invoquaient la nécessité d'assurer le repos et la tranquillité de leur pays; Juarez, en opposant les mêmes nécessités aux avocats de Maximilien, ne fit que suivre l'exemple de ces souverains. L'Europe, qui se vante de sa civilisation, est mal venue à reprocher à des peuples encore à demi barbares, des passions que trop souvent elle partage.

La presse officieuse en France accusa les États-Unis de n'avoir pas usé de toute leur influence pour sauver les jours de l'archiduc. Ce reproche ne paraît pas mérité. La situation de Maximilien inspirant depuis le mois d'avril une très vive inquiétude à sa famille, le comte Wydenbruck, ministre du gouvernement autrichien à Washington, adressa, il est vrai, le 6 avril 1867, à M. Seward un mémoire auquel il ne fut point fait de réponse favorable, pour le prier d'intervenir auprès de Juarez et de le *contraindre* à respecter la vie du frère de son maître; mais ce refus peut-il être reproché au secrétaire d'État de Washington? Recourir à la force contre une nation amie pour sauver un prince étranger, c'était chose grave pour les États-Unis, et l'on ne peut guère s'étonner qu'ils se soient contentés de parler au nom de l'humanité; leur langage n'en fut pas moins énergique. M. Seward, en recevant la communication du ministre autrichien, écrivit le même jour à M. Campbell, ministre des États-Unis auprès du gouvernement mexicain :

« Monsieur,

« Le prince Maximilien a été fait prisonnier à Quéretaro par les forces libérales du Mexique. La sévérité dont on a usé à l'égard des prisonniers de Zacatecas fait craindre que l'on ne se conduise de même avec le prince. De pareilles sévérités étant aussi préjudiciables à la cause du Mexique qu'au système républicain dans le monde, je vous charge de faire savoir promptement et par des moyens sûrs au président Juarez que le gouvernement des États-Unis désire qu'il reçoive, ainsi que ses compagnons, le traitement humain accordé aux prisonniers de guerre par toutes les nations civilisées.

« William H. Seward [1]. »

M. Seward apprit le 29 mai la chute de Quéretaro et la prise de Maximilien. Le matin même, il reçut la visite de M. Wydenbruck, qui lui apportait un télégramme arrivé de Vienne à l'instant, et chargeant le ministre autrichien de renouveler de la façon la plus ardente la demande d'intervention des États-Unis auprès du gouvernement mexicain. L'Angleterre et le gouvernement impérial de France s'unissaient à l'Autriche pour demander au gouvernement américain de sauver l'archiduc. Le gouvernement français fit même proposer à M. Seward d'acheter au nom des États-Unis tous les bons du Mexique sur la place de Paris et de Londres, afin de permettre au cabinet de Washington d'exercer une influence plus directe encore sur les affaires du Mexique; M. Seward ne pouvait accepter une pareille proposition; mais, à moins que ce refus ne soit considéré comme une marque d'indifférence de la part des États-Unis à l'égard de Maximilien, il est évident qu'ils remplirent autant qu'il était en eux la mission que leur imposait l'humanité dans cette circonstance [2].

---

[1]. M. Campbell ne crut pas devoir mettre moins de fermeté dans ses communications au ministre des affaires étrangères du Mexique. On en peut juger par la vivacité de la réponse dans laquelle M. Lerdo de Tejada, après avoir répondu aux reproches de M. Seward au sujet des prisonniers, ajoute :

« Après la retraite de l'armée française, l'archiduc Maximilien a voulu continuer à répandre stérilement le sang des Mexicains. Si l'on en excepte trois ou quatre villes dominées encore par la force, la République tout entière s'est levée contre lui. Cependant il a voulu continuer son œuvre de désolation et de ruine en compagnie de quelques hommes connus par leurs vols et leurs assassinats, déshonorés par la conduite qu'ils ont toujours tenue dans les malheurs de la République. Dans le cas où des individus sur lesquels pèse une pareille responsabilité viendraient à tomber entre nos mains, il ne me paraît pas qu'ils puissent être considérés comme de simples prisonniers de guerre, car leurs crimes sont définis par le droit des gens et par les lois de la République. Le gouvernement, qui a déjà donné tant de preuves de ses principes d'humanité et de générosité, des sentiments qui l'animent, doit peser actuellement dans le fond de sa conscience ce qu'exigent de lui la justice et ses devoirs envers le peuple mexicain.

« Le gouvernement de la République, après cette justification de ses actes, espère conserver les sympathies du peuple et du gouvernement des États-Unis, parce que ces sympathies ont toujours été et sont encore du plus grand prix pour le peuple et pour le gouvernement du Mexique.

» J'ai l'honneur, etc.

« J. Lerdo de Tejada. »

[2]. Quant à la conduite du gouvernement mexicain, les motifs en sont nettement

Fig. 15. — Exécution de Maximilien.

La responsabilité de la mort de Maximilien revient en définitive à celui qui abusa de sa position et de sa jeunesse pour le jeter dans une entreprise d'aventurier, où il devait l'abandonner plus tard, c'est-à-dire à Napoléon III. Il la porte devant l'histoire.

résumés dans cette lettre, publiée par l'*Evening-Post* de New-York du 3 juin, et adressée le 31 mai par M. Romero, ministre du Mexique aux États-Unis, à un de ses amis :

« Washington, 31 mai 1867.

« ..... Veuillez accepter mes sincères remerciements pour vos congratulations sur nos succès au Mexique. Ils ont été aussi complets que possible. Nous n'avons pas accepté de conditions humiliantes de la part des Français; nous ne sommes pas embarrassés par des traités avec d'autres puissances étrangères; tous nos ennemis les plus marquants sont vaincus et tombés dans nos mains. Nous avons devant nous, pour ainsi dire, un nouveau point de départ. . . . .

« J'ai lu avec intérêt vos observations sur la manière dont nous devons traiter les ennemis du Mexique. J'ignore quelles sont les intentions du président Juarez à l'égard de Maximilien; mais je crains que, s'il lui est permis de retourner impunément en Europe, il ne devienne une constante menace pour la paix du Mexique. Il continuera à porter, à notre honte, le titre d'*empereur du Mexique*. Tous les Mexicains mécontents, tous les intrigants, entretiendront une correspondance avec lui au sujet de sa prétendue popularité ici, et ces personnes pourront le pousser à revenir quelque jour, comme on a fait avec Iturbide. Ceux qui le pourront passeront en Autriche et feront à Maximilien une cour mexicaine à Miramar, et il en aura assez pour former dans cette place un gouvernement mexicain, comme a fait à Rome le roi des Deux-Siciles, après son expulsion de Naples. Certaines puissances européennes continueront à le reconnaître comme empereur du Mexique, comme a fait l'Espagne à l'égard du roi des Deux-Siciles.

« Toutes les fois qu'il nous arrivera d'avoir des complications avec une nation européenne quelconque, la première mesure que prendra la partie intéressée sera d'intriguer avec Maximilien et de nous menacer de *donner appui à notre légitime souverain pour recouvrer son autorité sur les usurpateurs*, si nous refusons d'accepter les conditions qu'elle voudra nous imposer.

« De plus, si Maximilien est pardonné et autorisé à retourner dans son pays, personne en Europe, j'en suis certain, ne dira que nous l'avons fait par magnanimité, attendu que les nations faibles ne sont jamais réputées généreuses; mais on dira, au contraire, que nous avons agi par crainte de l'opinion publique en Europe, et parce que nous n'avons pas osé traiter avec sévérité un prince européen et *notre souverain*.

« Je ne veux pas dire que Maximilien doive être nécessairement fusillé. Ce que je veux dire, c'est que tout pouvoir de faire aucun mal au Mexique doit lui être absolument enlevé avant qu'il lui soit permis de partir. . . . .
. . . .
« J'ai l'honneur, etc.

« M. Romero. »

Cette lettre explique pourquoi toutes les interventions pour sauver Maximilien étaient d'avance inutiles; l'engagement même pris par l'empereur d'Autriche de rétablir son frère dans tous ses droits d'archiduc aussitôt qu'il aurait été mis en liberté, en renonçant à ses prétentions sur le Mexique, ne pouvait avoir aucun résultat.

CHAPITRE IV

LE CONGRÈS DE LA PAIX

L'Association internationale des travailleurs en France. — Sa situation intérieure. — Le congrès de Genève. — Ses antécédents. — Elle hésite à se jeter dans la politique. — Congrès de Lausanne. — La *Ligue de la paix* de MM. Frédéric Passy, Michel Chevalier, Arlès-Dufour, le Père Gratry, etc. — L'*Union de la paix*. — La *Société anglaise de la paix*. — Appel du *Phare de la Loire* pour former un *Congrès international de la paix*. — Son programme. — Adhésions en Angleterre, en Belgique, en Allemagne, en Italie, en Espagne. — La présidence du congrès est offerte à Garibaldi. — Son arrivée à Genève. — Premières séances du congrès. — Garibaldi proclame la déchéance de la papauté. — Le congrès tombe dans le mysticisme. — Efforts pour le ramener à son programme. — Tendance révolutionnaire de certains groupes. — Inquiétude du gouvernement genevois. — Dissolution du congrès. — Résultats du congrès.

Les membres du premier congrès de l'Association internationale des travailleurs, avaient pu, à leur rentrée en France, reprendre leurs travaux sans être inquiétés. La police impériale se contenta de dépouiller les ouvriers anglais qui traversèrent Paris, de leurs papiers. Les pressantes réclamations de lord Cowley, ambassadeur d'Angleterre, les leur firent restituer. La fondation de la Société avait du reste été en général bien accueillie par les journaux : la *Liberté* y voyait « un avertissement donné « solennellement au monde par des hommes, venus de tous les pays, par « des citoyens, las des luttes stériles, conséquence fatale d'une organisa- « tion qui s'effondre [1]. »

[1]. D'autres journaux, la *Presse* entre autres, s'y montrèrent moins sympathiques et la dénoncèrent à la surveillance judiciaire.

L'attention des membres du bureau de Paris se porta, dès leur retour, sur l'organisation définitive de la Société. Ils fixèrent d'abord par un règlement, les conditions d'admission, le chiffre de la cotisation, le nombre des membres chargés de l'administration [1]. La commission, après avoir rédigé le règlement, se remit à l'étude des problèmes qui intéressent la classe, dont la Société internationale avait pris à tâche de représenter les intérêts : établissement de comptoirs d'échange, organisation du crédit mutuel au moyen d'une cotisation hebdomadaire de 10 centimes, dont le total servirait à mettre un groupe professionnel en possession de ses outils de travail, et à le soutenir pendant tout le temps que la concurrence des capitaux rendrait le travail rare ou peu lucratif; formation, lorsque ce premier groupe serait assez fort pour vivre par lui-même, d'un second, puis d'un troisième groupe, et ainsi de suite, jusqu'à ce que, dans chaque profession, on pût ouvrir des magasins de vente à prix de revient, en créant en même temps un papier d'échange primant la monnaie métallique dans les magasins de l'Association. La commission ne doutait pas que ce système, mis en pratique dans toute l'Europe, n'amenât pacifiquement la solution du problème social, en ce qui concerne du moins la production et la consommation. Elle étudiait en même temps d'autres questions importantes, telles que la transformation de l'enseignement professionnel, le remplacement du tour de France, par le tour d'Europe, qui amènerait forcément, par la fraternisation des ouvriers, celle des peuples, la création d'une grande société d'assurance mutuelle, etc. Les querelles intestines entre les socialistes et les politiques entravaient ces travaux. Un jury pris dans les deux fractions devait opérer la fusion des deux partis. Le procès de la Renaissance, où beaucoup de blanquistes furent inculpés, empêcha ce jury de fonctionner. « Toutes ces « luttes eurent un côté fatal pour l'Association; dès cette époque, on peut « constater une tendance fâcheuse à se laisser aller à discuter avec le parti « autoritaire, que jusqu'alors l'Internationale avait soigneusement tenu à « l'écart [2]. »

L'Association n'avait point encore soutenu de grèves, lorsque vers le milieu de février 1867 la société de Crédit mutuel, fondée par les ouvriers bronziers, qui prenait de jour en jour un développement plus considé-

---

[1]. L'article 6 porte que la commission choisit parmi ses membres trois correspondants, un caissier et un archiviste. MM. Tolain, Fribourg et Varlin furent réélus correspondants. M. Heligon fut nommé caissier, et M. Chemalé secrétaire.

[2]. L'*Internationale*, par M. Fribourg.

rable, se vit attaquée par plusieurs fabricants, qui placèrent leurs ouvriers dans l'alternative de rompre avec elle ou de quitter leurs ateliers. La société de Crédit mutuel mit immédiatement à l'index toute maison qui renverrait un de ses membres. La guerre répondait à la guerre. Les ouvriers bronziers, non encore inscrits à la société de Crédit mutuel, y adhérèrent ; les autres sociétés professionnelles fournirent de l'argent aux grévistes, des souscriptions s'ouvrirent en leur faveur, des réunions autorisées de quatre ou cinq cents personnes, où l'on rendait compte de tous les incidents du conflit, eurent lieu chaque semaine ; la lutte, en se prolongeant, diminuait cependant les ressources de la grève. Il fallait songer à lui trouver des auxiliaires.

Beaucoup de membres de l'Internationale faisaient partie de la société de Crédit mutuel du bronze. Les internationalistes proposèrent aux bronziers de solliciter l'appui des sociétés ouvrières anglaises. Deux fondateurs de l'Internationale et trois bronziers se rendirent en Angleterre. Les Anglais reçurent les délégués dans leurs comités directeurs, promirent beaucoup, et donnèrent peu. Mais ce que les grévistes attendaient d'eux, c'était un secours plutôt moral que matériel, et ils avaient raison, car les lettres contenant les promesses des *Trade's Unions*, lues dans une réunion de Ménilmontant, et l'envoi fait par diverses sociétés anglaises de quelques milliers de francs, contribuèrent puissamment à amener le retrait de l'ultimatum des patrons. Les bronziers vainqueurs ne réclamèrent aucune augmentation de salaire, et ils remboursèrent avec empressement, les fonds à eux prêtés par leurs camarades des autres sociétés ouvrières.

L'Internationale ne prit aucune part à la grève des tailleurs qui suivit immédiatement celle des bronziers, et elle éleva courageusement la voix contre les ouvriers de Roubaix qui brisaient les machines et incendiaient les ateliers. Les mineurs de Fuveau (Bouches-du-Rhône), en grève depuis trois semaines, donnaient presque au même moment, l'exemple du plus grand calme et du plus parfait respect de l'ordre ; l'Internationale porta par une espèce d'ordre du jour cette conduite à la connaissance des bureaux de l'Association, « avec la confiance que l'appui matériel et moral des membres de ladite Association est acquis désormais aux mineurs de Fuveau ».

L'influence de l'Internationale grandissait tous les jours, grâce à sa conduite habile. On était au début de la période pleine de bruits belliqueux qui ne devait finir qu'en 1870. Les ouvriers français, anglais, allemands protestaient contre la guerre et échangeaient des déclarations amicales ; un appel des Allemands franchit la frontière ; les membres de l'Internationale y répondirent chaudement et proposèrent une *ligue nationale de désarmement général et d'organisation des milices* [1].

Ces démonstrations produisaient un assez grand effet, parce qu'on croyait le nombre des adhérents à l'Internationale beaucoup plus considérable qu'il ne l'était réellement. Les journaux, confondant en effet les adhésions collectives des sociétés ouvrières anglaises, avec les adhésions personnelles, portaient à des millions le chiffre des membres de l'Association, tandis qu'en réalité elle en comptait à peine quelques milliers. Cinquante délégués seulement assistaient, dans les premiers jours du mois de septembre 1867, à l'inauguration du congrès de Lausanne, et l'un d'eux [2] déclara dans l'exposé de la situation que la section parisienne ne comptait que 600 membres et qu'elle devait 466 francs.

Le programme de ce congrès comprenait les questions suivantes : crédit et banques populaires ; monnaie ; papier-monnaie ; assurances mutuelles ; sociétés ouvrières ; mutualité ; équivalence des fonctions ; travail ; capital ; extinction du prolétariat ; éducation de l'homme et de la femme ; enseignement intégral ; liberté d'enseignement ; rôle de l'État ; droit de punir ; liberté illimitée de réunion et de la presse ; tout un monde d'idées, tous les problèmes de la politique, de la religion, de la philosophie, de la morale, de l'économie politique, à résoudre par des gens intelligents, mais d'une instruction restreinte, en un mot par de simples ouvriers.

Des tentatives furent faites pour mettre la question religieuse sur le tapis. Le congrès, pensant que cette question est sans rapport avec la question économique, la repoussa ; on dit sur le travail des femmes d'excellentes choses, qui auraient eu besoin d'être suivies d'un moyen pratique, pour changer l'état de choses fâcheux qui a été signalé. Il en fut de même du salaire et du capital : participation de l'ouvrier aux bénéfices par l'acquisition de la propriété d'une entreprise industrielle, et par l'association coopérative de production, tels furent les moyens proposés par plusieurs orateurs pour abolir le salariat, moyens d'une efficacité bien restreinte, car beaucoup d'ouvriers préféreront toujours le salaire aux chances de bénéfice ; ne sera-t-on pas d'ailleurs obligé

---

1. Au nombre des membres de la commission d'initiative figure M. Ch. Beslay, propriétaire, plus tard membre de la Commune, délégué à la Banque.
2. M. Murat.

de maintenir le salaire aux employés de l'État, qui n'est pas une entreprise industrielle et qui ne donne lieu à aucun dividende ? Le capital de prêt se refuse à l'ouvrier ; là est l'obstacle à son émancipation. Il doit le demander à une meilleure organisation des caisses d'épargne, à des associations de crédit mutuel, à des banques populaires ; attendre de l'État la presque gratuité du crédit, c'est rendre le crédit impossible.

L'absence des Allemands et des Belges au premier congrès de l'Internationale à Genève avait empêché les aspirations communistes de s'y faire jour ; au congrès de Lausanne, on vit les Flamands, les Anglais, les Allemands, défendre la possession collective de la terre et des instruments de travail, contre les Français et les Italiens, partisans obstinés de la propriété individuelle. La solution de la question fut renvoyée à l'année suivante. On ne pouvait guère l'attendre d'un congrès, car rien ne prouva plus que celui de Lausanne l'aptitude de ces assemblées à développer les aspirations des ouvriers et leur impuissance à les faire entrer dans la pratique.

Garibaldi, se rendant à Genève, allait passer à quelques lieues de Lausanne. Des membres du congrès proposèrent de lui envoyer une députation, pour l'inviter à se rendre pour quelques moments au milieu d'eux. La majorité, tout en témoignant son admiration au grand patriote italien, refusa de s'associer à ce vœu, ne voulant pas qu'on pût l'accuser de s'occuper de choses étrangères à l'objet de la réunion. Cependant, comme le reproche était souvent adressé aux socialistes, de trop mépriser les questions politiques, le congrès déclara que « la privation des libertés politiques est un obstacle à l'instruction sociale des peuples et à l'émancipation du prolétariat ; l'émancipation sociale du travailleur est inséparable de son émancipation politique, et, par conséquent, l'établissement des libertés politiques est une mesure première d'une absolue nécessité. »

Le comité du congrès de la ligue de la paix qui allait s'ouvrir à Genève écrivit au comité de l'Internationale à Lausanne, pour lui demander son adhésion ; le règlement de l'Internationale lui défendait non seulement d'adhérer à une société politique, mais même d'entrer en relation avec elle. Le comité de Lausanne répondit cependant qu'il consentait à soutenir énergiquement la ligue de la paix, à condition que les ligueurs reconnaîtraient que les armées permanentes ne sont pas l'unique cause de la guerre, que le paupérisme et le manque d'équilibre économique contribuent puissamment à la perpétuer, et que pour empêcher la guerre il ne suffit pas de licencier les armées, il faut encore modifier l'organisa-

Fig. 16. — Napoléon III responsable de la mort de Maximilien.

tion sociale dans le sens d'une répartition toujours plus équitable de la production. Cette décision, malgré les réserves dont elle était entourée, rencontra de nombreux contradicteurs parmi les membres du congrès de Lausanne, et elle ne fut enfin adoptée que pour répondre aux attaques dont l'Internationale était l'objet de la part des républicains et pour leur donner des gages.

Le congrès de l'Internationale à Lausanne passa du reste presque inaperçu, grâce au retentissement qu'allait avoir dans toute l'Europe le congrès de la paix à la veille de s'ouvrir à Genève.

La paix, par une sorte de pressentiment, devenait pour l'Europe un besoin de plus en plus pressant. Des hommes généreux faisaient depuis longtemps tous les efforts imaginables pour l'assurer. On se rappelle le voyage récent de MM. Garnier-Pagès et Desmarest en Allemagne, pour y ramener les esprits vers les idées pacifiques. Le 5 mai, au moment où les représentants des grandes puissances allaient se réunir à Londres pour régler la question du Luxembourg, de simples citoyens, ne prenant conseil que de leur désir d'éviter aux peuples les maux de la guerre, unirent leurs efforts pour seconder l'œuvre de la diplomatie. M. Frédéric Passy provoqua la formation d'une *ligue de la paix*, dont les listes se signaient dans le palais même de l'Exposition universelle, et qui comptait parmi les membres de son comité MM. Michel Chevalier, Arlès-Dufour, le Père Gratry, etc. Une *union de la paix* se constitua en même temps au Havre, et des *unions* semblables s'organisèrent à Paris, à Nantes, à Strasbourg, pour reprendre l'œuvre des congrès tenus par la *Société anglaise de la paix* quatorze ans auparavant à Paris, à Bruxelles, à Londres, à Francfort, à Edimbourg. N'y avait-il pas quelque chose de plus large à tenter que ces associations qui évitaient avec un soin extrême toute tendance politique, et ne pouvait-on pas trouver dans la politique même l'auxiliaire que l'on cherchait à la paix?

Un journal français, le *Phare de la Loire,* partant de cette donnée, jugea le moment favorable pour élargir l'œuvre des diverses associations dont on vient de parler, et pour convoquer une grande réunion dans laquelle il ne s'agirait plus seulement de prêcher la paix, au nom du christianisme ou d'une vague philanthropie, mais de la fonder sur l'alliance des peuples se gouvernant eux-mêmes librement. Le congrès futur se distinguerait de ses devanciers en introduisant dans son programme une formule, les *États-Unis de l'Europe,* indiquant nettement son but, c'est-à-dire la création d'une vaste confédération qui, reliant les peuples de l'Europe émancipés et réalisant enfin le droit international, substituerait entre eux l'état de paix à l'état de guerre [1]..

L'appel du *Phare de la Loire* pour la convocation d'un *congrès international de la paix* fut entendu. Un manifeste rédigé à Paris dans une réunion d'hommes politiques au nombre de dix ou douze, fut répandu dans tous les pays de l'Europe, et il reçut tout de suite un nombre d'adhésions [2] assez considérable, quoique les lois contre le droit de réunion et d'association ne permissent pas au comité français de régulariser son action et de la rendre publique, surtout dans un moment où le gouvernement, plus hostile que jamais au droit de réunion, venait de repousser à trois reprises différentes, la demande de la société de la paix, d'ouvrir un congrès à Paris pendant l'Exposition.

M. Jules Barni, professeur de philosophie, démissionnaire en 1852, établi à Genève, où il occupait la chaire de morale, à l'Académie de cette ville, fut chargé par le comité de Paris de demander à la section des sciences morales et politiques de l'Institut genevois, de prendre le congrès sous son patronage en lui offrant l'hospitalité dans ses murs. Cette motion fut l'objet d'une longue discussion entre les membres de l'Institut genevois; M. James Fazy et M. Carteret, membres du Conseil d'État, l'appuyèrent, l'un en exprimant la confiance que le congrès ne dévierait pas du programme démocratique, l'autre que l'organisation n'en deviendrait pas agressive contre les gouvernements voisins et en particulier contre la France. L'Institut finit par se prononcer en faveur de la tenue du congrès à Genève. Restait à l'organiser, tâche assez laborieuse, car il y avait sur les questions de personnes, comme sur les questions de principes, des divergences entre le comité initiateur de Paris et le comité suisse. La question de la présidence fut bientôt vidée par suite de l'acceptation de la présidence d'honneur par Garibaldi. On la lui proposa non seulement à cause de sa popularité, mais encore à cause du grand ca-

---

1. *Annales du Congrès de Genève.*
2. Les premières listes d'adhésion en France portent les noms de MM. Louis Blanc et Albert, membres du Gouvernement provisoire de 1848; Barthélemy, Cantagrel, Victor Chauffour-Kestner, Dupont (de Bussac), Girerd, Greppo, Victor Hugo, Malardier, Pierre Leroux, Edgar Quinet, Ronet, Valferdin, Versigny, anciens représentants du peuple; Carnot, Jules Favre, Jules Simon, Magnin, Eugène Pelletan, députés au Corps législatif; Clamageran, Accolas, Delattre, Bocquet, André Rousselle, Fermé, etc., avocats; André Lavertujon, Hébrard, Ch. Lemonnier, Ch.-L. Chassin, F. Lock, Ulysse Ladet, Évariste Mangin, Auguste Luchet, Ulysse Parent, Élie Reclus, A. Élisée Reclus, Ranc, Seinguerlet, Wiroubolf, Jules Vallès, E. Véron, journalistes; Catalan, E. Despois, E. Vacherot, professeurs démissionnaires en 1852; A. Naquet, professeur agrégé à la faculté de médecine, Scheurer-Kestner, chimiste; docteurs Clavel, Barrier, Guépin (de Nantes), Littré (de l'Institut).

ractère pacifique que donnerait à la manifestation de Genève la présidence d'un soldat affirmant la fraternité universelle. M. James Fazy avait d'abord accepté la présidence du comité central d'organisation, mais, n'y pouvant faire prévaloir ses vues, il donna sa démission de simple membre du comité, dont M. Barni fut définitivement élu président. Le comité de Paris avait rédigé, non sans peine, un programme très net et très méthodique, comprenant trois questions : « 1° De la guerre, de ses causes, de ses effets ; 2° Du droit de paix et de guerre ; 3° Des moyens de rendre la guerre de moins en moins facile, et la paix de plus en plus sûre entre les peuples. »

Le comité de Genève discutait assez vivement son programme, lorsque celui du comité de Paris lui fut transmis. La discussion portait principalement sur le commencement de l'article 1er. « Le règne de la paix auquel aspire l'humanité, comme au dernier terme de la civilisation, est-il compatible avec le *césarisme*, c'est-à-dire avec le régime de ces grandes monarchies militaires...? » Le mot *césarisme* ne fut maintenu, après des débats prolongés, que par 18 voix contre 17 sur 39 votants ; il y eut 4 abstentions. La commision, en raison de cette faible majorité, crut devoir néanmoins le supprimer. Le comité de Paris protesta ; mais, pour ne pas créer dès l'origine des divisions fâcheuses, il finit par se rallier au programme de Genève, ainsi conçu :

« PREMIÈRE QUESTION. — Le *règne de la paix*, auquel aspire l'humanité, comme au dernier terme de la civilisation, est-il compatible avec *ces grandes monarchies militaires qui dépouillent les peuples de leurs libertés les plus vitales, entretiennent des armées formidables et tendent à supprimer les petits États au profit de centralisations despotiques*? Ou bien la condition essentielle d'une paix perpétuelle entre les nations n'est-elle pas, pour chaque peuple, la liberté, et, dans leurs relations internationales, l'établissement d'une confédération de libres démocraties constituant les États-Unis d'Europe?

« DEUXIÈME QUESTION. — Quels sont les moyens de préparer et de hâter l'avènement de cette confédération des peuples libres? Retour aux grands principes de la Révolution devenant enfin des vérités ; revendication de toutes les libertés, individuelles et politiques ; appel à toutes les énergies morales, réveil de la conscience ; diffusion de l'instruction populaire ; destruction des préjugés de race, de nationalité, de secte, d'esprit militaire, etc. ; abolition des armées permanentes ; harmonie des intérêts économiques par la liberté ; accord de la politique et de la morale.

« TROISIÈME QUESTION. — Quels seraient les meilleurs moyens de rendre permanente et efficace l'action du Congrès international de la paix? Organisation d'une association durable des amis de la démocratie et de la liberté.

« La principale tâche du congrès de Genève devra être d'arrêter le plan et de jeter les premières bases de cette association. »

Le congrès trouva tout de suite de nombreux adhérents dans la section de l'Internationale, et dans toutes les sociétés ouvrières et populaires de

Genève, ainsi que dans le reste de la Suisse, surtout dans les cantons italiens et allemands. M. Gœgg, ancien ministre des finances de Baden en 1849, donna l'impulsion à Zurich et convia tous les démocrates à se rendre au « Grutli européen ». Berne s'empressa de nommer ses délégués; MM. Jolissaint, Marchand, Franz d'Erlach furent choisis en cette qualité. Un comité se forma à Bâle [1].

Les cantons français, où le parti conservateur et catholique garde encore quelque influence, montrèrent une certaine hésitation à s'associer au congrès. Les uns par crainte qu'il ne fût trop politique, les autres par suite de cette pensée que l'œuvre de paix, purement humanitaire, doit être accessible à toutes les individualités, et n'exclure aucune forme économique, sociale, politique ou gouvernementale; les Suisses de ces cantons, sans répudier aucune des idées du programme qui font partie intégrante de leurs convictions comme démocrates et républicains, étaient d'avis que la transformation des formes de gouvernement des nations n'est point une œuvre de paix, qu'elle peut en être la conséquence, mais non le but.

Les circulaires du comité central ne pouvaient manquer d'être bien accueillies en Angleterre. La *Société anglaise de la paix* manifesta le désir de se mettre en rapport avec le comité de Paris. Une entrevue eut lieu entre les membres des deux sociétés. M. Frédéric Passy et M. Charles Lemonnier y assistaient. M. Charles Lemonnier, ayant déclaré qu'aux yeux des promoteurs du congrès de Genève, il était impossible de créer un droit international, sans renouveler les institutions politiques européennes, la Société de Londres, dont le principe fondamental était de s'abstenir de toute ingérence politique, ne put que rester spectatrice bienveillante des efforts de ses émules. La *Ligue de la réforme anglaise*, qui venait de publier un manifeste de M. Edmond Beales entièrement conforme au but pacifique et politique du congrès de Genève, lui prêta son puissant concours. Les *Trade's Unions* s'associèrent aussi à ses efforts et déléguèrent plus tard deux de leurs membres, MM. Odgers et Cremers, pour assister à ses séances. La Belgique, au premier appel de Paris, forma un comité [2] pris dans les rangs de la bourgeoisie. M. de

---

[1]. Son adhésion au congrès ne fut que conditionnelle. Le docteur Schmidlin fit adopter la déclaration suivante, négation pure et simple du programme de la *ligue de la paix et de la liberté* : « Les Bâlois n'adhèrent au congrès international que s'il a pour but une union libre, durable et publique de citoyens de divers pays, qui agira dans les limites des constitutions et des lois en vigueur. »

[2]. Voici les noms de ses membres : J. Guillery, représentant de Bruxelles; Fontainas, conseiller communal de Bruxelles; Clacys, conseiller provincial à Gand; Bourlard, con-

Molinari et A. Demeur le représentèrent au congrès. Des comités ouvriers s'organisèrent de leur côté. Le *Cercle des socialistes belges* lança un manifeste en faveur du congrès : « Instruits par une longue expérience que l'entente entre les bourgeois et les travailleurs est difficile sinon impossible, quand il s'agit de traiter les questions politiques et sociales, » les membres du *Cercle des socialistes belges* s'unissent à l'association le *Peuple*, pour recueillir des adhésions ouvrières. Le délégué des travailleurs belges au congrès fut M. César de Paepe.

L'Allemagne ne pouvait manquer, elle aussi, de s'associer. Les manifestations des ouvriers allemands en faveur de la paix au moment où la question du Luxembourg semblait à la veille d'amener une lutte terrible entre la France et l'Allemagne, les déclarations de fraternité échangées entre les ouvriers des deux rives du Rhin, présageaient un succès complet, aux promoteurs du congrès de la paix en Allemagne. Le docteur Karl Grün, au nom du comité de Mannheim, répondit au comité parisien en ces termes : « Abolition des dictatures militaires, rétablissement des « grands principes de votre révolution et de nos deux philosophies, déve- « loppement large et méthodique de l'intelligence populaire et de la mo- « rale publique ; guerre au jacobinisme d'en haut comme d'en bas : voilà « notre programme commun. » Le comité de Mannheim réclamait en outre le privilège de recevoir le congrès dans les murs de cette ville, afin de « porter la discussion dans l'un des deux pays qu'une volonté « arbitraire menace de lancer l'un contre l'autre. Ne serait-ce pas atta- « quer la bête de front que de mettre en contact l'intelligence, la science « et le courage civil de la France, avec les esprits éclairés et les cœurs « droits de l'Allemagne ? »

Le docteur Jacoby, chef du parti le plus avancé au parlement de Berlin, s'était hâté d'envoyer son adhésion ; les libéraux et progressistes montrèrent plus de défiance ; M. Schultze-Delitsch, le chef du socialisme bourgeois, répondit au comité de Paris par un refus assez durement motivé, mais qui donnait à réfléchir. « L'Allemand est le peuple pacifique « par excellence, les journalistes et les hommes politiques français qui « extravaguent sur de prétendus dangers dont notre nouvelle constitution « menacerait la France ne croient pas eux-mêmes ce qu'ils disent. Il est

seiller provincial à Mons; Albert Picard, vice-président du conseil provincial du Brabant; Van Meenen, Ch. Potvin, Marchal, Vital Descamps, hommes de lettres; Tiberghien, Jules Tarlier, Van Bemmel, Henri Bergé, Le Hardi de Beaulieu, Jules Stécher, professeurs; Ad. Demeur, Jottrand, Cattoir, Guéquier, Meynne, Guinotte, avocats; Berardi, directeur de l'*Indépendance*; Victor Lynen, Fourcault, Patte, Buls, Lyerman, négociants.

« très vrai que le sentiment national a pris une telle force que, quelque
« entrave que la guerre apporte à notre progrès intérieur, nous nous
« lèverons comme un seul homme pour repousser l'ingérance de l'é-
« tranger, mais la France n'est menacée d'aucun côté, seule elle menace
« ses voisins par la prétention qu'elle a toujours revendiquée de pro-
« noncer en dernier ressort sur les affaires du monde. La démocratie
« allemande compromettrait toute son influence en adhérant au congrès
« dans un moment où l'on ne parle en Allemagne que des armements de
« la France. Si vous voulez que votre campagne pacifique soit féconde,
« persuadez à votre pays qu'une attaque contre la Prusse, placée à la tête
« de l'Allemagne, allumerait chez nous une guerre nationale dont la
« portée dépasserait de beaucoup les prévisions de ceux qui l'auraient
« provoquée. »

L'opposition de M. Schultze-Delitsch et de ses amis du *National-Verein* fit naître en Allemagne de nombreuses hésitations qui, grâce aux efforts de quelques hommes comme Armand Gœgg et des journaux démocratiques allemands, cessèrent bientôt; une réaction en faveur du congrès se manifesta, les sections de l'Internationale, la puissante *Société ouvrière* de Berlin et un grand nombre d'autres sociétés populaires s'y rallièrent. L'adhésion au congrès de Genève devint au delà du Rhin comme une sorte de pierre de touche politique, servant à distinguer les démocrates purs des démocrates autoritaires.

La présidence offerte à Garibaldi détermina en Italie un irrésistible courant d'enthousiasme pour le congrès : loges maçonniques, associations ouvrières, comités démocratiques, rivalisèrent de zèle et d'ardeur pour assurer son succès en Italie; des députés, des professeurs, des hommes populaires [1] joignirent leurs efforts à ceux des sociétés ouvrières. Le parti démocratique espagnol, frappé par une récente défaite, adhéra du moins au congrès, dans la personne d'un de ses chefs les plus éloquents, M. Emilio Castelar, mais les promoteurs de la manifestation de Genève cherchèrent inutilement des correspondants en Gallicie, dans le duché de Posen et en Pologne [2]. L'émigration polonaise en France était divisée en

---

[1]. MM. Giuseppe Ferrari, Mauro Macchi, Veluti, etc., membres du parlement; colonel Frapolli, grand-maître de la franc-maçonnerie; le boulanger florentin Dolfi, l'avocat napolitain Gambuzzi, le docteur T. Riboli, etc.

[2]. Ce passage d'une lettre du comte Chotowski en donne la raison : « ..... Si je n'accours pas le 9 septembre à Genève, c'est que je sors des prisons de l'État et que je suis ruiné. Tout près de Genève, à Turin, est mon père exilé depuis 1830; plus loin, à Venise, mon frère fugitif de 1862. Nos vœux sont avec vous; que votre cause triomphe sur nos tombeaux! Vous m'honorez du titre de correspondant; mais comment rassembler mes

Fig. 17. — Le Congrès de la Paix à Genève.

deux camps : l'un, sous l'influence du prince Czartoriski, se tenait en dehors de toute agitation révolutionnaire; l'autre, plus disposé à s'y mêler, répondit par l'intermédiaire du général Mieroslawski : « L'heure « de convoquer un congrès de la paix est loin d'avoir sonné pour nous; « proposer la paix en présence de deux empires babyloniens, pour ne « parler que de ceux-là qui du Rhin à l'océan Pacifique écrasent vingt « nations, c'est accepter notre destinée et nous résigner à la servitude « universelle. » Le général Bosak Hauke [1], qui s'était distingué dans la dernière insurrection de la Pologne, adhéra cependant au congrès, mais sous la condition expresse que le droit de guerre ou plutôt d'insurrection serait réservé à la Pologne.

Le total des adhérents atteignit bientôt le chiffre de 10 000 [2]. C'était là une assemblée sérieuse et qui pouvait presque justifier le titre un peu ambitieux d'*Assises de la démocratie européenne* que lui donnaient quelques journaux; le difficile était de discipliner les jeunes et tumultueux éléments dont elle était formée.

Garibaldi, retardé par les ovations qui, depuis Arezzo, arrêtaient sa marche, n'arriva que le 8. Il préparait l'expédition qui devait se terminer à Mentana; il s'agissait de soulever l'opinion publique contre la papauté. Il n'était venu à Genève que pour cela. Ses premiers mots, en saluant la foule immense réunie sous son balcon, furent pour « les citoyens de cette « cité de Genève qui ont porté les premiers coups à la Rome papale; « le moment est venu de compléter l'œuvre de vos pères; il y a dans « la mission des Italiens, qui ont si longtemps gardé le monstre, « une partie *expiatoire*. Notre devoir est de l'abattre. Nous l'abattrons. « Votre concours sera peut-être nécessaire, j'y compte! » L'apostrophe était rude; il se fit d'abord comme une espèce de silence d'étonnement. « Trouvez-vous, reprit-il, que j'ai dit une impertinence? » Une immense acclamation lui répondit. « Maintenant, laissez-moi vous dire une chose qui vous paraîtra peut-être plaisante : je vous recommande la concorde. »

Garibaldi ne prêchait guère d'exemple. Ses attaques contre la papauté

---

malheureux compatriotes pour leur demander leur adhésion? La plupart agonisent dans la Pologne; même ici, en Prusse, on craint son ombre..... »

1. Mort au champ d'honneur pour la France en 1870. Il commandait une division de l'armée des Vosges.
2. Se décomposant ainsi : Suisses, 2713; Allemands, 1669, y compris les Hongrois; Français, 1006; Italiens, 442; Anglais, Écossais, Irlandais, 149; Belges, 105; Russes, 45; Polonais, 39; Américains, 32; Espagnols, 13; Hollandais, 9; Grecs, 9; Danois, 7; Suédois, 2; Roumains, 6; enfin un Australien.

rendaient bien difficile le maintien de la paix dans une ville où les catholiques, émancipés par M. James Fazy, ne laissaient pas d'être nombreux et disposés à profiter de leur liberté récente, pour se montrer très susceptibles à l'endroit de leur croyance.

L'ouverture du congrès eut lieu le 9, au palais électoral, que les Genevois désignent familièrement sous les noms de *Boîte à giffles* et de *temple d'Héraclée*, dont chaque pilastre est surmonté du drapeau de l'un des vingt-deux cantons suisses ; un trophée de drapeaux des nations figurant au congrès, couronne la tribune ; au milieu du trophée, le mot *Pax* brille sur un écusson. Les bureaux des journalistes et des sténographes sont au pied de l'estrade. Un jet d'eau s'élançant d'un bassin autour duquel les dames ont pris place murmure au milieu de la salle. Elles se lèvent comme les hommes lorsque Garibaldi fait son entrée à deux heures. Les acclamations l'accompagnent, pendant qu'appuyé sur une canne, il gagne lentement sa place au bureau. Le silence s'établit. Le Liederkranz entonne un chœur de circonstance ; après les applaudissements de rigueur, lecture est donnée d'une lettre de M. Camperio, président du département de justice et de police, invitant les membres du congrès à éviter, en usant de la liberté la plus large de discussion, tout ce qui pourrait ressembler à une violation du droit international. Le président provisoire, M. Barni, remercie la République de Genève de l'hospitalité qu'elle accorde aux pacifiques délégués de la démocratie universelle ; le règlement est adopté, le programme lu, le congrès est ouvert.

Le docteur Schmidlin (de Bâle) demande le premier la parole contre le programme. Il veut bien s'associer à l'œuvre entreprise, mais par des moyens pacifiques et légaux. Il fait cette réserve dans l'intérêt de la Suisse et de la paix elle-même : « La morale internationale repose sur « les mêmes principes que la morale privée. Si je veux bien vivre avec « mes voisins, je ne me mêle pas de leurs affaires. Ce n'est donc pas à « nous à juger les institutions des autres nations. Les peuples, du reste, « ont le gouvernement qu'ils méritent. » L'orateur pouvait se dispenser de cette allusion blessante pour les Français. Il soutint ensuite que *la démocratie n'est pas plus la paix* que *l'Empire n'est la paix*, comme il s'en est vanté autrefois : « La vanité et les préjugés des peuples causent autant de guerres que l'ambition des souverains, et l'opinion publique en est souvent aussi responsable que l'ambition des gouvernements. » Ce langage, aussi vrai que peu conforme aux passions de l'assemblée, est combattu par M. James Fazy, qui, en réfutant l'orateur sur quelques points de détail, demeura d'accord avec lui que le programme du congrès ne devait pas être un danger pour la Suisse ; il était donc d'avis d'en retrancher les deux premiers paragraphes ; des protestations s'élevèrent de tous les côtés de la salle ; M. James Fazy ajouta : Si le congrès aboutit à mettre en péril « l'in- « dépendance de la Suisse, la démocratie ne trouvera plus un coin de « terre où s'assembler de nouveau, pas même en Belgique, quoi qu'en « puissent dire les interrupteurs. »

Un incident qui n'était pas de nature à calmer les appréhensions de M. James Fazy et de ses amis avait jeté déjà un certain trouble dans cette première séance. Un jeune avocat français, mécontent de voir l'aigle impérial déployer ses ailes au-dessus du faisceau de drapeaux ombrageant la tribune, avait fait entendre à ce sujet une protestation mal comprise et mal accueillie sur quelques bancs. Un Français [1] mit fin avec autant de dignité que d'à-propos à cet incident. Mais l'agitation, loin de se calmer, va bientôt commencer. Garibaldi demande la parole ; ses blessures l'empêchant de monter à la tribune, il parle de sa place. Après un exorde assez nuageux sur le despotisme et sur la liberté, il donne lecture des propositions suivantes :

« Les nations sont sœurs, la guerre entre elles est impossible, toutes les querelles nationales seront jugées par les congrès, les membres du congrès sont nommés par les sociétés démocratiques de tous les peuples ;
« Chaque nation n'aura qu'un vote au congrès.
« La papauté, comme la plus nuisible des sectes, est déclarée déchue d'entre les institutions humaines.
« La religion de Dieu est adoptée par le congrès.
« Le congrès consacre au sacerdoce, les hommes d'élite de la science et de l'intelligence.
« Propagande de la démocratie par l'instruction, l'éducation et la vertu. »

Un tonnerre d'applaudissements couvre les faibles murmures qui s'élèvent au moment où Garibaldi proclame la déchéance de la papauté et l'avènement de « la religion de Dieu » ; une voix lui crie : « Quel Dieu ? » Il répond : « Religion de Dieu, religion de la vérité, religion de la raison, sont synonymes. » Le président se lève alors et propose de remercier le fondateur de la religion nouvelle des nobles paroles qu'il vient de prononcer et des additions qu'il propose à son programme. Cette motion est adoptée d'enthousiasme : Garibaldi sort au milieu de vivats frénétiques,

---

1. M. Clamageran.

et la première séance se termine par la nomination de M. Jolissaint comme président définitif et par la formation du bureau [1].

Le congrès dès le début, versait dans la politique, dans le mysticisme et dans le socialisme. « Nous sommes venus dans cette virile cité, disait un membre du comité de Paris [2], attester l'idée républicaine, la définir, rechercher au grand jour les moyens de la faire triompher en Europe. » Le congrès de l'Association internationale des travailleurs, réuni à Lausanne, écrivait au congrès de Genève qu'il espérait bien que « cette assemblée amènerait le règne d'un nouvel ordre de choses qui ne connaîtrait plus dans la société deux classes, dont l'une est exploitée par l'autre, et qui affranchirait le peuple de l'influence du capital » et pendant ce temps-là Garibaldi promulguait les dogmes d'une religion nouvelle. Le congrès de la paix se transformait en club et en concile.

M. Jolissaint, très sensé, très libéral et nullement mystique, ouvrit le lendemain la séance par un discours plein de cette verve simple et naturelle qui caractérise le génie suisse. La séance menaçait d'être orageuse; on parlait d'une démarche faite dans la soirée de la veille, auprès de Garibaldi par la société des rationalistes, pour le prier de s'expliquer sur sa religion; les athées menaçaient de l'interpeller directement. En attendant, un membre du congrès proteste vivement, en son nom et au nom de plusieurs de ses collègues, contre la déclaration des délégués du congrès de Lausanne, et il lit une très longue contre-déclaration. Un Italien, au nom de la société patriotique féminine de Ravenne, et de sept ou huit autres sociétés qu'il représente, arbore la bannière de Lausanne; on a des craintes sur le maintien de l'ordre. L'agitation s'apaise cependant lorsque le président annonce l'ouverture de la discussion générale du programme. M. Edgar Quinet gravit lentement les marches de la tribune, où sa présence est saluée par une triple salve d'applaudissements. Son discours, écouté dans un religieux silence, est un éloquent appel à la résurrection de la conscience humaine, étouffée au 2 décembre; la réunion du congrès lui paraît un heureux symptôme de cette résurrection [3].

Les Allemands prirent une grande part à la discussion dans cette séance, surtout MM. Amand Gœgg et Simon (de Trèves). L'auditoire couvrit d'applaudissements l'éloquente sortie de ce dernier contre

---

1. Il était ainsi composé pour la France : Edgar Quinet, Victor Chauffour, E. Accolas, vice-présidents; Ch.-L. Chassin, A. Naquet, secrétaires.
2. M. E. Accolas.
3. M. Karl Grün, par un miracle de mémoire et de style, improvisa la traduction allemande de ce beau morceau oratoire.

l'Allemagne prussifiée ; contre « ce féodalisme allemand, qui a été l'instrument de l'oppression universelle, qui a fourni des soldats à tous les despotismes. » Le féodalisme allemand, ajouta-t-il, a envahi le premier la France républicaine, et les victoires de l'Empire n'ont été que le contre-coup de cette invasion.

Les rationalistes, les athées ne paraissant pas vouloir donner suite à leur projet de protester contre la religion nouvelle proclamée par Garibaldi, les incidents de la séance allaient se borner au sacrifice fait par un lieutenant-colonel hongrois, aide de camp de Garibaldi, de ses décorations déposées sur la tribune, et à quelques paroles violentes d'un Allemand contre la Russie, lorsque M. Carteret prend la parole pour une motion d'ordre ; il est heureux et fier que les vieilles libertés suisses permettent à tant d'orateurs de se livrer à des excentricités, que les étrangers peuvent trouver amusantes, mais qui n'ont pas pour des Suisses la même saveur ; ne serait-il pas temps cependant de reprendre la motion de M. Fazy et de se borner à discuter le dernier article du programme ? Une partie de la salle approuve, mais le président est enchaîné par l'ordre du jour. La discussion du troisième paragraphe ne peut avoir lieu qu'après celle des deux premiers. M. Bakounine monte à la tribune, et, après avoir protesté contre la conduite de la Russie envers la Pologne, il fait des vœux pour sa défaite dans quelque guerre qu'elle entreprenne ; il faut qu'il en soit ainsi dans l'intérêt de la Russie ; mon vœu, ajoute l'orateur, est un vœu patriotique. « Maintenant, par quelles institutions préparera-t-on la liberté pour la Russie et pour les autres peuples ? Par la fédération : plus de centralisation religieuse, bureaucratique et militaire, plus de ce faux principe de la nationalité inventé par les despotes de Prusse, de France et de Russie, pour étouffer la liberté : libre fédération des communes dans la province, des provinces dans la nation, et des nations dans les États-Unis d'Europe. » Est-il nécessaire de parler de l'enthousiasme avec lequel les proudhoniens, fort nombreux dans le congrès, battent des mains à ce résumé de la doctrine que leur maître a enseignée dans les derniers temps de sa vie [1].

La question religieuse, traitée par les orateurs italiens dans un sens

---

1. Les délégués anglais ne s'étaient point fait entendre, et l'on avait un très vif désir de savoir ce que le génie pratique de leur nation leur suggérait pour réaliser la paix universelle. MM. Cremers et Odger ne s'écartèrent point dans leurs discours, du reste assez courts, de la phraséologie et des doctrines des orateurs précédents ; mais, pour réaliser leurs théories, ils parurent compter sur le concours de l'opinion publique et des *Trade's Unions*.

très antipapal, amena de nouveaux orages dans la troisième séance; mais jusqu'ici le socialisme n'avait pas encore pris la parole. M. Chemalé, membre de l'*Association internationale des travailleurs*, lui servit d'interprète : supprimer les armées, c'est faire un pas vers la paix, mais ce n'est pas la fonder. La guerre qu'il faut faire cesser, c'est, selon lui, l'antagonisme des personnes et des intérêts; opulence et parasitisme d'un côté, travail et misère de l'autre; de là une lutte sourde, puis de temps en temps une lutte ouverte, la fusillade et la canonnade dans les rues, la guerre civile avec les exécutions en masse, les transportations sans jugement, et enfin le despotisme. L'orateur repousse toute idée de récrimination; ce n'est plus du passé qu'il s'agit, mais de l'avenir : « Nous venons « tendre franchement la main aux favorisés du sort, leur exposer les rap- « ports du malaise social avec la guerre; cette fois encore, en gage de « conciliation, nous leur présentons l'épée par la poignée. Nous ajour- « nera-t-on toujours? Non! nous l'espérons du moins; c'est avec la « ferme conviction d'une entente encore possible, entre nous, que nous « disons : Entre despotisme et guerre, entre paix et liberté, la question « est nettement posée : centralisation, despotisme et richesse, ou fédéra- « tion, socialisme et liberté, il faut choisir. Le travail affranchi peut seul « donner la paix au monde; en voulez-vous, citoyens? » Le parti socialiste mettait en quelque sorte le marché à la main au parti républicain. Un avocat de Paris, ami, compatriote et disciple de Proudhon [1], proposa au congrès une déclaration, posant en principe, que la question économique est inséparable de la question politique, comme la question politique est inséparable de la question économique. Ce sera la transaction, l'alliance : « Que désirez-vous pour vous joindre à nous? qu'on s'intéresse aux réso- « lutions votées à Lausanne; comment ne nous y intéresserions-nous pas? « n'avons-nous pas le plus grand intérêt à ce que les ouvriers marchent « avec nous? Qu'avez-vous à demander en retour de cette alliance? que « nous appuyions la réforme économique? Cette réforme est indispensable. « Unis, il nous sera facile d'avoir raison des grandes centralisations et « des grandes monarchies militaires. » Les applaudissements éclatent; en effet, une alliance venait de se conclure entre la bourgeoisie républicaine et le prolétariat.

M. James Fazy fit une tentative nouvelle pour amener l'assemblée à se borner à la discussion du paragraphe troisième du programme; la séance

---

1. M. Gustave Chaudey, fusillé par la Commune.

Fig. 18. — Edgar Quinet.

menace de devenir orageuse ; des colloques très vifs s'engagent ; des menaces s'échangent, parmi lesquelles figure celle de « balayer le congrès ». Les congressistes délibèrent pendant la nuit pour savoir si l'on ne transférerait pas l'assemblée à Lausanne ou à Berne.

Le choix de Genève, une des villes les plus agitées du continent, n'était pas des plus heureux pour y tenir un congrès de la paix. D'abord M. James Fazy, qui, longtemps placé à la tête du gouvernement, y jouissait d'une influence considérable, passait pour dévoué aux intérêts bonapartistes ; ensuite les partis qui agitent cette petite république, vieux protestants, conservateurs, catholiques, libéraux, ne pouvaient manquer de s'unir dans un sentiment de commune hostilité contre le congrès. L'esprit français, toujours infatué de lui-même et disposé à croire qu'il apporte aux autres peuples la lumière et le progrès, devait déplaire à l'esprit formaliste et un peu pédant des Genevois. Ces ouvriers français gonflés de science récente et soulevant dans leur bonne foi mêlée d'ignorance des problèmes que les plus grands penseurs et les plus grands philosophes auraient de la peine à résoudre, ces discoureurs sonores et vides, ces journalistes bruyants qui donnaient le ton au congrès paraissaient à la plupart des Genevois complètement dépourvus de sens pratique, presque des fous ; la crainte de s'attirer de mauvaises affaires avec le gouvernement impérial, fort impérieux d'ordinaire avec les faibles, expliquait dans la population genevoise l'existence d'un sentiment d'animosité contre le congrès assez fort pour qu'une tentative de le dissoudre par la violence fût à craindre.

Les catholiques affichaient sur les murs des protestations contre le langage de Garibaldi. Leurs bandes s'introduisaient dans le congrès pour s'y livrer à des interruptions et à des démonstrations bruyantes. Le clergé tonnait contre les congressistes du haut de ses chaires. Le gouvernement lui-même n'aurait pas été fâché que le congrès mît fin à ses séances. Une réunion de six cents citoyens de toutes les classes de la société, tenue au Stand de la Coulouvrenière, sous l'inspiration de M. James Fazy, vota le 11 septembre au soir une résolution enjoignant aux adhérents genevois de « s'opposer énergiquement à toute résolution dangereuse pour la sécurité « et compromettante pour la neutralité de la Suisse qui pourrait être « proposée dans la séance du congrès du lendemain ».

M. James Fazy renouvela ce jour-là sa proposition de ne voter que la dernière partie du programme. Un long tumulte suit cette motion ; les journalistes français surtout protestent avec vivacité. M. James Fazy, entouré de ses amis, s'avance vers leur table, en criant : « Vous avez compromis la liberté chez vous, vous ne la compromettrez pas chez nous! » La foule, pendant ce temps-là, pousse des cris menaçants à la porte de la salle; des actes de violence sont à craindre. Le comité avait heureusement décidé que les orateurs inscrits renonceraient à la parole au profit de M. James Fazy et de deux autres Genevois, MM. Wessel et Carteret. La proposition renouvelée par eux d'écarter les deux premiers articles du programme est deux fois mise aux voix et deux fois repoussée. La majorité contre elle est évidente dans le groupe des adhérents au congrès; mais la masse des spectateurs qui a fait irruption dans la salle en brisant les barrières conteste le vote. Le congrès va-t-il se transformer en mêlée furieuse? On pourrait le craindre lorsque M. Wessel, poussé par les énergiques réclamations des secrétaires français, prit place au bureau pour constater de la validité du vote et obtenir de ses concitoyens le respect de la liberté des opinions. Le tumulte néanmoins ne prit fin que grâce à l'intervention directe des ouvriers internationaux français auprès de leurs camarades de Genève, qu'ils réussirent à calmer. Lecture fut enfin donnée des résolutions proposées par le bureau et en vertu desquelles il fut décidé :

« Qu'une ligue de la paix et de la liberté, vraie fédération cosmopolite, est fondée;
« Qu'il sera du devoir de chaque membre de cette ligue de travailler à l'éclairer et former l'opinion publique sur la véritable nature du gouvernement, exécuteur de la volonté générale, et sur les moyens d'éteindre l'ignorance et les préjugés qui entretiennent les diverses causes de guerre; de préparer par ses efforts la substitution du régime des milices nationales à celui des armées permanentes; de faire mettre à l'ordre du jour, dans tous les pays, la situation des classes laborieuses et déshéritées, afin que le bien-être individuel et général vienne consolider la liberté politique des cityens;
« Et, en outre, qu'il soit institué un comité central permanent dont l'organisation est confiée aux soins du comité directeur. »

Les notabilités du parti démocratique français, si l'on excepte Edgar Quinet, n'avaient point paru à Genève. Le congrès, avec son titre équivoque, ne représentait ni un programme ni un parti. Supprimer la religion chrétienne pour y restituer « la religion de Dieu et le sacerdoce des hommes d'élite », comme voulait Garibaldi, c'était blesser les catholiques et les libres penseurs; la paix représentait le *statu quo*, c'est-à-dire pour quelques peuples l'oppression, pour tous le malaise. La paix d'ailleurs ne peut exister que comme conséquence de la vérité et de la justice; pourquoi substituer la conséquence au but? Ces reproches, adressés au congrès de

Genève par un des chefs les plus illustres [1] du parti démocratique, étaient au fond mérités.

Si les hommes véritablement importants du parti démocratique français avaient pour la plupart évité de se rendre au congrès de Genève, un grand nombre de jeunes gens, ardents et désireux de jouer un rôle, s'y étaient rencontrés dans un commun besoin d'opposition plus vive et plus directe au gouvernement impérial ; des relations se nouèrent entre ces hommes nouveaux et les ouvriers, des échanges de sympathies et d'espérances eurent lieu entre les révolutionnaires de toutes les parties de l'Europe réunis à Genève. Les Français rapportèrent dans leur pays l'excitation des scènes dont ils venaient d'être témoins. On peut dire qu'après le congrès de Genève un nouveau personnel révolutionnaire se forma en France, plus ardent, plus passionné et n'attendant qu'une occasion favorable pour se jeter dans l'action.

1. Mazzini, *Lettres aux membres du congrès de Genève.*

CHAPITRE V

SALZBOURG ET MENTANA (1867)

Napoléon III cherche des alliances et s'adresse à l'Autriche. — Inquiétude des esprits au moment de l'entrevue de Salzbourg. — Effet de la mission du général Dumont à Rome. — L'Empereur et l'Impératrice à Salzbourg. — Discours de l'Empereur aux maires d'Arras et de Lille. — Discours au maire d'Amiens. — Circulaire de M. de Moustier sur l'entrevue de Salzbourg. — Le candidat de l'opposition est nommé dans l'Isère. — Expédition du général Garibaldi contre Rome. — Plaintes de l'Italie. — Le gouvernement italien fait arrêter Garibaldi. — Menotti, son fils, pénètre néanmoins dans les États pontificaux. — Le gouvernement impérial est sommé d'intervenir. — Déclaration du gouvernement italien. — M. Nigra se rend à Biarritz. — Circulaire du cardinal Antonelli. — Hésitations de Napoléon III. — L'Impératrice fait décider l'intervention. — Débarquement des troupes françaises. — Combat de Mentana. — Arrivée de l'empereur d'Autriche à Paris. — Renouvellement des conseils généraux. — Lettre de l'Empereur sur les chemins vicinaux. — Mort de M. Fould.

Napoléon III, incertain, découragé, préparant faiblement la guerre, cherchant des alliances au hasard, eut l'idée de rendre à l'Autriche la grande position qu'il avait tant contribué à lui faire perdre l'année précédente, et en d'autres termes de défaire l'unité de l'Allemagne. Cette proposition n'étonna pas trop M. de Beust, alors chargé de diriger la politique de l'Autriche, très jaloux de la gloire de M. de Bismarck et se croyant assez habile pour prendre une éclatante revanche de Sadowa. La France, l'Autriche, l'Italie réunies n'étaient-elles pas capables de mettre la Prusse et la Russie à la raison? Le Danube et la Pologne pouvaient fournir à l'Autriche des agrandissements considérables; la France et l'Italie n'étaient pas en peine de savoir où s'étendre. Il ne manquait à ces grands projets, outre une confiance suffisante dans la solidité de la politique napoléonienne, que l'assentiment des Allemands restés sujets des Habsbourg, et des

Hongrois admis récemment à partager la direction du gouvernement. Ces pourparlers entre Vienne et Paris n'étaient pas restés tout à fait inconnus du public. Quelques semaines s'étaient à peine écoulées depuis le jour où l'Empereur avait si solennellement annoncé dans son discours aux exposants le règne certain de la paix, et déjà les craintes de guerre renaissaient et se répandaient avec une telle rapidité, que le gouvernement crut devoir calmer les esprits par une note insérée dans le *Moniteur* du soir. Le journal officieux le *Constitutionnel* annonça que l'Empereur et l'Impératrice iraient passer quarante-huit heures à Salzbourg, dans le plus complet incognito, avec l'empereur d'Autriche : « démarche de convenance touchante, dégagée de tout caractère politique, puisque les souverains ne sont accompagnés d'aucun membre de leurs gouvernements. » La remarque n'avait rien de bien rassurant. Qu'importe, au point de vue des résolutions que peut prendre le souverain d'un pays où la responsabilité ministérielle n'existe pas, qu'un ministre l'accompagne ou ne l'accompagne pas en voyage [1] ?

L'Empereur et l'Impératrice partirent pour Salzbourg le 17 août; ils traversèrent l'Allemagne méridionale, pendant que Guillaume Ier parcourait les provinces conquises et prenait le Dieu des armées à témoin qu'il n'avait obéi en les conquérant « qu'à de dures nécessités historiques ». Le train impérial arriva le 19 août à Carlsruhe; l'Empereur et l'Impératrice furent reçus à la gare par le grand-duc de Baden, sa femme, fille du roi de Prusse, et son frère, le plus Prussien peut-être des membres de cette famille, qui avait été le principal obstacle à la création de la onfédération du Sud. Une foule silencieuse assistait à cette rapide entrevue. Même froide réception à la gare de Stuttgard. Le train franchit à Ulm la frontière bavaroise et arriva après minuit à Augsbourg, où les autorités civiles et militaires l'attendaient; il y eut quelques cris de : Vive l'Empereur! Napoléon III refusa de loger au château où Charles-Quint avait écouté la lecture de la confession d'Augsbourg; il préféra l'hôtel des *Trois Maures*, où il habitait avec sa mère lorsque, enfant de sept à huit ans, il suivait les classes du collège Sainte-Anne.

L'Empereur quitta Augsbourg le dimanche matin 18 et arriva à Salz-

---

1. Napoléon III et François-Joseph ne pouvaient conclure une alliance véritable, dans les conditions où se trouvait l'Autriche. Il leur était tout au plus permis d'essayer de s'entendre sur quelques mesures de précaution demandées par l'Autriche. Des conversations s'engagèrent sur ce terrain entre les deux souverains; une correspondance confidentielle suivit même l'entrevue de Salzbourg, mais elle se termina en 1869 sans avoir abouti à des stipulations formelles.

bourg le même jour à cinq heures. La ville était envahie par les étrangers ; on ne parlait que de fêtes, d'illuminations alpestres, de festins et d'excursions ; la meilleure troupe de Vienne avait été appelée pour donner des représentations : singuliers préparatifs pour une visite de condoléance à propos de la mort de Maximilien. Les journaux autrichiens donnaient du moins ce prétexte à l'entrevue des deux empereurs ; mais François-Joseph, quoi qu'on en eût dit, avait emmené avec lui son ministre des affaires étrangères, et les journaux officieux français, non contents d'annoncer avec fracas que Napoléon III travaillait tous les jours avec M. de Beust, parlaient d'une alliance austro-française, prélude d'une quintuple alliance entre l'Autriche, la France, l'Angleterre, l'Italie, la Turquie contre la Prusse et contre la Russie. Ils ajoutaient qu'une Confédération du Sud s'organisait, en attendant, sous la présidence de l'Autriche, comme si cette puissance pouvait compter pour quelque chose tant qu'elle ne se serait pas pleinement réconciliée avec la Hongrie.

Les feuilles prussiennes qui n'avaient vu d'abord dans la rencontre des deux empereurs à Salzbourg qu'une affaire de politesse lui donnèrent bientôt les proportions d'un grave événement politique. Ce changement de la part des journaux prussiens s'explique d'autant mieux que le roi Guillaume ne perdait aucune occasion de déclarer qu'il se considérait comme chargé providentiellement de constituer l'unité de l'Allemagne, et que sa volonté, énergiquement secondée par son premier ministre, se traduisait par des actes qui soulevaient parfois des protestations, mais jamais de résistance sérieuse, grâce à la réserve imposée à l'Empereur des Français ; mais la situation ne serait plus la même le jour où Napoléon III s'entendrait avec François-Joseph pour demander une interprétation du traité de Prague conforme aux intentions des signataires.

Les périls de la situation n'échappaient point à l'opinion publique ; aussi l'Empereur la trouva-t-il fort surexcitée en rentrant le 24 août à Paris ; on attendait avec impatience son prochain voyage dans le département du Nord, pensant qu'il trouverait, dans sa réponse au discours de quelque maire ou de quelque préfet, l'occasion de donner au public des explications ardemment souhaitées. Arras fut la première ville visitée par Napoléon III ; il y arriva le 26, et, au discours du maire, il répondit :
« Vous avez raison d'avoir confiance dans l'avenir ; il n'y a que les gouvernements faibles qui cherchent dans les complications extérieures une diversion aux embarras de l'intérieur. Mais quand on puise sa force dans la masse de la nation, on n'a qu'à faire son devoir, à satisfaire aux intérêts

Fig. 10. — Garibaldi quitte l'île de Caprera, malgré la surveillance exercée par la flotte de Victor-Emmanuel.

permanents du pays, et, tout en maintenant haut le drapeau national, on ne se laisse pas aller à des entraînements intempestifs, quelque patriotiques qu'ils soient. »

Cette réponse terne reçut le lendemain un commentaire significatif à Lille. L'Empereur y fit des aveux graves, « des points noirs assombrissent notre horizon... Nous avons eu des revers », mais il n'en sera pas découragé ni la France non plus ; « vous n'oublierez pas, dit-il aux Lillois, « que la première condition de la prospérité d'une nation comme la nôtre, « c'est d'avoir la confiance de sa force, de ne pas se laisser abattre par « des craintes imaginaires et de compter sur la sagesse et le patriotisme « du gouvernement. » La nation pouvait difficilement compter sur la sagesse d'un gouvernement qui avait fait l'expédition du Mexique, laissé faire Sadowa et signé le traité de Londres, après avoir soulevé la question du Luxembourg.

L'Empereur visita successivement Dunkerque, Tourcoing et Roubaix. En revenant à Paris, il s'arrêta à Amiens, et il rappela une seconde fois « son séjour de dix ans dans le département de la Somme », captivité, dit-il, qui lui a été une bonne école pour lui apprendre « à supporter le fardeau de la puissance et à éviter les écueils de la fortune ». Ici, pas de points noirs, rien de sombre à l'horizon. « La France peut compter sur le maintien de la paix. » La stagnation des affaires va cesser, notre insuccès au Mexique n'a nullement diminué le prestige de nos armes. L'extérieur ne doit causer aucune appréhension ; quant à l'intérieur, « malgré les excitations d'un petit nombre, il ne faut pas perdre l'espoir de voir les mœurs publiques faciliter l'introduction d'institutions plus libérales. »

Si, de tous les discours prononcés dans ce voyage, il ne sortait, en définitive, rien de bien clair et de bien rassurant, la circulaire du ministre des affaires étrangères sur l'entrevue de Salzbourg contenait quelques garanties pacifiques : rien, disait-elle en résumé, n'a été fait à Salzbourg ; pure visite ; point de combinaisons ayant le caractère politique que certains nouvellistes leur ont attribué ; aucun motif de perdre confiance dans le maintien de la paix. L'Autriche ne pouvait guère en effet se soucier de conclure avec l'Empire français une alliance qui aurait supposé de sa part la revendication de son ancienne position en Allemagne : politique qui devait forcément redonner la prédominance à l'élément allemand dans la direction de l'empire et dont la Hongrie par conséquent ne pouvait vouloir à aucun prix.

On savait que M. de Bismarck avait adressé, le 7 septembre, à ses agents à l'étranger, une circulaire relative à cette entrevue, et l'on s'étonnait que le *Moniteur* ne l'eût point reproduite, ou qu'aucun des journaux officieux du gouvernement ne l'empruntât au *Mercure de Souabe*, qui l'avait publiée le premier; ce ne fut que lorsque la *Gazette d'Augsbourg* l'eut empruntée au *Mercure* que le gouvernement français se décida enfin à la faire insérer dans sa correspondance officieuse du 18 septembre. « J'accueille, disait M. de Bismarck d'un « ton passablement arrogant, les communications de la France et de « l'Autriche (au sujet de l'entrevue de Salzbourg) avec d'autant plus de « satisfaction que la situation actuelle de l'Europe rendait cette entrevue « plus susceptible d'interprétations équivoques en présence des nouvelles « publiées d'abord avec ostentation… » M. de Bismarck se félicitait sur le même ton de ce qu'au lieu « des résolutions politiques annoncées avec un certain éclat, et qui devaient faire de l'entrevue de Salzbourg un grand événement politique, tout se fût borné à des conversations amicales échangées dans une visite dictée par un sentiment que la Prusse respecte, qui a même ses sympathies. » M. de Bismarck se montrait très satisfait qu' « aucune immixtion dans les affaires intérieures de l'Allemagne ne fût venue surexciter le sentiment national en Allemagne. » Quant aux rapports entre les États du Nord et les États du Sud, il s'expliquait très nettement sur ses intentions à cet égard : « La Confédération du Nord ira au-devant de tout besoin des gouvernements du Sud en leur laissant pleine liberté pour fixer la mesure dans laquelle devra s'effectuer le rapprochement mutuel. » Il était impossible de constater plus nettement à la fois le fait accompli et la volonté de procéder à l'accomplissement de faits nouveaux. Mais le danger d'une guerre ne venait pas seulement du côté de l'Allemagne.

Le départ du général Dumont pour Rome le 25 juillet avait excité en France et plus encore en Italie une émotion que le gouvernement essaya en vain de calmer en affirmant par ses journaux que cet officier général n'avait d'autre mission que celle d'inspecter la légion d'Antibes, menacée par les désertions d'une complète désorganisation; mais cette inspection n'était-elle pas elle-même un acte très grave? Un régiment composé de Français servant à l'étranger n'est-il pas bien près de devenir un corps français, et ne le devient-il pas en réalité si le gouvernement français le fait inspecter par ses propres généraux? L'Italie considérait donc, non sans raison, la mission du général Dumont comme une violation de la convention du 15 septembre et comme un acte d'intervention, sur lequel le cabinet de Florence n'avait pu s'empêcher d'adresser à Paris une note conçue dans des termes assez vifs et contenant une demande formelle d'explications. M. de Moustier répondit à cette note, dont il releva la forme sans toucher au fond, par une véritable mercuriale, où il était fort question de la reconnaissance que l'Italie devait à l'Empereur. M. Rattazzi répliqua avec non moins de vivacité et parla de rappeler M. Nigra; mais on revint bientôt de part et d'autre à des sentiments plus conciliants, et le *Moniteur* publia quelques lignes qui semblèrent mettre fin au différend.

Le général Dumont, loin de se borner, comme on l'avait promis, à l'inspection de la légion d'Antibes, se mêlait ostensiblement des affaires intérieures de l'État romain. Le gouvernement italien éclata bientôt en plaintes et en reproches auprès du gouvernement impérial; l'opinion populaire poussait le cabinet de Florence à des mesures énergiques. On parlait de pourparlers secrets entre M. Rattazzi et Garibaldi; M. Nigra, qui s'était rendu à Florence, ne revenait pas à Paris; les relations entre les Tuileries et le palais Pitti n'avaient jamais été plus tendues.

Garibaldi, en quittant Genève le 12 septembre, était rentré à Caprera, où il nouait depuis longtemps les fils d'un nouveau mouvement révolutionnaires dirigé contre Rome. Les Français avaient quitté cette ville en décembre 1866. Le cabinet de Florence respectait scrupuleusement la convention du 15 septembre, lorsque M. Ricasoli fut renversé par M. Rattazzi avec l'aide de la gauche. Garibaldi, profitant de ce changement, pressa la formation des comités pour l'enrôlement des volontaires, créa des dépôts d'armes, lança des manifestes insurrectionnels, et organisa à la fois l'invasion et le soulèvement des États pontificaux. Le gouvernement impérial, connaissant ces préparatifs, n'était point sans s'en émouvoir et sans en signaler le danger au gouvernement italien. Le cabinet de Florence, en déclinant toute responsabilité dans les événements qui pourraient surgir dans l'intérieur des États pontificaux, se montrait décidé à fermer la frontière romaine, à toute force organisée. 40 000 hommes de l'armée italienne gardaient en effet l'entrée des États du pape. Garibaldi ayant quitté Caprera pour se mettre à la tête de l'expédition, le gouvernement de Victor-Emmanuel n'hésita pas à le faire arrêter le 3 octobre à Asinalunga et reconduire dans son île. Le patriotisme italien n'avait pas eu d'épreuve plus rude à subir depuis Aspromonte; il s'y résigna, mais sans croire que l'arrestation d'un homme mettrait fin aux tentatives d'un parti. En effet, pendant que Garibaldi était surveillé et gardé par une escadre à Caprera, son fils Menotti, entouré des chefs du parti de l'action, organisait à Florence les volontaires qui partant de cette ville passaient la frontière en traversant les lignes de l'armée italienne. Une bande, forte de 300 à 400 hommes, entra le 27 octobre dans les États pontificaux par le nord, du côté d'Orvieto; une autre moins nombreuse y entra deux jours après, à l'ouest, par Corrieti; quelques bandes se massèrent au sud, du côté de Naples, et les autres parties de l'État pontifical ne tardèrent pas à être envahies.

L'armée du pape et les bandes de volontaires se rencontrèrent à Bagnorea et à Monte-Libretti. Ces combats ne pouvaient amener un bien grand résultat, car, si l'armée pontificale avait l'avantage de l'armement et de la discipline, les garibaldiens réparaient aisément leurs défaites en se reformant derrière l'armée italienne. Les évêques, les journaux cléricaux français poussaient des cris d'indignation contre le gouvernement, qui laissait violer la convention du 15 septembre et qui livrait le pape à la révolution. Ils sommèrent en quelque sorte Napoléon III d'intervenir une seconde fois. S'y résoudrait-il? L'Empereur hésitait, et le conseil était divisé.

Les menées des garibaldiens contre Rome, en fournissant un nouvel élément de complication à une situation déjà fort compliquée, étaient venues assombrir encore les derniers moments du séjour de l'Empereur à Biarritz. La question romaine était devenue, dès la fin de septembre, l'objet de communications entre les cabinets de Paris et de Florence. Le gouvernement italien s'était fait fort de comprimer le mouvement garibaldien en Italie, en ajoutant que, dans le cas où un mouvement révolutionnaire éclaterait dans Rome même, il laisserait au gouvernement pontifical le soin de le comprimer; quant à lui, il respecterait la convention du 15 septembre et la ferait respecter; mais, dans le cas où le gouvernement pontifical ne serait pas en mesure d'en finir avec l'émeute, il ne pourrait laisser s'établir à Rome un pouvoir révolutionnaire qui serait un danger pour la monarchie, et en présence de cette éventualité, non prévue par la convention, il interviendrait. M. Nigra avait reçu en même temps l'ordre de se rendre à Biarritz pour faire comprendre à l'Empereur combien, dans le cas prévu par son gouvernement, l'intervention de l'Italie serait préférable à l'intervention française, à cause de l'exaspération du sentiment national.

M. Nigra avait trouvé l'Empereur peu disposé à décider *à priori* ce qu'il y aurait à faire dans le cas d'une révolution garibaldienne à Rome;

cela devait dépendre, selon Napoléon III, des circonstances et de l'état de l'opinion; le danger, aux yeux de l'Empereur, semblait d'ailleurs avoir diminué, et, dans le cas où de nouveaux événements se produiraient, il s'engageait à ne prendre aucune résolution sans avoir tenté de se mettre d'accord avec le gouvernement italien, qui, de son côté, prendrait le même engagement. Ce langage n'avait rien de bien menaçant. Mais le cardinal Antonelli adressa, le 11, aux agents diplomatiques du Saint-Siège, une circulaire dans laquelle il leur dénonçait, avec virulence, la violation de la convention du 15 septembre par le gouvernement italien; le nonce signala en outre à l'Empereur le passage incessant de la frontière romaine par des bandes nombreuses. « On exagère singulièrement les choses, répondait M. Nigra aux plaintes de l'Empereur; il ne s'agit pas de bandes, mais de volontaires isolés qui passent la frontière. Une armée de 200 000 hommes suffirait à peine pour la fermer. Si Rome est tranquille, c'est au gouvernement italien qu'elle le doit; il rend impossible toute invasion assez considérable pour amener une insurrection, mais son prestige moral s'en va et sa force matérielle aussi. » M. Nigra ajouta par voie d'insinuation « que les choses ne pouvaient durer ainsi, et que le seul moyen d'en finir était une occupation mixte du territoire pontifical par l'armée italienne et française. »

M. Nigra, revenu à Paris quelques jours avant l'Empereur, ne désespérait pas de faire prévaloir cette combinaison. L'Empereur l'aurait peut-être acceptée, à condition que le cabinet de Florence prît l'initiative de la proposition d'un congrès pour régler la question romaine. Le gouvernement italien ne s'opposait point à un congrès, mais il ne croyait pas pouvoir le proposer. L'insurrection pendant ces pourparlers gagnait du terrain, l'ordre public était en danger, et de graves conséquences pouvaient en résulter pour la monarchie; Victor-Emmanuel se montrait résolu, si la France intervenait, à faire passer la frontière à son armée le jour même où l'armée française partirait de Toulon.

L'Empereur, à peine arrivé le 16 à Saint-Cloud, convoqua ses ministres pour le lendemain; deux conseils eurent lieu à un jour d'intervalle. L'Impératrice, présente à ces deux réunions, réclama impérieusement l'intervention immédiate. MM. de La Valette et Duruy appuyèrent l'occupation mixte. Ces deux ministres, ne pouvant faire prévaloir leur opinion, donnèrent leur démission, mais pour la reprendre un instant après. Le prince Napoléon, le général La Marmora, envoyé en France, se rendaient tous les jours à Saint-Cloud et avaient de longues conférences avec le chef de l'État. L'Empereur, après s'être laissé engager comme malgré lui dans la première expédition romaine, hésitait à en recommencer une seconde. M. Rouher, voyant ses hésitations, ne se montrait pas trop défavorable à l'expédient de l'occupation mixte. Les ordres donnés le 19 octobre pour les armements et les préparatifs nécessaires à l'envoi d'un corps expéditionnaire furent suspendus.

L'Impératrice redoubla d'efforts dans un conseil auquel assistaient les ministres et les membres du conseil privé : ne pas intervenir, c'était, suivant elle, céder devant la révolution, s'incliner devant l'Italie, alliée de la Prusse, affaiblir le prestige de la France en Europe et perdre l'appui du clergé à l'intérieur. M. de Persigny appuya très chaudement cette opinion. M. Rouher passa dès lors dans le camp de l'Impératrice. Une circulaire écrite sous sa dictée chargea les agents impériaux de prévenir les cours auprès desquelles ils étaient accrédités que Napoléon III ferait respecter la convention du 15 septembre avec l'Italie, si c'était possible, sans elle, et contre elle, s'il le fallait. Une sorte d'ultimatum fut adressé en même temps au cabinet de Florence, et la division Dumont se dirigea de Lyon sur Toulon.

Garibaldi, trompant la surveillance de sept vaisseaux, quittait Caprera au même moment pour se mettre à la tête des bandes commandées jusqu'alors par son fils et quelques autres chefs. Le pape menaçait de quitter Rome et invoquait les puissances catholiques ; la situation du gouvernement pontifical devenait de plus en plus alarmante. Il attendait depuis le 20, l'arrivée de l'armée française ; la nouvelle d'un contre-ordre donné à l'embarquement des troupes lui était parvenue le 23. Le soir, une émeute éclata dans Rome ; elle fut comprimée. Mais comprimerait-on aussi aisément le soulèvement que l'approche des garibaldiens rendait inévitable ? Les volontaires étaient déjà le 26 octobre installés et fortifiés sur la colline de Monte-Rotondo, qu'ils avaient emportée. Les troupes pontificales reçurent l'ordre de se concentrer à Rome ; le reste de l'État romain fut abandonné.

Le pape allait se réfugier au fort Saint-Ange, lorsque le 28 les premières fumées des frégates françaises apparurent à l'horizon. Une dépêche de Civita-Vecchia en informa tout de suite le cardinal Antonelli. Le corps d'expédition, composé de deux divisions sous le commandement du général de Failly, débarqua le lendemain et partit le même jour pour Rome, où il entra le 30 octobre. Le général de Failly dirigea le 3 novembre sur Tivoli et sur la position de Monte-Rotondo, une colonne de

Fig. 20. — Garibaldi arrêté est conduit au fort de Varignano.

5000 hommes dont 3000 pontificaux et 2000 Français, armés du nouveau fusil Chassepot. Les troupes du pape et de Napoléon III rencontrèrent le 4 l'ennemi, à 3 kilomètres en avant de Monte-Rotondo, sur la lisière de Mentana, village fortifié par les garibaldiens. La lutte dura deux jours, au bout desquels les volontaires capitulèrent. Les troupes pontificales eurent 23 morts et une centaine de blessés, les troupes impériales 2 morts et 36 blessés; les garibaldiens laissèrent 600 hommes sur le champ de bataille. M. de Failly avait raison de dire dans la phrase qui termine son rapport : « Les chassepots ont fait merveille [1]. »

Un homme de cœur ayant à s'expliquer avec son chef sur l'effet d'une arme nouvelle aurait certainement employé d'autres expressions, même dans un rapport non destiné à la publicité; un homme de tact se serait bien gardé de s'en servir dans un rapport public, car, quelle que soit l'opinion que l'on ait sur le pouvoir temporel de la papauté, on est bien obligé de reconnaître que les garibaldiens étaient inférieurs en nombre, en discipline, en armement surtout à leurs adversaires, et que la victoire de ceux-ci n'était pas de celles dont on peut parler avec une si inhumaine fierté.

Garibaldi blessé, arrêté à Figline après sa défaite, avait été conduit par les soins du gouvernement italien au fort Varignano, près de la Spezzia, en attendant d'être de nouveau interné à Caprera.

Le gouvernement impérial comprit que son premier soin devait être d'apaiser par la modération de son langage les colères excitées en Italie par son intervention. Mais M. de Moustier eut beau dire dans une circulaire : « Dès que le territoire pontifical sera délivré et la tranquillité rétablie, nous nous retirerons, » l'Italie se rappelait la parole donnée par Louis-Napoléon en 1849, « que l'armée française n'allait pas à Rome pour renverser la République et pour imposer aux Romains un gouvernement malgré eux. » Quand la sécurité serait-elle rétablie dans les États pontificaux et qui en serait le juge ?

Le général Menabrea avait formé un cabinet après l'échec du général Cialdini dans l'accomplissement de cette tâche, qui lui fut confiée au lendemain de la démission de M. Rattazzi; le nouveau président du conseil n'avait pas pu s'empêcher de donner l'ordre aux troupes royales d'occuper quelques points du territoire pontifical, nécessaires à la sécurité de ses mouvements stratégiques. Le gouvernement impérial, poussé par l'Impé-

---

1. Trois ans plus tard, le même général n'en pouvait dire autant dans son rapport sur la triste affaire de Spickeren.

ratrice et par le parti clérical, déclara qu'il considérait cette mesure comme une violation de la convention du 15 septembre. Il y eut alors dans la vie de Victor-Emmanuel une heure critique. Quelques-uns de ses conseillers l'engageaient à résister; mais le descendant des ducs de Savoie avait tâté les cabinets étrangers. Le cabinet de Berlin refusait d'agir à Paris et recommandait la prudence; celui de Saint-Pétersbourg montrait de l'intérêt à l'Italie, sans aucune velléité d'action ; celui de Londres avait beaucoup fait, disait-il, en empêchant Napoléon III de considérer immédiatement comme un *casus belli* l'entrée des Italiens sur le territoire pontifical. Le roi d'Italie s'exécuta, et son armée quitta les Etats du pape. Le gouvernement impérial s'empressa de répondre à cette concession en contremandant le départ de Toulon d'une troisième division et en protestant de nouveau de sa ferme intention de ne pas prolonger l'occupation de Rome au delà des limites nécessaires, protestation sincère, quoi qu'en pussent dire les journaux du parti de l'action en Italie, car on ne voyait pas ce qu'il y avait à gagner en prolongeant cette occupation au moment où, par la réunion d'une conférence, il se proposait de faire partager la responsabilité de la question romaine aux puissances, « aussi intéressées que nous, disait M. de Moustier, à faire prévaloir en Europe les principes d'ordre et de stabilité » ; et il ajoutait : « Nous ne doutons pas qu'elles n'abordent avec un sincère « désir de les résoudre des questions auxquelles, pour un si grand nombre « de leurs sujets, se rattachent des intérêts moraux et religieux du carac- « tère le plus élevé [1]. »

L'Italie et le Saint-Siège acceptèrent tout de suite la conférence, sachant bien d'avance que les autres puissances ne consentiraient pas à décharger Napoléon III du pesant fardeau qu'il voulait mettre sur leurs épaules.

L'Empereur, a-t-on dit, avait un autre expédient tout prêt pour se tirer d'affaire. La reine Isabelle et l'impératrice Eugénie, dans leur zèle commun pour les intérêts de la papauté, avaient combiné un plan pour remplacer les troupes françaises par les troupes espagnoles. La révolution qui éclata en Espagne rendit impossible l'exécution de ce plan. S'il était vrai que l'Empereur eût pu l'accepter un instant, rien n'indiquerait mieux le trouble et l'affaiblissement de son esprit. L'Italie, liée à la France par la reconnaissance et par des traités, pouvait à la rigueur subir l'intervention impériale à Rome ; mais comment sans se déshonorer

---

1. Circulaire de M. de Moustier, 9 novembre.

se serait-elle résignée à endurer cet affront de la part d'une nation à peine son égale en puissance et à laquelle aucun souvenir de reconnaissance ne la rattachait?

Les fêtes étaient un dérivatif que le gouvernement impérial employait volontiers pour détourner l'attention publique des préoccupations sérieuses auxquelles elle se laissait aller dans certains moments. Le voyage de François-Joseph à Paris lui offrit une occasion de recourir à son procédé ordinaire. L'empereur d'Autriche, suivi de M. de Beust, arriva dans la capitale de la France le 23 octobre, au plus fort de la crise italienne. L'impératrice d'Autriche, sollicitée de faire ce voyage, y opposa une résistance que rien ne put vaincre. Les sujets de François-Joseph voyaient avec défiance, s'il faut en juger par le langage des journaux autrichiens, l'Empereur se détourner du soin si impérieux de réorganiser l'Empire, et ils demandaient quel motif assez grave obligeait François-Joseph, deux mois à peine après l'entrevue de Salzbourg, à rechercher une nouvelle entrevue avec l'empereur des Français.

L'empereur d'Autriche, installé au palais de l'Elysée, ne tarda pas à y recevoir la visite officielle de la commission municipale, accourue dans six voitures de gala pour l'inviter à un banquet, le 29 octobre, à l'hôtel de ville. M. Haussmann prit la parole au nom de la commission, dont François-Joseph accepta l'invitation. Le banquet fut très brillant; la reine de Hollande, le roi de Bavière et divers princes étrangers y assistaient. Napoléon III porta un toast à l'empereur et à l'impératrice d'Autriche en regrettant l'absence de cette dernière. François-Joseph lui répondit : « Lorsqu'il y a peu de jours j'ai visité, à Nancy, le tombeau « de mes ancêtres, je n'ai pu m'empêcher de former un vœu : puissions- « nous ensevelir dans cette tombe, confiée à la garde d'une généreuse « nation, toutes les discordes qui ont séparé deux pays appelés à marcher « ensemble dans la voie du progrès et de la civilisation! Puissions-nous, « par notre union, offrir un nouveau gage de cette paix sans laquelle les « nations ne sauraient prospérer! » Ce pathétique appel à l'oubli, cette invocation à la paix étaient plus faits pour troubler les esprits que pour les calmer. Aussi l'inquiétude générale augmentait-elle, et les festins, les fêtes, les bals dont les journaux contenaient tous les matins le pompeux récit, mêlaient au trouble des esprits un certain sentiment d'irritation. L'appareil des fêtes monarchiques ne doit être que fort rarement déployé dans les pays où la foi monarchique n'existe plus. Jamais d'ailleurs moment ne fut moins propice au plaisir. L'expédition romaine causait une grande émotion dans le pays; les journaux démocratiques et les journaux cléricaux se livraient à une polémique acharnée; la politique du gouvernement penchait de plus en plus du côté de ces derniers; il favorisait ouvertement l'engagement des volontaires bretons dans l'armée du pape; il accordait aux journaux cléricaux l'autorisation d'ouvrir des souscriptions en faveur des blessés papalins, et il refusait aux feuilles démocratiques la permission de réclamer des secours pour les blessés garibaldiens. L'irritation de la jeunesse et des classes ouvrières se traduisait par les cris : Vive l'Italie! Vive Garibaldi! qui accueillirent les deux empereurs à leur sortie du banquet de l'hôtel de ville [1].

L'année 1867 finissait mal pour l'Empire. M. Riondel, candidat de l'opposition, l'avait emporté lors d'une élection partielle dans le département de l'Isère, qui passait pour un des plus dévoués au gouvernement. Cette élection avait produit une certaine sensation. L'ouverture du scrutin pour l'élection des conseils généraux et des conseils d'arrondissement eut lieu au milieu de ces préoccupations. Le chiffre des représentants de l'opposition augmenta. C'était là un symptôme grave pour le gouvernement. Il fallait frapper les esprits par quelque coup de théâtre qui les détournât de la politique. L'Empereur data donc du camp de Châlons, 15 août 1867, jour de sa fête, une lettre relative à l'achèvement des chemins vicinaux. Il avait chargé, disait-il, le ministre de l'intérieur d'examiner de concert avec le ministre des finances un ensemble de mesures qui permît de terminer ces chemins en dix ans; une combinaison pour obtenir ce résultat avait été trouvée; une enquête allait être ouverte à ce sujet; les conseils municipaux seraient consultés, et le triple concours de l'État, du département et des communes assurerait la réalisation de cette entreprise nationale. Une caisse spéciale devait, d'ailleurs, faciliter aux communes l'acquittement du contingent mis à leur charge. La combinaison de M. Rouher était simplement celle des *Obligations trentenaires*, si décriée par M. Fould; l'État allait emprunter 200 millions par l'émission d'obligations trentenaires et les prêter ensuite aux communes non pas directement, c'eût été trop simple, mais par l'intermédiaire d'une *caisse des chemins vicinaux*, alimentée par l'Etat et entièrement séparée de lui par la forme et par le nom.

La mort de M. Fould, le 6 octobre, jeta encore du sombre sur les esprits. On le savait homme de bon sens et partisan de la paix. Sa car-

---

[1]. MM. Longuet, rédacteur de la *Rive gauche*, Dacosta, Humbert, Menard, furent traduits en police correctionnelle et condamnés pour avoir poussé ces cris.

rière politique avait commencé en 1842, époque à laquelle, déjà conseiller général des Hautes-Pyrénées, il fut élu député de Tarbes. Conservateur déterminé, il appuya M. Guizot dans toutes les questions de finances. Nommé rapporteur de la commission du timbre des journaux, il le fit maintenir. Après la chute de la monarchie, en 1848, il offrit ses services au gouvernement provisoire, auquel il conseilla des mesures financières ultra-radicales. Élu représentant du peuple, à Paris, en juin 1848, en même temps que le prince Louis-Napoléon, il s'associa très étroitement à sa fortune, qu'il soutint par des prêts considérables. Deux fois ministre sous l'Empire, il dirigea en outre pendant quelque temps, comme ministre d'État, les beaux-arts et les théâtres, et ne se fit pas regretter dans cette administration, où il défraya souvent les récits de la médisance. Il représentait, aux yeux de la Bourse, l'ordre et l'économie dans les finances; né dans la banque, recourant aux expédients sans croire uniquement aux expédients, sachant rendre un budget français presque intelligible, éloigné parfois des affaires, mais rappelé dans les moments difficiles, sa présence au pouvoir aurait pu exercer quelque influence sur les esprits réduits, pour se rassurer, à chercher des déclararation pacifiques jusque dans les harangues de M. Troplong au comice agricole de son arrondissement. L'opinion publique semblait en proie à une surexcitation maladive que rien ne pouvait calmer, ni les discours prononcés par l'Empereur dans les villes du Nord, ni les circulaires de M. de Moustier sur la parfaite insignifiance politique de l'entrevue de Salzbourg. Cet état de fièvre pesait lourdement sur le commerce et sur l'industrie.

CHAPITRE VI

SYMPTOMES DE DÉCADENCE DE L'EMPIRE
(FIN DE L'ANNÉE 1867)

Effets du congrès de Genève. — Manifestation en l'honneur de l'Italie. — Arrestation au cimetière Montmartre. — Crise commerciale et industrielle. — La grève du milliard. — Nécessité de reconstituer le ministère. — Rapport de M. Rouher sur les hommes de l'Empire. — M. Haussmann. — MM. Piétri, Ernest Leroy, Chevreau, Vuitry, de Parieu, Duvergier, de Lavenay, Genteur, Pinard, Jollibois. — MM. Buffet, Alfred Leroux, E. Ollivier, Segris. — MM. de Persigny, Walewski, Magne, de La Guéronnière, Devienne, Vuilleray. — Inimitié entre M. Rouher et le général Fleury. — M. Pinard est nommé ministre de l'intérieur. — Réveil de la tradition révolutionnaire. — Arrestation de M. A. Naquet et de ses amis. — Triste fin de l'année 1867. — Découragement des serviteurs de l'Empire. — Décadence physique et morale de l'Empereur.

Le congrès de Genève avait créé, comme on l'a vu, des relations plus directes entre les ouvriers et les hommes d'action du parti républicain. Le retour des congressistes amena un redoublement de propagande dans les ateliers. Les néo-révolutionnaires, encore plus excités par la seconde expédition de Rome, tinrent des réunions fréquentes où l'on rechercha les moyens les plus propres à activer la lutte contre l'Empire. Trop faibles encore pour tenter une insurrection armée, ils résolurent de profiter du jour des Morts pour faire une manifestation en l'honneur de l'Italie en

Fig 21. — Le mécontentement était général. Le Préfet de police n'en faisait pas mystère et prenait de grandes précautions.

déposant des couronnes sur le tombeau de Manin, dont le corps reposait au cimetière Montmartre dans la tombe d'Ary Schœffer, en attendant d'être transporté à Venise. L'annonce de cette manifestation fut colportée dans tous les ateliers, et, pour encourager les ouvriers à s'y joindre, on leur dit en confidence que les députés de Paris en feraient partie.

Les citoyens, assez peu nombreux du reste, qui se rendirent le 2 novembre au cimetière Montmartre, trouvèrent la tombe du défenseur de Venise gardée par une forte escouade de sergents de ville ; mais ceux qui voulurent s'arrêter pour déposer leur couronne d'immortelles furent arrêtés par des sergents de ville déguisés en bourgeois ; les journaux de l'opposition signalèrent ces arrestations avec véhémence.

Les ouvriers auxquels on avait annoncé la présence des députés de Paris à cette manifestation témoignèrent un vif mécontentement de leur absence, et ils rédigèrent une adresse pour les sommer d'avoir à donner leur démission afin de fournir aux électeurs l'occasion de prouver leur sympathie à l'Italie. Des délégués portèrent cette espèce de sommation au domicile de chacun des députés de Paris.

L'idée de la démission collective des députés de la Seine, empruntée à ce vieux et enfantin système d'opposition qui ne voit dans la politique qu'une série de coups de théâtre, pouvait sourire à des ouvriers ignorants ; mais que serait-il résulté de la démission simultanée des députés de Paris ? Le gouvernement, usant du délai que lui accorde la loi, n'aurait procédé que dans six mois à des élections nouvelles, et, pendant ces six mois, aucune voix ne se serait élevée de la tribune contre les mesures qu'il lui aurait plu de faire sanctionner par la majorité. Les députés de la Seine, en se refusant à donner leur démission, n'eurent qu'un tort, celui de ne pas publier hautement les raisons de leur refus. Ils auraient dû déclarer aux ouvriers qu'il était temps de renoncer aux coups de théâtre en politique et de se placer sur le terrain de la pratique et de la discussion. Il ne faut pas craindre de dire au peuple la vérité ; il a plus d'estime qu'on ne se l'imagine pour ceux qui lui parlent nettement.

Les délégués des ouvriers demandèrent à M. Jules Favre « si le prolétariat pourrait être guidé dans la lutte par la bourgeoisie libérale, le jour où il se lèverait en masse pour la République conformément à la décision du congrès de Genève ». M. Favre répondit : « C'est vous, messieurs les ouvriers, qui avez fait l'Empire, à vous de le renverser seuls. » La réponse n'était pas juste : les ouvriers seuls n'avaient pas fait l'Empire, et à eux seuls ne revenait pas la tâche de le renverser ; tous les amis de la liberté et de la France avaient le devoir d'y travailler; mais ce n'était pas par les vieux moyens révolutionnaires qu'on pouvait réussir. L'Empire, fondé sur un mensonge du suffrage universel, devait être renversé par le suffrage universel lui-même. Il fallait donc gagner le suffrage universel. L'œuvre, fort avancée dans les villes, finirait par s'accomplir aussi dans les campagnes, on la voyait déjà poindre. Délivrer la France par le suffrage universel, c'était l'œuvre laborieuse, longue, difficile, indispensable, qui s'imposait à tous, si à un coup de main révolutionnaire on ne voulait pas que succédât une dictature. Ces idées étaient celles de la bourgeoisie républicaine et libérale, dont les délégués du prolétariat réclamaient le concours; développées par un orateur éloquent comme M. Jules Favre, peut-être auraient-elles produit quelque effet sur ces esprits ardents, mais honnêtes; en tout cas, elles auraient coupé court à une équivoque fatale, dont les résultats devaient se faire sentir tôt ou tard.

Les craintes au sujet de la guerre allaient en augmentant; on parlait de préparatifs dans les arsenaux et dans les places de l'Est; plus d'affaires; une crise financière se joignait à une crise alimentaire; les caveaux de la Banque de France regorgeaient d'or improductif, et, pendant que les boulangers publiaient une nouvelle hausse du pain, les journaux annonçaient une nouvelle augmentation de l'encaisse de la Banque. Le mécontentement était général; le préfet de police n'en faisait pas mystère à l'Empereur. « On ne parle que de la *grève du milliard;* les placards « séditieux et les inscriptions à la main se multiplient. Les affaires du « Crédit mobilier et l'appui prêté par la Banque à cette institution sont « l'objet de toutes les conversations. Les complaisances du gouvernement « sont l'objet du blâme, pour avoir autorisé le doublement du capital. Le « syndicat des banquiers est accusé d'avoir gagné 13 millions sur la pre- « mière émission des obligations mexicaines et 4 millions sur les *pagarès,* « alors que les souscripteurs avaient à peu près perdu leur mise [1]. »

Le gouvernement impérial, depuis la bataille de Sadowa, l'affaire du Luxembourg et l'expédition de Rome, se sentait sourdement miné. Il s'agissait de résister, de fortifier le pouvoir et par conséquent de reconstituer le cabinet. La chose n'était point facile. Le ministère de l'intérieur

---

1. Rapport du préfet de police, en date du 15 septembre. M. Piétri ajoute dans un autre rapport du 24 novembre : « On est toujours soucieux de l'Italie. Les inquiétudes qui tenaient aux complications allemandes sont aujourd'hui entretenues par les affaires de Rome...., partout c'est un débordement de critiques amères, de défiances injustes, d'appréhensions inquiètes..... Si l'Empereur a conservé son autorité auprès des masses, on ne saurait nier que dans les classes dirigeantes on lui fait une guerre aussi acharnée qu'imprévoyante. Le respect de l'autorité est affaibli, la calomnie s'attaque à tout. »

ne pouvait rester aux mains de M. de La Valette, fort affaibli par son opposition à l'expédition de Rome; mais où lui trouver un successeur ferme, habile, intelligent, prudent, un homme d'État en un mot? Un pareil homme existait-il? M. Rouher se chargea de répondre à cette question dans un rapport adressé à Napoléon III où il passe en revue les hommes de l'Empire [1].

M. Rouher, après avoir fait remarquer que le poste de ministre de l'intérieur est bien redoutable pour un débutant [2], fait défiler devant l'Empereur tous les membres des grands corps de l'État et les hauts fonctionnaires qui lui paraissent « plausibles ». Les magistrats, premiers présidents et procureurs généraux, sont les premiers soumis au trébuchet. Rien, selon M. Rouher, à attendre de ces gens-là arrivés à l'âge mûr, l'esprit borné à l'étude du droit, sans vues politiques.

Le choix serait plus facile parmi les préfets; mais que dirait le préfet de la Seine en voyant mettre à la tête du ministère de l'intérieur l'administrateur de l'un des autres départements de la France? On pourrait, il est vrai, le nommer lui-même ministre de l'intérieur en plaçant le département de la Seine dans ses attributions; mais il faudrait une loi spéciale pour cela. L'obtiendrait-on? C'est possible. M. Haussmann en voudrait-il courir la chance? Il se pourrait bien que non. MM. Piétri, Ernest Leroy et Chevreau seraient dans ce cas les premiers sur la liste. M. Piétri, honnête, intelligent, dévoué, Corse, serait l'homme à choisir s'il se sentait capable d'affronter les polémiques de la tribune. M. Ernest Leroy est accusé de mollesse de caractère et d'un certain scepticisme politique. L'auteur du rapport ne saurait dire au juste si ces reproches sont mérités, mais ce qu'il y a de certain, c'est que M. Leroy, constamment aux prises dans la Seine-Inférieure avec les passions socialistes des ouvriers et avec les ardeurs protectionnistes d'industriels aveugles et cupides, s'est fortifié graduellement dans une fonction où l'on s'use, en général, très rapidement. M. Chevreau a prononcé quelques discours qui annoncent un orateur politique; mais sera-t-il suffisamment préparé aux rudes travaux que lui imposera sa mission et notamment la surveillance de la presse? Esprit facile, ayant des relations dans les camps les plus opposés,

---

1. *Papiers et correspondance de la famille impériale* (ministère d'État; cabinet du ministre : note pour l'Empereur).
2. Cette réflexion, qui peut paraître banale, s'explique par l'ardeur avec laquelle l'Impératrice soutenait la candidature d'un magistrat qu'on avait fait jeune encore procureur général, puis conseiller d'État, et qu'il était question d'enlever à ce grand corps, où il s'initiait en quelque sorte à la politique, pour lui confier le ministère de l'intérieur sans attendre que son apprentissage fût terminé.

ne subira-t-il pas de dangereux entraînements? L'auteur du rapport, après être entré sur les mœurs du préfet du Rhône dans d'intimes détails qui seraient déplacés ici, passe en revue le personnel des grands corps de l'État.

Huit personnes lui paraissent possibles au Conseil d'État : MM. Vuitry, de Parieu, Duvergier, de Lavenay, Riché, Genteur, Pinard, Jollibois. M. Vuitry n'échangerait pas volontiers la présidence du Conseil d'État contre le ministère de l'intérieur ; M. de Parieu n'a aucune des qualités requises; M. Duvergier est trop vieux ; M. de Lavenay serait peut-être l'homme qu'il faudrait, mais il a une voix glapissante qui impressionne désagréablement. M. Riché, orateur distingué, esprit philosophique, n'est pas assez homme d'action, et il est atteint d'une maladie d'estomac qui se traduit par des appétits désordonnés qui pourraient lui enlever l'activité nécessaire à ses fonctions (on voit que l'auteur du rapport ne néglige aucun détail). M. Genteur n'a pas réalisé toutes les espérances que donnaient ses débuts. Orateur distingué, sachant bien son dossier, il est superficiel et peu lucide. On reconnaît, d'ailleurs, qu'il a été attelé à « une rude besogne », la défense de l'administration financière de la ville de Paris.

Le tour de M. Pinard est arrivé. M. Rouher se garde bien d'attaquer de front le candidat de l'Impératrice : il ne méconnaît pas sa valeur, et il ne nie pas la possibilité de sa réussite; mais doit-on faire servir le ministère de l'intérieur à de semblables essais? Ne l'accusera-t-on pas ensuite lui-même d'être allé chercher un homme jeune, inexpérimenté, un prête-nom à l'aide duquel il administrerait l'intérieur? Les amis de M. Pinard feront bien de le tenir éloigné de l'administration « à laquelle on le dit en général peu propre » et de lui laisser le temps de prendre une grande place au Conseil d'État et, de là, dans la politique. Reste M. Jollibois : débutant brillant, mais dans une affaire secondaire [1]. Il faut attendre pour le juger comme conduite et comme talent.

Le Corps législatif est-il plus fertile en ministres que le Conseil d'État? C'est possible, répond M. Rouher; en tout cas, cette assemblée serait certainement enchantée de voir le gouvernement prendre son ministre de l'intérieur sur ses bancs; satisfaction collective amplement compensée, il est vrai, par le mécontentement particulier de chaque député non choisi. « Moi ou personne, » c'est la formule des ambitieux au Corps

---

1. Discussion au Corps législatif sur les affaires financières de la ville de Toulouse.

législatif comme ailleurs. Si l'Empereur ne s'arrête pas à ces considérations, voici par ordre alphabétique la liste des députés possibles dressée par M. Rouher : de Beauverger, de Benoist, Buffet, Busson-Billault, baron J. David, du Miral, Gressier, Alfred Le Roux, Mathieu, Ollivier, Ségris, de Talhouët; et encore, après y avoir bien réfléchi, convient-il de n'y admettre que MM. Buffet, Alfred Le Roux, Ollivier et Ségris; suit un parallèle entre M. Buffet, « esprit indécis quoique doctrinaire », et M. Ollivier, « nature versatile dont la générosité est gâtée par une malheureuse infatuation », l'un « ne se donnant jamais tout entier », l'autre « plus empressé à se donner », mais « uni par tant de relations interlopes avec des hommes hostiles et dangereux », tous les deux voulant imposer un programme, et plaçant, en tête de ce programme, le retrait de la loi militaire.

M. Rouher convient d'ailleurs qu'il est « mal posé pour apprécier la candidature de M. Émile Olivier. Loin de suivre l'indication que je lui avais donnée, avec l'autorisation de l'Empereur, de se mettre en bonnes relations avec la majorité par une franche explication, M. Émile Ollivier a plus que jamais épousé les hostilités de M. Walewski contre moi; il m'a pris pour objectif personnel à la Chambre, pendant que le président du Corps législatif a organisé mon éreintement (*sic*) systématique et quotidien dans une feuille publique. » Quant à M. Segris, « ce député a du talent de parole, il riposte avec vigueur; seulement ne serait-il pas très irrésolu dans la conduite des affaires publiques? On le pense généralement. »

M. Rouher, après ces coups de patte aux candidats qu'il veut écarter, ajoute que, convaincu d'avance que l'Empereur ne veut point passer sous les fourches caudines de M. Buffet ou de M. Émile Ollivier, il va quitter le Corps législatif pour chercher un ministre de l'intérieur au Sénat; l'Empereur n'aurait là que l'embarras du choix entre tant d'anciens ministres : MM. Ferdinand Barrot, Bonjean, Boudet, Casabianca, de Chasseloup-Laubat, Delangle, Drouyn de Lhuys, Dumas, de La Hitte, Lefèvre-Duruflé, Magne, de Maupas, de Padoue, de Persigny, Rouland, de Royer, Walewski, mais, selon l'auteur du rapport, l'attention de l'Empereur ne saurait se porter que sur quatre de ces hommes d'État chevronnés : MM. de Persigny, Walewski, de Royer et Magne. Le choix de l'un ou l'autre des deux premiers ne saurait s'expliquer que par un changement de vues politiques; il introduirait dans le ministère des éléments de trouble et de dissolution. La nomination de M. de Royer n'aurait aucun de ces inconvénients ; mais le président de la Cour des comptes, très lent dans son travail, très méticuleux dans les rapports ordinaires de la vie, réunit-il bien toutes les qualités nécessaires à un poste où les résolutions s'improvisent souvent? Reste M. Magne. C'est évidemment le candidat préféré de l'auteur du rapport. On lui reprochera bien, dit-il, un peu de faiblesse de caractère et un peu de népotisme ; mais qu'on ne s'effarouche pas trop de ces défauts. La faiblesse de M. Magne ne « serait à craindre qu'en face d'une émeute, et alors la « question serait militaire. Quant au népotisme, je crois la matière épui- « sée, et, par conséquent, les occasions rares pour l'avenir. »

A défaut d'anciens ministres, MM. de La Guéronnière, Devienne et Vuillefroy seraient des candidats plausibles. Le premier, malheureusement, aurait avec la presse de périlleuses camaraderies, et, en se flattant de calmer ses ardeurs, il ne ferait que les exciter. Le fâcheux est qu'il a fait annoncer sa candidature et qu'il y croit ; il faut donc prendre garde que le sentiment de déception qu'il éprouvera en voyant un autre choisi à sa place ne se traduise dans la *France* en hostilités contre le gouvernement. « Nous ne sommes pas riches en défenseurs officieux, nous avons « intérêt à ne pas nous exposer à les perdre ; nous sommes, dès lors, « amenés à des compositions transactionnelles qui sont souvent la condi- « tion d'existence des gouvernements parlementaires. Il me semblerait « donc utile de créer une position à M. de La Guéronnière, et, comme « sa fortune est en désordre, il serait peut-être bon de l'envoyer à l'étran- « ger [1]. » M. Rouher lève à cette occasion les voiles qui cachaient les troubles intérieurs du gouvernement impérial : « Rien n'est plus regret- « table que de laisser à Paris, inoccupées, de grandes individualités poli- « tiques auxquelles l'Empereur a cru devoir, du moins pour un certain « temps, retirer leurs hautes fonctions. Excités par des influences exté- « rieures, ou cédant à une pente assez naturelle du caractère, ces hom- « mes, désireux de rentrer aux affaires, se répandent en propos acerbes, « en critiques amères, nouent ou laissent nouer autour d'eux les plus « étranges coalitions, entretiennent le trouble et l'incertitude dans l'ad- « ministration, non sans dommage réel pour l'autorité du chef de l'État. » M. Rouher pense qu'on obvierait facilement à ces inconvénients en confiant à ces hommes d'État en disponibilité « de hautes fonctions à l'étranger ; aussi bien notre représentation diplomatique est des plus faibles à

---

1. M. de La Guéronnière fut nommé ministre à Bruxelles.

Fig. 22. — Arrestation de M. A. Naquet dans son laboratoire.

Rome, à Saint-Pétersbourg, à Madrid. » Transformer les premiers venus en diplomates pour s'en débarrasser, c'était un singulier moyen de renforcer la diplomatie impériale, de lui « donner une vitalité plus grande, une action plus marquée en face des complications européennes actuelles. »

Une de ces inimités dont les serviteurs de l'Empire se montraient si fréquemment animés les uns contre les autres régnait entre M. Rouher et le général Fleury, grand écuyer, qui passait pour appuyer auprès de l'Empereur les idées et les prétentions de M. Émile Ollivier. M. Rouher profite de l'occasion pour porter un coup droit à son adversaire. « Je ne veux citer qu'un exemple, dit-il en terminant son rapport, de cette action dissolvante sur laquelle j'ai été récemment renseigné. Il frappera l'Empereur par la gravité des inconvénients, je dirai presque des périls qui pourraient en être la conséquence. Il y a, en réalité, à Paris, deux ministres de la guerre, l'un rue Saint-Dominique, l'autre au Louvre. L'un qui agit et qui travaille, l'autre qui blâme et qui désorganise. Les officiers supérieurs cherchent incessamment entre ces deux influences laquelle est plus puissante pour leur avancement. Tous les mécontentements aboutissent au Louvre, et, là, la formule stéréotypée pour démolir une candidature de la rue Saint-Dominique est celle-ci : *Officier non dévoué,* orléaniste, etc. »

Le deuxième candidat de M. Rouher parmi les sénateurs, M. Devienne, « est doué d'une certaine austérité de caractère [1] ; il a de la fermeté et de l'énergie, mais l'âge et la maladie se font sentir chez lui, et il est un peu tard pour le faire entrer dans une carrière nouvelle; » même remarque en ce qui concerne M. Vuillefroy. La note se termine par une liste de candidats dressée dans l'ordre des préférences de l'auteur du rapport : MM. Magne, Haussmann, Piétri, Leroy, de Royer, Alfred Le Roux, Pinard.

Le dernier devint le premier. M. Pinard fut choisi le 13 novembre par l'influence de l'Impératrice, à qui ses opinions très cléricales l'avaient puissamment recommandé [2].

---

1. Voyez les lettres de Mlle Bellanger, dans les *Papiers des Tuileries*.
2. C'était un homme de quarante-cinq ans, entré dans la magistrature huit jours après le coup d'État de 1852 en qualité de substitut à Tonnerre, et passé en deux ans de Tonnerre à Reims et de Reims à Paris. Une heureuse chance lui permit de porter la parole dans plusieurs affaires importantes, celles entre autres de la forêt de Vallée revendiquée au duc d'Aumale et le procès de Mme Pescatore, dans lequel la validité d'un mariage de conscience, clandestin et purement religieux, contracté à l'étranger, était soutenue par un des avocats les plus célèbres de Paris. L'attention du Palais se porta, dès lors, sur ce jeune

C'était une fortune rapide. Les journaux officieux ne doutèrent pas qu'il ne la justifiât promptement. En attendant, ils firent sonner très haut que « c'était un homme de parole qui entrait au conseil »; l'un d'eux voulut même voir dans cette nomination « un pas de plus qui rapproche l'Empire du gouvernement constitutionnel ».

Le nouveau ministre allait se trouver aux prises avec de très grandes difficultés créées par l'inquiétude des esprits, par le malaise croissant des affaires, et par les changements survenus dans les dispositions de la classe ouvrière de plus en plus hostile à l'Empire.

M. Pinard, installé au ministère de l'intérieur le 15 novembre, cinq jours avant l'ouverture de la session législative, ne tarda pas à s'apercevoir des difficultés de sa mission. La manifestation du 2 novembre au cimetière Montmartre était le premier résultat de l'alliance contractée à Genève entre la jeunesse républicaine militante et le prolétariat, et le signal d'une action commune et directe contre le gouvernement. L'Empire, au lieu de se trouver en face de quelques individualités, allait avoir affaire à des groupes nombreux et bien organisés.

magistrat d'une éloquence assez ferme et d'une science du droit assez sûre pour tenir tête aux plus vieux jouteurs du barreau parisien. Lorsque M. Pinard parut au parquet du tribunal civil, la fièvre d'agiotage qui avait sévi dans les premières années de l'Empire se calmait, les désastres causés par cette terrible épidémie éclataient au grand jour, et les tribunaux correctionnels retentissaient de plaintes contre les financiers du temps. Un spéculateur malheureux, après avoir perdu contre le *Crédit mobilier* un procès devant le tribunal correctionnel, voulut prendre sa revanche devant la juridiction civile. M. Berryer, son avocat, prononça un plaidoyer foudroyant contre « la plus grande maison de jeu de notre temps, une maison où ceux qui tiennent les cartes les voient aussi ». M. Pinard, qui portait la parole au nom du ministère public, était tenu à plus de modération; après avoir d'abord rendu justice aux services industriels du *Crédit mobilier*, il posa cette question : « Au milieu de la fièvre de l'époque, au milieu de cet amour effréné du jeu et de ses luttes éperdues, est-ce que le Crédit mobilier n'a pas de reproches à se faire? Cette fièvre, l'a-t-il calmée ou excitée? Est-ce qu'en multipliant les entreprises au delà des forces de la place, en les jetant à l'avidité des journaux avec cette certitude de primes énormes, doublées par la spéculation de tous, en escomptant l'avenir au profit du présent, il n'a pas créé, avec d'autres qui doivent partager sa responsabilité, de sérieux périls pour la morale publique et les intérêts matériels eux-mêmes? » La réponse n'était point favorable au Crédit mobilier; le réquisitoire tout entier produisit un grand effet et fit passer M. Pinard du parquet du Tribunal de la Seine à celui de la Cour impériale de Paris en qualité de substitut du procureur général. Avocat général un an après, il fut nommé procureur général à Douai en 1861. La fortune voulut encore que le procès Mirès vînt se dérouler devant la cour de cette ville; il soutint l'accusation avec force et talent. Vanté pour son éloquence à l'Empereur qui cherchait partout des hommes capables de défendre son gouvernement à la tribune, et à l'Impératrice pour ses sentiments religieux, il fut mis comme en apprentissage au Conseil d'État. Désigné, en 1866, pour soutenir devant le Corps législatif, en qualité de commissaire du gouvernement, le projet de loi sur la révision des procès criminels, il fut en outre chargé du rapport sur la loi relative au régime de la presse et de la préparation du projet de loi sur le droit de réunion. Quoi de plus naturel que de confier la défense des deux projets les plus importants de la session à l'homme qui avait pris la plus grande part à leur rédaction?

L'histoire des divers gouvernements qui se sont succédé en France depuis la Révolution avait mis en lumière cette vérité que les gouvernements ne périssent ni par les conspirations, ni par les sociétés secrètes, ni même par les coups de main prémédités, et la foi dans ces moyens semblait s'être affaiblie depuis quelques années. Le mot d'ordre transmis par les jacobins aux *carbonari* de la Restauration et communiqué par eux aux sociétés secrètes de la monarchie de Juillet s'oubliait peu à peu. La chute des Bourbons de la branche aînée et de la branche cadette avait été plutôt reculée qu'avancée par les efforts des hommes d'action. Ils formaient encore cependant sous Louis-Philippe un personnel nombreux; divisés au lendemain de la révolution de Février sur la façon d'appliquer les principes de la république, les uns se rangèrent autour du gouvernement choisi par l'Assemblée nationale, les autres l'attaquèrent et succombèrent sur les barricades de Juin. Les transportations qui suivirent ces journées et celles de décembre 1851 avaient fort diminué le personnel des hommes d'action. Quelques-uns, rentrés en France après l'amnistie de 1859, cherchèrent à faire des recrues; mais les ouvriers paraissaient désillusionnés, et les jeunes gens livrés tout entiers au plaisir.

La tradition révolutionnaire n'était cependant pas tout à fait morte; des efforts étaient faits en ce moment même pour la ranimer, et, pendant que l'Empire se flattait d'en avoir fini avec l'esprit insurrectionnel, MM. Martin-Bernard et Versigny, ex-représentants du peuple; Charles Delescluze, rédacteur du *Réveil;* Alfred Naquet, professeur agrégé de chimie à la Faculté de Paris; Ch.-L. Chassin, homme de lettres (ces deux derniers secrétaires du congrès de Genève); Élisée Reclus, homme de lettres, etc., réunis chez M. Émile Accolas, professseur de droit, quelques jours avant le 2 novembre, délibéraient pour savoir s'il convenait de faire, ce jour-là, une manifestation populaire contre la seconde expédition de Rome. M. Delescluze déclara que, si la manifestation devait se changer en insurrection, il l'accepterait; sinon il la jugeait inutile. La réunion, néanmoins, se prononça pour la manifestation, lors même qu'elle devrait rester pacifique. Les sociétés ouvrières coopératives et les sociétés secrètes blanquistes, avec lesquelles M. A. Naquet s'était mis en rapport, avaient promis leur concours.

MM. Versigny, Reclus, Accolas et Naquet rédigèrent après la séance trois proclamations qu'on fit imprimer à Genève [1]. Ces proclamations,

---

1. Mme Accolas s'en chargea.

adressées à M. Grenier [1], ami de MM. A. Naquet et Accolas, n'arrivèrent à Paris que plusieurs jours après le 2 novembre, date choisie pour la manifestation.

Le lieu de rassemblement était fixé autour de la porte Saint-Denis, à onze heures du matin ; mais, soit que la police eût fait circuler dans les ateliers de fausses indications de rendez-vous, soit indifférence des ouvriers, quelques émigrés polonais et russes, quelques jeunes gens et les membres de la réunion Accolas se rendirent seuls à l'appel.

Les proclamations imprimées étant, comme on vient de le voir, arrivées trop tard, on songea à les utiliser : MM. Alfred Naquet, Grenier, Hayot et Verlière les jetèrent la nuit dans diverses boîtes aux lettres, mais, surveillés depuis quelque temps, ils furent arrêtés. M. Grenier échappa seul aux agents de police. Ils ne tardèrent pas à être traduits en justice comme accusés de manœuvres à l'intérieur, dans le but de troubler la paix publique et d'exciter à la haine et au mépris du gouvernement.

M. Alfred Naquet, prévenu quelque temps avant la manifestation avortée du 2 novembre qu'un groupe important d'hommes d'action se réunissait chez un nommé Chouteau [2], s'était rendu chez lui à diverses reprises. On ne parlait dans ces réunions que de rédiger et de signer des statuts de société secrète ; il n'était pas difficile de voir à quoi tout cela devait aboutir ; M. Naquet ne retourna pas dans cette réunion ; le sieur Chouteau, l'ayant rencontré un jour, lui demanda comment se fabriquait le fulmi-coton. M. A. Naquet ne retrouvant plus dans sa mémoire la formule exacte de cette fabrication, qui est assez compliquée, eut l'imprudence de la copier de sa main dans un traité de chimie et de l'envoyer au sieur Chouteau, chez lequel des perquisitions eurent lieu quelques jours après ; la police descendit immédiatement dans sa cave et ne manqua pas d'opérer des fouilles juste au bon endroit : la formule pour la fabrication du fulmi-coton fut retrouvée parmi les papiers de Chouteau. M. Naquet, bientôt arrêté à son tour, ne pouvait échapper à la nécessité de s'en déclarer l'auteur en présence d'une expertise dont le résultat n'était pas douteux ; cette pièce servit à établir sa participation à la société secrète de la *Commune révolutionnaire des ouvriers de Paris*, dont les statuts, enfermés dans un tube de plomb, furent trouvés enfouis à 4 mètres de profondeur dans la cave de la maison habitée par Chouteau [3].

---

1. Aspirant docteur dont la thèse fut supprimée quelques mois plus tard.
2. Membre du Comité central pendant la Commune.
3. La police avait fait aussi des perquisitions chez M. Accolas, mais sans résultat ; il fut

Le procès de la *Commune révolutionnaire des ouvriers de Paris* n'eut pas tout le retentissement auquel le gouvernement paraissait s'attendre. L'attention publique était distraite par la lutte engagée entre Mgr Dupanloup et M. Duruy au sujet de l'enseignement des filles [1].

L'année 1867 finit tristement au milieu de ces tentatives de conspiration et de ces luttes entre l'université et le clergé : le bilan de la Banque de France accusait le chiffre formidable de *un milliard neuf cent dix-neuf mille francs* d'encaisse. La grève du milliard commençait. Le tragique dénouement de l'expédition du Mexique, les échecs successifs de la politique impériale, son isolement à l'extérieur avaient porté un coup terrible à la réputation de génie politique faite à l'Empereur. L'Exposition n'avait nullement produit les bénéfices qu'on en attendait, et les marchands, en comptant leurs recettes, ne pouvaient s'empêcher de songer que dans le produit de cette année il y avait celui des deux ou trois années suivantes. La révolution, qu'on croyait vaincue, s'était retrempée à Lausanne et à Genève. L'Empire, au moment où la lutte contre lui devenait plus vive, cherchait des hommes et en trouvait si peu, qu'il en était réduit à transformer en ministre de l'intérieur un magistrat beau diseur à peine dégrossi par un stage de six mois au Conseil d'État. Si un ministre de l'intérieur était si difficile à trouver, comment remplacerait-on M. Rouher s'il venait à disparaître ?

La majorité du Corps législatif, devenue moins docile, était assez forte pour amener le gouvernement à commettre des fautes comme le « jamais ! » du pouvoir temporel ; le tiers parti se croyait en droit d'avoir des exigences ; le gouvernement était attaqué avec si peu de ménagement par ses anciens serviteurs, que M. Rouher, comme on l'a vu, en

---

donc relâché ; malheureusement pour lui, Hayot, arrêté avec les proclamations et effrayé par la police, avoua les tenir de sa main ; il fut arrêté de nouveau. Hayot et Verlière avaient également remis à Chouteau des proclamations qui se trouvèrent dans ses papiers et qui servirent, dans le procès de manœuvres à l'intérieur et de société secrète, à établir le lien entre les manœuvres tentées par Accolas et autres et les menées des fondateurs de la société secrète intitulée : *Commune révolutionnaire des ouvriers de Paris*. MM. Alfred Naquet et Accolas furent condamnés l'un à quinze mois de prison, l'autre à un an. Il n'est pas inutile de faire remarquer ici qu'un nommé Godichet, condamné à un an comme complice de Chouteau, et dont le rôle au procès avait paru assez singulier, fut mis en liberté deux ou trois jours après l'arrêt prononcé le 27 novembre.

1. M. le ministre de l'instruction publique avait déjà déclaré en pleine Chambre des députés qu'il partageait tous les sentiments exprimés par M. Carnot sur cet enseignement pendant son passage à l'instruction publique après la révolution de Février, et qu'il déplorait qu'on n'eût pour les filles que l'école primaire. Il reprit cette idée dans une circulaire du 30 octobre 1867. Mgr l'évêque d'Orléans s'empressa de signaler dans une virulente brochure ce *fait inouï* qui consiste à confier à des hommes l'éducation scientifique et littéraire des jeunes filles, jusqu'ici « élevées sur les genoux de l'Église » et qui ne devaient pas les quitter.

était venu à considérer comme indispensable de s'en débarrasser, au moyen des ambassades. Le ministre d'État, qui signalait à l'Empereur l'existence de deux ministres de la guerre à Paris, aurait pu lui apprendre qu'il y avait trois cabinets se disputant l'influence, le cabinet de l'Empereur, le cabinet de l'Impératrice, le cabinet du ministre d'État. Au milieu de ces tiraillements et de ces compétitions, les affaires ne se faisaient pas et les rouages du pouvoir ne fonctionnaient plus. L'Empire gardait son aspect extérieur, brillant en apparence; mais les germes de mort se révélaient à l'œil des observateurs attentifs. Les hommes qui avaient le plus contribué à sa fondation et dont la destinée était attachée à la sienne perdaient peu à peu leurs illusions, et déjà leurs appréhensions se faisaient jour dans des lettres particulières adressées à l'Empereur. L'un d'eux [1] lui écrit le jour même du vote dans la question romaine une lettre qui se termine par un véritable cri d'alarme : « Et maintenant, Sire, j'ai fini sur
« ce sujet [2], je n'y reviendrai pas, car, je l'avoue, je n'ai plus la liberté
« d'esprit nécessaire pour traiter des sujets relativement secondaires en
« présence des grosses questions qui s'agitent aujourd'hui, quand l'Empire
« semble crouler de toutes parts; quand la lutte acharnée, implacable que
« vous font ceux qui, sous prétexte d'établir le régime parlementaire, ont
« juré votre perte, se poursuit de succès en succès; quand enfin chaque
« victoire oratoire de vos ministres est une défaite pour Votre Majesté. J'ai
« suivi les derniers débats ; j'ai vu d'un côté la haine la plus atroce, et
« quelque chose de plus que la haine s'attaquant à vous et à vous seul :
« le ton, le geste, tout trahissait une haine implacable; et, de l'autre,
« votre gouvernement, forcé peut-être à cette attitude par la situation des
« choses, s'inclinant devant vos ennemis, demandant humblement à des
« adversaires acharnés de retirer leurs interpellations, abandonnant d'un
« trait toute la politique suivie depuis quatorze ans, entre l'extrême droite
« et l'extrême gauche; enfin, faisant d'un acte énergique, d'une victoire
« de Votre Majesté, l'occasion d'un triomphe pour vos ennemis. Et main-
« tenant, entre ce qui n'est plus l'Empire et ce qui n'est pas encore le
« régime parlementaire, faut-il s'étonner du désarroi public et du trouble
« des esprits? Pour moi, je le répète, je n'ai plus le courage de pour-
« suivre des études abstraites au milieu d'une pareille anarchie morale.
« Si Votre Majesté ne voit pas le mal, à quoi bon faire des plans d'amé-
« lioration pour une maison qui brûle, et, si Elle le voit, pourquoi s'isoler

---

1. M. de Persigny, Lettre adressée de Chamarande à l'empereur (7 décembre).
2. La loi sur la presse.

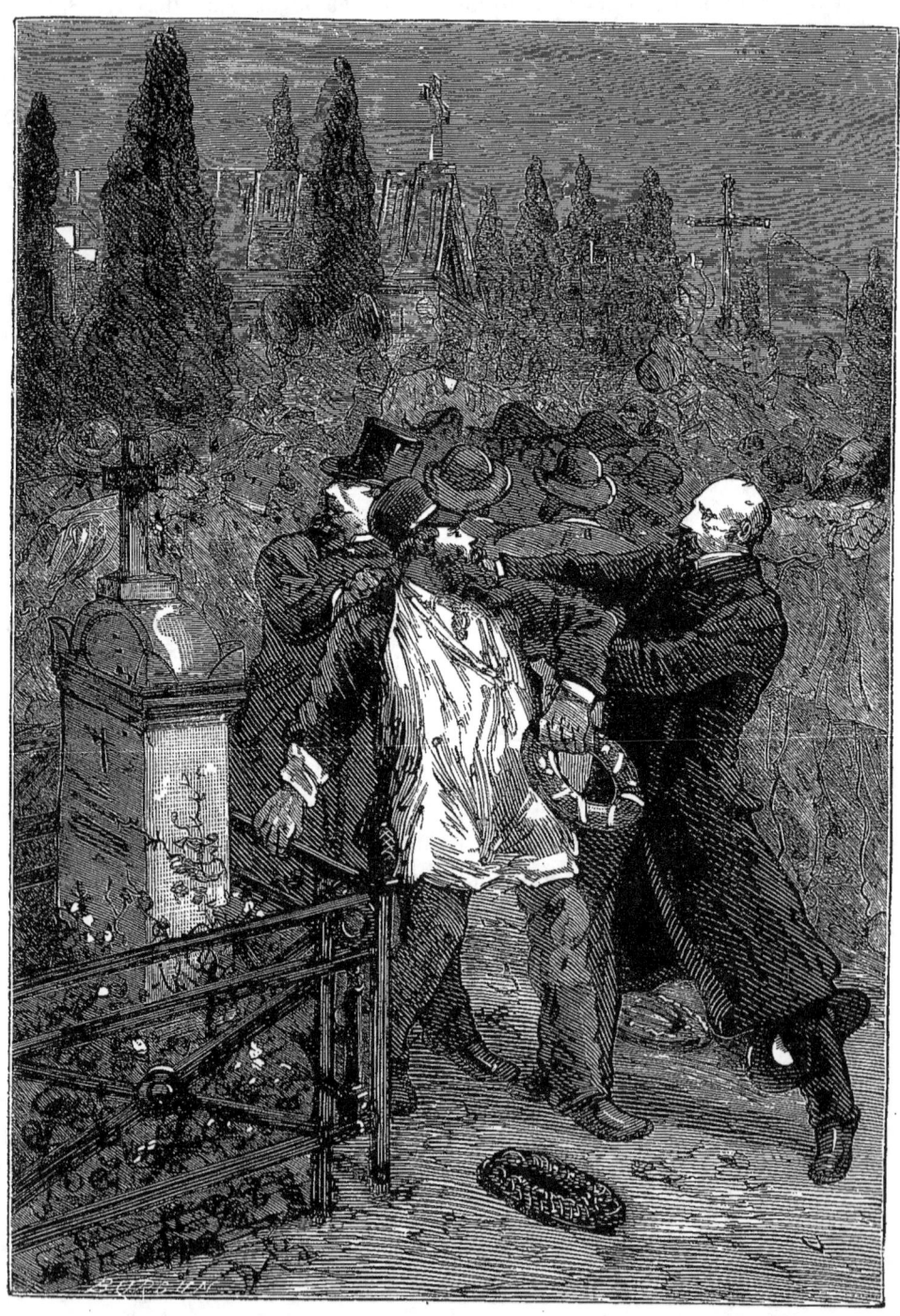

Fig. 23. — Les citoyens qui apportent des couronnes sur le tombeau de Manin, au cimetière Montmartre, sont arrêtés par des sergents de ville en bourgeois.

« de ses plus dévoués serviteurs, pourquoi ne mettre personne dans la
« confidence de ses préoccupations, afin de chercher le moyen de changer
« cet état de choses ? »

L'auteur de cette lettre ne se trompait pas sur l'effet de la séance où M. Rouher, cédant au parti clérical et voulant à tout prix arracher la direction de la majorité à M. Thiers, avait abdiqué devant elle ; M. de Persigny montrait très clairement aussi le désarroi des esprits, cherchant leur voie dans le labyrinthe de la politique du gouvernement ; mais il s'imaginait, fort à tort, que les hommes d'État du 2 décembre possédaient le remède à cette situation ; Napoléon III n'avait plus rien à attendre des complices du prince Louis-Napoléon, ni l'Empire des hommes du coup d'État. L'Empereur avait désormais besoin d'autres auxiliaires ; mais, entre ses anciens complices et les hommes nouveaux, il hésitait : son corps fatigué, son esprit indécis, les premières langueurs de la maladie qui devait l'emporter cinq ans plus tard, le sentiment de ses derniers échecs, d'obscures souffrances qui engendrent toujours de sombres pressentiments, l'influence du physique sur le moral, augmentaient ses perplexités habituelles et le jetaient dans un de ces états où l'homme s'effraye de la responsabilité, invoque son étoile et s'en remet de son impuissance à la fatalité. Napoléon III avait été jusqu'ici trop bien servi par le hasard, pour ne pas le charger du soin d'arranger ses affaires ; à mesure que sa responsabilité grandissait, les causes matérielles et morales qui l'empêchaient de l'accepter grandissaient en même temps. Plus la nécessité des décisions s'imposait à lui, plus la difficulté de les prendre augmentait ; cette difficulté ne pouvait que s'accroître jusqu'au jour d'une chute qu'il n'était plus maître d'empêcher et que les conseils de ceux qui l'entouraient pouvaient accélérer.

L'année 1867 fut donc en quelque sorte l'année psychologique du règne, celle où l'Empereur et l'Empire ressentirent les premières atteintes du mal qui devait les emporter. Elle finit au milieu du manque de confiance, de la crainte permanente d'une guerre subite, de la conviction que les membres de la trilogie qui gouvernait la France étaient usés : l'Empereur par la maladie, l'Impératrice par sa frivolité, M. Rouher par ses mensonges.

CHAPITRE VII

LA LANTERNE (1868).

Réception du jour de l'an aux Tuileries. — Les glissades du Château-d'Eau. — Rapport de M. Magne sur l'emprunt. — Le gouvernement faiblit devant le parti réactionnaire. — Lutte du parti clérical contre l'enseignement supérieur. — Craintes de guerre. — Emeute des étudiants en médecine. — Le dîner gras de M. Sainte-Beuve. — L'Empereur et l'Impératrice à Rouen. — Le premier numéro de la *Lanterne*. — M. Henri de Rochefort vaudevilliste et rédacteur du *Figaro*. — M. de Rochefort fonde la *Lanterne* en société avec M. de Villemessant. — Grand succès de ce journal. — Audace de sa polémique. — Le gouvernement fait saisir le troisième numéro. — Premières réunions publiques. — Élections du Gard et du Jura. — Réunion électorale à Nîmes dispersée par la force. — Election de M. Jules Grévy. — Le fils du général Cavaignac à la distribution des prix du concours général. — M. de Rochefort quitte la France.

La réception du 1ᵉʳ janvier aux Tuileries fut des plus brillantes. L'Empereur, dans sa réponse au corps diplomatique, se félicita d'être entouré des représentants des puissances, et de pouvoir affirmer, une fois de plus, son désir constant de vivre en bonnes relations avec elles. M. de Goltz lui remit les lettres qui l'accréditaient en qualité d'ambassadeur extraordinaire et plénipotentiaire de l'Allemagne du Nord, déjà reconnue par toutes les puissances. Le nouvel ambassadeur protesta de son désir de développer de plus en plus les rapports de bonne intelligence entre la France et les États confédérés. L'Empereur lui répondit qu'il saisissait avec plaisir cette occasion de constater l'harmonie qui existe entre les deux gouvernements.

Les réponses de l'Empereur aux députations des grands corps de l'État ne donnèrent lieu à aucun incident particulier : on remarqua seulement que, après avoir remercié l'archevêque de Paris, des vœux qu'il adressait au ciel pour l'Impératrice et pour le Prince impérial, le chef de l'État ajouta d'un ton plus marqué : « Ils partent d'un noble cœur. Je sais que vous ne séparez pas les intérêts de la religion de ceux de la patrie et de la civilisation. »

L'année s'ouvrit par des troubles sans grande importance apparente, mais qui décelaient l'effervescence générale des esprits. L'hiver était très rigoureux. La glace recouvrait tous les bassins de Paris. Des glissades aux flambeaux étaient établies au Château-d'Eau. Une patrouille traversant vers onze heures du soir la foule formant cercle autour des patineurs devint la cause d'une certaine émotion populaire. Les cris de *Vive la République* et le chant de la *Marseillaise* amenèrent quelques arrestations. Les prévenus furent condamnés le mois suivant, à des peines variant de un mois à quinze jours de prison. Quelques jours après le procès des glisseurs du Château-d'Eau, eut lieu celui de dix journaux poursuivis pour comptes rendus illicites; ils furent frappés d'une amende de 1000 francs.

Ces incidents entretenaient l'agitation, que le rapport de M. Magne sur l'emprunt n'était pas fait pour calmer. Ce rapport parut le 17 janvier dans le *Moniteur*. Le montant des besoins auxquels l'emprunt devait satisfaire, représentait une somme de 440 millions. La rente étant aux environs de 68 francs, il fallait naturellement l'offrir au-dessous du cours aux souscripteurs de l'emprunt nouveau, lequel, pour fournir 440 millions effectifs, devait s'élever à 680 millions et à plus de 700 millions avec la commission et les autres frais. Ce chiffre de 700 millions n'avait figuré qu'une fois en 1855 dans l'histoire de nos emprunts. On se demandait, en le voyant reparaître, s'il s'agissait de l'emprunt de la paix rêvé par M. Fould ou d'un emprunt de guerre. M. Magne enlevait d'avance au nouvel emprunt tout droit à ce premier titre, en déclarant que les travaux publics décrétés ne seraient pas terminés et qu'on s'en tiendrait au plus pressé : on ne pouvait non plus lui donner le second titre, puisqu'il ne devait pas être consacré tout entier à la guerre et à la marine. Les deux cinquièmes au moins étaient absorbés d'avance par le payement des frais du conflit du Luxembourg et de la seconde expédition romaine, le reste par les dépenses de la réorganisation de l'armée.

700 millions, et ce n'était encore qu'un acompte! Avec cette somme, on fera l'essentiel; le reste s'échelonnera, ajoutait M. Magne, dans la proportion des ressources annuelles; mais il ne disait pas où on les prendrait. Que d'aveux en revanche : recettes de 1867, restées au-dessous des prévisions, dépenses dépassant les évaluations des budgets primitifs, dette flottante atteignant 936 millions, dont une partie considérable était absorbée d'avance par les « dépassements des budgets antérieurs..... » C'était la ruine lente, mais sûre. Le bilan de la Banque de France constatait en ce moment un encaisse de 1 042 678657 francs. La grève du milliard s'aggravait.

La Compagnie des chemins de fer du Luxembourg avait cédé tous ses droits à la Compagnie française des chemins de l'Est en fusionnant avec elle. Ce traité datait de 1861. La presse d'outre-Rhin jeta tout à coup un cri d'alarme, au sujet des travaux que la Compagnie de l'Est entamait de la frontière française à Luxembourg. Les journaux officieux avaient beau répéter qu'il s'agissait d'une question purement industrielle et ne touchant en rien à la politique; le public n'en paraissait nullement convaincu.

La situation intérieure n'était pas non plus très rassurante. Les efforts du parti rétrograde pour entraver les conséquences libérales de la lettre du 19 janvier étaient pour l'opinion publique un grave sujet d'inquiétude. Le gouvernement paraissait faiblir, et l'on commençait à douter du maintien de la nouvelle loi sur la presse. Des personnes attachées à la cour agissaient, disait-on, auprès des membres de la majorité pour l'amener à repousser l'article 1er, supprimant, pour les journaux, la nécessité de l'autorisation préalable, qui était toute la loi. L'administration se montrait chaque jour plus soupçonneuse et plus tracassière. Une cérémonie touchante, qui eut lieu au cimetière Montmartre, montra jusqu'où elle poussait la crainte de tout ce qui pouvait ressembler à une manifestation en l'honneur des hommes, dont la vie rappelait des souvenirs républicains. Les restes de Manin, de sa femme et de sa fille, enfermés dans le tombeau de la famille du peintre Ary Schœffer, au cimetière Montmartre, en furent retirés pour être transportés en Italie le 3 mars. La commission italienne chargée de les recevoir et de les accompagner à Venise ne fut pas autorisée à se rendre à Paris pour remplir son funèbre office. Elle dut attendre les cercueils à Saint-Jean-de-Maurienne, à la frontière.

Le gouvernement se montrait chaque jour plus disposé à céder aux exigences du parti clérical. Un aspirant au doctorat [1], ayant présenté à la Faculté de médecine une thèse soi-disant matérialiste, s'était vu, malgré les meilleures notes, refuser son diplôme par ordre de M. Duruy. C'était précisément le moment où le Sénat allait discuter la fameuse pétition en faveur de la liberté de l'enseignement, dont l'adoption eût entraîné le renversement de la statue de Bichat, inaugurée en 1857 par le ministre de l'instruction publique, et celle de Broussais, qui, sous la Restauration même, professait les doctrines de Cabanis, nullement nouvelles à la Faculté. Un des signataires de la pétition crut donner le change à l'opinion sur le sens de ce document, en prenant dans une lettre adressée à M. Chaix-d'Est-Ange, rapporteur de la pétition au Sénat, la défense de l'aspirant docteur repoussé par la Faculté. Ce ne sont pas les étudiants, disait l'auteur de la lettre, ce sont les maîtres qui sont coupables; mais à qui faire remonter la responsabilité de l'enseignement, si ce n'est au ministre de l'instruction publique lui-même?

L'enseignement supérieur subissait, en 1868, les mêmes assauts que l'enseignement primaire seize ans auparavant; on voulait lui imposer l'orthodoxie religieuse, et le gouvernement opposait une si molle résistance à ces tentatives, que le bruit se répandit que le ministre de l'instruction publique allait être sacrifié, et que l'évêque de Poitiers, M. de Melun, M. Anatole Lemercier, combinant leurs efforts, avaient obtenu de l'Empereur la révocation de M. Duruy, comme prix de l'appui du parti clérical aux prochaines élections.

Le départ du prince Napoléon pour Berlin, le 12 mars, ranima un moment la question des compensations; mais le mois de mars vit bientôt naître d'autres émotions. La formation de la garde mobile et la cherté des grains occasionnèrent des troubles à Toulouse, à Bordeaux et à Alby. Le mois d'avril, plus tranquille matériellement, n'en fut pas moins attristé par les préoccupations les plus sombres. On mourait de faim dans la Russie septentrionale, dans la Prusse orientale, en Algérie. Les grands centres industriels et manufacturiers manquaient de travail, les capitaux se cachaient, et quatre millions d'hommes étaient sous les armes en Europe. Comment s'étonner qu'un prochain voyage de l'Impératrice et du Prince impérial à Rome, dont le bruit avait circulé, vînt à être contremandé, disait-on, par l'imminence de la guerre. « Le gouvernement,

---

1. M. P.-J. Grenier; sa thèse était intitulée : *Étude médico-physiologique du libre arbitre humain.*

dit le *Constitutionnel*, a mis la France à la hauteur de toutes les éventualités, mais il ne veut point la guerre. L'équilibre des forces est une garantie de paix. » Ces belles phrases calmaient d'autant moins les craintes générales, que la *Patrie*, journal non moins officieux que le *Constitutionnel*, publiait au même moment un véritable manifeste contre la nationalité et la dynastie belges.

La lutte du clergé contre l'enseignement de l'État reprenait une vigueur nouvelle. Les deux mille signataires de la pétition adressée au Sénat ne songeaient nullement à demander pour chacun le droit d'enseigner librement ce qu'il croit vrai, mais celui de prêcher leurs doctrines dans des chaires à eux, à moins qu'on n'aimât mieux leur livrer les chaires des facultés. Le *Monde* ne dissimulait rien à cet égard : la liberté d'enseigner consiste à enseigner le vrai, et c'est l'Église seule qui l'enseigne, car elle est seule la vérité et la vie. Un factum de Mgr Dupanloup [1], paru le 12 avril, venait à l'appui de ces doctrines : « En matière d'en-
« seignement, toutes les phrases sur la liberté des opinions sont des
« sophismes coupables. Nul maître chargé d'élever, d'enseigner la jeu-
« nesse n'a le droit de semer l'ivraie, d'introduire ses erreurs. » Voilà la théorie que l'évêque d'Orléans voulait appliquer à l'enseignement. Non content de frapper sur Auguste Comte, sur M. Littré et sur tous les chefs et disciples des « écoles qui professent ces théories honteuses qu'on appelle positivisme, panthéisme etc. », il attaquait avec une violence égale le théisme le plus spiritualiste : « J'entendais ces
« jours-ci M. Jules Simon au Corps législatif nous dire avec un aplomb
« étrange et avec la plus odieuse sophistique, que Dieu et la vérité n'ont
« pas besoin d'être défendus. Ce qui a besoin d'être défendu et contre
« vous, ce sont les enfants, les jeunes gens, les jeunes filles et les
« ouvriers. » C'est avec cette urbanité de style, que Mgr Dupanloup, mettant le théisme sur la même ligne que l'athéisme, lui interdisait le droit d'enseigner [2]. Il était impossible que cette pétition n'excitât pas une vive émotion dans la jeunesse. Les étudiants en médecine, pour protester contre les accusations dont l'enseignement de leurs professeurs

---

1. *Les alarmes de l'épiscopat justifiées par les faits.*
2. C'est au milieu de ces discussions que retentit un cri de colère et d'indignation comme il n'en avait pas été poussé depuis la publication du livre de M. Renan, la *Vie de Jésus*. M. Sainte-Beuve avait donné, le vendredi saint, à ses amis, un repas dans lequel on n'avait, d'après les journaux cléricaux, servi que de la viande. Jamais d'Holbach, ajoutaient les feuilles pieuses dans leur style habituel, n'aurait choisi ce jour pour faire « ripaille ». La polémique des journaux sur ce dîner se prolongea jusqu'à la discussion de la pétition relative à la liberté de l'enseignement supérieur.

Fig. 24. La *Lanterne* paraît le 1er juin 1869.

avait été l'objet de la part de plusieurs membres du Sénat, accueillirent leurs maîtres par des applaudissements, au moment de leur entrée en chaire, et ils les attendirent à la sortie pour prolonger l'ovation. Les étudiants, refoulés par les sergents de ville jusqu'aux grilles de l'École pratique, qu'ils ouvrirent, y furent bientôt bloqués et maltraités par la police. Il fallut que le doyen de la Faculté vînt lui-même les délivrer. Les étudiants se rendirent chez M. Sainte-Beuve pour le féliciter de son discours au Sénat. Le gouvernement fit entamer une instruction au sujet de ces troubles, qui signalèrent les derniers jours de mai.

L'Empereur et l'Impératrice étaient à Rouen le 29 mai. Les voyages du souverain, même dans les petites villes, se passaient rarement sans discours, toujours attendus avec impatience et commentés avec vivacité. Le chef de l'État ne pouvait visiter un grand centre comme Rouen sans échanger quelques politesses oratoires avec les autorités. Le maire de Rouen et l'archevêque lui adressèrent, en effet, une allocution. Il répondit au maire qu'il s'était associé aux souffrances des ouvriers et qu'il allait les faire cesser.

« Ce n'est jamais sans une profonde émotion, dit-il ensuite à l'arche-
« vêque, que nous entrons, l'Impératrice et moi, dans ces anciennes basi-
« liques où tant de têtes illustres sont venues s'incliner, et où tous les jours
« les fidèles trouvent appui et consolation. L'Église est le sanctuaire où se
« maintiennent intacts les grands principes de morale chrétienne qui
« élèvent l'âme au-dessus des intérêts matériels. Allions donc à la foi de
« nos pères le sentiment du progrès, et ne séparons jamais l'amour du
« bien de l'amour de la patrie. C'est ainsi que nous serons moins indignes
« de la protection divine et que nous marcherons la tête haute dans les
« sentiers du devoir à travers les obstacles. Je remercie Votre Eminence
« des sentiments qu'elle m'exprime pour l'Impératrice ainsi que l'intérêt
« qu'elle témoigne pour mon fils. La bénédiction de son auguste parrain
« et les prières du clergé de France lui porteront bonheur. »

Cette phraséologie parut d'autant plus creuse que le public comptait sur un discours politique.

Le premier numéro d'un journal hebdomadaire, *La Lanterne*, parut le 1er juin. L'auteur de cette feuille, M. Henri de Rochefort, avait fait ses débuts dans le journalisme comme rédacteur du *Charivari*. En entrant dans la rédaction de ce journal à l'époque de la guerre d'Italie, il ne s'était informé que d'une chose : c'était de savoir s'il pourrait y attaquer M. Haussmann, dont il avait été l'employé dans les bureaux de la Ville et contre lequel il paraissait avoir des griefs personnels. Les bons juges sentirent dans ses articles un bouquet et certain mordant sournois, qui sont la marque des bons crus; mais sa collaboration au *Charivari* ne fut guère remarquée du public. M. Henri de Rochefort n'était pas en effet à sa place dans le cadre exclusivement politique du vieux journal républicain. Appelé à jouer un rôle politique et même à siéger parmi les membres du gouvernement de son pays, il n'aimait nullement la politique, et il faisait parfois preuve d'une surprenante ignorance en cette matière. La littérature ne semblait du reste guère l'intéresser davantage; il était peut-être un des membres lisant le moins de sa génération, qui lisait si peu. Les noms de nos grands poètes, de nos grands historiens, de nos grands romanciers, lui étaient plus connus que leurs ouvrages. Fils de vaudevilliste, habitué dès l'enfance à entendre parler des succès de théâtre et à les voir apprécier d'après le chiffre des recettes, une habitude plutôt qu'un penchant, une illusion plutôt qu'un goût, le mirage des droits d'auteur le poussait au théâtre, où il s'essaya sans grand succès; son talent réel, c'était la satire, non pas la grande satire des moralistes comme celle de Juvénal, visant aux choses plutôt qu'aux personnes, mais la satire contre les individus.

La conviction politique est une force qui protège la dignité de l'écrivain. La conviction politique fit à peu près défaut à M. Henri de Rochefort jusqu'au jour où le succès de la *Lanterne* lui en donna une. Aussi n'éprouva-t-il aucune répugnance à entrer au *Figaro,* dont le propriétaire tenait à cette époque à avoir un échantillon de républicanisme dans son assortiment de rédacteurs multicolores. Les amis sérieux de M. Henri de Rochefort, ceux qui s'intéressaient à son avenir, le blâmèrent de ce changement; il leur répondit en s'étonnant de leur blâme; rien de plus naturel, selon lui, que d'aller là où, sans imposer aucun sacrifice à son opinion, on pouvait accorder à son talent une rémunération plus élevée et plus conforme à ses besoins de luxe, qu'il avouait être très grands, et aux charges de sa vie. L'idée de faire partie d'une troupe de journalistes organisée par un entrepreneur de publicité ne le choquait pas. C'est que ce jeune homme, un des meilleurs de son temps, était pourtant de son temps; il en avait les faiblesses, sinon les vices. Ce qui lui appartenait en propre, c'était une haine et un mépris particuliers de l'Empire, qui firent remarquer tout de suite la chronique qu'il signa dans le *Figaro* et qui la firent distinguer par le public. Ce genre lui convenait. La politique y tient une place : rarement la première et jamais l'unique. M. Henri de

Rochefort put donc lui donner, dans ses articles, juste autant d'importance qu'elle en occupait dans son esprit et dans celui des lecteurs de son journal, avides surtout de personnalités. C'est par l'attaque personnelle contre les hommes politiques que la politique se glisse dans la chronique. Celle de M. Henri de Rochefort dut sa vogue au ton de mépris et de dédain naturels avec lequel il s'exprimait sur les impérialistes et sur l'Empire.

Les chroniques de M. Henri de Rochefort n'étaient pas les seuls griefs du gouvernement contre ce jeune écrivain. Il lui en voulait d'un livre [1], dont la préface est le meilleur morceau sorti de la main de l'auteur de la *Lanterne*. Ce livre, fort lu et fort apprécié, même des gens de goût, par ses allures vives et dégagées, offrait une sorte de galerie composée des portraits des hommes de l'Empire, tracés d'une main légère, et se distinguant moins par la ressemblance des traits que par celle de la physionomie générale ; aucun de ses modèles n'avait posé devant lui, mais il était impossible de ne pas les reconnaître ou plutôt de ne pas les deviner dans le cadre d'actualité où le peintre les avait placés.

Le gouvernement, qui supportait des attaques non moins vives, se sentit atteint par l'insolence de M. Henri de Rochefort ; il avait l'habitude, lorsqu'il trouvait chez un rédacteur du *Figaro* une hostilité trop directe, d'avertir paternellement le directeur du journal, des dangers que lui faisaient courir les têtes chaudes de sa rédaction ; le directeur, intéressé à comprendre à demi-mot, aimait mieux suspendre ou supprimer le rédacteur dangereux que de voir son journal lui-même supprimé ou suspendu.

Le *Figaro* avait donc toujours échappé au danger de la suppression ou de la suspension. Les supplications ne coûtaient pas à la fierté de son propriétaire, et le gouvernement tirait trop de profit de son concours pour s'en priver sans nécessité. Il compta donc qu'un mot suffirait pour obtenir de la docilité habituelle de l'entrepreneur du *Figaro* la suppression de la chronique de M. Henri de Rochefort ; mais cet homme, qui tenait à ne pas se séparer d'un des protagonistes de sa troupe, et qui, d'ailleurs, avait ses vues, résista en donnant, selon son habitude, un caractère moitié sérieux, moitié plaisant à sa résistance. Hardi et humble à la fois, mettant habilement le public dans la confidence de ce que le gouvernement exigeait de lui, il eut l'art de lui faire en quelque sorte honte de ses exigences en se déclarant prêt à s'y conformer. La persécution servait en attendant de piédestal à M. Henri de Rochefort, qui

---

1. *La grande Bohème*.

désormais ne prit plus la plume dans le *Figaro* sans menacer le gouvernement de fonder un journal pour lui seul, puisqu'il lui interdisait d'écrire dans les journaux des autres.

Le jour où la suppression de l'autorisation permit au chroniqueur persécuté de quitter le *Figaro*, il fit ses adieux aux lecteurs de cette feuille, en ajoutant que son journal particulier ne tarderait pas à paraître. L'entrepreneur du *Figaro*, qui allait être son associé dans cette entreprise, ne cessa pas depuis lors de préparer l'apparition de la *Lanterne* par des réclames savamment échelonnées, comme on prépare la première représentation d'une pièce de théâtre.

La *Lanterne*, attendue avec la plus vive impatience, parut enfin le 1er juin. Œuvre d'un homme d'esprit et d'un homme persécuté, elle ne pouvait manquer d'être bien accueillie; mais, quelque grandes qu'aient été les espérances des associés, le succès les dépassa. 50 000 exemplaires du premier numéro de la *Lanterne* se vendirent le premier jour : ce fut un vrai coup de théâtre; la situation politique se trouva subitement changée par ce pamphlet, dont l'effet prodigieux ne peut être compris que par ceux qui ont vécu dans le temps où il parut.

La satire, sous le second Empire, bien que voilée et affaiblie, pouvait s'exercer de temps en temps sur les choses de l'État, mais à la condition d'en respecter le chef et ceux qui le représentaient, et c'était à l'Empereur, à ses ministres, à ses amis, que s'attaquait surtout l'auteur de la *Lanterne*. Il y a en littérature un art de se faire pardonner l'audace du fond par l'agrément et par la finesse de la forme; mais cet art de ciseler l'épigramme et de la faire accepter de ceux contre lesquels elle est dirigée n'était point à la portée de l'auteur de la *Lanterne*, doué pour ridiculiser les personnes de plus de verve que de finesse, de plus de malice que de véritable esprit, condamné par son talent même à franchir l'épigramme et à tomber dans la personnalité. M. Rochefort fit le saut avec l'audace de quelqu'un qui emprunte son élasticité plutôt à l'ignorance du danger qu'au désir de le braver. L'étonnement et la curiosité du public furent immenses en voyant les principaux personnages et le chef de l'État lui-même, atteints par la fronde du berger. Un roi d'antique race, un président de république, supportent sans danger toutes les plaisanteries; un César n'est pas ridicule impunément : aussi la loi de lèse-majesté permettait-elle aux empereurs romains de punir de mort la moindre offense de ce genre; mais Napoléon III ne pouvait livrer aux bêtes l'auteur de la *Lanterne*.

Qu'allait faire cependant le moderne César, insolemment livré au rire insultant de la foule? Le public, en attendant, savourait le plaisir si exquis pour lui, de voir les dieux humiliés. Le lion feindrait-il de ne pas sentir les piqûres du moucheron, ou chercherait-il à s'en débarrasser? Question d'autant plus intéressante que le lion bonapartiste n'en était pas réduit, comme le lion de la fable, à hurler et à battre ses flancs avec sa queue. Rien pour lui de plus aisé que d'écraser le moucheron, sous les condamnations de la police correctionnelle; mais, soit que M. de Rochefort eût surpris l'Empire dans un de ces moments où les gouvernements les plus forts doutent d'eux-mêmes, soit que l'Empereur voulût jouer l'indifférence et la magnanimité, les deux premiers numéros de la *Lanterne* se vendirent librement. Les personnalités dont ils étaient remplis, l'audace du satiriste, ne devaient manquer d'aller en augmentant de force, avec le sentiment de l'impunité. Le gouvernement pouvait bien faire semblant, pendant quelques jours, de ne pas s'apercevoir de l'existence de la *Lanterne*, mais il lui était difficile de laisser vivre ce petit pamphlet, qui portait chaque semaine une atteinte plus grave au prestige déjà fort affaibli de l'Empire.

Le conseil des ministres décida donc que le troisième numéro de la *Lanterne* serait saisi. Les numéros suivants ne pouvaient manquer de l'être à leur tour, car il n'était désormais pas plus permis à l'auteur de la *Lanterne* de s'arrêter dans l'attaque, qu'au gouvernement de faiblir dans la répression. La mort de ce pamphlet ne fut plus dès lors qu'une question de temps [1].

L'Empire avait produit des pamphlets bien supérieurs à la *Lanterne* par la pensée et par le style; mais, publiés à l'étranger, ils franchissaient difficilement la frontière. La *Lanterne*, par le fond comme la forme, s'adressait à tout le monde; une publicité savante organisée d'avance par l'entrepreneur du *Figaro* servait à la répandre. La société officielle la lisait pour jouir du plaisir qu'éprouvent les courtisans à voir mépriser ceux qu'ils sont obligés de flatter; la haute bourgeoisie, rattachée à l'Empire qu'elle n'aimait pas, en faisait autant, sans songer qu'elle ébranlait la force sur laquelle reposait sa fortune. Le gouvernement, au lieu de

---

1. Le 8 août, 50 000 exemplaires de la *Lanterne* furent saisis; mais bon nombre de numéros avaient échappé à la police; on se les passait de main en main, et, à l'attrait du fruit défendu que les rigueurs du parquet donnaient à la lecture de la *Lanterne*, la police joignait celui d'un certain danger, car les sergents de ville l'arrachaient quelquefois brutalement des mains des passants. Les commissaires de police en faisaient autant. Quelques-uns d'entre eux, il est vrai, se croyaient tenus de dédommager les victimes de ces brusques enlèvements. « Je saisis la *Lanterne*, disaient-ils; voici vos 40 centimes. »

charger ses tribunaux de le débarrasser de la *Lanterne*, engagea avec son rédacteur en chef une lutte personnelle, et en déchaînant contre lui des écrivains de police, en cherchant à le déshonorer par des calomniateurs à ses gages, il contribua puissamment à augmenter sa popularité.

La salle Pilodo avait vu le 20 juin la première réunion publique tenue en vertu de la nouvelle loi ; rien n'y fit présager le rôle que ces réunions devaient jouer plus tard ; on y traita la question de l'enseignement coopératif et de la création à Paris d'une école coopérative. Les réunions continuèrent dans la salle du Wauxhall, faite pour contenir tout au plus de mille à douze cents personnes, et dans laquelle plus de quinze cents individus s'entassaient au milieu des chaleurs torrides de la saison ; cette salle, construite pour la danse, n'offrait aucune condition favorable à l'acoustique ; les discussions générales se prolongeaient indéfiniment par suite de l'usage de laisser ouverte la liste d'inscription des orateurs ; la non-adoption de la règle qui, dans tous les congrès, fixe à quinze ou vingt minutes la limite de temps, accordée à tout orateur, contribuait également à rendre les discussions interminables. L'art de finir n'est pas une des moindres parties de l'éloquence ; comment l'attendre d'ouvriers sans expérience de la tribune ? L'art non moins difficile de diriger une assemblée ne pouvait non plus être connu d'un président et d'un bureau improvisés. Les sujets traités par les orateurs n'avaient pas d'ailleurs un côté pratique suffisant. Les femmes y parlaient et augmentaient la confusion.

Le bruit de l'arrestation de trois individus partis pour Rouen dans l'intention d'assassiner l'Empereur avait couru, comme tant d'autres bruits du même genre, et sans qu'on y attachât plus d'importance. Le *Pays*, après avoir démenti cette nouvelle et nié solennellement qu'il se fût passé quelque chose, ajoutait : « Ce qui vient de se passer n'est pas moins une raison pour les amis de l'ordre, de la France et de la dynastie, d'avoir les yeux ouverts, sur les dangers qui les menacent. En présence de ces dangers, on jugera sévèrement l'alliance de ces partis dans laquelle ils sont tous conviés à oublier leurs principes pour ne se souvenir que de leurs haines. » Il y avait là une allusion non seulement à la formation d'une *Union libérale* en vue des élections générales, dont il commençait à être question dans les journaux, mais encore une sorte de menace contre les partis « qui oublient leurs principes pour ne se souvenir que de leurs haines ».

Les électeurs du Gard et du Jura semblaient désignés dans ces lignes. Des élections allaient avoir lieu dans ces départements. Trois candidats

Fig. 25. — Des glissades aux flambeaux sont établies sur la place du Château-d'Eau et donnent lieu à l'intervention de la force armée.

étaient en présence dans le Gard : M. Dumas, fils de M. Dumas, sénateur, candidat officiel; M. de Larcy, légitimiste, ancien député ; M. Jules Cazot, jurisconsulte, candidat démocratique. Aucun engagement n'avait été pris entre les légitimistes et les démocrates, mais les deux partis étaient d'accord pour combattre la candidature officielle. Le 29 juillet, une réunion privée, convoquée par lettres closes, devait se tenir à Nîmes. Les assistants, tous munis de lettres et très nombreux, remplissaient déjà la salle lorsque le commissaire central, suivi de quelques agents, y pénétra et somma le propriétaire de la maison de disperser la réunion. M. Cazot, entré sur les pas du commissaire, protesta et recommanda le calme aux assistants, qui refusèrent de se retirer. L'agent de l'autorité fit appel à la force armée.

La troupe s'avance, commandée par un officier, l'épée nue, et entoure la tribune; M. Cazot est pris par les agents et jeté entre quatre soldats au fond de la salle. Un journaliste est appréhendé au corps par le commissaire de police, ainsi que le propriétaire du local, infirme et amputé ; un jeune homme est blessé au côté, d'un coup de sabre ; la troupe disperse, après les sommations légales, la foule qui entoure la maison. Les personnes arrêtées à l'intérieur sont tenues par les soldats. M. Cazot proteste de son droit, et demande à être conduit en prison. Le procureur impérial lui répond avec le plus grand sang-froid : La question est posée, vous pouvez vous retirer.

Pendant que ces événements se passaient à Nîmes, M. de Larcy réunissait dans son domicile, à Alais, environ douze cents personnes convoquées par lettres cachetées, et admises seulement après avoir montré leur invitation. Le commissaire de police se présenta néanmoins pour mettre fin à la réunion à peine commencée. M. de Larcy consentit, après de longs pourparlers, à lui ouvrir la porte, mais il refusa de dissoudre la réunion. « J'exerce, dit-il, un droit dont j'ai usé depuis trente ans sous tous les gouvernements; la liberté de réunion ne périra pas dans mes mains. »

Le commissaire se retira après avoir dressé procès-verbal [1].

M. Dumas fils fut nommé par près de 14 000 voix ; M. de Larcy et M. Cazot réunirent, par portions à peu près égales, près de 9000 voix.

[1]. Les membres du bureau de la réunion, prévenus du délit de réunion illicite, comparurent le 2 septembre devant le tribunal de Nîmes. Le ministère public soutint que la réunion tenue chez M. Larcy-Guillon était publique, parce qu'il avait envoyé des cartes à des gens « qui n'étaient pas de ses relations ». M. Jules Favre, qui s'était chargé de la défense des prévenus, fit vainement justice de ces sophismes. Le procureur impérial eut gain de cause.

M. de Larcy, traduit devant le tribunal d'Alais, fut condamné également à une amende.

Le candidat démocratique, M. Cazot, obtint 2100 voix à Nîmes, M. de Larcy 1261 et M. Dumas 341. C'était une rude leçon que le chef-lieu du département donnait au préfet.

Le gouvernement ne fut pas aussi heureux dans ses efforts pour combattre la candidature de Jules Grévy dans le Jura. Le premier soin de l'administration avait été de concentrer son action, et d'écarter toutes les candidatures dynastiques indépendantes, afin de laisser la place libre à la candidature qui pouvait compter sur toutes les voix du parti clérical. Le préfet mit ensuite en œuvre tous les moyens dont un préfet dispose contre le candidat de l'opposition, en commençant par les circulaires. « Deux grands principes vont se mesurer, écrivit-il aux maires, le principe conservateur du gouvernement impérial et le principe révolutionnaire. »

Le journal officieux du Jura tint un langage pareil. M. Grévy, dit-il, se présente aux électeurs « coiffé du bonnet rouge ». Les journaux officieux de Paris exécutaient à l'envi des variations sur ce thème. Le plus modéré de tous, la *France,* se contentait de dire : « M. Grévy est resté l'homme de 1848, l'adversaire de l'expédition romaine, le démocrate radical, le commissaire de Ledru-Rollin. » M. Grévy n'en fut pas moins nommé, le 3 août, par 22 000 voix contre 11 146. Cette élection produisit en France et à l'étranger, un effet que l'on compara à celui de l'élection de l'abbé Grégoire sous la Restauration. En admettant que cette impression fût un peu exagérée, la nomination de M. Grévy n'en était pas moins le fait électoral le plus considérable qui se fût passé en France depuis le triomphe de l'opposition à Paris en 1863.

La distribution des prix au grand concours donna lieu à un incident. Le jeune Godefroid Cavaignac, fils du chef du pouvoir exécutif de la République, refusa, aux applaudissements de ses condisciples, de recevoir son prix des mains de M. Duruy, en présence du Prince impérial, qui présidait la cérémonie [1]. Cet incident était encore l'objet de

---

1. M. Duruy, ministre de l'instruction publique, adressa au sortir de la distribution la lettre suivante au général Frossard, gouverneur du prince impérial.

Paris, le 10 août 1868.

Mon général,

Mon fils me confirme que ces *chuts* indécents dont nous avons été *blessés* partaient d'un groupe d'élèves du lycée Bonaparte, ce nid involontaire (*sic*) d'orléanistes (Jules Simon y a aussi ses enfants).

Il me semble qu'après ce petit scandale je ne dois proposer aucune croix à l'Empereur pour cette maison, où les professeurs devraient s'appliquer à prendre plus d'influence sur l'esprit de leurs élèves.

Les élèves aussi, du moins en grand nombre, à la réflexion ont été blessés de ce que

toutes les conversations, lorsque M. de Rochefort comparut le 26 devant la police correctionnelle et fut condamné à treize mois de prison et 10 000 francs d'amende. La *Lanterne* et son auteur se réfugièrent à Bruxelles; mais l'exil ne fit qu'accroître la vogue du pamphlet banni. Distribuer la *Lanterne* devint une profession lucrative et une contrebande si fructueuse, que tous les efforts du gouvernement ne parvinrent point à l'empêcher de circuler non seulement dans les villes, mais encore dans les campagnes. Le petit livre de M. Henri de Rochefort, de plus en plus violent, de plus en plus passionné, ne cessa pas de se répandre, malgré la plus sévère surveillance de la police. Si la haine et le mépris qu'inspire un gouvernement, peuvent être mesurés au succès des pamphlets publiés contre lui, jamais gouvernement ne fut plus haï et plus méprisé que l'Empire, car jamais succès ne fut comparable à celui de la *Lanterne*. Ce succès semblait même s'accroître à mesure que l'auteur, attristé par l'exil et déjà fatigué, remplaçait dans ses brochures la bonne humeur et l'esprit, par la violence.

M. de Rochefort quitta Paris le 27 août; six jours auparavant avait paru le terrible livre de M. Eugène Ténot, qui, en déroulant d'une main honnête et ferme, le tableau oublié du coup d'Etat du 2 décembre, porta à l'Empire un coup bien plus profond encore que la *Lanterne*.

Cavaignac ait refusé de venir chercher son prix. Sa mère le lui avait défendu, a-t-il dit; mais elle l'avait envoyé, en vue sans doute de provoquer une manifestation, et elle y a réussi.

Malgré tout cela, croyez que la présence du Prince opère tout doucement un effet très salutaire, même à Paris. Quant à l'Université de province, elle en est très reconnaissante.

Votre tout dévoué,
V. Duruy.

CHAPITRE VIII

LA SOUSCRIPTION BAUDIN (1868)

L'Empereur à Troyes. — Il y prononce un discours pacifique. — L'Empereur à Châlons. — Le second congrès de la paix à Berne. — Programme de M. Bakounine. — Programme du Comité central. — Troisième congrès de l'Internationale à Bruxelles. — Candidature de M. Dufaure dans le Var. — Les démocrates refusent de voter pour lui. — M. Dufaure est battu. — Mort de M. Walewski. — L'Empereur quitte Biarritz et rentre à Paris. — La manifestation Baudin. — Discours lus sur sa tombe. — Souscription pour lui élever un monument. — Le gouvernement interdit la souscription. — Procès aux journaux qui n'ont pas tenu compte de cette interdiction. — Nombreuses adhésions à la souscription. — Réunion des prévenus chez M. Crémieux. — Discussion sur le choix des défenseurs. — MM. Léon Gambetta et Clément Laurier. — Ouverture des débats. — Réquisitoire du ministère public. — Plaidoirie de M. Crémieux pour M. Charles Quentin. — Plaidoirie de M. Em. Arago pour M. Peyrat. — Plaidoirie de M. Gambetta pour M. Delescluze. — Protestation du ministère public qui menace de requérir qu'on lui ôte la parole. — M. Gambetta recommence sans se laisser intimider. — Emotion dans l'auditoire. — Lutte entre le ministère public et l'avocat. — Plaidoirie de M. Laurier pour M. Challemel-Lacour. — Plaidoirie de M. Leblond pour MM. Gaillard père et fils. — Plaidoirie de M. Hubbard pour M. Peyrouton. — Jugement du tribunal. — Le vrai condamné, c'est le gouvernement. — Mort de Berryer. — Bruit répandu d'une manifestation au cimetière Montmartre. — Clôture du cimetière, occupation des boulevards extérieurs. — La victoire de M. Pinard lui coûte le ministère.

L'incertitude sur la situation intérieure ne faisait que s'accroître. L'Empereur était à Troyes le 11 août 1868, et l'on attendait, avec une impatiente curiosité, les paroles qui allaient sortir de sa bouche en réponse aux félicitations que ne pouvaient manquer de lui adresser les autorités du pays. On espérait y trouver des signes qui permettraient aux augures de lire un peu dans le livre de l'avenir. La réponse de Napoléon III au discours pacifique du maire de Troyes ne fut pas moins pacifique. L'Empereur n'avait pas voulu passer à Troyes sans s'y arrêter un instant, afin de donner une preuve de ses vives sympathies pour les populations si patriotiques de la Champagne. « J'ai constaté avec plaisir, « l'année dernière, les progrès de l'industrie dans votre département. Je « vous engage à continuer, car rien ne menace aujourd'hui la paix de « l'Europe. Ayez confiance dans l'avenir, et n'oubliez pas que Dieu pro-« tège la France. »

Le public aurait préféré, sans doute, que l'Empereur eût appuyé ses espérances de paix sur des motifs plus appréciables à la raison humaine; mais il se montra satisfait, espérant que la revue de la garde nationale de Paris, qu'il devait passer le 16 août, lui fournirait une occasion de donner des éclaircissements plus directs sur ses vues politiques, mais l'ordre du jour publié à la suite de la revue fut d'une insignifiance complète. L'Empereur s'y montrait content de l'esprit de la garde nationale et comptait sur son patriotisme : voilà tout. L'Empereur paraissait du reste décidé à garder désormais le silence, car, après avoir passé les premiers jours de septembre au camp de Châlons, il ne voulut pas, en partant, qu'on lui rendît les honneurs habituels. Les généraux se contentèrent de l'accompagner jusqu'au chemin de fer. Il leur dit, en les quittant, qu'il avait été très heureux pendant les huit jours de son séjour parmi eux et que, s'il n'ajoutait rien de plus, c'était de peur que les journaux ne tirassent de ses paroles, quelque modérées qu'elles fussent, des pronostics de guerre ; il se bornait donc à les remercier de leur zèle et de leur dévouement.

L'Empereur se trompa en croyant échapper aux commentaires de la presse : le *Pays* interpréta son silence comme une adhésion complète à ce qui s'était fait en Europe. L'intention du *Pays* était évidemment de se servir du premier prétexte venu pour rassurer les esprits : malheureusement le roi de Prusse visitait, presque au même moment, l'Université de Kiel ; Guillaume Ier, après avoir dit dans sa réponse au discours du recteur « qu'il ne voyait en Europe aucune menace de guerre », s'était empressé d'ajouter que « d'ailleurs il avait sa flotte et son armée ». Les gens de Bourse, toujours fort nerveux, avaient cependant fait d'abord aux paroles du roi de Prusse le meilleur accueil, mais elles leur parurent tout à coup si menaçantes, et la rente baissa si fortement, que le gouvernement se vit obligé, pour arrêter la panique, de faire afficher une note du commissaire de la Bourse, portant que les ministres des affaires étrangères, de l'intérieur et des finances étaient d'accord pour considérer l'allocution du roi de Prusse, comme se référant uniquement aux événements de 1866.

Le second congrès de la Ligue de la paix se réunit à Berne, le 4 septembre, dans la salle du grand conseil. Rien qui ressemblât moins à la boîte aux gifles de Genève, que cette salle avec son auditoire de placides bourgeois. Tous les États européens étaient représentés à ce congrès, excepté la Belgique.

La première séance fut entièrement consacrée à la politique. Des députés et des journalistes danois protestèrent contre l'inexécution du traité de Prague, en ce qui concerne le Sleswig-Holstein, et contre l'appui que le peuple prussien prêtait à son gouvernement dans ses tentatives contre la liberté des autres peuples. Le congrès traita ensuite la question militaire, et l'un des membres de la réunion émit cette proposition : « Tous les moyens sont légitimes pour empêcher une guerre injuste d'éclater. » Les Français ayant fait remarquer qu'on pouvait y voir une approbation du régicide, on la raya du programme.

La discussion avait été fort calme jusqu'alors; un Russe, M. Bakounine, fit éclater l'orage, en déployant le drapeau du socialisme le plus radical. Abolition de la propriété héréditaire, égalisation complète des droits politiques et sociaux de la femme avec ceux de l'homme, abolition de la famille, du mariage religieux, politique et civil, éducation égale pour tous préparant au travail nerveux et au travail musculaire, remise de la terre aux *communes* ou *associations rurales*, remise des capitaux et autres instruments de travail aux associations industrielles : voilà les principaux articles de son programme. Toute organisation politique ne devait plus être, selon lui, qu'une fédération d'associations agricoles et industrielles, précédée de la destruction ou, si l'on aime mieux, de la liquidation de l'État avec toutes ses institutions politiques, civiles et religieuses.

Le programme du comité central du congrès différait sur plusieurs points du programme de M. Bakounine : dans l'état de civilisation où l'on est arrivé, disait le comité central, les grands intérêts économiques et sociaux doivent, dans les questions de paix et de guerre, être pris en considération plutôt que les inspirations politiques plus ou moins variables des gouvernements; la paix est nécessaire pour arriver par la justice et par l'égalisation des classes à la transformation du régime économi-

Fig. 25. — M. Gambetta plaidant pour Delescluze dans l'affaire de la souscription Baudin.

que; il n'y a de guerre acceptable que pour l'indépendance et pour la liberté, et la question de paix ou de guerre ne peut être résolue que par les nations librement consultées. Le programme du comité central se maintenait sur le terrain des idées générales; il en fut de même du programme présenté par le groupe allemand; mais, chose encore plus importante, les Français et les Allemands se trouvèrent d'accord pour résister au communisme et pour repousser le programme de M. Bakounine, quoiqu'il eût fait de son adoption la condition de la continuation de son concours et de celui de ses adeptes au congrès. Les démocrates socialistes qui considèrent comme impossible de séparer la question politique de la question sociale l'emportèrent donc sur les socialistes purs.

Le congrès vota la séparation de l'Église et de l'État, et M. Barni fut chargé de formuler la résolution; un disciple distingué d'Auguste Comte, M. Wyrouboff, trouva que cette séparation était insuffisante pour résoudre le problème religieux; la religion n'étant, d'après lui, qu'une entrave à l'intelligence humaine, un moyen d'asservir les peuples à l'ambition et à la cupidité des classes gouvernantes ou privilégiées, M. Wyrouboff demanda que le congrès mît à l'étude les moyens pratiques pour délivrer les peuples de la religion. « Il faut supprimer l'erreur, » avait dit M. Wyrouboff. La majorité des membres du congrès se récria fort, mais l'orateur protesta contre toute idée de violence; cependant, en ajoutant que l'homme ne doit pas être libre de rester attaché à l'erreur, ne permettait-il pas de conclure que l'emploi de la violence était permis pour l'en arracher?

« La paix et la liberté sont incompatibles avec les grands États cen-
« tralisateurs actuels; le système républicain fédératif, qui a pour base
« l'indépendance individuelle, garantit, en procédant de bas en haut, l'au-
« tonomie des communes et des provinces, est le seul qui assure le *self-*
« *government* et permette de résoudre les questions européennes qui
« menacent la paix du monde; la fédération européenne surgira de la
« formation des fédérations isolées; il faut donc engager les peuples à
« s'organiser en fédérations sur le modèle de la Suisse et des États-Unis. »
M. Elisée Reclus proposa de substituer dans cette résolution aux mots
« communes et provinces » ces autres mots : « associations productives,
et groupes formés par ces associations ». La fédération ne suffisait plus
à M. Reclus, il ne se contentait plus de démocratiser l'Etat, il le supprimait. Plus de commune! Il ne doit y avoir que des associations productives se groupant au gré de leurs intérêts et devenant au besoin nomades.

M. Bakounine avait déjà exposé ces idées à Genève ; quelques personnes croyaient les apercevoir au fond de certaines œuvres de Proudhon. M. Chaudey, son disciple et son exécuteur testamentaire, protesta contre cette appréciation et soutint que la commune n'était pas une création fortuite, mais l'expression d'intérêts moraux et matériels communs ; après s'être un peu moqué de ceux qui ne se contentaient pas de la liberté américaine ou suisse, il déclara nettement que la démocratie était séparée par un abîme du socialisme, comme l'entendaient certains socialistes du congrès de Berne. Cette rupture fut le résultat principal du congrès.

La Société internationale des travailleurs se réunit presque en même temps à Bruxelles, dans la salle du Cirque. L'exposé de la situation n'était pas brillant. L'association en France, au dire d'un délégué parisien, succombait sous le fardeau de ses dettes ; la destruction du salariat, le grand but de l'association, ne paraissait donc pas encore à la veille d'être atteint. Les membres du congrès ne semblaient cependant en aucune façon découragés, et encore moins désabusés, comme on le prétendait, des illusions du socialisme. L'État était plus que jamais à leurs yeux le vrai moteur social. Il fallait sans plus tarder lui remettre les mines, les chemins de fer, les canaux, les forêts, le sol arable. L'État, maître de tout, concéderait ensuite ses propriétés aux sociétés ouvrières, qui les exploiteraient d'après les procédés rationnels et scientifiques ; le congrès ne s'en montrait pas moins très dur pour les savants. « Il n'est nullement néces-
« saire, lisait-on dans le manifeste des sociétés ouvrières, de former des
« savants, attendu que le savant n'est qu'une espèce de monstre ; la su-
« prématie des grands hommes spécialistes n'est due, d'une part qu'à
« l'abaissement des autres hommes, et de l'autre à l'exagération d'une
« de leurs facultés aux dépens de l'autre. » L'État du reste devait seul distribuer l'enseignement « intégral obligatoire et primé », c'est-à-dire que le père de famille recevrait aux frais de la collectivité une subvention représentant le montant des frais d'entretien et d'instruction des enfants.

Les progrès de l'Internationale n'étaient pas en somme très grands ; mais comme quelques gouvernements, celui de la Prusse entre autres, avaient interdit l'affiliation aux ouvriers nationaux, on pouvait se demander si ce temps d'arrêt était dû à ces mesures ou à l'indifférence des ouvriers.

Le congrès de Bruxelles passa presque inaperçu. L'attention publique en France était presque entièrement absorbée par l'élection du Var, où

M. Dufaure avait accepté la candidature. M. Dufaure avait besoin, pour réussir, des voix de tous les libéraux; il s'agissait donc de reformer à Toulon la coalition qui, en 1863, avait fait nommer MM. Berryer et Marie à Marseille; mais les journaux démocratiques ne s'y prêtèrent que mollement. L'*Avenir national* recommanda bien, à la vérité, à ses amis de ne pas s'abstenir, malgré les reproches qu'ils étaient en droit d'adresser à M. Dufaure; mais ses conseils ne furent malheureusement pas écoutés des démocrates exaltés du Var. Le gouvernement l'emporta. La lutte fut néanmoins des plus vives; libre au candidat officiel de tenir des réunions dans un local « clos ou non clos, couvert ou non couvert », avec ou sans invitation; de convoquer les instituteurs du Var au lycée de Toulon et de les transformer en courtiers électoraux. Des milliers d'exemplaires de l'*Étendard* et de la *Patrie*, attaquant M. Dufaure, arrivaient tous les jours à Toulon. Le candidat officiel obtint 17 475 voix, M. Dufaure 12 890 [1].

L'Empire, quelques jours après sa victoire électorale, perdit un de ses serviteurs les plus dévoués. M. Walewski mourut subitement le 20 septembre à Strasbourg; il appartenait à la famille impériale par le côté gauche. Louis-Philippe, qui fut peut-être le plus zélé bonapartiste de son règne, le fit entrer dans l'armée française; il en sortit avec le grade de capitaine de hussards. Mêlé dès lors à la politique et à la littérature, il acheta le *Messager* et fit représenter l'*École du monde* au Théâtre-Français. M. Thiers ouvrit avec empressement la carrière diplomatique au fils naturel de Napoléon Ier [2]. M. Walewski était ministre de France à Buénos-Ayres quand éclata la révolution de Février; il revint en France, où il mena la vie de grand seigneur désœuvré. Redeviendrait-il journaliste et auteur dramatique? L'élection du prince Louis-Napoléon à la présidence de la République lui ouvrit de nouvelles perspectives. Son origine, sa situation le poussèrent vers le prétendant. Louis-Napoléon, dans sa pénurie d'auxiliaires honnêtes, accueillit avec empressement un homme dont la réputation n'avait subi aucune atteinte.

M. Walewski, tour à tour ministre à Florence et à Naples, ambassadeur à Londres, ministre des affaires étrangères, président du congrès de Paris, gardait, au milieu de ses grandeurs, la nostalgie du régime

---

[1]. Le candidat de l'opposition, en 1863, n'avait eu que 9081 voix contre 18 862. La férence en faveur du gouvernement, en 1863, était de 9881 voix; en 1868, la différence en faveur du gouvernement n'était plus que de 4555. L'opposition, en cinq ans, avec un candidat sans influence locale et qui divisait le parti démocratique, avait reconquis la moitié du terrain gagné par le gouvernement.

[2]. Napoléon Ier l'avait eu en 1810 d'une noble Polonaise.

parlementaire ; il travaillait à le rétablir dans la mesure où il pouvait être rétabli ; il prit en quelque sorte, à ce point de vue, la succession politique de M. de Morny. L'Empereur, en l'appelant à la présidence du Corps législatif, semblait avoir voulu le confirmer dans ce rôle ; mais il lui manquait, pour le remplir, les antécédents de son prédécesseur au fauteuil : n'ayant pas comme lui du sang de décembre sur les mains, ne pouvant se faire pardonner ses velléités libérales par un dévouement assuré par une complicité, il trouva chez les impérialistes purs une résistance contre laquelle M. de Morny était en mesure de lutter plus facilement que lui. La majorité se mit à l'ébranler dès les premiers jours de son installation à la présidence, et elle ne tarda pas à le renverser avec l'aide de M. Boucher. M. Walewski avait été obligé de donner sa démission le 25 mars de l'année précédente. La mort, en le frappant subitement, ne lui laissa pas le temps de prendre sa revanche. Une place importante lui était réservée dans le ministère de M. Emile Ollivier, qui continuait par son intermédiaire les relations entamées avec l'Empereur du temps de M. de Morny.

L'Empereur avait passé, selon son habitude, une partie de l'automne à Biarritz ; son retour donna, le 6 octobre, le signal des bruits les plus singuliers. L'Empereur, disaient les uns, va convoquer extraordinairement le Sénat et lui soumettre un projet de sénatus-consulte pour associer le Prince impérial au gouvernement. Il faut s'attendre, disaient les autres, au retrait des concessions du 24 novembre et à l'abandon de la politique du 19 janvier, considérée comme prématurée. Les nouvellistes oubliaient que cette politique reposait non sur des décrets, mais sur des sénatus-consultes et sur des lois. Le Sénat, il est vrai, pouvait fort bien se prêter à les supprimer ; mais les optimistes annonçaient que l'Empereur rapportait un programme de réformes dépassant les exigences des plus libéraux. Toute supposition était permise quand tout événement était possible.

Le mandat des députés expirait le 1er juin 1869. On était séparé encore par sept mois des élections, et déjà cependant on s'apercevait de l'approche de cet événement au langage et à la tactique des feuilles impérialistes. Il fallait détourner le pays des idées libérales par la peur des actes révolutionnaires. La presse officieuse se voua tout entière à cette besogne, et le *Pays* publia avec fracas le manifeste de la *Commune révolutionnaire de Paris*, triste exposé des théories les plus brutales de la plus vulgaire démagogie [1].

---

1. On ne se doutait pas, hélas ! que les désastres causés par les fautes de l'Empire devaient en rendre la réalisation possible et prochaine.

L'agitation paraissait extérieurement calmée dans le parti républicain. Il songeait cependant à reprendre l'idée de la manifestation Manin, en en changeant l'objet. Le corps du représentant Baudin, tué le 3 décembre, en défendant les lois, avait été déposé dans le cimetière Montmartre. Le jour des Morts approchait; on résolut de profiter de cet anniversaire pour rendre un hommage public à la victime du coup d'État. Le gouvernement, averti, aurait pu faire fermer le cimetière; mais soit négligence, soit qu'il entrât dans sa politique de laisser libre carrière à des manifestations qui pouvaient effrayer le commerce et l'industrie, il fit répondre par la *Patrie* à cet article du *Réveil* du 29 octobre :

« Un journal annonce que le 2 novembre, jour des Morts, les cimetières de Paris seront fermés. Ce journal est évidemment mal informé.

« On ne peut empêcher un peuple de s'honorer lui-même en honorant la mémoire de ceux qui lui ont légué de grands exemples, de ceux qui, comme Godefroi Cavaignac, ont usé leur vie aux luttes de la liberté, de ceux qui, comme Baudin, sont tombés martyrs en défendant la loi. »

Que les bruits relatifs à la clôture des cimetières étaient faux.

Le jour des Morts, quelques citoyens arrivent au cimetière de Montmartre vers une heure et demie de l'après-midi; après avoir déposé des couronnes sur la tombe de Godefroi Cavaignac, ils se mettent à la recherche de celle de Baudin, dont l'existence était inconnue même des gardiens, qui indiquent la tombe de l'amiral Baudin; MM. Gaillard père et fils parviennent enfin à découvrir le lieu où repose la victime du 3 décembre; un groupe de vingt ou trente personnes ne tarde pas à se former autour de la pierre modeste qui couvre son cadavre. Un rédacteur du *Réveil* [1], s'avançant vers la tombe, prononce quelques paroles suivies des cris de : Vive la liberté ! vive la République ! répétés par la foule grossissante. Un orateur resté inconnu harangue à son tour les assistants :

« Citoyens,

« Des gens qui m'entourent demandent ce que nous venons faire ici, et quel est le mort que nous honorons. Je vais le leur dire.

« Nous venons ici, humiliés, pour honorer la mémoire de Baudin, mort assassiné le 3 décembre 1851 par un pouvoir qui est encore debout.

« Si la vengeance à laquelle il a droit n'est pas encore satisfaite, je la promets éclatante, et je jure qu'elle sera prochaine.

« Si quelque mouchard voulait savoir mon nom, le voici : Je me nomme Peuple et Jeunesse. S'il veut en savoir plus long, qu'il s'avance : J'ai là, dans ma poche, une carte de visite que je suis prêt à lui mettre sous le nez [2]. »

1. M. Charles Quentin.
2. Cette allocution a été publiée par le *Journal de Genève*.

Il brandit en même temps un pistolet tiré de sa poche. M. Gaillard fils lui succède, un papier à la main, et déclame ces vers :

> Vingt ans, vingt ans d'oubli, de douleur, de silence
> Ont passé sur la pierre où ton nom seul est mis,
> O toi qui, pour l'amour du peuple et de la France,
> Es tombé bravement sous les traits ennemis !
> Hélas ! telle est toujours l'étrange destinée
> Que l'aveugle hasard fait aux hommes de cœur,
> Un point obscur pour ceux dont l'âme est déchaînée
> Et qui tombent martyrs au combat de l'honneur.
> Mais le règne insolent d'un pouvoir tyrannique
> Jusqu'à la fin des temps, non, ne saurait durer !
> Pleurons sur qui mourut pour notre République ;
> Pour qui sut bien mourir, ah ! sachons bien pleurer !

Des cris de : Vive la République ! accueillent cette lecture. « Il faut, ajoute M. Gaillard fils, revenir ici le 3 décembre, anniversaire de la mort de Baudin. » On lui répond de toutes parts : Nous y serons. Un des jeunes hommes qui figurent dans le groupe, M. Abel Peyrouton, s'écrie : « Qu'au jour du combat la vie de Baudin nous serve d'exemple et de stimulant ! »

Le rédacteur du *Réveil*[1] présent à la manifestation, et plusieurs de ses amis, aussi émus que lui, accourent aux bureaux de l'*Avenir national*. Blessés de l'extrême simplicité de la tombe de Baudin, ils demandent s'il ne conviendrait pas d'ouvrir une souscription pour lui élever un monument plus convenable. Les souscriptions réussissaient peu en général, et il semblait particulièrement dangereux d'exposer celle-ci à un insuccès probable. Le rédacteur en chef de l'*Avenir national* commença donc par repousser cette idée. Il finit pourtant par céder à l'entraînement général et par se décider à ouvrir les colonnes de son journal à la souscription proposée, en en faisant prévenir son confrère du *Réveil*, qui lui répond immédiatement :

« Mon cher confrère,

« Votre publication est quotidienne ; le *Réveil* au contraire ne paraît que le jeudi, et, comme il importe de ne pas laisser tomber une initiative née sur la tombe de Baudin et acceptée simultanément par l'*Avenir* et le *Réveil*... vous pouvez donc annoncer dès maintenant, en notre nom commun, l'ouverture d'une souscription pour élever un monument au glorieux martyr du 2 décembre 1851.

« Salut et fraternité.

« Ch. Delescluze. »

1. M. Charles Quentin.

Fig. 27. — Apparition du livre de M. Eug. Ténot sur le coup d'État.

La *Revue politique*, journal hebdomadaire, suit l'exemple de l'*Avenir national* et du *Réveil* et s'associe à la souscription, dont les listes se remplissent cependant avec une certaine lenteur. Le gouvernement, indécis sur le parti qu'il devait prendre, se décide enfin à prévenir l'*Avenir national* d'avoir à clore sa souscription, non pas qu'il niât la légalité des souscriptions en général; mais celle de l'*Avenir national* n'était, à ses yeux, qu'une manœuvre à l'intérieur, qu'il serait obligé de poursuivre.

L'*Avenir national* ne tint nul compte de cet avertissement officieux, et il n'en continua pas moins à tenir la souscription ouverte. Il fut saisi trois fois de suite. Le *Réveil* reçut également la visite de la police; mais comment poursuivre les promoteurs de la souscription sous la prévention de s'être livrés à une manœuvre à l'intérieur, sans rattacher la souscription elle-même, à quelque fait qui pût donner une apparence de vérité à l'accusation? Le gouvernement chercha longtemps, à ce qu'il paraît, car ce fut le 7 novembre seulement que les journaux judiciaires annoncèrent l'ouverture d'une instruction sur la manifestation du 2. Elle se termina par un arrêt qui renvoyait devant la police correctionnelle MM. Peyrat, rédacteur en chef de l'*Avenir national;* Delescluze, rédacteur en chef du *Réveil;* Charles Quentin, rédacteur de ce journal; Challemel-Lacour, rédacteur en chef de la *Revue politique;* Gaillard père et fils et Abel Peyrouton, comme prévenus de s'être livrés à des manœuvres à l'intérieur par application de la loi de sûreté générale [1].

La poursuite judiciaire dont elle était l'objet communiqua à la souscription l'élan qui lui avait un peu manqué jusqu'alors. Les adhésions devinrent aussi nombreuses qu'éclatantes. Les noms de MM. Victor Hugo, Louis Blanc, Edgar Quinet, Jules Favre, et même celle de M. Prévost-Paradol, rédacteur du *Journal des Débats*, figurèrent sur les listes. L'adhésion de M. Berryer produisit la plus vive sensation; il écrivit à l'*Electeur* la lettre suivante :

---

[1]. Le motif de la prévention était mal choisi, car M. Peyrat et M. Delescluze ne se connaissaient pas même de vue; ils se rencontrèrent pour la première fois chez le juge d'instruction. La plupart de ceux qu'on leur donnait pour complices leur étaient aussi inconnus à tous les deux qu'ils l'étaient l'un à l'autre avant le procès. Un jour qu'ils attendaient dans l'antichambre le moment d'entrer dans le cabinet du juge d'instruction, un individu assis sur un banc à leur côté essaya d'entrer en conversation avec eux. M. Delescluze, fort soupçonneux de son naturel et rendu plus soupçonneux encore par le lieu où il se trouvait, se leva brusquement et s'éloigna de son interlocuteur, qu'il prenait pour un mouchard et qui n'était autre que M. Gaillard père, un de ses co-prévenus.

« Monsieur le Rédacteur,

« Le 2 décembre 1851, j'ai provoqué et obtenu de l'Assemblée nationale, réunie dans la mairie du Xe arrondissement, un décret de déchéance et de mise hors la loi, du président de la République, convoquant les citoyens à la résistance contre la violation des lois, dont le président se rendait coupable.

« Ce décret a été rendu public dans Paris autant qu'il a été possible.

« Mon collègue M. Baudin a énergiquement obéi aux ordres de l'Assemblée ; il en a été victime, et je me sens obligé de prendre part à la souscription ouverte pour l'érecsion d'un monument expiatoire sur sa tombe.

« Veuillez accepter mon offrande, etc. [1] »

La souscription se couvrait de signatures non seulement dans les journaux, mais encore aux écoles de droit, de médecine et polytechnique. Des journaux qui, tout en rendant hommage à la pensée de la souscription, la trouvaient impolitique, le *Siècle*, le *Temps*, le *Journal de Paris*, la *Tribune*, lui ouvrirent leurs colonnes le jour où le gouvernement crut devoir en poursuivre les promoteurs.

Le procès intenté aux journaux, en raison de l'ouverture de la souscription Baudin, offrait au parti démocratique une trop belle occasion de mettre en scène le coup d'État du 2 décembre, et d'en flétrir les auteurs, pour qu'il la laissât échapper. Une réunion eut donc lieu chez M. Crémieux pour organiser la défense ou plutôt l'attaque, car c'était bien un assaut qu'il s'agissait de livrer à l'Empire. Là se trouvèrent en présence deux opinions, sur le choix des hommes les plus capables de porter les coups les plus sensibles à l'ennemi. MM. Peyrat et Delescluze inclinaient à prendre pour défenseurs les vieux athlètes du barreau, qui étaient en même temps les vieux lutteurs de l'opposition ; M. Challemel-Lacour, craignant que des hommes en possession d'une grande situation judiciaire et politique, ne se laissassent aller involontairement à céder aux considérations et aux précautions qu'une grande situation impose parfois aux caractères les plus fermes, aurait préférer des hommes jeunes, libres de toute préoccupation personnelle et pouvant mettre à la disposition d'une défense qui devait être une accusation, toutes les ardeurs de la jeunesse et tous les feux de la passion qui n'écoute qu'elle-même. M. Challemel-Lacour proposait donc de choisir deux membres du jeune barreau, MM. Léon Gambetta et Clément Laurier, ses collaborateurs à la *Revue politique*.

MM. Léon Gambetta et Clément Laurier n'étaient pas des inconnus pour

---

1. Le *Pays*, à propos de cette noble lettre, se demanda si les habitants des îles Baléares n'avaient pas eu raison de tuer les vieillards pour éviter que « la décrépitude physique et morale vînt ternir subitement l'éclat d'une longue et magnifique carrière. »

la jeunesse d'alors. Les cafés, qui dans tous les pays sont restés des lieux de réunion agréable et choisie, se transformèrent bien vite en France en lieux de discussion. Le Français ne peut rester seul à sa table devant son verre vide ; il faut qu'il cause avec son voisin, et la conversation touche à tous les sujets : théâtres, arts, littérature, politique. Le café Procope fut, au xviiie siècle, le modèle des cafés. La Révolution et l'Empire les surveillaient de trop près pour qu'ils eussent une bien grande animation ; la Restauration permit aux partis de se réunir dans des cafés, dont le nom est resté dans l'histoire de cette époque. La mode des cafés continua sous Louis-Philippe ; on ne s'y groupait plus par opinion, mais par profession. Il y eut des cafés pour les négociants, pour les gens de bourse, pour les artistes et pour les littérateurs. Deux ou trois de ces cafés conquirent même une espèce de célébrité. Le second Empire ne fut pas plus favorable aux cafés que le premier. La police commença par les surveiller étroitement ; mais, comptant sans doute y trouver son compte, elle se relâcha peu à peu de sa surveillance. Depuis quelque temps, elle accordait une grande tolérance aux conversations des habitués des cafés et brasseries, entre lesquels se partageait la jeunesse. Journalistes, avocats, artistes, y parlaient librement et y donnaient l'essor à leurs admirations et à leurs haines, à leurs idées et à leurs sentiments : livres, pièces de théâtre, plaidoyers, articles de journaux, tableaux, statues, opéras, toutes les productions du jour étaient soumises à l'examen de ces jeunes juges. Des popularités naissaient au milieu des débats de ces tribunaux un peu tapageurs, mais sincères et clairvoyants. Celles de MM. Léon Gambetta et Clément Laurier y grandissaient tous les jours.

 M. Léon Gambetta, employé comme avocat dans le cabinet de M. Crémieux, n'était pas un de ces stagiaires amateurs qui n'ont de l'avocat que le nom ; il prenait son métier à cœur et plaidait des causes sérieuses. Large d'épaules, l'œil gauche blessé, presque en dehors de l'orbite, la chevelure abondante de l'homme du Midi, il excitait par son aspect étrange l'étonnement, que la douceur de son œil sain et la finesse intelligente de son sourire changeaient bientôt en sympathie. Chez M. Clément Laurier, son ami, regard, bouche, menton, tout était fuyant, et sur ses lèvres pincées se tenait en permanence un sourire inquiétant. Esprit vigoureux d'ailleurs, froid et propre à ce qu'on appelle les affaires, il portait alors dans la politique une passion qui le faisait remarquer parmi les plus ardents du jeune parti démocratique. M. Clément Laurier était le défenseur choisi par M. Challemel-Lacour; on proposait à M. Delescluze de prendre M. Léon Gambetta; mais M. Clément Laurier et M. Léon Gambetta avaient fait un voyage en Angleterre, et ils étaient allés à Orléans House. Il n'en fallait pas tant pour exciter les soupçons du rédacteur en chef du *Réveil;* il finit cependant par consentir à confier sa défense à M. Léon Gambetta. Les autres défenseurs étaient Mᵉ Crémieux pour M. Ch. Quentin, Mᵉ Emmanuel Arago pour M. A. Peyrat, Mᵉ Leblond pour MM. Gaillard père et fils, Mᵉ Hubbard pour M. Abel Peyrouton.

Les débats s'ouvrirent le 13 novembre. Les prévenus avaient eu la chance de tomber sur un président, M. Vivien, vice-président du Tribunal civil, qui passait pour avoir des opinions orléanistes. M. le substitut Aulois occupait le siège du ministère public. Sa tâche était des plus difficiles en présence de ses redoutables adversaires, et avec un président médiocrement disposé à le soutenir contre la hardiesse des avocats et contre l'hostilité de l'auditoire. L'étroite enceinte de la sixième chambre ne pouvait en contenir qu'une partie; la foule, aussi nombreuse à l'extérieur qu'à l'intérieur, garnissait l'escalier qui de la cour menait au second étage où siégeait le Tribunal et formait une queue dans la cour de la Sainte-Chapelle.

Le président, après les formalités d'usage et l'interrogatoire des prévenus, donna la parole au ministère public. M. Aulois, qui expliqua ce qu'il fallait entendre par ces mots de : manœuvres à l'intérieur, et essaya de prouver que les prévenus s'étaient rendus coupables de ce délit, soutint qu'on ne peut séparer le 2 décembre du régime qui en est sorti.

« Le 2 décembre et l'Empire forment un tout unique consolidé par le « vote de la nation, par une convention régulière devenue la loi de tous.

« Se souvient-on des élections pour la présidence de la République? Du « fond des campagnes accouraient les votants ayant le candidat de leurs « choix, ne souffrant pas qu'on leur parlât d'un autre; et ce fut cet « homme sans partisan, disait-on, qui obtint 5 500 000 suffrages.

« Le président en fonctions se trouva placé dans une situation humi« liante, dangereuse pour le pays. Les doctrines les plus inouïes étaient « professées; c'était l'anarchie, c'était le gouffre. Le président, entraîné « par le sentiment public, prit la direction des pouvoirs. La masse des « ouvriers eux-mêmes, au faubourg Saint-Antoine, ne protesta pas « contre les actes qui s'accomplissaient. Et la nation consultée répondit « par 7 473 000 adhésions. Puis, quand la transformation de ses « pouvoirs fut demandée, un plus grand nombre encore de votes fut

« donné au président. Vous voulez être des vaincus ! Soit, vous êtes alors
« des vaincus du peuple souverain. Ou bien y aurait-il deux peuples
« souverains? Vous ne voulez pas qu'on le pense. Eh bien, soyez con-
« séquents avec vos principes et respectez le gouvernement que le pays
« s'est librement donné. »

C'était le coup d'État justifié d'abord par la maxime : *Salus populi
suprema lex*, et ensuite par le plébiscite. Quelque faible qu'elle fût, les
bonapartistes n'en ont jamais pu trouver une autre. M. l'avocat général
termina son réquisitoire en s'adressant aux juges :

« Vous n'oublierez pas que tous les prévenus ont concouru au premier
« acte d'une campagne projetée contre l'ordre et le pouvoir établi ; sera-t-
« elle poussée plus loin ? Je ne suis pas de ceux qui croient trop vite aux
« dangers de l'avenir et s'en épouvantent. Vienne la nécessité d'agir,
« on saurait bien aviser. Pour aujourd'hui, il faut donner un aver-
« tisement aux uns, une assurance aux autres. Votre sévérité y
« pourvoira. »

Chaque phrase presque de ce réquisitoire avait été accueillie par des
protestations de la part de certains prévenus. MM. Delescluze et Ch.
Quentin, placés en tête du banc, montraient une telle vivacité de gestes
et de paroles, que ceux de leurs co-prévenus qui se trouvaient les plus
rapprochés d'eux, se trouvaient quelquefois dans la nécessité de venir en
aide aux observations d'ailleurs assez modérées du président ; de sorte
qu'il s'était établi entre le banc des accusés et le Tribunal une espèce
d'entente qu'on voyait rarement dans les procès de ce genre.

Mᵉ Crémieux, avocat de M. Charles Quentin, prit la parole après le ministère public et rechercha sur quoi la prévention se fondait, pour établir à
l'égard de son client le délit d'excitation à la haine et au mépris du gouvernement. « Sur un discours qu'on lui reproche d'avoir prononcé au
« cimetière Montmartre. Mais personne ne peut en rapporter le texte ;
« l'accusation elle-même y est impuissante. La prévention n'est donc pas
« établie. »

« Quant aux *manœuvres à l'intérieur*, en quoi peut consister ce
« curieux délit, reste absurde de la loi d'exception de 1858, votée sous
« l'influence de l'attentat d'Orsini? Une démonstration publique, une
« souscription ouverte dans un journal ne sont pas des manœuvres. La
« souscription, c'est le grand crime ! Qu'on prenne garde, tous les sous-
« cripteurs doivent être poursuivis alors, et en tête les avocats qui ont
« envoyé leur patriotique offrande ! »

Le défenseur avait hâte d'en venir au coup d'État.

« Le 2 décembre, s'écria-t-il après sa discussion judiciaire, c'est vous
« qui l'avez conduit en police correctionnelle : jugeons-le ! Depuis 1789,
« il y a eu quatre rois d'expulsés et deux coups d'État : le 18 brumaire
« et le 2 décembre. Entre les auteurs des deux coups d'État, il n'y a pas
« de comparaison possible ; le premier était le général de l'armée d'Italie
« et de l'expédition d'Égypte. Il a fait le Consulat, époque de gloire exté-
« rieure ; puis cette épopée, le premier Empire, où l'homme sorti du néant
« a appelé dans sa couche impériale une archiduchesse d'Autriche. Le
« 18 brumaire a-t-il été absous par tant de grandeur ? Non, le crime ne peut
« s'absoudre, et le plus grand de tous les crimes, c'est la main du soldat
« portée sur la représentation nationale. Vous parlez d'absolution pour
« le 2 décembre ? Écoutez : le général du 18 brumaire avait chassé les
« représentants de 1799 ; seize ans plus tard, les représentants chassaient
« le général du 18 brumaire devenu empereur ! et il allait mourir à
« Sainte-Hélène. Il n'y a pas d'absolution pour le crime d'usurpation se
« traduisant en un coup d'État contre la représentation nationale.

« Le 2 décembre nous a surpris les uns dans le lit, les autres à la mairie
« du X⁰ arrondissement, pour nous envoyer à Cayenne, ou à Mazas, ou
« à Vincennes : moi on m'a enfermé cour du Harlay, dans le palais de
« justice, mon palais à moi, avocat.

« Un décret avait dissous la Chambre ; quelques députés parviennent à
« se réunir, et en vertu de la Constitution ils déclarent la déchéance du
« président et sa mise en jugement. Ils proclament que la résistance au
« coup d'État est non seulement un droit, mais un devoir. Baudin était
« au nombre de ceux qui donnèrent l'exemple de cette résistance, et le
« nom de Baudin restera impérissable. »

« Qu'on remarque bien que c'est le 3 décembre que Baudin a été tué.

« Le ministère public le sait, et il dit : Le vote du 20 absout le coup
« d'État du 2. Qu'importe ? Le président Louis-Napoléon n'en est pas
« moins criminel jusqu'au 20. Mais quoi ! le 20, c'était encore la Répu-
« blique dont on faisait miroiter l'image devant le peuple. L'absolu-
« tion du 20 était au moins donnée sous la promesse de conserver
« la République. Qu'est devenue la promesse ? La proclamation de
« l'Empire a-t-elle été une seconde absolution du 2 décembre ? Non, pas
« plus que la proclamation de l'Empire n'a été l'absolution de l'attentat du
« 18 brumaire, absous deux fois aussi avec plus de raison que le 2 dé-
« cembre, car il n'y eut pas, au lendemain du 18 brumaire, les affreuses

Fig. 28. — Manifestation sur la tombe de Baudin. Un citoyen harangue la foule en brandissant un pistolet.

« scènes qui ont suivi le 2 décembre. La terreur ne dominait ni les
« situations ni les scrutins.

« Messieurs, dit Mᵉ Crémieux en terminant, nous appartenons à une
« grande nation qu'il faut bien prendre avec ses grandes qualités, avec
« ses défaillances. Que voulez-vous ? Notre peuple fait comme Neptune :
« en trois pas il franchit le monde ; et puis, en voyant l'immense chemin
« qu'il a fait, il semble avoir peur de lui-même, et le voilà qui revient
« en arrière, se laissant guider par un maître au lieu de se diriger par
« son intelligence. Mais avec lui il faut toujours compter ; en trois jours
« il répare toutes ses pertes et remonte au sommet. L'avenir est toujours
« à lui ! »

Voilà donc l'Empire sur la sellette ; c'est lui qui devient le véritable accusé.

Le plaidoyer ou plutôt le réquisitoire de Mᵉ Crémieux, qui remplit toute l'audience, n'était pas sans éloquence ; l'orateur appartenait à une génération qui avait vécu sous l'Empire, presque sous le Consulat, et qui était toujours restée frappée des souvenirs de cette époque ; on retrouvait les traces de ces impressions dans la phrase sur cet homme « sorti du néant et appelant dans sa couche impériale une archiduchesse d'Autriche », rhétorique usée aux yeux d'une jeunesse fort peu sensible aux grandeurs du premier Empire. Mᵉ Crémieux remplit la première audience. Mᵉ Léon Gambetta devait y prendre la parole dans la suivante après M. Emmanuel Arago, défenseur de M. Peyrat. Ce dernier, après une discussion approfondie du côté judiciaire de la prévention, fit entendre ces paroles :

« Je ne connais rien de plus beau, de plus grand, que la mort du
« républicain Baudin, mon cher ancien collègue de 1849, 1850 et 1851.
« Il est tombé le 3 décembre victime volontaire de son dévouement à la
« loi, à la constitution votée et promulguée, loi suprême qui contenait
« cet article :

« Art. 48. — Avant d'entrer en fonctions, le président prononce les
« mots suivants :

« En présence de Dieu et devant le peuple français représenté par
« l'Assemblée nationale, je jure de rester fidèle à la République démo-
« cratique une et indivisible et de remplir les devoirs que m'impose la
« Constitution.

« Si dix-sept ans ont passé sans que le tombeau d'un martyr ait reçu
« des hommages, c'est que les morts du 3 et du 4 décembre n'avaient
« pas eu de funérailles, c'est que jusqu'ici on ne savait où déposer

« des couronnes. Mais voilà qu'enfin on retrouve sur une sépulture le
« nom que nous enseignerons à nos fils, le nom de celui qui représentait
« la loi et que les soldats qui étaient les insurgés ont tué. La nouvelle
« circule, chacun prend la résolution de se rendre auprès de cette tombe,
« et c'est cela qu'on n'hésite pas à appeler manœuvres!

« Pour répondre à ces accusations, il suffit d'examiner les faits.
« M. Peyrat lit dans les journaux que les cimetières seront fermés
« le 2 novembre; il apprend plus tard par la *Patrie* que cette assertion
« est fausse et que certains hommes se rendront sans doute au cimetière
« Montmartre pour s'y livrer à une manifestation. « Non, répond
« M. Peyrat, il n'y aura pas de manifestation; mais si l'on doit rendre
« hommage à Baudin, ce que nous savons, c'est que cet hommage est
« parfaitement légitime, et nous irons au cimetière comme les années
« précédentes. » Les amis de Manin avaient été prévenus l'année pré-
« cédente de la manifestation qui devait avoir lieu en son honneur. Qui
« avait vu dans cet avertissement une manœuvre? Pourquoi en voir
« aujourd'hui chez les amis de Baudin? Il n'est permis à personne de
« descendre dans une conscience et de faire à quelqu'un un crime d'une
« visite à une tombe. »

« Si les poursuites ne peuvent se comprendre ni à propos des faits du
« cimetière, ni à propos des souscriptions, il faut aller plus loin et
« toucher enfin au point vif du procès. Ce qu'on a voulu, c'est étouffer
« la souscription Baudin, parce que ce nom signifie la loi tuée, violée.
« Qu'on relise le récit de Ténot, si poignant dans sa simplicité, quoique
« un peu pâle, surtout aux yeux des étrangers, qui, de retour dans leurs
« foyers, ont raconté ce qu'ils avaient vu dans cette capitale de la
« civilisation moderne. Et si après avoir lu le récit des événements
« de décembre contenu dans leurs ouvrages on se reporte à 1866, que
« trouve-t-on? On trouve dans le *Moniteur* du 14 mars 1866 un long
« panégyrique prononcé par le ministre d'État sur la tombe de M. de
« Morny, à qui l'on dresse des statues, et l'on traduit en police correc-
« tionnelle ceux qui songent à élever un monument à Baudin.

« Pénétré, disait le ministre dans son éloge funèbre de M. de Morny,
« de l'importance du service social qu'on l'invitait à rendre à la France,
« il accepta avec une sorte de gaieté et de courageux empressement cette
« redoutable responsabilité; nous savons tous avec quel sang-froid, avec
« quelle modération, avec quelle sereine fermeté il a rempli sa mémorable
« et périlleuse mission. »

« Morny et Baudin, rappelez-vous les deux hommes, s'écrie Mᵉ Arago
« en finissant, et frémissez du contraste. Que le second Empire dresse
« des statues à ses complices, mais qu'il nous laisse une tombe pour
« Baudin, c'est-à-dire pour la vertu, la fermeté, pour tout ce qui fait les
« bons citoyens. »

Après cet éloquent plaidoyer, il y eut comme un redoublement de silence et d'attention dans l'auditoire. Mᵉ Gambetta, défenseur de M. Delescluze, prit la parole.

Mᵉ Gambetta avait à cette époque une voix sonore, pénétrante, forte et douce à la fois, qui s'emparait de l'oreille et du cœur de l'auditoire. On l'écoutait avant de l'entendre. Il commença par déclarer que le véritable terrain du débat se trouvait pour lui dans le réquisitoire même du ministère public. La question terrible qu'il faut soumettre à des hommes chargés de faire respecter la justice est celle-ci : Existe-t-il un moment où, sous prétexte de salut public, on puisse renverser la loi et traiter comme criminels ceux qui la défendent au péril de leur vie?

« Le dernier endroit qu'on eût dû choisir, selon lui, pour plaider une
« cause comme la cause actuelle, était l'enceinte dans laquelle siègent des
« magistrats ; on ne peut ignorer, ajoute-t-il (et ici sa voix commence à
« s'élever), le trouble apporté dans les consciences par l'acte du 2 dé-
« cembre. A cette date se sont groupés autour d'un prétendant, des
« hommes sans talent, sans honneur, perdus de dettes et de crimes, de
« ces gens complices, à toutes les époques, des coups de la force, de ces
« gens dont on peut répéter ce que Salluste a dit de la tourbe qui entou-
« rait Catilina, ce que César a dit lui-même de ceux qui conspiraient avec
« lui : Éternels rebuts des sociétés régulières. Avec ce personnel, on
« sabre depuis des siècles, les institutions et les lois, et malgré ce défilé
« sublime des Socrate, des Thraséas, des Caton, on écrase le droit sous
« la botte d'un soldat. »

A ces mots, le représentant du ministère public se lève pour déclarer que ce n'est pas là de la plaidoirie, et qu'il va se voir obligé de requérir du Tribunal, qu'il retire la parole à Mᵉ Gambetta ; mais celui-ci, sans presque lui donner le temps de finir sa phrase, continue son discours avec une nouvelle véhémence de voix et de geste.

« Mais devant la justice, devant les magistrats, il ne saurait en être
« ainsi. On a prétendu que l'on sauvait la France par le coup d'État.
« Mais pour témoins de la vérité, n'avons-nous pas Michel (de Bourges),
« Charras et tant d'autres morts loin de leurs pays ; Ledru-Rollin, exilé,

« et Berryer, ce mourant illustre qui a prouvé par une lettre, que tous
« les partis se tiennent pour la conservation de la morale? Où étaient
« le 2 décembre M. Thiers, M. de Rémusat, M. Dupont (de l'Eure), tous
« les honnêtes gens? A Mazas! à Vincennes! et en route pour Cayenne,
« pour Lambessa, les victimes spoliées d'une frénésie ambitieuse! »

La voix de l'orateur s'élève de plus en plus. Le président essaye de le calmer : « Maître Gambetta, mesurez vos forces, vous n'irez pas jusqu'au « bout; vous voulez dire que les auteurs du coup d'État ont commis un « grand crime, cela ne peut-il pas se dire tout simplement? » Cette façon de calmer l'orateur en répétant froidement ses phrases les plus vives, donne au débat une tournure malicieuse qui n'échappe pas à l'auditoire, et qui rend la scène plus piquante. M⁰ Gambetta recommence. On voit qu'il cherche à suivre les conseils du président, mais bientôt sa fougue l'emporte; ses mouvements brusques et répétés portent le désordre dans sa toilette. Sans prendre garde à ce détail, il continue :

« Il est donc clair qu'on n'a pas sauvé la société en mettant la main
« sur le pays. Le pays a approuvé, dit-on, le coup d'État. Oui, grâce
« aux moyens de communication, la vapeur, le télégraphe, on a trompé
« Paris avec la province, et la province avec Paris. Paris est soumis,
« affichait-on, quand Paris était assassiné, mitraillé! »

Ces mots soulèvent un frémissement dans la salle. M⁰ Gambetta reprend :

« Que parle-t-on de plébiscite, de ratification par la volonté nationale?
« La volonté d'un peuple ne saurait changer la force en droit, pour
« détruire ce peuple lui-même. Après dix-sept ans, on cherche à
« interdire la discussion de ces faits. Mais on n'y réussira pas. Ce procès
« a été jugé hier; il le sera demain, toujours, jusqu'à ce que la conscience
« universelle ait reçu sa suprême satisfaction. Depuis dix-sept ans, vous
« qui êtes les maîtres de la France, vous n'avez jamais osé célébrer
« le 2 décembre comme un anniversaire national; eh bien, cet anniver-
« saire, c'est nous qui le prenons... »

M. l'avocat impérial se lève et proteste de nouveau contre des paroles qui vont bien au delà des limites fixées à la défense. M⁰ Gambetta continue. Une lutte s'engage entre ces deux hommes, l'un s'efforçant de parler, l'autre couvrant la voix de son adversaire, lutte inégale, car M. Aulois retombe épuisé sur son siège pendant que M⁰ Gambetta continue avec une nouvelle vigueur [1] : « Vous avez dit : Nous aviserons.

[1]. « Il a voulu me fermer la bouche, disait-il au sortir de l'audience en parlant du ministère public, mais je l'ai submergé. » Le mot était vrai; l'avocat impérial avait en quelque sorte disparu sous le flot des phrases de M. Gambetta.

« Nous ne redoutons, ni vos menaces ni vos dédains ; vous pouvez frap-
« per, vous ne pouvez ni nous déshonorer ni nous abattre. »

Accablé par la chaleur, par la fatigue, par l'émotion, il retombe sur son banc au milieu des applaudissements que le président essaye mollement de réprimer et qui vont se répercutant de la salle dans l'escalier, et de l'escalier dans la cour. Les prévenus se jettent dans les bras de Mᵉ Gambetta, dont l'éclatant triomphe était le lendemain salué par la France entière.

Ranimer l'attention de l'auditoire après un tel discours n'était point chose facile. Mᵉ Clément Laurier commença par présenter son client au Tribunal : M. Challemel-Lacour, sorti de la plus haute école de l'État [1], était professeur de philosophie, quand vint le 2 décembre ; il chercha à soulever le département de la Haute-Loire ; vaincu, il subit les conséquences de sa défaite ; il fut emprisonné, puis exilé. Le défenseur, après s'être étendu ensuite sur le caractère digne et ferme de la polémique de la *Revue politique*, attaque le coup d'État ; le président lui fait remarquer, par acquit de conscience sans doute, que c'est là une digression en dehors de l'affaire, et il l'invite à se renfermer dans les limites de la prévention. Il était bien temps.

Mᵉ Laurier répond : « Je crois être non au delà, mais en deçà, dans
« l'ordre d'idées qu'a ouvert M. l'avocat impérial. Nous sommes cou-
« pables, pourquoi ? Pour avoir voulu élever un monument à la loi. Car
« c'est la loi, c'est la république auguste qu'on a assassinée dans la per-
« sonne de Baudin. Le ministère public rattache le 2 décembre à l'Em-
« pire ; oui, oui, rattachez-le ; nous vous le reprocherons toujours. Rap-
« pelez-vous la scène sublime du grand tragique anglais, lady Macbeth,
« s'écriant : Cette main, l'eau de la mer y passerait sans en effacer le
« sang. Eh bien, le 2 décembre, l'eau de la mer non plus ne l'effacerait
« pas ! On ose ici invoquer le droit pour protéger l'acte le plus coupable
« dont l'histoire gardera le souvenir ; mais, dans l'histoire, il n'y a pas
« d'actions neutres ; tout acte entraîne après lui ses conséquences ;
« le 2 décembre sera châtié. »

L'attention de l'auditoire était épuisée, lorsqu'on vit surgir devant la barre la figure pâle, maigre et presque ascétique du défenseur de MM. Gaillard père et fils. Le nom de Mᵉ Leblond était plus connu au palais que dans le public, quoiqu'il eût figuré parmi les membres les plus

---

[1]. L'Ecole normale.

distingués du parti républicain dans la Législative de 1849 ; à peine eut-il pris la parole, que l'auditoire, oubliant sa fatigue, s'aperçut bien vite qu'il avait affaire à un homme qui savait commander l'attention et la rendre facile. Il rajeunit en interrogeant sa conscience un sujet traité par les quatre orateurs précédents.

« Qu'il se produise dans notre pays, dit-il, une pensée élevée, géné-
« reuse, à l'instant même l'autorité s'inquiète. Elle est pleine d'indul-
« gence pour les spéculations les plus honteuses, pour des dépravations
« de toutes sortes ; mais elle semble se préoccuper à tout moment d'ar-
« rêter, d'entraver les aspirations nobles, enthousiastes.

« Il m'est impossible de prendre la prévention corps à corps. Aucune
« preuve, les faits échappent toujours. Ce qu'il y a dans le procès, le
« voici : Si une condamnation est prononcée, on aura fait dire à la justice
« que la glorification de la loi, du droit, de l'honneur est une attaque au
« gouvernement ! Il en résulterait que le gouvernement ne peut vivre
« avec la vertu, avec le droit, avec l'honneur ! »

« Ces considérations, dit le défenseur en finissant, je les dépose dans
« les consciences des juges, certain qu'après les avoir méditées ils recu-
« leront devant la décision que la prévention leur demande. »

M⁰ Hubbard, pour M. Peyrouton, développa des conclusions se rattachant exclusivement à la question de droit ; il soutint que son client est resté complètement dans la légalité. « Tout pour l'accusation est ma-
« nœuvre, tout excite au mépris et à la haine du gouvernement. Où
« remontera-t-on ainsi ? Faut-il citer l'antiquité ? Un individu vendait sa
« maison de campagne, il y avait là un buste de l'Empereur ; vendre le
« buste de l'Empereur ! c'est une manœuvre. Est-ce là qu'on veut
« arriver ? »

Les plaidoiries sont enfin terminées.

Le président demande aux prévenus s'ils ont quelque chose à ajouter pour leur défense. C'eût été difficile. Tout ce que l'Empire avait amassé depuis vingt ans de haine, de vengeance contre lui s'était fait jour dans ces deux audiences. Qu'auraient pu dire les prévenus après leurs éloquents défenseurs ? MM. Peyrouton et Gaillard père et fils prononcent seuls quelques mots.

Les débats sont clos, et le Tribunal, après trois heures de délibération, rend ce jugement :

« En ce qui touche le second chef de la prévention ;
« A l'égard de Quentin :

Fig. 29. — M. Pinard, ministre de l'Intérieur.

« Attendu que les paroles qu'il a prononcées n'ont pu être recueillies avec assez de précision pour y voir le caractère délictueux;

« A l'égard de Gaillard fils :

« Attendu que la pièce de vers lue par lui contient dans le passage qui a été relevé ci-dessus un appel à la foule pour provoquer des violences contre le gouvernement, en l'excitant à la haine et au mépris du gouvernement;

« A l'égard de Peyrouton :

« Atendu que l'allocution par lui prononcée et ci-dessus relevée contient aussi le délit d'excitation à la haine et au mépris du gouvernement;

« Attendu que Gaillard fils et Peyrouton n'ont point, dans ces circonstances, exercé le droit de discussion et d'une censure loyale;

« Renvoie Quentin de ce chef de la prévention;

« Et statuant à l'égard de tous les prévenus,

« Leur faisant application de l'artircle 2 de la loi du 17 février 1858;

« Et encore à Delescluze, déjà condamné à plus d'une année d'emprisonnement, de l'article 4 de la même loi, et des articles 42 et 48 du Code pénal;

« Et à Gaillard fils et Peyrouton, de l'article 4 de la loi du 11 août 1848;

« Vu l'article 365 du Code d'instruction criminelle, Gaillard fils et Peyrouton étant reconnus coupables de plusieurs délits;

« Vu aussi l'article 26 de la loi du 26 mai 1819;

« Vu aussi l'article 463 du Code pénal;

« Condamne Delescluze à six mois d'emprisonnement et 2000 francs d'amende, le déclare interdit de l'exercice de ses droits civiques, de vote, d'élection et d'éligibilité énoncés aux numéros 1 et 2 de l'article 42 du Code pénal pendant le même temps;

« Quentin, Challemel-Lacour, Delescluze et Peyrat, chacun en 2000 francs d'amende;

« Gaillard père en 500 francs d'amende;

« Gaillard fils en 150 francs d'amende et en un mois de prison;

« Peyrouton en 150 francs d'amende et en un mois de prison;

« Solidairement aux amendes pour le délit de manœuvres tous les prévenus condamnés à raison de ce délit;

« Solidairement aux amendes pour le délit d'excitation à la haine et au mépris du gouvernement, les prévenus condamnés à raison de ce délit;

« Prononce la suppression et la destruction des exemplaires des journaux saisis;

« Fixe la durée de la contrainte par corps au minimum de la peine fixée par la loi. »

Il n'y eut en réalité qu'un condamné dans ce procès, le gouvernement, flétri, déshonoré dans son origine. Le coup d'État de décembre avait reçu son premier châtiment devant la police correctionnelle, en attendant celui que lui réserve l'histoire.

Les journaux allaient répandre les plaidoiries de ce procès, dans la France et dans l'Europe entière. Les avocats avaient tous fait preuve d'un grand talent. M. Léon Gambetta fut celui qui obtint le plus grand succès. Connu seulement la veille, dans un cercle de jeunes gens, il était célèbre le lendemain. La popularité, récompense souvent tardive de glorieux services, l'accueillait à son début dans la vie politique; il n'avait plus qu'à demander à la fortune de lui fournir l'occasion de la justifier [1].

Le *Temps* et le *Journal de Paris*, au début de la souscription Baudin, ne lui avaient pas offert l'hospitalité de leurs colonnes; mais, quand ils virent le gouvernement contester à la presse le droit même d'ouvrir des souscriptions, ces journaux n'hésitèrent pas à ouvrir des listes. Le *Réveil* et l'*Avenir national* continuèrent de leur côté à recueillir des offrandes. Le gouvernement trouva bon d'échafauder un second procès pour manœuvres à l'intérieur, dans lequel M. Hébrard, du *Temps;* M. J.-J. Weiss, du *Journal de Paris*, furent impliqués, ainsi que M. Duret, gérant de la *Tribune;* M. Peyrat, de l'*Avenir national;* M. Delescluze, du *Réveil*. Le Tribunal les condamna, le 28 novembre, à 1000 francs d'amende; M. Delescluze fut de plus frappé de six mois de prison qui devaient se confondre avec les six mois de la condamnation précédente. M. J.-J. Weiss, privé de son défenseur, Me Andral, retenu loin de Paris, se défendit lui-même dans une plaidoirie non moins virulente contre l'Empire que celle de M. Léon Gambetta.

M. Berryer, qui aurait probablement figuré au rang des défenseurs des accusés dans l'un de ces deux procès si la maladie le lui eût permis, mourut le lendemain du second, après avoir fait ses adieux à ses amis, en homme qui sait qu'il ne pourra réparer ses oublis. Sa dernière lettre fut adressée au comte de Chambord. Il avait, plus que Mirabeau, le droit de dire : J'emporte avec moi la monarchie, car, s'il

---

[1]. M. Léon Gambetta, de retour d'un voyage à Constantinople avec M. Clément Laurier, n'était arrivé à Paris que l'avant-veille de l'audience. Un coup de vent, un accident quelconque ratardant son navire de vingt-quatre heures, il perdait cette occasion de se révéler au pays. Qui sait si la fortune lui en eût fourni une autre ?

restait à celle-ci des amis dévoués, elle perdait, dans sa personne, le seul orateur capable de soutenir noblement à la tribune, le droit divin en face du droit populaire. C'est une puissance, avait dit Royer-Collard, la première fois qu'il entendit M. Berryer. La nature le combla en effet des dons dont l'orateur a besoin comme le comédien : figure mobile et expressive, gestes nobles et intelligents, voix sonore et vibrante, facilité à être ému par tout sentiment grand et chevaleresque. L'avocat rehaussait en lui l'homme politique; il avait défendu Cambronne, Debelle, Ney, car il aimait la gloire de nos armées. Toutes les générations qui s'étaient succédé depuis 1815 avaient été émues par son éloquence, si elles n'avaient pas partagé ses opinions politiques. La fortune lui épargna les soucis et les amertumes du pouvoir, en lui laissant la gloire d'une popularité européenne. La réception triomphale, que lui firent ses confrères d'Angleterre, l'attendait dans tous les pays où il se serait présenté. La célébration du cinquantième anniversaire de son entrée au barreau, par tous les avocats de France, fut une de ces fêtes qui sont la gloire d'un homme. M. Berryer n'avait jamais été que le chef ou plutôt l'ornement d'un parti vaincu; il vécut et mourut sans regretter de n'avoir pas été autre chose. Aristocrate sans morgue, d'un esprit fin, trempé d'humeur gauloise, passionné pour les arts, alliant le plaisir au travail, M. Berryer était un de ces hommes aimables et généreux qui se livrent au monde et aux passions, sans leur permettre de rien retrancher à la dignité de leur vie; la société dans laquelle il s'était formé, si différente de celle de ce temps-ci, pouvait seule produire de tels caractères. Les journaux de toutes les opinions unirent leurs regrets sur cette tombe, que l'*Univers* eut seul le triste courage d'insulter.

Les réunions publiques contribuèrent à donner une certaine animation politique à la fin de l'année. Les discussions continuaient à y être fort décousues, mais il faut à tout un apprentissage, et les sujets portés à la tribune, témoignaient d'une certaine amélioration dans l'intelligence des orateurs. A la salle Molière, on traitait des monopoles en général et du monopole de la Banque de France; à la salle du Grand-Pavillon, de l'éducation et de l'instruction. M. Langlois refaisait non sans verve, dans la salle Molière, la théorie du crédit gratuit et de la banque d'échange. Des orateurs plus audacieux qu'expérimentés parlaient du divorce au Pré-aux-Clercs. Un groupe d'économistes avait organisé des séances à la Redoute, rue Jean-Jacques-Rousseau, sous la présidence de M. Joseph Garnier : capital et intérêt, légitimité ou illégitimité de ce dernier, possibilité ou impossibilité de les supprimer, tels étaient les points débattus dans ces réunions entre les communistes, les socialistes proudhoniens ou non proudhoniens et les économistes. M. Henri Cernuschi y défendait résolument et avec une éloquence vive et familière l'intérêt de l'argent et la propriété. D'autres réunions avaient lieu en même temps rue du Bac, rue Ménilmontant, et même rue Mouffetard, au Vieux-Chêne, et quoiqu'on eût refusé d'y entendre M. Darimon, la réunion du Vieux-Chêne, présidée par M. Laboulaye, n'était pas la moins paisible de toutes.

Les journaux officieux ne négligeaient rien cependant pour faire naître, ou pour entretenir l'agitation ; en rendant compte de la manifestation du 2 novembre sur la tombe de Baudin, ils avaient ajouté qu'un rendez-vous avait été fixé autour de cette même tombe le 3 décembre, anniversaire de la mort de celui qu'elle renfermait, et que toutes les personnes présentes avaient pris l'engagement d'y amener leurs amis. Il n'avait jamais été question de cette manifestation, dont les journaux officieux ne cessaient de parler de façon à faire croire qu'ils ne seraient pas fâchés qu'elle eût lieu. Le *Pays, journal de l'Empire*, publia même un article qui par sa violence solennelle aurait fort bien pu passer pour une provocation et pour une « manœuvre de nature à troubler la paix publique ».

« Du moment, disait le *Pays*, où les vaincus relèvent audacieusement la tête et blasphèment en jetant, comme Julien, leur sang vers le ciel, notre devoir est d'accepter le défi et de nous présenter les premiers au rendez-vous qu'on semble nous vouloir assigner.

« Vous allez honorer vos morts, nous demandons à honorer nos vivants.

« Vous portez vos pas au cimetière, nous porterons les nôtres à l'Élysée, et nous en ferons le but de notre glorieux pèlerinage. »

Les journaux démocratiques ne répondirent à cette provocation qu'en conseillant au peuple d'oublier un moment le triste anniversaire qui approchait, et de se rappeler que s'il avait un rendez-vous à donner au gouvernement, ce n'était pas dans un cimetière, mais dans les comices, non pas près d'une tombe, mais au scrutin.

Le gouvernement n'en persista pas moins à croire à une grande manifestation, et le 3 décembre arrivé, la garde de Paris tout entière prit, à huit heures du matin, le chemin de l'ancienne prison pour dettes de la rue de Clichy. Un bataillon d'infanterie campait déjà dans le préau. Plusieurs escadrons de cavalerie étaient rangés en bataille dans la grande cour et dans le chemin de ronde. Un poste de police avait pris possession de la tombe du représentant Baudin. Ce poste était gardé par la presque totalité des agents publics ou secrets de la préfecture de police. Les convois jusque vers midi purent entrer dans le cimetière Montmartre. A partir de cette heure, les portes furent fermées. Plusieurs enterrements attardés se virent obligés de retourner sur leurs pas et d'aller chercher, on ne sait où, un repos provisoire pour les cadavres errants.

Pendant qu'une quinzaine de citoyens portant à la main une couronne d'immortelles se faisaient arrêter par les sergents de ville qui occupaient la tombe de Baudin, une troupe de quinze cents de ces agents, commandée par des commissaires de police et des officiers de paix, se promenait menaçante sur le boulevard extérieur. Ce défilé sur une voie publique aussi fréquentée, ne pouvait pas manquer de retenir les passants et d'attirer les curieux. Vers trois heures, il y avait environ 2000 personnes qui, de la place Clichy et de la place Blanche, s'efforçaient d'apercevoir ce qui pouvait se passer dans l'avenue conduisant au cimetière Montmartre. La circulation se trouva un moment interrompue. La troupe des sergents de ville criant : Circulez ! circulez donc ! et bousculant tout le monde sur son passage, ne tarda pas à la rétablir. La pluie était survenue, la nuit arrivait, aucune manifestation ne se montrait à l'horizon, il fallait pourtant que cette journée eût un résultat; on se hâta donc de procéder à l'arrestation des curieux les plus obstinés, qui, joints à quelques centaines d'individus pris dans l'allée du cimetière, furent conduits au poste de la rue Bréda, puis réunis dans la ci-devant prison de Clichy. La force armée, entassée sur ce point, dut se borner à attendre, l'arme au bras, une émeute qui n'éclatait pas et à conduire place Dauphine un groupe de promeneurs réputés insurgés.

Autour de l'Élysée, pas de trace de pèlerinage.

Le soir, le corps principal des sergents de ville occupa la salle de bal dite de la Reine-Blanche, pour empêcher une réunion publique convoquée dans les délais légaux et avec les formalités nécessaires. Les citoyens accourus pour parler ou pour entendre parler sur *les octrois*, n'ayant pas hésité, en voyant la fermeture du local loué en leur nom, à se retirer avec le calme le plus obstiné, l'armée de la préfecture fut contrainte de se dissoudre définitivement.

Les troupes avaient été consignées non-seulement à Paris, mais encore à Versailles, Melun et Compiègne. La livraison de chassepots à la troupe, la mobilisation de batteries de canons rayés à Arras, prouvaient que la moindre tentative d'émeute aurait provoqué le renouvellement des scènes terribles de décembre 1851.

Le public rit beaucoup de la grande victoire remportée sur une émeute imaginaire par la grande armée de Clichy et des moulins de Montmartre, pourvue de ses ambulances et de cinq jours de vivres, ayant pour auxiliaire l'immense police publique et secrète de la capitale de l'Empire français. M. Pinard, s'il avait été un esprit politique, aurait compris que le parti républicain n'était point encore en mesure d'engager la bataille contre le gouvernement. Les hommes d'action, comme nous l'avons dit, ne s'improvisent pas. Le parti républicain avait perdu les siens sur les barricades de juin, ou dans les souffrances de la transportation et de l'exil. Il ne s'en était pas formé d'autres. M. Pinard aurait pu certainement prendre quelques précautions de simple prudence pour le 3 décembre, mais en déployant en pure perte un si grand appareil militaire, il jeta du ridicule sur la force, ce qui était plus qu'une faute sous un régime qui repose sur la force; il ne tarda pas à en être puni. L'Empereur lui demanda sa démission [1] en échange d'un siège au Sénat. M. Pinard donna sa démission et refusa, avec un désintéressement honorable, la sinécure qu'on lui offrait, se trouvant trop jeune pour mettre fin à sa carrière politique. Il se présenta en effet quelque temps après aux suffrages des électeurs du département du Nord, qui l'envoyèrent au Corps législatif.

1. M. Forcade de la Roquette, ministre du commerce et de l'agriculture, remplaça, le 17 décembre, M. Pinard au ministère de l'intérieur.

Fig. 30. — Napoléon III se rendant à la salle des États, pour procéder à l'ouverture des Chambres.

CHAPITRE IX

HISTOIRE PARLEMENTAIRE DE 1867 A 1869

Discours d'ouverture de la session de 1867. — Discours de M. Troplong. — Discours obscur de M. de Persigny. — Discours de M. de la Guéronnière. — Loi sur l'Instruction primaire. — M. de Ségur d'Aguesseau reproche à M. Rouland d'avoir nommé M. Renan professeur au collège de France. — M. Sainte-Beuve prend la défense de M. Renan. — Discours de M. Sainte-Beuve sur les bibliothèques populaires. — Ouverture de la session de 1867 au Corps législatif. — M. Glais-Bizoin inaugure la tribune. — Interpellation sur le secret des lettres. — Réponse de M. Vandal. — Discours de M. Ernest Picard. — Interpellation de M. Lanjuinais sur le pouvoir constituant. — M. Lanjuinais est rappelé à l'ordre. — Discours de M. Chesnelong. — Discours de M. Jules Favre. — Réponse de M. Rouher. — Création du cercle de la rue de l'Arcade. — Intervention de M. Emile Ollivier. — L'Empereur le fait appeler pour le remercier. — Le projet de loi sur l'armée. — Le projet de loi sur les réunions publiques. — Le projet de loi sur la presse. — L'amendement de M. de Kerveguen. — L'amendement de M. Mathieu. — La loi sur l'instruction primaire. — Discours de M. Thiers sur les affaires étrangères. — Bon accueil que fait la droite à ce discours. — Réponse de M. Rouher. — Discours de M. Garnier-Pagès. — M. E. Ollivier ne voit aucun péril dans l'unité allemande. — Discours de M. Rouher. — Réponse de M. Jules Favre. — Orage soulevé par un discours de M. Thiers. — Mot violent de M. Carnot à M. Rouher. — M. Walewski quitte la présidence du Corps législatif. — M. Schneider est appelé à le remplacer. — Discussion du budget. — M. Magnin demande le retour à la spécialité. — Communication relative à l'affaire du Luxembourg. — La loi sur les conseils municipaux. — Dotation accordée à Lamartine. — Conférence pour résoudre la question du Luxembourg. — Discussion sur le Mexique. — M. Berryer et les finances franco-mexicaines. — Question de M. Ernest Picart relative à la créance Jœcker. — M. Latour-du-Moulin attaque le gouvernement au nom du Tiers-parti. — Discours de MM. E. Picard, Jules Simon, Rouher. — M. Lanjuinais et les juges de paix. — Opinion de M. Granier de Cassagnac sur l'expédition du Mexique. — M. Rouher vice-empereur. — Projet de loi sur les caisses d'assurance au profit des ouvriers. — Budget des affaires étrangères, déclaration de M. Rouher. — Les subventions théâtrales. — Fin de la session. — Session de 1868. — Discours de l'Empereur. — Sénat. — Discours violent de l'archevêque de Rouen contre l'Italie. — Discours de l'archevêque de Paris. — Discours du ministre des affaires étrangères. — La pétition en faveur de la liberté de l'Enseignement. — Discours de M. Sainte-Beuve. — Les bibliothèques populaires. — Corps législatif. — Encore la question Romaine. — M. Jules Simon demande la séparation de l'Église et de l'État. — M. Chesnelong et M. Thiers somment le gouvernement de se prononcer nettement sur le maintien du pouvoir temporel. — Le « Jamais » de M. Rouher. — Enthousiasme de la droite. — La droite repousse une demande d'interpellation de M. Buffet. — L'incident Kerveguen. — La loi sur le service militaire. — La loi sur la presse. — Les sept sages de la Grèce. — Réduction sur l'impôt du timbre. — L'amendement Louvet. — L'amendement Guilloutet. — Article additionnel de M. Berryer sur le roulement pour la composition des chambres correctionnelles. — Effet du discours de M. Berryer. — L'outrage à la morale publique et religieuse. — La provocation à la haine et au mépris du gouvernement. — M. Thiers traite la question du compte-rendu des débats parlementaires. — Grossièreté, réprimée par le président, de M. Granier de Cassagnac à M. Jules Favre. — Déni de justice de la droite à l'égard de deux députés de la gauche. — Vote de la loi. — Poursuites contre le *Figaro*. — La loi sur la liberté de réunion. — L'interpellation sur le régime économique. — Discours de M. Thiers. — Discours de M. Pouyer-Quertier. — L'élection du Tarn. — Vif débat entre M. E. Ollivier et M. Rouher. — Les chemins vicinaux. — Rapport sur la situation de la ville de Paris. — Discussion des lois de Finances. — Discours de M. Thiers. — Réponse de M. Magne. — Nouveau discours de M. Thiers. — Discours de M. Jules Favre sur les affaires étrangères. — Question de M. E. Ollivier au sujet du Concile. — Réponse assez terne de M. Baroche. — M. Jules Simon demande la suppression de la commission de colportage. — Règlement des finances mexicaines. — Session de 1869. — Discours de l'Empereur. — Sénat. — Le Tiers-parti du Sénat. — Discours de M. de Maupas. — Réponse de M. Rouher. — Corps législatif. — Ouverture de la session. — Rétablissement de la tribune des journalistes. — MM. Garnier-Pagès et E. Picard et l'emprunt municipal. — Discours de M. Thiers. — Il se prononce, faute de mieux, pour le vote du budget de Paris par la Chambre. — M. P. Bethmont demande la communication du rapport de la Cour des comptes. — Amendement de M. Guéroult. — M. Pouyer-Quertier entre dans le débat. — Les amis de M. Rouher menacent la droite de sa démission. — Interpellation de M. Maurice Richard sur le cimetière de Méry. — La mutilation du Luxembourg. — Interpellation de M. Jérome David. — Réponse de M. E. Picard. — Discours personnel de M. E. Ollivier. — Discussion générale du budget. — Amendements de la Gauche. — M. Thiers attaque la politique du gouvernement. — La droite prétend qu'il viole la constitution. — Réponse inconvenante de M. Rouher à M. Girot. — Pouzol. — Incident relatif au procureur impérial de Toulouse. — M. Thiers est rappelé à l'ordre. — Coup d'œil sur le Corps législatif. — Rôle joué par M. Thiers. — Difficultés de la formation d'un Tiers-parti. — M. E. Ollivier. — L'amendement des quarante-deux. — Un portefeuille est offert à M. E. Ollivier. — L'affaire du Luxembourg. — Opposition incertaine du Corps législatif. — Au fond rien n'est changé.

On devine avec quelle fiévreuse impatience était attendu le discours par lequel l'Empereur devait ouvrir la session de 1867. On craignait d'y trouver des pronostics de guerre. Loin de là. Napoléon III acceptait les événements accomplis en Allemagne, événements qui pouvaient sembler « surprenants par la rapidité et par l'importance de leurs résultats »; mais « qui devaient s'accomplir fatalement ». Napoléon n'avait-il pas en effet dit à Sainte-Hélène : « Une de mes plus grandes pensées a été l'agglomération, la concentration des mêmes peuples géographiques qu'ont morcelés, dissous les révolutions et la politique » ?

Napoléon III, habitué à considérer toute parole de Napoléon Ier comme un oracle, pouvait se payer de cette raison ; mais ceux qui n'étaient pas dispensés, par la foi napoléonienne, d'examiner les pensées sorties d'un cerveau qui en contint tant et de toutes sortes, se rappelaient que Napoléon Ier n'avait jamais songé à concentrer l'Allemagne sous la domination de la Prusse, et que son neveu écrivait encore à M. Drouyn de Lhuys le 11 juin dernier : « Nous pourrions songer à l'extension de nos frontières, si la carte de l'Europe venait à être modifiée au profit d'une grande puissance. » La modification survenue était-elle donc si insignifiante ? L'Empereur, il y a huit mois, demandait pour l'Autriche « le maintien de sa grande position en Allemagne » ; l'Autriche, depuis Sadowa, n'est plus une puissance allemande, et l'Empereur déclare fièrement que « son action s'est exercée dans des vues de justice » et que s'il n'a pas tiré l'épée, « c'est que son honneur n'était pas engagé, et qu'il avait promis d'observer une *stricte* neutralité ». Il n'était question, huit mois avant, que d'une neutralité *attentive*.

Les arrangements de Prague assuraient une telle prépondérance à la Prusse qu'ils semblaient, aux yeux de bien des gens, n'être que le présage de complications inévitables et prochaines. Napoléon III ne partageait cependant point des inquiétudes que, « dans les circonstances présentes, rien ne saurait éveiller : j'ai la ferme conviction que la paix ne sera pas troublée ». Les intérêts nationaux en général imposaient seuls au gouvernement l'obligation d'augmenter les forces défensives de la France, et de les organiser « de manière à être invulnérables ». L'Empereur ajoutait : « L'influence d'une nation dépend du nombre d'hommes qu'elle peut mettre sous les armes. » Ne dépend-elle pas aussi de la valeur intellectuelle de ses soldats, de la qualité de ses institutions, de la sécurité de ses intérêts moraux et matériels ? L'Empereur de la Chine commande à d'innombrables soldats, et il avait suffi d'une poignée de Français et d'Anglais pour conquérir la capitale d'un pays de 300 millions d'habitants.

L'Empereur, sûr du maintien de la paix, voulait la rendre féconde « en allégeant les misères et en augmentant le bien-être général » ; chose difficile avec les charges que l'existence des grandes armées impose à la population. L'Empereur comptait, pour les diminuer, sur la réduction de certains impôts pesant trop lourdement sur la propriété foncière, sur des lois pour favoriser les sociétés coopératives, sur le prompt achèvement des voies de navigation intérieure, des ports, des chemins de fer et des chemins vicinaux, « agents indispensables de la bonne répartition des produits du sol ». Le discours contenait l'annonce de modifications importantes dans les lois restrictives de la liberté de la presse, de la liberté de réunion et de la liberté individuelle.

Les membres du tiers-parti, fiers d'avoir été les précurseurs du nouvel évangile politique, voyaient dans ces promesses le gage de leur avènement prochain au pouvoir; les purs de la majorité, mécontents de ne recueillir pour prix de leur dévouement au gouvernement qu'un désaveu public, s'irritaient et s'effrayaient des réformes annoncées, surtout de la liberté de la presse et du droit de réunion ; leur mauvaise humeur s'exhalait en récriminations amères contre M. Walewski, coupable, à leurs yeux, de continuer l'œuvre du développement libéral entreprise par M. de Morny aidé de M. Émile Ollivier. L'opposition, de son côté, prévoyait de nouvelles luttes et sentait sa force accrue pour les soutenir. Ces dispositions des diverses fractions de la Chambre présageaient une session orageuse.

Le Sénat paraissait beaucoup moins agité : M. Troplong fit, selon l'usage, une revue nécrologique des sénateurs morts dans l'année : MM. de Boissy, Bacciochi, Ingres. M. de Boissy dut tressaillir dans sa tombe en s'entendant comparer à « ces sophistes qui soutenaient que la neige est noire et qui étaient pourtant des gens d'esprit au dire de Cicéron ». M. de Boissy, à tout prendre, méritait d'être loué au Sénat pour autre chose que pour « son hospitalité libérale », c'est-à-dire pour ses dîners. Le nom du comte Bacciochi, premier chambellan de l'Empereur, devait à la chronique scandaleuse de la cour une des popularités les plus éclatantes sinon les plus enviables du jour. « Dans ce haut poste de confiance », dit M. Troplong avec sang-froid, « il sut être modeste; il évita le bruit autour de son nom, et échappa à cette loi que la Bruyère semble imposer à l'homme de cour d'être martyr de son ambition ». Quant à M. Ingres : « entré au Sénat par le chemin de la gloire, il en est sorti par le chemin de l'immortalité. S'il eût vécu du temps d'Alexandre le Grand, le prince l'eût traité et aimé comme Appelle, à qui seul il se confia pour son portrait. L'Empereur a mieux fait, il lui a donné le Sénat. » M. Troplong se consolait des pertes éprouvées par le Sénat en songeant que, si le temps frappe les hommes, il consolide aussi les institutions : La France ne meurt pas, mais elle peut être atteinte par les révolutions; l'empire affermi sur ses bases, l'en préserve. C'est lui qui, par l'union des forces vives du pays avec la dynastie, donnera à la France la stabilité dans le progrès. L'Empereur vient de prouver par une initiative généreuse et spontanée combien il a à cœur de resserrer cette union. »

M. Troplong, nommé rapporteur de la commission chargée d'examiner le projet de sénatus-consulte modificatif de l'article 26 de la Constitution, ne lut son rapport que le 7 février. Ce document fort long, fut discuté le 11 mars. M. de Persigny, le baron Dupin et M. Rouland prirent successivement la parole. M. de Persigny s'effrayait à la vue du principe de la responsabilité ministérielle se glissant comme un serpent dans les institutions de l'Empire, et en songeant aux dommages que les assemblées délibérantes causent aux peuples. La parole des orateurs, dit-il, arrêta les Samnites prêts à marcher sur Rome après la victoire de Claudius; elle a empêché les Anglais de profiter de la révolte du Sud pour accabler les Américains. Les Samnites et les Anglais délibérèrent, et les Romains et les Américains furent sauvés. M. de Persigny oubliait que les corps où les résolutions politiques sont le résultat d'une délibération savent agir quand il le faut. Le Sénat romain, la Chambre des communes, la Convention l'ont prouvé. M. le baron Dupin ajouta que c'est au plus beau temps de l'éloquence parlementaire, à l'époque de Burke, de Shéridan, de Fox et de Pitt lui-même, que l'Angleterre montra le plus de fermeté et de résolution dans sa politique.

M. de Persigny n'avait pas jeté beaucoup de lumière sur la pensée du sénatus-consulte; M. de la Guéronnière ne l'éclaira guère mieux : « La liberté qui doit se produire sous l'Empire », dit-il, « est celle qui procède de l'autorité; elle est le résultat de l'ordre public raffermi, et cette liberté n'est ni américaine, ni anglaise, elle est française, c'est la vieille liberté de nos pères. » On pouvait lui demander : qu'est-ce que cette liberté de nos pères? Est-ce celle dont on jouissait sous Richelieu, sous Mazarin, sous Louis XIV? Est-ce la liberté des parlements ou des assemblées provinciales? M. de la Guéronnière n'en disait rien; après avoir énuméré les nouvelles prérogatives de la Chambre élective, le droit d'amendement, le droit d'interpellation, le droit d'entrer en controverse directe avec le gouvernement par suite de l'introduction dans la Chambre de ministres délégués par l'Empereur, il expliqua comment, pour compenser ces redoutables privilèges, et pour contrebalancer la prépondérance de l'Assemblée élective, il fallait, sous peine de mettre l'État en péril, rétablir l'équilibre entre les deux Assemblées par une augmentation d'attributions au Sénat. Il fallait « vérifier si les forces et les contre-poids créés par notre organisation « constitutionnelle, ne se trouvent pas faussés, et si le Sénat conserve une « autorité en rapport avec la force d'impulsion qu'il est chargé de mo- « dérer. » Jamais, dans aucun discours prononcé au meilleur temps du parlementarisme, il n'avait été autant question de mécanisme, de rouages, d'engrenages constitutionnels. Mais tout cela n'expliquait guère comment le Sénat pouvait avoir le droit de suspendre une loi, sans participer en même temps au pouvoir législatif, et comment il pouvait participer au pouvoir législatif en restant uniquement lui-même pouvoir constituant, comme le lui commandait la constitution. M. Baroche essaya vainement de concilier ces contradictions.

La première discussion importante qui suivit celle du sénatus-consulte eut pour sujet la loi sur l'instruction primaire. M. le baron de Vincent, qui avait mis son petit-fils chez les Jésuites, à Vaugirard, « pour qu'il fût animé des sentiments bonapartistes et catholiques qui l'animaient lui-même », attaqua le premier avec violence cette loi déjà votée à l'unanimité par le Corps législatif. Cette unanimité même la lui rendait suspecte, car elle n'avait, selon lui, pu être obtenue « que grâce à l'accession de tous les hommes dont les principes subversifs..... » Le président avertit l'orateur qu'il va commettre une diffamation. M. de Vincent s'arrête et ajoute qu'il votera contre « une loi aussi mauvaise que celle de 1833, attaquant indirectement les congrégations religieuses, en supprimant l'exemption du service pour ceux de leurs membres qui se consacrent à l'enseignement ». La loi ne supprimait pas l'exemption, elle la restreignait. Il n'en fallait pas davantage pour la rendre dangereuse aux yeux du Sénat.

M. Duruy, ministre de l'instruction publique, délégué par l'Empereur, s'apprêtait à répondre de sa place quelques mots à M. de Vincent : « A la tribune ! » s'écrièrent les sénateurs. M. Duruy dut se résigner à y monter ; il n'avait pas grand'chose de nouveau à dire, et la discussion après son discours commençait à languir, lorsque M. Ségur d'Aguesseau mit l'Assemblée en rumeur en signalant « le péril politique et social » dont la France est menacée ; les ennemis de la société et de l'Empire, sachant que le gouvernement a ses racines au fond de la nation, n'osent pas l'attaquer de front, mais ils s'agitent et leur plan est de détruire tout frein moral et religieux. Le gouvernement, ajouta-t-il, ne voit pas le piège, et il se laisse aller sur une pente fatale, il permet de violer et il viole la loi du repos dominical, il ne surveille pas les écrits matérialistes, que serait-ce si l'orateur voulait s'appesantir « sur cette nomination qui a produit un si grand scandale et qui laissera un remords éternel dans l'âme de M. Rouland? »

M. Sainte-Beuve se lève brusquement : « Si c'est à M. Renan, dit-il, que l'honorable M. Ségur d'Aguesseau veut faire allusion, je proteste

Fig. 31. — M. Glais-Bizoin inaugure la tribune au Corps législatif.

contre une accusation portée contre un homme de conviction et de talent, dont j'ai l'honneur d'être l'ami. » Cent voix furieuses crient aussitôt : A l'ordre! M. de Chapuis-Montlaville déclare qu'il est impossible de ne pas éprouver une douleur profonde « lorsque l'on voit, dans certaine littéra-
« ture moderne, dont on vient louer les auteurs devant le Sénat, fouler
« aux pieds les lois de l'ordre éternel, attaquer la religion, base de l'ordre
« social, porter l'incendie dans la société en répandant l'athéisme dans les
« masses. L'immoralité coule à pleins bords, tous les hommes de bien
« doivent se réunir pour signaler ces débordements au gouvernement et
« lui indiquer les moyens d'y porter remède ». M. Sainte-Beuve veut en vain parler, des clameurs ardentes couvrent sa voix; c'est à peine si au milieu d'incessantes vociférations : à l'ordre! à l'ordre! il parvient à faire entendre ces mots : « M. Ségur d'Aguesseau a parlé de deux choses, il y
« a un courant d'obscénité et d'immoralité que tout le monde réprouve,
« mais il y a aussi des opinions philosophiques respectables que je défends
« au nom de la liberté de penser et que je ne laisserai jamais calomnier
« sans protestations. » M. de Maupas lui crie : « Vous serez tout seul dans le Sénat pour défendre de pareilles doctrines. » M. Lacaze : « Vous n'êtes pas ici pour cela! » M. de Grossolles-Flamarens : « C'est la première fois que l'athéisme trouve un défenseur dans cette enceinte! » Le maréchal Canrobert, ne pouvant plus se contenir, se tourne vers lui : « Vous n'êtes pas ici, monsieur, pour défendre un homme qui a nié la divinité de Jésus-Christ, et qui s'est posé comme l'ennemi acharné de la religion de nos pères. »

L'observation de M. Lacaze avait, seule, une certaine raison d'être, au milieu des autres interruptions. Il ne l'entendit pas. M. Sainte-Beuve avait été nommé sénateur en récompense d'articles dans lesquels la publication du *Catéchisme de la loi naturelle* est traitée de « délit public », et les catholiques avaient un peu le droit de lui rappeler que l'Empereur n'avait pas envoyé l'accusateur de Volney au Sénat pour qu'il s'y transformât en défenseur de M. Renan [1].

---

1. M. Rouland, pour se justifier de la nomination de M. Renan, laissa entendre dans son discours en réponse à M. Ségur d'Aguesseau qu'il ne l'avait signée qu'après certains engagements pris par ce dernier, accusation que M. Renan se hâta de repousser par cette lettre adressée au rédacteur en chef du *Journal des débats* :

« Monsieur,

« Dans la séance du 2 avril, M. Rouland a parlé d'engagements que j'aurais pris avec lui lors de ma nomination au Collège de France. L'honorable sénateur veut-il parler d'obligations résultant du titre et de la nature de la chaire à laquelle j'étais porté par le double

Un incident du même genre, où la ferveur religieuse des sénateurs se donna carrière, ramena quelques jours plus tard M. Sainte-Beuve à la tribune. Des habitants de Saint-Étienne avaient appelé l'attention du Sénat sur le danger de laisser l'administration de la bibliothèque populaire de cette ville à des conseillers municipaux qui ne craignaient pas de mettre aux mains des ouvriers les œuvres de Voltaire, de Rousseau, de Michelet, de Renan, de Jean Reynaud, de Georges Sand, de Pelletan, etc. Le rapporteur de la pétition concluait à son renvoi au ministre de l'intérieur. M. Sainte-Beuve se leva pour le combattre. « Appelé au Sénat par « la bonté de l'Empereur, il serait flatté s'il n'avait jamais à intervenir « dans ses débats, que sur des questions littéraires qu'il connaît, ou « pour défendre ses confrères du dehors, rendre justice à des efforts, « malheureusement trop éparpillés, et repousser des accusations mal « fondées dont ils pourraient être l'objet. » Sans chercher à justifier ceux qui voudraient distribuer aux lecteurs des bibliothèques populaires des aliments malsains ou trop forts pour leur développement intellectuel, il n'admettait pas qu'on prît occasion d'un fait particulier, pour frapper d'un blâme public certains écrivains, et pour « déclarer une sorte d'index ». M. Sainte-Beuve, osant faire ensuite l'éloge du *Dictionnaire philosophique*, des *Confessions*, alla jusqu'à soutenir qu'il y avait à prendre et à profiter dans les œuvres de Proudhon, et qu'il ne fallait pas abuser de ce mot *socialisme*. « J'ai beaucoup étudié les « œuvres du prisonnier de Ham, et j'ai reconnu qu'il était le socialiste « le plus éminent, le plus éclairé ; ce qu'il veut, c'est faire pénétrer les « idées saines de la Révolution, ce qu'elles ont de meilleur, de plus pro- « gressif dans notre société moderne. »

M. Sainte-Beuve était un esprit trop éclairé pour ne pas se rendre compte de tout ce que contenaient de contraire à l'esprit véritable de la Révolution, les idées de l'écrivain qui devait devenir plus tard Napoléon III ; mais il avait besoin de flatter l'Empereur pour se donner ensuite la liberté de faire, assez hors de propos du reste, l'éloge de son cousin. « Je regrette « de ne pas voir assister plus souvent à nos discussions, et surtout dans « cette occasion, un prince remarquable par son intelligence, par son

---

suffrage du Collège de France et de l'Institut? Ces obligations-là, je crois les avoir bien remplies, ainsi que je l'ai démontré dans une lettre adressée à mes collègues. Quant à des engagements personnels limitant, en ce qui me concernait, le programme et la liberté de l'enseignement en question, je n'en ai pris et n'en pouvais prendre ni de vive voix ni par écrit.

« Agréez, etc.

« E. Renan. »

« instruction, par ses idées élevées sur la démocratie, par son éloquence ;
« un prince, en un mot, digne de sa race. J'aimerais à le voir reven-
« diquer les vrais principes devant vous qui l'écouteriez avec un certain
« frémissement peut-être, mais avec l'admiration de cette grande intelli-
« gence ; et, s'il eût été ici, vous l'auriez vu défendre cette femme émi-
« nente dont il s'honore d'être l'ami. » M. Sainte-Beuve faisait allusion à
Georges Sand, dénoncée par les pétitionnaires en même temps que Balzac,
dont les funérailles avaient été pourtant honorées de la présence du
ministre de la justice et des cultes, qui tenait un des coins du drap mor-
tuaire. « Vous mettez à l'index, continua M. Sainte-Beuve, l'*Histoire*
« *des papes* de Lanfrey, mais y mettez-vous aussi ces sots libres défen-
« seurs de l'ultramontanisme, condamné par Bossuet? Vous condamnez
« même Jean Reynaud, ce grand esprit, qui avait soif de l'immortalité,
« et M. Eugène Pelletan, sans vous demander si ce que vous faites est
« bien convenable à l'égard d'un membre d'une assemblée corrélative de
« la vôtre et d'un livre de morale austère, d'un livre stoïcien [1]. Vous lui
« adressez une note de blâme qui le ferait réélire, s'il ne devait pas être
« réélu. » Ici M. Troplong crut devoir interrompre l'orateur par ce vers :

« Il est l'esclave né de quiconque l'achète [2]. »

M. Sainte-Beuve continua sans relever cette inconvenance, et après
avoir fait remarquer que parmi tous les ouvrages signalés comme dangereux par les pétitionnaires, il y en avait un couronné par l'Académie
française, il finit en rappelant l'incident auquel avait donné lieu son intervention en faveur de M. Renan : « De toutes les paroles qui m'ont assailli
alors, une seule m'est restée sur le cœur. Un des membres de cette
assemblée que, depuis ce moment, je ne puis plus appeler mon collègue,
s'est oublié jusqu'à m'adresser ces mots qu'il n'a pas rétractés : « Ce n'est
pas pour cela que vous êtes ici. » M. Lacaze l'interrompit : « Je ne les
rétracte pas, et je trouve que vous les relevez bien tard [3]. » M. le prési-

---

1. *La Babylone moderne*.
2. M. Pelletan demanda dans une lettre rendue publique l'explication au président du Sénat de cette singulière interruption. M. Troplong répondit qu'il fallait rétablir sa phrase de la manière suivante : « Comme tous les auteurs... il est l'esclave né de quiconque l'achète. » Ce qui ne signifie absolument rien.
3. Ces paroles de l'irascible sénateur étaient le prélude d'une démarche singulière. Le samedi 30 juin, M. de Heeckeren adressa à M. Sainte-Beuve une lettre qui en contenait une autre de M. Lacaze ; M. de Heeckeren annonçait à M. Sainte-Beuve qu'il était chargé par M. Lacaze, de concert avec M. le baron de Reinach, député, de régler l'affaire indiquée par M. Lacaze ; il demandait ensuite à M. Sainte-Beuve de lui désigner de son côté les amis avec lesquels il aurait à s'entendre. « Vous avez voulu être blessant pour moi

dent intervint assez singulièrement pour rappeler à M. Sainte-Beuve que le règlement condamne les personnalités. « Je ne fais pas de personna-« lités, répondit avec raison l'orateur, et puisqu'il s'agit de savoir pour-« quoi je suis ici, c'est, je le crois, parce que l'Empereur, qui n'ignorait « pas mon insuffisance, a pensé que je pouvais apporter ici, de temps en « temps, une note discordante, mais sincère. C'est ce devoir que je rem-« plis aujourd'hui, et c'est au nom de ce devoir que je supplie le Sénat de « résister à la faute qu'on lui propose de commettre. »

Ce fut là l'épisode le plus remarquable de la session du Sénat.

M. Walewski ouvrit, le 15 février, la session du Corps législatif, par le discours d'usage. Cinq ans s'étaient écoulés depuis le jour où M. de Morny avait célébré le rétablissement de l'adresse ; M. Walewski célébra sa suppression. Son discours finit par un effet de rhétorique sur la certitude qu'a la France « d'être toujours égale à elle-même, toujours prête à ce qu'exigeraient ses destinées, et à montrer qu'aucun effort n'est au-dessus de son patriotisme ». On remarqua que M. Émile Ollivier, en passant devant le banc de M. Rouher au début de la séance, s'arrêta pour lui serrer la main, ce qu'il n'avait jamais fait, comme pour prouver à la Chambre l'accord qui régnait entre lui et le ministre d'État.

M. Glais-Bizoin voulut le lendemain dire quelques mots de sa place sur le procès-verbal. La Chambre exigea qu'il montât à la tribune. Elle ne pouvait être mieux inaugurée que par ce vétéran du régime parlementaire.

Les anciennes Chambres avaient pour tradition de représenter toutes

---

dans votre discours, disait M. Lacaze ; l'intention vaut le fait et me donne les mêmes droits. » M. Sainte-Beuve répondit à M. de Heeckeren qu'il n'acceptait pas cette jurisprudence sommaire qui consiste à étrangler une question et à supprimer un homme en quarante-huit heures ; que parmi les nombreux amis sur le dévouement desquels il peut compter, il n'en a sous la main ni deux ni même un qui sache les choses des armes. « Mes amis, en général, savent les choses de la pensée, de la plume et de la parole, ce qui ne veut pas dire qu'ils soient moins fermes ou moins gens d'honneur pour cela ; mais ils ne sont pas docteurs ès armes. J'aurais en tout état de cause à consulter surtout ceux qui défendent l'idée et la cause que je défends, et qui savent les moyens et les armes qui y conviennent. Cette affaire d'ailleurs est claire comme le jour, et tout en en possédant les éléments, elle est de celles qui me paraissent devoir se traiter uniquement par voie de discussion, d'opinion librement contradictoire et de publicité. Je ne la crains pas pour ce que j'écris en ce moment. » M. de Heeckeren revint à la charge, et fit part à M. Sainte-Beuve d'une nouvelle lettre de M. Lacaze. M. Sainte-Beuve déclara qu'il aurait pu accepter un arbitrage pacifique du Sénat, mais qu'il ne ferait rien qui pût dénaturer le caractère essentiellement public du conflit, qu'il ne se laisserait pas entraîner sur un terrain où la raison n'est pas libre. « Je ne vois pour juge compétent que le public, le grand public, tout le monde, ce quelqu'un qui a autant d'esprit que personne et autant d'honneur que qui que ce soit, un honneur qui n'est pas le point d'honneur et où il entre de la raison. » Cette lettre mit fin de son côté à la correspondance, et il eut en effet le jugement du public pour lui.

les opinions dans la composition de leur bureau. La majorité du Corps législatif ne fit ni à la gauche ni même au tiers-parti, l'honneur de les admettre dans le sien. Les vérifications de pouvoir remplirent la séance du 21 février. Le lendemain commença la discussion d'une interpellation sur l'observation du secret des lettres.

Le gouvernement, qui s'était toujours montré assez indifférent aux actes et aux écrits du comte de Chambord, avait tout à coup déployé une rigueur inattendue contre le manifeste lancé par le prétendant au milieu des incidents de la fin de l'année précédente. Les préfets eurent l'ordre de le saisir, et le directeur général des postes, M. Vandal, invita par une circulaire ses employés « à surveiller avec le plus grand soin toutes les correspondances qui parviennent directement ou indirectement à leur bureau, afin de découvrir les exemplaires de la lettre dont il s'agit, qui pourraient faire partie des correspondances et qui se trouveraient placées, soit sous bande isolément et avec d'autres publications, soit sous des enveloppes closes. » M. Vandal ordonnait en outre à ses receveurs d'étendre cette surveillance non seulement aux correspondances mises à la poste dans leur localité, mais encore à celles qui leur parviendraient de tous les bureaux, « car il ne serait pas impossible que des exemplaires « du susdit manifeste fussent déposés dans les boîtes aux lettres après « avoir été introduits en France, par une voie étrangère à la poste ».

La *Gazette de France* publia cette circulaire dans laquelle les personnes indulgentes ne voulurent voir d'abord qu'un excès de zèle; mais lorsque le gouvernement, par une note officieuse du *Constitutionnel*, eut essayé de la justifier par le Code d'instruction criminelle, et par un arrêt de la Cour de cassation du 21 novembre 1853 [1], l'opinion publique s'indigna, et M. Eugène Pelletan qui, déjà dans la séance du 21 juin 1866, avait traité la question du secret des lettres, prit encore une fois la défense d'un droit inscrit dans la conscience et défendu par la morale publique. La Constituante refusant de lire des lettres saisies aux Tuileries après la fuite de Louis XVI; le ministre de l'intérieur Carnot, adressant une circulaire aux préfets qui, pendant la crise des Cent-Jours avaient cru devoir, par mesure de sûreté publique, décacheter des lettres mises à la poste; le conseil des ministres, sous la Restauration, donnant raison à un juge d'instruction qui avait refusé de joindre au dossier d'accusation

---

1. Cet arrêt établissait que le préfet de police à Paris et les préfets dans les départements étaient investis, par leur qualité d'officiers de police judiciaire, des attributions dévolues par le Code d'instruction criminelle aux magistrats instructeurs.

des lettres saisies à la poste par le préfet du Haut-Rhin et incriminant certains personnages dans la conspiration militaire de Belfort; le conseil des ministres sous Louis-Philippe, se prononçant pour le directeur des postes de Lille qui s'était opposé à la saisie par le préfet des paquets contenant un pamphlet contre le roi : M. Pelletan invoqua ces exemples et démontra que si le préfet de police avait le droit de donner aux directeurs des postes des ordres que celui-ci pouvait étendre à ses employés sur tous les points du territoire, la juridiction du préfet de police s'étendait par le fait sur toute la France. Les directeurs et directrices de poste sont-ils donc des magistrats? demanda l'orateur. « Comment ces employés « ont-ils pu d'ailleurs exécuter les ordres de leur chef? On me répond : « en examinant les signes extérieurs des lettres déposées à la poste; mais, « à moins de posséder les facultés magnétiques qui leur permettent de « lire à travers les enveloppes, il a bien fallu décacheter les lettres, les « ouvrir, et avoir un atelier pour pratiquer cette opération césarienne. »

M. Vandal, directeur des postes, répondit à M. Pelletan en qualité de commissaire du gouvernement : le secret des lettres n'a pas été violé le moins du monde; la conduite du gouvernement est conforme à son droit et à son devoir; tous les gouvernements ont agi comme le gouvernement impérial, même la république de 1848, qui faisait saisir les lettres dans un intérêt purement fiscal [1]. M. Vandal revint sur l'autorisation accordée par le Code d'instruction criminelle au préfet de police à Paris, et aux préfets dans les départements de rechercher partout la preuve des délits. La loi, selon lui, ne fait nulle exception, pour les lettres déposées à la poste. La présence d'un imprimé sous enveloppe, est d'ailleurs facile à constater ; les agents retiennent les lettres qui paraissent en contenir, mais ils doivent éviter tout ce qui peut avoir l'apparence d'une atteinte portée au secret des lettres. Quand une lettre saisie a été ouverte et qu'elle a été jugée inutile à la justice, elle est recachetée et renvoyée à son adresse après avoir reçu un timbre portant ces mots : « Ouverte par autorité de justice. » Un membre ne put retenir cette exclamation si vraie : « C'est la violation du secret des lettres organisée! » M. Vandal n'en continua pas moins à se récrier sur la susceptibilité de l'opinion publique, d'autant plus inutilement alarmée par l'idée qu'on ouvrait les enveloppes closes,

---

1. M. Étienne Arago publia le lendemain la circulaire à laquelle M. Vandal faisait allusion; cette circulaire avait pour but d'empêcher d'introduire des tissus ou des marchandises d'un faible volume, sujets à des droits élevés ou prohibés, dans des lettres ou paquets venant de l'étranger, et elle constatait que le directeur des postes de la République, en poursuivant la fraude, avait pris toutes les précautions pour respecter le secret des lettres.

Fig. 32. — L'amendement présenté par M. Mathieu avait été préparé dans le cabinet de l'Impératrice.

que cette ouverture n'est nullement nécessaire, attendu que « l'habitude de manipuler les lettres, donne au sens du toucher une délicatesse exceptionnelle ». M. Vandal voulut bien reconnaître pourtant qu'il y avait peut-être quelque chose d'illégal dans la circulaire en ce qui concernait l'ordre d'expédier à Paris les correspondances saisies dans les départements, et il déclara qu'à l'avenir il ne serait plus donné d'ordre de ce genre.

La théorie de la délicatesse du toucher ne parut pas à M. Ernest Picard destinée à faire fortune dans le pays où Pascal a écrit les *Provinciales*, non plus que l'euphémisme « bureau de retard » par lequel on désigne aujourd'hui l'ancien « cabinet noir ». « Le gouvernement, dit-il, qui a fait « saisir administrativement le livre du duc de Broglie et l'*Histoire de la* « *maison de Condé* par le duc d'Aumale, vient encore d'user de la saisie « administrative contre la lettre du comte de Chambord; or un pays, où à « côté de la justice s'élève ce pouvoir vague et indéfini de l'administration, « a bien le droit de témoigner sa défiance à un gouvernement qu'il sur- « prend fouillant dans les correspondances des citoyens, et cela au moment « même où il lui promet la liberté. »

M. Rouher, dans sa réplique à l'orateur de l'opposition, eut recours à peu près aux mêmes arguments que M. Vandal : respect à la lettre, elle est sacrée ; mais l'imprimé est dangereux, il faut pouvoir en tout temps le saisir. M. Rouher ne réfléchissait pas que l'employé qui brise le cachet pour saisir une lettre du comte de Chambord commet le même délit qu'un agent de police qui, sans mandat régulier, enfoncerait la porte d'un citoyen pour y découvrir le comte de Chambord lui-même. La majorité n'en donna pas moins raison au gouvernement.

M. Lanjuinais et quelques-uns de ses collègues avaient déposé une demande d'interpellation sur les dernières modifications apportées au décret du 24 novembre 1860. Une grave question de droit constitutionnel était engagée dans ce débat : celle de la continuité du pouvoir constituant entre les mains de l'Empereur, autrement dit de la perpétuité de la dictature. M. Lanjuinais soutenait qu'un sénatus-consulte était nécessaire pour modifier le décret du 24 novembre, l'Empereur n'ayant plus le droit constitutionnel de toucher aux prérogatives de la Chambre. Les lois, depuis la cessation du pouvoir dictatorial, le 22 mars 1852, ne peuvent être révoquées ou modifiées que par le Corps législatif. Une loi était donc nécessaire, selon M. Lanjuinais, pour modifier le règlement du Corps législatif; on ne pouvait le faire sans son concours; le gouvernement, en s'appuyant, pour agir autrement, sur l'article 5 du sénatus-consulte du

25 novembre 1852 aux termes duquel « les dispositions du décret du 22 mars 1852 peuvent être modifiées par un décret de l'Empereur », avait eu recours à un expédient illégal, car le Sénat, dépourvu du droit de faire des lois, ne pouvait le déléguer. L'Empereur, il est vrai, a modifié une première fois le règlement de 1852 en 1860. Il vient de le modifier une seconde fois, et si ce sont là des actes qu'il faut respecter, on doit convenir qu'ils auraient besoin d'être régularisés, et qu'on ne peut admettre que l'Empereur ait la faculté de modifier la Constitution sans recourir à un plébiscite ; c'était une petite garantie, mais on en avait si peu, qu'on n'en pouvait négliger aucune.

M. Lanjuinais eut toutes les peines du monde, dans la séance du 25, à poser seulement la question qui consistait à savoir si le décret du 18 janvier est conforme à la Constitution. M. Lanjuinais en portant cette thèse à la tribune y portait, il est vrai, la Constitution elle-même. C'était la Constitution qu'il s'agissait de discuter en discutant le plébiscite qui en défendait la discussion. M. Lanjuinais essaya de remplir cette tâche difficile au milieu des interruptions du président et de la majorité, et il parvint à à exprimer à peu près sa pensée, non sans s'être attiré un rappel à l'ordre.

M. Chesnelong, ancien républicain rallié à l'Empire, se chargea de répondre à M. Lanjuinais ; son apparition à la tribune excita une assez vive curiosité. Le gouvernement, comprenant la nécessité de renforcer son parti dans la Chambre, avait adopté la candidature de M. Chesnelong comme celle d'un orateur politique, capable de lui rendre des services, quoiqu'il le sût aveuglément dévoué aux intérêts du clergé. M. Chesnelong récita pourtant son discours avec une grande sûreté de mémoire, mais au lieu de répondre à la question : l'Empereur a-t-il, oui ou non, le droit de supprimer le décret du 24 novembre par un autre décret ? il reprit sans la rajeunir la vieille thèse des Billault et des Baroche sur les minorités anarchiques, sur les mots de passe avec lesquels se font les révolutions, sur les hommes de pillage et de désordre, etc. Il termina par quelques phrases sur la nécessité de rétablir le pouvoir temporel du pape et d'en finir avec ceux qui sapent les croyances chrétiennes.

Le discours de M. Chesnelong eut du moins cet avantage que, contenant une appréciation apologétique du décret du 19 janvier, il conquit en quelque sorte aux orateurs de l'opposition, le droit de le discuter. M. Jules Favre s'empressa d'en profiter : « La pensée, dit-il, du législateur
« du 24 novembre a été une pensée de confiance, celle du législateur
« du 19 janvier est toute contraire. Le gouvernement est revenu sur le

« décret du 24 novembre, parce que, en songeant à ses fautes, il n'a pas
« osé braver la discussion générale. Le droit d'interpellation remplaçant
« l'adresse ne peut être considéré que comme une entrave apportée au
« droit de discussion. Il est bon d'étudier quelquefois l'histoire de
« nos pères. On leur contestait un droit, ils l'ont pris. Maintenons
« l'adresse, elle nous appartient. »

Le *Constitutionnel* qualifia, le lendemain 26 février, cette péroraison d'appel à l'insurrection. Aussi la séance de ce jour s'annonça-t-elle comme grosse d'orages. M. Jérôme David en montant à la tribune se plaignit que, depuis l'ouverture de la session, le compte rendu officiel du *Moniteur* montrât une inexactitude fâcheuse : « Hier encore n'a-t-il pas
« atténué le langage menaçant de M. Jules Favre et passé sous silence le
« geste par lequel il a terminé son discours ; il serait bon, au contraire,
« que le pays sût quel est, au milieu du calme des esprits, l'usage que les
« membres d'un côté de la Chambre font du droit d'interpellation, qui
« prend, grâce à eux, le ton des plus mauvais jours, pendant lesquels la
« guerre civile désolait nos cités. »

Le ministre d'État essaya d'opposer au discours de M. Jules Favre des arguments plus sérieux ; il s'agissait de prouver que le droit d'interpellation l'emportait de beaucoup sur l'adresse, et que c'était dans une pensée libérale que le chef de l'État avait substitué l'un à l'autre ; mais M. Rouher se sentait mal à l'aise dans ce rôle de caution des idées libérales de l'Empereur ; il comprenait bien que la majorité n'avait pas oublié l'énergie avec laquelle il s'était prononcé, l'année précédente, contre toute concession à l'esprit de liberté ; il crut répondre d'avance aux reproches de contradiction et de versatilité qui pouvaient lui être adressés, en affirmant que, depuis son origine, le gouvernement ne cessait de marcher d'un pas prudent mais sûr, vers l'établissement graduel de toutes les libertés nécessaires à un grand peuple ; « l'Empereur, ajouta-t-il, à l'époque du traité de commerce, en me montrant dans les libertés commerciales l'aurore des libertés politiques, m'a exposé sa pensée à laquelle je me suis dès lors associé ».

M. Rouher s'était associé à la promulgation des libertés politiques, comme il s'était associé à la promulgation des lois commerciales préparées par d'autres que par lui, dont il ne soupçonnait même pas l'existence, et qu'il défendit sans se souvenir qu'il avait voté contre la liberté commerciale, proposée à l'Assemblée législative.

Le ministre d'État, forcé de demander à la majorité de voter à l'impro-

viste des mesures, contre lesquelles il l'avait conjurée de se prononcer l'année précédente, se trouvait certainement tenu à certains ménagements envers la droite. Il les poussait cependant un peu loin en présidant, en quelque sorte, à la formation d'un cercle, rue de l'Arcade, destiné à servir de centre de réunion aux députés décidés à entraver, autant que possible, l'exécution du programme du 19 janvier qu'il était chargé de défendre au nom de l'Empereur. M Émile Ollivier, qui avait déjà rompu avec lui, pouvait lui faire payer cher cette duplicité. Ses amis, depuis quelques jours, parlaient du discours qu'il se proposait de prononcer à cette occasion comme d'un bélier, qui allait lui ouvrir les portes du gouvernement, et déjà ils distribuaient les portefeuilles. La majorité, avertie de ces propos, mécontente d'ailleurs de la part, prise par M. Émile Olivier, à des réformes qu'elle détestait, l'accueillit par une explosion de cris : Aux voix ! lorsqu'il prit la parole. Surpris, décontenancé, irrité contre la majorité, mais n'osant rompre avec elle, il se confondit tout à coup en éloges sur «les paroles nobles, libérales, loyales » du ministre d'État, et demanda à s'unir à la droite pour exprimer sa satisfaction, en votant l'ordre du jour. La surprise, en entendant ce langage, fut extrême sur tous les bancs de la Chambre. Que gagnait M. Émile Olivier en se livrant à la majorité qui n'avait nul besoin de lui, et à laquelle il ne pouvait que créer des embarras? Beaucoup des gens crurent qu'un portefeuille allait être le prix et l'explication de sa conduite ; M. Émile de Girardin sortit furieux de la Chambre, et déclara le lendemain dans un article de la *Presse* que M. Émile Ollivier « aurait toujours son estime, mais qu'il n'aurait plus son con-
« cours, parce que, chef de l'opposition dynastique, il avait donné par
« sa déclaration de confiance et de satisfaction sans réserve en pleine
« tribune, sa démission de ministre de la conscience publique ».

M. Émile Ollivier, déchu de ce poste auquel l'avait promu l'admiration confiante de M. Émile de Girardin, retomba au rang d'homme politique ayant subi un échec notable, c'est-à-dire qu'il resta délaissé, isolé, jusqu'au moment où l'on apprit que l'Empereur l'avait fait appeler pour le remercier de sa conduite. Cela le releva un peu et permit à M. Walewski de triompher presque de M. Rouher, dans la lutte engagée entre eux pour le choix du rapporteur de la loi sur la presse. M. Mathieu, candidat de M. Rouher, ne l'emporta qu'à une voix de majorité sur M. Émile Ollivier, candidat de M. Walewski, mais celui-ci, par suite de l'hostilité du ministre d'État, ne tarda pas à être obligé de quitter le fauteuil de la présidence ; M. Jérôme David, le meneur du cercle de la rue de l'Arcade, obtint la seconde vice-présidence de la Chambre; une troisième fut créée au profit de M. Gouin, ami particulier du ministre d'État. M. Rouher restait maître du champ de bataille. Il n'y eut plus désormais aux Tuileries de prévenances et d'attentions que pour les députés opposés aux idées libérales. La droite, se conformant à la consigne de la cour, n'accueillit les demandes d'interpellations qu'avec une répugnance et une parcimonie qui rendaient parfaitement illusoire, l'exercice de ce droit. Les députés qui avaient le plus vivement réclamé les lois nouvelles, restèrent systématiquement exclus des commissions chargées de les examiner.

Les projets de loi délibérés par le Conseil d'État sur l'armée, sur la presse et sur le droit de réunion, furent déposés dans les premiers jours de mars. Le nouveau projet de loi sur l'armée diminuait un peu les charges que le projet primitif imposait au pays, mais quoique le service dans l'armée active fût réduit de six ans à cinq ans, tout Français, sauf exception, exonération ou remplacement, n'en était pas moins astreint à servir pendant neuf ans, dont cinq ans dans l'armée active et dans la réserve, et quatre ans dans la garde nationale mobile, suivant une porportion déterminée chaque année par une loi. Le gouvernement restait maître d'appeler la réserve à l'activité, même en temps de paix. La garde nationale mobile, en revanche, ne pouvait être mobilisée que par une loi, ou dans l'intervalle des sessions, par un décret qui devait être présenté dans les vingt jours au Corps législatif, convoqué pour le convertir en loi.

Ce qui frappait d'abord dans le projet sur l'armée, c'était la suppression d'une des prérogatives les plus importantes du Corps législatif, la fixation du chiffre des forces qu'il croit nécessaires à la sécurité du pays. Le contingent était désormais immuable. Le tirage au sort subsistait uniquement pour savoir si l'on faisait partie de l'armée active ou de la réserve. L'exonération était maintenue pour l'armée active, le remplacement pour la réserve et pour la garde nationale mobile. La loi n'autorisait le mariage que dans la garde nationale mobile. Elle aggravait les charges de l'agriculture, en augmentant la durée du service, et bien qu'elle astreignît tout le monde au service militaire, elle n'était pas une loi d'égalité ; le pauvre seul continuait à payer l'impôt du sang.

Le projet de loi sur les réunions publiques soumettait à l'autorisation préalable, les réunions formées pour traiter de matières politiques ou religieuses; elle n'admettait les réunions électorales que pour l'élection d'un député; un candidat au conseil général ou au conseil municipal ne pouvait prétendre au même privilège. Le président d'une réunion électorale et ses assesseurs, chargés de la délicate mission d'empêcher toute infraction à la loi, s'exposaient à une condamnation pour avoir, par exemple, laissé s'introduire dans la réunion des électeurs de la 1re circonscription, un électeur de la 2e, et réciproquement. C'était donc un acte de courage civique que d'accepter non seulement les fonctions de président ou d'assesseur, mais encore de louer le local d'une réunion publique, et même d'y figurer comme auditeur; tous ceux qui y prenaient part étaient exposés à commettre une foule de délits involontaires.

Les congrès scientifiques, agricoles et autres du même genre, cessaient d'être soumis à l'autorisation préalable. Les viticulteurs de la Bourgogne ne seraient plus obligés de se réunir à Genève pour s'occuper de leurs intérêts; ils pourraient se réunir à Beaune ou à Dijon, dans un local couvert et clos, et traiter librement les questions se rattachant à leur industrie, à moins pourtant que le fonctionnaire de l'ordre administratif ou judiciaire, chargé de surveiller la réunion, ne jugeât qu'en traitant une question de tarif, ils franchissaient la limite qui sépare l'économie politique de la politique. La loi devait, disait-on, assurer la liberté des conférences littéraires, pourvu que l'histoire, la littérature, la philosophie eussent bien soin de ne pas dépasser à leur tour, la ligne qui les distingue de la politique. Toute réunion pouvait du reste être interdite par le ministre ou par le préfet.

Le projet de loi sur la presse supprimait l'autorisation préalable; il ne restait plus aux journaux qu'à tâcher de vivre, sous une législation conservant soigneusement les deux principales pénalités dont disposait l'arbitraire administratif, c'est-à-dire la suspension et la suppression, en y joignant l'amende pouvant s'élever, en certains cas, jusqu'à la moitié du cautionnement et à la perte des droits électoraux. L'écrivain condamné n'étant plus apte à être député, perdait la récompense morale qui, décernée un jour par ses concitoyens, eût pu le dédommager de sa ruine matérielle. Le droit de défense existait à peine pour lui. La citation directe devant le Tribunal de police correctionnelle et devant la Cour impériale était autorisée; un jour pour réunir tous les éléments d'une défense pour des faits qualifiés de crimes, voilà ce que la loi lui accordait. Ajoutons que l'appel en matière de presse n'était pas suspensif. La Cour impériale pouvait, il est vrai, casser le jugement du Tribunal correctionnel, mais la peine et le dommage qui en résultent n'en avaient pas moins été subis.

Les journaux de littérature frelatée et de coulisses n'avaient pas à se plaindre du projet de loi; il leur était permis de publier un bulletin de

Fig. 33. — M. Rouher.

bourse et des annonces, moyennant un timbre des deux tiers inférieur à celui des journaux politiques. Les journaux scientifiques, en revanche, qui vivaient d'annonces médicales, étaient menacés de mort par le timbre. L'hostilité des tribunaux correctionnels, la multiplicité des délits, plus faciles à commettre qu'à définir, les amendements de certains députés donnèrent à cette loi un caractère odieux et burlesque à la fois. M. de Kervéguen, député du Var, ne voulait pas même laisser aux journaux la liberté du pliage; il leur imposait une forme universelle et immuable; rassuré de ce côté, il accordait à tout Français majeur et électeur, le droit de faire insérer dans un journal un article, moyennant telle redevance, dont il fixait le chiffre d'avance; les dames et les demoiselles majeures jouiraient du même privilège. M. de Kervéguen, pour empêcher que la loi sur la signature ne fût éludée, comme elle l'était tous les jours, exigeait en outre que le serment fût déféré à tout signataire d'un article, dont il serait soupçonné de ne pas être l'auteur, et que tout journaliste fût muni d'un certificat du maire de sa commune et de quatre témoins, constatant qu'il est bien l'auteur des articles qu'il signe.

L'amendement de M. Mathieu, rapporteur de la commission, n'était pas moins singulier; M. Mathieu demandait que tout article de polémique fût déposé au ministère de l'intérieur à Paris, à la préfecture dans les chefs-lieux de département, à la sous-préfecture dans les chefs-lieux d'arrondissement, vingt-quatre heures avant sa publication, afin que le gouvernement pût y répondre. La réponse paraîtrait parallèlement à l'article du journal ou à la suite, imprimée dans les mêmes caractères, sous peine d'une amende de 500 francs à 5000 francs, le tout sans préjudice du droit de *communiqué* et de la poursuite de tous délits que pourra renfermer l'article. Cet amendement, présenté par un jurisconsulte, n'était pas, il faut le reconnaître, l'œuvre d'un jurisconsulte. Il émanait du cabinet de l'Impératrice. M. Mathieu, chargé de le présenter, n'avait pas cru devoir repousser cette tâche, imposée par Sa Majesté à son dévouement personnel.

En attendant la discussion de ces lois, l'ordre du jour du 31 mars appelait celle de la loi sur l'instruction primaire, qui n'apportait que quelques améliorations de détails dans l'enseignement, au lieu de la réforme complète, dont il avait tant besoin. Le tiers de la France ne sait pas lire ou écrire. L'instruction primaire était donc tout entière à créer ou à raviver : restituer aux instituteurs les garanties de la loi de 1833, élever le niveau de l'enseignement qui, par son aridité technique et toute matérielle, éloigne les enfants, transformer les écoles normales de façon à leur faire produire, non plus seulement des pédagogues, mais des hommes capables d'éveiller la vie intellectuelle du peuple, telles étaient les véritables questions à résoudre. La loi songeait plutôt à accroître la part d'influence de l'État sur la direction de l'instruction populaire; elle étendait la gratuité en repoussant l'obligation. La discussion fut très-vive sur ces deux sujets et surtout sur la dispense du service militaire que la loi de 1850 accorde aux novices et aux membres des associations religieuses autorisées par l'État et vouées à l'enseignement, à la condition de prendre et de réaliser l'engagement de servir pendant dix ans dans l'enseignement public. Cet engagement devait-il être rempli dans une école publique ou dans une école libre? La pratique semblait autoriser la première interprétation; le nouveau projet de loi consacrait la seconde. M. Chesnelong proposa un amendement dans l'autre sens, il fut repoussé.

Une interpellation de M. Thiers sur les affaires étrangères était annoncée pour le 4 mars ; ce jour-là les tribunes du Corps législatif étaient occupées avant midi. Le discours de M. Thiers embrasse la période qui commence au xv° siècle et finit en 1867. C'était un discours d'histoire universelle comprenant près de quatre siècles pendant lesquels s'était créée et fondée, par l'impulsion de la France, la politique de l'équilibre européen qui, depuis le xvi° siècle, en groupant les forces des divers États, avait assuré leur indépendance. M. Thiers soutint que le principe des nationalités qu'on essayait de substituer à celui de l'équilibre, et que le gouvernement impérial avait essayé de faire prévaloir en Pologne, en Italie, en Danemark, n'avait produit que de funestes résultats. Quel avantage avait eu pour la France l'unité de l'Italie? Aucun, à moins qu'on ne considérât comme un avantage la création de l'unité allemande qui en était la conséquence forcée. L'Italie avait droit à la liberté, M. Thiers ne le niait pas; mais il eût été possible, selon lui, de convertir, avec le temps, les petits souverains italiens à cette idée. L'unité n'était qu'un besoin factice pour la péninsule. Quant à l'Allemagne, M. Thiers reconnaissait également que l'unité n'était pas sans avoir des racines dans le passé, dans le mouvement de 1813, dans les traités de 1815 en dans le Zolwerein, mais le dualisme de la Prusse et de l'Autriche aurait suffi pour entraver le mouvement unitaire; il pouvait d'ailleurs avoir pour conclusion une réforme moins favorable à la Prusse. Quel rôle avait joué le gouvernement impérial dans les derniers événements en

Allemagne? Sauf une intervention diplomatique avec la Russie et l'Angleterre, bruyamment tentée dans les premiers jours du mois de mai de l'année précédente, il était impossible de savoir ce qu'il avait pu dire ou faire pour ramener l'entente entre les puissances engagées dans le conflit. Le principe des nationalités avait entravé son action, et ce

Fig. 34. M. Em. de Girardin sortit de la séance très mécontent de l'attitude de M. Emile Ollivier.

principe, source de ses embarras actuels, lui préparait de plus grands dangers dans l'avenir.

Le principe des nationalités a fait l'unité de l'Italie qui a engendré l'unité allemande. L'unité allemande consommée, ajouta M. Thiers, la France, du premier rang des puissances, descendrait au second, et peut-être au troisième. Il est temps de ne plus obéir à ce principe chimérique et machiavélique à la fois. Il serait imprudent de recourir à la guerre pour défaire ce qui a été fait, mais on peut, par une conduite sage et prudente, reconquérir en Europe le crédit que nous avons perdu, se rapprocher de l'Angleterre qui nous regarde avec froideur, de l'Autriche que nous avons blessée, et des petits États que nos doctrines épouvantent; il faut enfin nous préparer à la lutte et nous fortifier de façon à pouvoir en arrêter les conséquences. L'alliance anglaise et la paix avec 1,200,000 hommes sous les armes, telles étaient les conclusions de M. Thiers : c'était là deux grandes difficultés et peut-êtres deux chimères ; la majorité qui, après quatre heures d'attention, n'était pas lasse d'écouter l'orateur, semblait disposée à les accepter.

M. Rouher, effrayé de l'attitude de la droite, se hâta de répondre à M. Thiers, par un long exposé des négociations diplomatiques pendant les premiers mois de 1866. L'Empereur n'avait pas voulu invoquer, à l'égard de la Prusse, les traités de 1815 qui avaient organisé la Confédération germanique, comme une menace contre la France, au moment où elle venait d'être vaincue ; il a conseillé la paix à l'Italie, en lui déclarant qu'elle ne devait compter que sur sa neutralité ; pouvait-il faire plus, pouvait-il imposer à une nation frémissante de patriotisme, de repousser la chance qui s'ouvrait à elle, pour la première et peut-être pour la dernière fois, de compléter son unité? L'Empereur a essayé, de concert avec l'Angleterre, de faire entendre raison à l'Autriche, mais l'honneur militaire ne permettait pas à François-Joseph d'abandonner la Vénétie. Il ne restait plus qu'à tenter de réunir les puissances dans une conférence de pacification. L'échec de cette tentative de l'Empereur, a rendu la guerre inévitable. L'état de choses qui en est résulté menace-t-il la France? M. Rouher répondit à cette question par les arguments tirés de la circulaire de M. de la Valette du 16 septembre 1866 ; il se félicita de voir l'Allemagne coupée en trois tronçons [1].

M. Garnier-Pagès, qui répondit le lendemain à M. Thiers, rappela les engagements échangés en 1848 entre la Constituante et le parlement de Francfort : « Pacte fraternel avec l'Allemagne, » disait la France, et l'Allemagne répondait : « Le peuple allemand reconnaît ce qu'il doit au magnanime peuple français. » M. Garnier-Pagès croyait à l'existence des mêmes sentiments entre les deux peuples, « qui n'ont rien à craindre

---

[1]. Un interlocuteur imprévu, M. de Bismarck, en publiant les traités militaires signés, dès le lendemain de la paix de Prague, entre la Confédération du Nord et les états de l'Allemagne du Sud tenus secrets jusqu'alors, vint se mêler de loin à la discussion et démontrer l'inanité des espérances de M. Rouher. Les tronçons commençaient à se rejoindre.

« l'un de l'autre quand ils sont libres. Une rivalité entre les deux gou-
« vernements pourrait seule amener la guerre, mais l'agresseur succom-
« berait infailliblement, car la force, quoi qu'on en dise, n'est pas du
« côté des gros bataillons, mais du côté de l'opinion publique; or celle-ci
« se prononce de plus en plus en Allemagne contre M. de Bismarck,
« dont l'œuvre rencontrera des obstacles qui la briseront ». M. Garnier-
Pagès se trompait sur la fragilité de l'édifice construit en Allemagne
après Sadowa. L'unité allemande, quelque opinion que l'on pût avoir
sur son origine, était fondée; c'est là ce qui donnait tant d'intérêt à la
discussion présente. Se préoccuperait-on tant de la politique à suivre à
l'égard d'une puissance d'un jour?

M. Garnier-Pagès était d'ailleurs convaincu que l'Allemagne n'était
pas plus forte aujourd'hui, que du temps de la Confédération, et M. Émile
Ollivier exprima une idée analogue : « Je crois, dit-il, que si la concen-
« tration de forces qui vient de s'opérer en Allemagne offre un fait nou-
« veau, elle ne crée pas un péril, et que l'unité italienne qui l'a préparée
« et devancée, la contrebalance et fait disparaître ce qu'elle a d'inquié-
« tant. » M. Émile Ollivier ajoutait cependant avec raison : « Si l'on
« pense le contraire, il faut sur-le-champ empêcher l'accomplissement
« de l'œuvre qui nous menace, avant que les armées prussiennes soient
« organisées, frémissantes d'enthousiasme et de patriotisme, et que vous
« trouviez devant vous, cette unité que vous voulez empêcher. S'il est un
« moment où l'on puisse s'opposer à ce qui se fait en Allemagne, c'est
« aujourd'hui. C'est quand tout est en suspens, que le mécontentement
« règne dans les États annexés, et l'hésitation dans les États du Sud,
« quand la Prusse n'a pas refait complètement son organisation. »

M. Thiers voulait à tout prix empêcher l'alliance de l'Allemagne avec
la Russie; M. Émile Ollivier était d'avis que, si nous n'inquiétions pas nos
voisins, cette alliance antipathique au peuple russe ne se ferait pas, et
que, par conséquent, le mieux était d'accepter sans arrière-pensée en
Allemagne une œuvre qui n'était que la conséquence de nos principes, et
qui n'était pas dirigée contre nous. La prudence et l'honneur conseil-
laient à la fois cette conduite. « Nous sommes en dissentiment, dit-il à
« M. Thiers, parce que vous prêtez l'oreille aux bruits des antichambres
« de Postdam, et moi j'écoute ce qui se murmure dans l'âme du peuple
« allemand. Les premiers bruits disent : alliance avec la Russie; les se-
« conds crient : éloignement de la Russie, amitié avec la France le jour
« où elle ne nous menacera pas. » M. Emile Ollivier conseillait donc de

s'efforcer de détruire les préjugés excités par des écrivains soudoyés par la Russie qui disent à l'Allemagne en lui montrant la France : Voilà l'ennemi héréditaire ! Comme si la France n'avait pas fait plus de bien que de mal à l'Allemagne, comme si 89 n'avait pas été fait pour l'Allemagne comme pour elle. L'Allemagne sentait depuis des siècles deux cauchemars sur sa poitrine : la Russie et l'Autriche. N'est-ce pas nous qui l'avons débarrassée de l'un en Crimée et qui, par notre neutralité, lui avons permis de se débarrasser de l'autre à Sadowa? M. Émile Olivier ajoutait avec plus d'emphase que de vérité : « 1813 est la date néfaste entre nous,
« puisque c'est la date où naît la patrie allemande. 1813 ne doit pas être
« un obstacle éternel entre nous. Que l'Allemagne permette à une voix
« amie de le lui dire : Qu'est-ce donc qu'un 1813, si ce n'est un 89 re-
« tourné contre nous? Quand la Prusse a voulu nous vaincre, il ne lui a
« pas suffi d'assembler des multitudes plus nombreuse que celles qui
« avaient traversé le Rhin depuis le ve siècle. Elle a inscrit sur ses dra-
« peaux nos devises de liberté, de telle sorte que notre grandeur appa-
« raissant jusque dans notre défaite, le monde sut que la France ne
« pouvait être vaincue que par elle-même. » L'orateur proposait enfin à l'Allemagne et à la France de conclure une alliance. « Avec un tel
« peuple il peut y avoir amitié et confiance. Un homme qui a donné à la
« cause libérale les gages les plus éclatants, M. de Sybel écrivait derniè-
« rement : Nos deux nations se sont assez souvent rencontrées sur les
« champs de bataille, elles sont assez fières et assez nobles pour pouvoir
« se dire sans se déshonorer, affamées de paix. Je presse pour mon pays
« la main de M. de Sybel..... [1]. »

Cette politique sentimentale était alors, avec des nuances, la politique du parti démocratique tout entier; aussi la majorité écouta-t-elle l'orateur avec une mauvaise humeur visible et non sans de fréquentes interruptions. La politique de M. Thiers défendue par M. Rouher, tel était l'idéal de la droite, mais M. Rouher était obligé de prendre, bien malgré lui, contre M. Thiers, la défense de l'unité de l'Italie et de l'Allemagne, et de déclarer à cette majorité composée de légitimistes et de cléricaux, que personne en France, sauf les légitimistes et les cléricaux, n'approuverait une guerre entreprise pour la détruire; le gouvernement impérial du reste, ne regrettait rien de ce qui s'était accompli dans ces deux pays, la

---

1. M. de Sybel, écrivain distingué, auteur de l'*Histoire de l'Europe pendant la Révolution*, s'est montré, depuis la dernière guerre, un des juges les plus sévères de la France et du caractère français.

Fig. 35. — Les députés viennent féliciter M. Rouher, à l'occasion de la plaque de diamants qui lui a été offerte par l'Empereur.

France ne pouvait pas entreprendre toute seule la guerre dans l'intérêt des duchés. M. Rouher convint à la vérité que l'Angleterre avait proposé à l'Empereur de faire ensemble une démonstration en leur faveur dans la Baltique, mais il se garda bien d'ajouter que si Napoléon III avait repoussé cette proposition, c'est qu'il préférait une guerre sur le Rhin à une guerre sur l'Elbe et sur l'Eider. Entraîner l'Angleterre sur le continent, ce n'était pas une chose à espérer, et l'Empereur savait fort bien que, pour vouloir trop faire, il ne ferait rien ; il est vrai que par son inaction il se vengeait du refus de l'Angleterre, d'accepter le Congrès au moment où la question polonaise s'était posée.

« Le gouvernement n'a plus d'alliés », avait dit M. Thiers : « C'est vrai », repondit M. Rouher, « mais il n'a pas d'ennemis; la Prusse lui a « donné toutes les garanties désirables de sa modération; la Russie dé-
« ment les vues ambitieuses qu'on lui prête; l'Autriche peut devenir son « auxiliaire; les petits États lui témoignent une légitime confiance; « les puissances se meuvent dans leur orbite, elles rayonnent les unes « vis-à-vis des autres dans des sentiments d'harmonie; plus j'étudie ce « spectacle, plus j'espère que le temps consacrera cette harmonie, et je « dis que pour la nation française peu importe qu'elle ne grandisse pas « en étendue, si elle grandit en hauteur. Qu'elle continue à développer « sa prospérité, et maintenant que le souverain lui a ouvert des horizons « nouveaux, qu'elle se concentre sereine et calme dans le culte de ses « libertés intérieures, qu'elle développe ses puissance fécondantes. « N'évoquez pas le fantôme de la coalition, la coalition est éteinte, elle « ne renaîtra pas sous le sceptre d'un Napoléon. » Quant à ceux qui redoutent pour la France le lent abaissement d'une puissance tombant peu à peu du premier rang au troisième, M. Rouher leur déclare dans son plus beau style : « Je préférerais les orages solennels de la guerre et la « foudre qui éclate et jette dans les rangs la mort et l'immortalité, à une « situation dans laquelle, sous un ciel sombre et blafard, dans un malaise « morbide, s'éteindraient graduellement la grandeur et la prospérité de « la France. »

M. Jules Favre fit ressortir la contradiction existant entre la parole du gouvernement et ses actes, entre les « angoisses patriotiques » dont M. Rouher venait de faire la confidence à la Chambre, et la sénérité de la circulaire de M. de la Valette; entre les préparatifs militaires actuels et la satisfaction exprimée dans le discours de l'Empereur sur l'accomplissement des grands évènements que Napoléon Ier, planant sur l'avenir du haut du roc de Sainte-Hélène, avait prévus. Le président Walewski engage M. Jules Favre à revenir à la question, comme si dans une discussion sur la politique du gouvernement, on n'était pas dans la question en citant les paroles du seul homme qui eût le droit d'avoir une politique en France et qui fût responsable de ses actes devant le pays.

L'orateur maintint son droit avec une énergie qui finit par triompher de la résistance du président : « Dire, continua-t-il, que la coalition est
« morte et qu'elle ne renaîtra plus sous le sceptre d'un Napoléon ; ne
« voir dans ce qui vient de se passer en Allemagne aucun danger pour
« la France ; soutenir que la Confédération est divisée et que la nouvelle
« organisation crée des intérêts contraires entre les Etats allemands, c'est
« tenir un langage puéril en présence de la réorganisation militaire en
« France et des angoisses patriotiques de Sadowa. Si la satisfaction a
« fait place à la tristesse chez les membres du gouvernement, il n'en est
« pas de même du pays. Près de deux milliards d'argent improductif dé-
« posé à la Banque et ailleurs témoignent de l'inquiétude générale. »

M. Walewski, trouvant sans doute qu'en signalant les fautes commises on n'a pas le droit d'en indiquer les causes, interrompit de nouveau M. Jules Favre au moment où il faisait remarquer que l'expédition du Mexique n'était pas étrangère à la guerre d'Allemagne. Le souvenir qu'a laissé de l'autre côté du Rhin le despotisme du premier Empire y a aussi contribué, ainsi que, continua l'orateur, la réaction anti-libérale du second Empire, l'effacement du Corps législatif devant la volonté de l'Empereur. L'Allemagne, se voyant en face d'une volonté unique, maîtresse de lancer une armée au delà du Rhin sans que la Chambre en eût connaissance, a tremblé pour son indépendance et a créé son unité. Menacer l'Allemagne c'était la constituer ; le meilleur moyen de l'ébranler aujourd'hui c'est de venir en aide aux peuples déjà sacrifiés et à ceux dont l'indépendance est menacée. « Que feriez-vous si l'on vous proposait une annexion ? Celle du Luxembourg ou de la Belgique, l'accepteriez-vous ? »

M. Rouher garda le silence. M. Granier de Cassagnac, tout en s'associant à la joie causée à la France, par la fin des traités de 1815, n'en félicita pas moins le gouvernement de réorganiser l'armée sans pour cela menacer, blâmer, ni désavouer en rien la Prusse, car un désaveu peut avoir le caractère d'une menace éventuelle : « J'ai d'ailleurs, ajouta-t-il,
« une bonne raison pour ne pas blâmer la Prusse, c'est que je serais
« obligé de désavouer en même temps, nos pères morts pour la conquête
« du Roussillon, de la Franche-Comté, de l'Alsace et de l'Algérie. »

M. Granier de Cassagnac après ces paroles étranges parla beaucoup du droit nouveau, de la politique nouvelle; il n'y a pas, répliqua M. Thiers, une politique ancienne et une politique nouvelle, la politique a consisté en tout temps à défendre fermement et honnêtement l'intérêt de son pays. La politique nouvelle repose, dit-on, sur le principe qui veut que les populations soint consultées sur les changements politiques auxquels il est question de les soumettre. Ce principe n'est pour les peuples que la source d'une foule de contradictions. Le peuple, en France, consulté cinq ou six fois depuis 1789, s'est toujours donné un démenti à lui-même : Louis XVI, la République, l'Empire, il a tout approuvé et tout renversé.

M. Rouher proteste. Quelle peut être donc, l'intention secrète de l'orateur en attaquant ainsi le vote populaire? Il sait fort bien que Napoléon Ier n'a pas été renversé par le peuple, mais par une coalition, et qu'aucun des gouvernements qui lui ont succédé n'a été légitime, si ce n'est le gouvernement au nom duquel il parle? l'adhésion libre, spontanée de la nation a proclamé Louis-Napoléon au lendemain de février, elle l'a encore proclamé après le 2 décembre.....

Cette date, évoquée dans l'enceinte législative par un des proscripteurs de cette nuit sanglante, souleva une tempête d'indignation sur les bancs de l'opposition. « Ne parlez pas du 2 décembre, crie M. Jules Favre à M. Rouher; » « ne parlez pas du 2 décembre devant ceux qu'il a proscrits », ajoute M. Thiers que M. Walewski menace de rappeler à l'ordre. Les députés de la gauche et ceux de la droite, debout, se menacent de leurs bancs, et échangent d'ardentes interruptions; le président agite sa sonnette avec une violence qui n'a d'autre résultat que d'accroître le vacarme. M. Rouher est toujours à la tribune; un peu de calme se produit, il en profite pour s'étonner de l'émotion dont il est la cause involontaire : qu'a-t-il fait cependant? Il s'est borné à constater une vérité, c'est que le 2 décembre la société a été sauvée de l'anarchie. La tempête recommence à ces mots. La gauche pousse des cris de dénégation auxquels la droite répond par des applaudissements; M. Glais-Bizoin et M. Garnier-Pagès rappellent à M. Rouher le temps où il défendait la République dans les clubs, et où il appuyait le gouvernement de février : « Vous me léchiez les bottes alors », lui crie M. Carnot, et ces mots d'un homme ordinairement si maître de lui, suffisent à donner une idée de l'état des esprits.

Des députés de la droite quittent leurs places et viennent se grouper au pied de la tribune comme pour faire un rempart de leur corps à

M. Rouher qui, enhardi par les encouragements de la majorité, déclare que devant cette insurrection de l'opposition, il ne faiblira pas et qu'il continuera à soutenir que le principe des nationalités et la souveraineté du peuple peuvent seuls créer des gouvernements réguliers. Le gouvernement actuel n'a pas d'autre fondement; quant à lui, il n'a pas soulevé volontairement l'incident, mais il le dit bien haut : ceux qui attaquent les institutions actuelles sont des factieux, rien de plus. M. Berryer : « Au langage le plus modéré, vous répondez par des injures. » M. Berryer s'est à peine assis, que vingt voix de la droite demandent son rappel à l'ordre. Une voix : « C'est la coalition ! » M. Noubel : « Tous les masques tombent »! M. de Piré : « Cela prouve l'utilité du 2 décembre et des casernes de M. Haussmann [1]. »

M. Rouher, en rappelant un jour et une date qui devaient rendre la majorité à ses plus intimes passions, avait un but, celui d'empêcher les cléricaux de constituer les éléments d'une imposante minorité contre l'ordre du jour; si le Corps législatif avait pu se prononcer par un ordre du jour motivé, la droite en eût probablement rédigé un dans le sens de la politique de l'ancien ministre de Louis-Philippe, mais le droit d'interpellation réglementé par l'Empire ne laissait à la Chambre que l'alternative de voter l'ordre du jour pur et simple ou de renvoyer l'interpellation au gouvernement, c'est-à-dire d'approuver ou de blâmer purement et simplement. Le choix ne pouvait être douteux dans une pareille assemblée : 219 voix contre 45 déclarèrent que rien de ce qui se passait au delà du Rhin n'autorisait les représentants de la nation à recourir au *Caveant Consules*, et qu'il ne leur restait plus qu'à reprendre le cours de leurs travaux ordinaires.

Ces débats durèrent du 14 au 18 mars. Le président donna quarante-huit heures à la Chambre pour se calmer. Elle avait repris ses séances depuis une semaine environ, lorsque le 27 mars elle apprit par une allocution de M. Walewski, très froidement écoutée par la droite, qu'elle aurait bientôt un autre président. « C'est le triomphe de la réaction », s'écria M. Latour-du-Moulin. Les membres de l'opposition vinrent à peu près seuls serrer la main à M. Walewski quand il quitta le fauteuil pour se rendre à son hôtel où, contrairement à l'usage des séances ordinaires, il fut reconduit avec le cérémonial usité à son arrivée. Une lettre de

---

[1]. Le compte rendu analytique et le compte rendu *in extenso* gardèrent à peine quelques traces d'une scène qui égale en violence les séances les plus passionnées et les plus tumultueuses des assemblées du temps de la Révolution.

M. Walewski, en expliquant plus tard sa démission par des « dissentiments personnels », indépendants de sa volonté, qui s'étaient manifestés entre quelques membres du gouvernement et lui, justifia l'exclamation de M. Latour-du-Moulin. Les journaux officieux se turent sur cette démission.

Qui allait être le successeur de M. Walewski? Il fut question de M. Bonjean et de M. Baroche. Les membres les plus purs de la droite formant la réunion de la rue de l'Arcade, appuyaient la candidature de M. Schneider déjà vice-président; M. Schneider, grâce à cette puissante recommandation, l'emporta sur ses concurrents. Le décret qui l'élevait à la présidence du Corps législatif fut lu au début de la séance du 4 avril, au milieu des marques d'approbation de la droite; un autre décret nommait M. Jérôme David et M. Grouin vice-présidents.

Le moment était venu pour la Chambre de s'occuper des affaire financières, c'est-à-dire de donner décharge à l'administration des comptes de 1863, et d'adopter un budget de 2 milliards 200 millions, voté et réalisé pour la première fois, d'après le système du sénatus-consulte du 31 décembre 1861. La faculté de virement, quelque largement qu'on en eût usé, n'avait point dispensé de la nécessité d'ouvrir les crédits supplémentaires, et M. Magnin prouva par les chiffres officiels qu'il fallait s'attendre, pour les exercices de 1864 et de 1865, aux mécomptes que constatait l'exercice de 1863. Le retour à la spécialité pratiquée comme avant 1852 pouvait seul, selon M. Magnin, mettre fin au danger du système adopté pour la gestion des affaires budgétaires.

La politique vint bientôt reléguer les questions financières sur le second plan. L'affaire du Luxembourg causait la plus vive émotion dans le pays. La Chambre manifestait une grande impatience de recevoir du gouvernement une communication quelconque, relative à cet incident qui occupait tous les esprits. Trois demandes d'interpellations à ce sujet avaient été déposées au début de la séance du 8 avril, l'une par MM. Segris, Larrabure, etc. ; l'autre par M. Jules Favre et ses amis; la troisième par M. Lambrecht et les membres du groupe qui suivait plus directement l'impulsion de M. Thiers. Le gouvernement se décida enfin à donner quelques éclaircissements aux élus de la nation, et dans cette séance même le ministre des affaires étrangères, M. de Moustier, lut cette note :

« Messieurs,

« L'Empereur m'a donné l'ordre de vous faire connaître les circonstances au milieu desquelles est née la question du Luxembourg et la situation actuelle de cette affaire.

« Le gouvernement, dominé par la conviction profonde que les intérêts véritables et permanents de la France sont dans la conservation de la paix de l'Europe, n'apporte dans ses relations internationales que des pensées d'apaisement. Aussi n'a-t-il pas soulevé spontanément la question du grand-duché.

« La position indécise du Limbourg et du Luxembourg a déterminé une communication du cabinet de la Haye au gouvernement français. Les deux souverains ont été apépelés ainsi à changer leurs vues sur la possession du Luxembourg. Ces pourparlers d'ailleurs n'avaient encore pris aucun caractère officiel, lorsque, consulté par le roi des Pays-Bas sur ses dispositions, le cabinet de Berlin a invoqué les stipulations du traité de 1839.

« Fidèles aux principes qui ont constamment dirigé notre politique, nous n'avons jamais compris la possibilité de l'acquisition de cette portion du territoire en dehors de ces trois conditions :

« Le consentement libre du grand-duc de Luxembourg.

« L'examen loyal des intérêts des grandes puissances.

« Le vœu des populations manifesté par le suffrage universel.

« Nous sommes donc disposés à examiner, de concert avec les autres cabinets de l'Europe, les clauses du traité de 1839.

« Nous apporterons dans cet examen le plus entier esprit de conciliation et nous croyons fermement que la paix de l'Europe ne sera pas troublée par cet incident. »

Cette communication n'était point faite pour calmer l'inquiétude générale. La question du Luxembourg, soumise à l'examen des puissances signataires du traité de 1836, pouvait fort bien être résolue par elles dans un sens favorable à la Prusse; quelle conduite le gouvernement impérial suivrait-il alors? Il commença par user de son système habituel, qui consistait à faire le silence autour des questions embarrassantes. La vente sur la voix publique fut interdite à un journal coupable d'avoir trop nettement exposé la situation. C'était un avertissement aux autres. Les membres de la majorité, se conformant à la pensée du gouvernement, retirèrent leur demande d'interpellation; l'opposition maintint la sienne, mais en vain. Le parlement français ne jugea pas prudent de s'occuper d'une question portée à la tribune de presque tous les parlements.

La chute de M. Walewski et le triomphe de M. Rouher avaient rejeté M. Émile Ollivier dans l'opposition. Il attaqua vivement le projet de loi sur les conseils municipaux qui, malgré ses vingt-trois articles, était loin de constituer un ensemble vraiment organique; il ne modifiait en effet que d'une façon insignifiante le régime municipal de Paris et de Lyon; il maintenait les maires dans leur rôle unique de représentants du pouvoir central, et il en augmentait l'importance en stipulant que dans certaines questions, « en cas de désaccord entre le maire et le conseil municipal, la délibération ne sera exécutoire qu'après l'approbation des préfets ». La substance de la loi était du reste renfermée dans les articles 5 et 18 : le premier autorisait les conseils municipaux à voter, sauf approbation du

Fig. 36. — M. Carnot interrompt M. Rouher et lui dit : « Vous nous léchiez les bottes dans ce temps-là ».

préfet, les contributions extraordinaires dépassant 5 centimes, sans excéder le minimum fixé par le conseil général et dont la durée ne serait pas supérieure à douze années; le second portait que les conseils municipaux seraient élus pour sept ans. La nouvelle loi donnait donc aux préfets le pouvoir périlleux de contracter des emprunts. Le système et les procédés de M. Haussmann allaient fleurir dans les départements.

La députation de la Seine profita de la discussion de ce projet de loi pour réclamer une fois de plus, en faveur de Paris, les franchises municipales dont il était privé en même temps que Lyon.

Une capitale est le foyer où s'allument les instincts, les sentiments, les aptitudes d'un peuple, le plus vaste théâtre ouvert à son activité, la source où se retrempe son patriotisme dans les grandes crises; elle doit donc, pour rester à la hauteur de son rôle national, vivre librement de la vie municipale. Le gouvernement impérial, il est vrai, voyait dans Paris, non la capitale de la France, mais celle du plaisir universel; il s'empressa donc de repousser l'amendement de la gauche réclamant, pour Paris et pour Lyon, les franchises municipales dont ces deux villes étaient privées. Le tiers-parti avait, lui aussi, déposé un amendement demandant que, du moins, le budget de Paris fût soumis à l'examen et au vote du Corps législatif; l'amendement du tiers-parti ne fut pas plus heureux que celui de la gauche.

Lamartine, incapable de souffrir en silence les injustices, les calomnies et même les privations, comme quelques-uns de ses collègues du gouvernement provisoire, ne cessait de faire retentir les journaux de ses plaintes et de mettre le public dans la confidence de ses misères, comme autrefois il l'avait mis dans la confidence de ses amours; Lamartine ne chantait plus, il mendiait. Ce fut presque une douleur publique, quand on sut que l'homme du 24 février, s'oubliant lui-même, avait tendu sa sébile à l'homme du 2 décembre. Une souscription nationale accordée à ses importunités autant qu'à sa gloire n'avait pas suffi à assurer au poète ce que ses amis appelaient « la paix de ses vieux jours ». Ils s'adressèrent au gouvernement. Un projet de loi accordant à l'auteur des *Méditations* la somme de 500 000 francs, à titre de récompense nationale, fut présenté au Corps législatif. M. Émile Ollivier, nommé rapporteur de la commission, lut à la Chambre, dans la séance du 13 avril, son emphatique rapport. Le projet de loi amendé par la commission, d'accord avec le gouvernement, se composait d'un seul article : « Il est accordé, à titre de récompense nationale, à M. Alphonse de Lamartine une somme de 500 000 francs, exigible à son décès, et dont les intérêts lui seront servis pendant sa vie. Cette somme en principal et intérêt sera incessible et insaisissable jusqu'au décès de M. de Lamartine. » Ce projet fut adopté sans discussion à l'unanimité moins 24 voix. « Vive l'Empereur ! C'est un acte qui honore la France ! » s'écria M. Achille Jubinal. « Aux grands hommes la patrie reconnaissante ! » riposta M. Belmontet.

Les neuf bureaux avaient repoussé à l'unanimité une demande d'interpellation de M. Jules Favre sur le Luxembourg. Il revint néanmoins à la charge en mai 1867. Le ministre d'État ayant reçu, selon le règlement, communication de sa nouvelle interpellation, déclara que « des négociations favorables au maintien de la paix étaient entamées et qu'elles imposaient la plus grande réserve au gouvernement [1] » ; ces négociations aboutirent à une conférence dont M. de Moustier apprit en ces termes, le 3 mai, la formation au Corps législatif : « L'Autriche, la France, la Grande-Bretagne, la Prusse et la Russie sont d'accord avec le roi des Pays-Bas, grand-duc de Luxembourg, pour ouvrir à Londres une conférence où seront résolues toutes les difficultés relatives au grand-duché et dans lesquelles la situation internationale de ce territoire sera réglée sur les bases de sa neutralisation. »

On commençait à s'apercevoir que la suppression de l'adresse ne donnait pas plus de temps à la Chambre. La session durait depuis cinq mois et l'on n'avait discuté ni la loi sur les associations, ni la loi sur la presse, ni le budget, lorsque le vote des suppléments de crédit de l'exercice de 1866 ramena sur l'eau la question du Mexique. Le projet de la loi ratifiait en effet une opération financière considérable, la négociation par le ministre des finances de 54 millions de rente mexicaine, remis au gouvernement français à valoir sur les 200 millions reconnus par le traité de Miramar. Le Corps législatif avait considéré la réalisation de ce capital de 54 millions comme assurée. Une somme de 40 100 000 francs sur ces 54 millions était en effet inscrite au budget de 1864 et le complément figurait au budget de 1865.

[1］ M. de Moustier reparut dix jours après à la tribune pour annoncer l'heureux résultat de la conférence de Londres. Le grand-duché était déclaré État neutre, la forteresse de Luxembourg allait être évacuée par les Prussiens et démolie.

« Ce traité, ajouta M. de Moustier, répond pleinement aux vues du gouvernement français. Il fait cesser une situation créée contre nous dans de mauvais jours ; il donne à notre frontière du Nord la garantie d'un nouvel État neutre.

« Pour la première fois peut-être, la réunion d'une conférence, au lieu de suivre la guerre et de se borner à en sanctionner les résultats, a réussi à la prévenir. Il y a là un indice précieux des tendances nouvelles qui prévalent de plus en plus dans le monde, et dont les amis des progrès pacifiques et de la civilisation doivent se réjouir. »

Le rapport du ministre des finances, du 20 décembre 1865, constatait que ces rentes avaient été converties en obligations de l'emprunt mexicain de la deuxième serie, conformes à celles du deuxième emprunt. Une perte de 2 millions résultait de leur négociation, et cette perte obligeait à modifier les voies et moyens du budget de 1865. Une somme de 11 mil-

Fig. 37. — M. de Moustier lisant à la tribune la déclaration du gouvernement.

lions y figurait; en raison de cette perte le crédit ouvert était exact, seulement on présentait les 2 millions comme la seule perte subie, tandis que l'on tenait en même temps compte des arrérages, comme s'ils pouvaient être admis à figurer dans le capital. Le ministre des finances, dans son rapport de 1866, avait essayé d'expliquer comment l'attribution des 11 millions n'avait pas été faite au budget de 1865; c'était, selon lui, parce que les obligations n'ayant pas été réalisées, les concessionnaires se trouvent, par force majeure, dispensés d'exécuter le contrat. M. Berryer qui allait porter la lumière dans ce chaos financier demanda la communication de ce contrat : « Est-il ferme ou conditionnel? En quoi consiste l'opération elle-même? D'après le rapport sur les suppléments de crédit de 1866, les rentes mexicaines représentaient 54 millions; converties en obligations et cédées au Comptoir d'escompte, elles ont été réduites à 42 857 900 francs. La différence est donc de plus de 11 millions pour le Trésor. Le Comptoir d'escompte, aux termes mêmes du rapport, n'est qu'un intermédiaire; il existe des concessionnaires. C'est à ces concessionnaires que l'autorisation de ne pas exécuter le contrat a été donnée; or, ces concessionnaires quels sont-ils? Ceux-là mêmes, ajoutait Berryer, qui ont joui, en 1865, des bénéfices du premier emprunt en obligations de la première série et qui ont fait l'émission en prenant à 300 francs, au mois de mai 1865, des obligations par eux négociées à 340; quels titres les concessionnaires d'un emprunt qui présente des avantages si scandaleux de primes, d'intérêts, de loteries, et qui avaient une marge de 20 millions, pourraient-ils invoquer pour être déchargés de l'exécution du second contrat, passé la même année? Ils en ont d'autant moins à faire valoir que, chargés de l'émission de l'emprunt converti, ils pouvaient en proposer les obligations au public à 345 lorsqu'elles leur étaient données à 300. »

« M. Berryer disait ensuite : « Les articles 11 et 14 du traité de Miramar
« stipulent une indemnité de 12 millions aux Français dont les réclama-
« tions étaient, disait-on, l'unique cause de l'expédition; qu'est devenue
« cette somme réalisée par une commission composée des hommes les
« plus considérables du pays? Une convention signée en 1866 entre
« M. Dano et Maximilien fixait à 40 millions la totalité des réclamations
« françaises, y compris les 12 millions cités plus haut. Les Français ont-
« ils reçu ou doivent-ils recevoir quelque chose? N'y a-t-il pas de créances
« privilégiées? Il importe d'autant plus de le savoir que les contesta-
« tions sur la nature de certaines créances ont amené la retraite de
« l'Angleterre et de l'Espagne après la convention de la Soledad. »

M. Berryer ne pouvait pas désigner plus ouvertement la créance Jecker.

« La Chambre, dit-il en finissant, qui n'a reçu communication d'aucune dépêche entre le gouvernement de Napoléon III et celui de Maximilien Ier, doit cependant, à la veille de la discussion du budget, être mise en mesure de consulter les renseignements qu'elle réclame. » M. Ernest Picard précisa nettement les choses : « Je voudrais savoir si les bons Jecker ont été payés; si, par un traité du 16 avril 1865 ou 1866, une somme de 1 million de piastres par an n'a pas été allouée pour le remboursement de cette créance, et si les agents français ne sont pas intervenus dans le règlement de cette affaire. »

M. Rouher, poussé dans ses derniers retranchements, montra non pas l'original, mais une copie du traité ; il déclara que les valeurs destinées par le traité de Miramar aux indemnitaires français existaient réellement et qu'aucun payement n'avait été fait à des porteurs de créances privilégiées ; quant aux réclamations des Français, elles étaient déposées aux archives des affaires étrangères où l'on pouvait les consulter, à moins, ajouta-t-il d'un ton d'ironie, que M. Picard n'en demande la production à la tribune. Le ministre d'État ajouta que d'ailleurs la discussion s'établirait plus tard à ce sujet. La présentation de la créance Jecker, un étranger, dans les conférences de la Soledad, n'en était pas moins, en attendant, une démarche assez difficile à comprendre, et M. Rouher se trompa s'il crut l'expliquer en disant que la maison Jecker était dépositaire de la caisse d'une Société française de secours mutuels, assertion tout à fait inexacte.

La discussion générale du budget offrit à l'opposition l'occasion habituelle de passer en revue les grandes questions politiques. La gauche avait chargé trois de ses membres de porter la parole : M. Garnier-Pagès, sur les finances proprement dites ; M. Ernest Picard, sur les affaires extérieures ; M. Jules Simon, sur les affaires intérieures. M. Jules Favre, éloigné depuis quelque temps de la Chambre par une indisposition, y reparut sans prendre part aux débats. M. Thiers se réserva de traiter les affaires du Mexique.

Le tiers-parti avait semblé s'évanouir après l'inconcevable abdication de M. Émile Ollivier aux pieds de M. Rouher. M. Latour-du-Moulin essaya de montrer qu'il était bien en vie. Jamais discours plus interrompu, plus entrecoupé de mouvements divers que le sien, surtout dans la partie où par un artifice déjà bien usé il mettait en parallèle les sentiments réactionnaires des ministres avec les sentiments libéraux du chef de l'État. La droite s'indigne qu'on ose ainsi faire intervenir l'Empereur dans la discussion. « C'est indécent » ! crie M. Le Hon à l'orateur qui n'en continue pas moins à qualifier d' « hésitante, étrange, pleine de contradictions » la politique du gouvernement ; il insiste sur les fautes commises dans l'affaire du Luxembourg, sur l'incohérence des actes démentis par les paroles et sur la mobilité des paroles contredites par les actes ; enfin, sur l'incertitude si fâcheuse aux affaires dans laquelle se trouve toujours l'Europe, relativement aux desseins du gouvernement impérial ; l'orateur « cherche la politique du gouvernement à l'extérieur et il ne la trouve pas ; sa politique à l'intérieur est celle de l'équivoque » ; quant à la situation personnelle du ministre d'État, il fit voir combien elle était rendue embarrassante par la contradiction existant entre M. Rouher adversaire déclaré de toutes les réformes avec M. Rouher chargé de défendre officiellement les réformes du 19 janvier. M. Rouher aurait dû, selon M. Latour-du-Moulin, sortir du ministère plutôt que de se donner un démenti à lui même ; c'était l'opinion des honnêtes gens. « Vous vous vantez à tout propos, dit l'orateur en finissant, du nombre des votes qui approuvent la politique du gouvernement, mais rappelez-vous que M. Guizot, en 1847, était aussi sûr que vous de sa majorité. »

M. Latour-du-Moulin avait essayé de séparer les ministres du chef de l'État et d'écarter du débat la personne de l'Empereur ; c'est là, dit M. Picard, dans la séance du mardi 2 juillet, une tentative vaine : dans la constitution impériale, il n'y a qu'un système et qu'une responsabilité, le système et la responsabilité de l'Empereur. Les impérialistes ne peuvent pas dire comme les royalistes autrefois : « Ah ! si le roi le savait ! » L'Empereur sait tout parce qu'il fait tout, il gouverne, il est responsable ; les ministres nommés par lui ne dépendent que de lui, ne sont responsables qu'envers lui, aucune solidarité ne les lie. Le tiers-parti méconnaît non seulement l'esprit, mais encore la lettre de la Constitution, lorsqu'il fait peser sur les ministres une responsabilité qui revient tout entière à l'Empereur.

La majorité avait jusque-là écouté patiemment M. Picard ; elle couvrit sa voix quand il voulut dérouler les conséquences de ce système qui s'incarnait dans un homme ; la lucidité et les ressources habituelles de son esprit, son habitude de la tribune, jointes à un tact politique, à une solidité de raisonnement, à une éloquence enfin qu'il n'avait jamais montrés au même dégré, lui permirent de se faire écouter jusqu'au bout, malgré les interruptions et les emportements de la majorité.

M. Jules Simon remplaça M. Picard à la tribune.

Accueilli par de violents murmures de la droite au moment où il rappelait le discours éloquent que la Chambre venait d'entendre, il lui répondit avec raison : « Vous pouvez repousser les doctrines, mais vous ne pouvez pas nier l'éloquence. » Il continua, après cet incident, son discours dans lequel il revendiquait, en termes modérés mais très fermes, toutes les libertés, car, dit-il, elles se tiennent et elles nous manquent toutes. « Le gouvernement, par la manière dont il a dirigé les finances, a mené la vie à outrance ; maintenant il songe aussi à dépenser les

Fig. 38. — M. Rouher reçoit les félicitations des députés de la droite, au sujet de son discours sur la question romaine.

hommes à outrance. » Cette allusion au projet de loi sur la réorganisation de l'armée fit éclater des applaudissements sur les bancs de l'opposition ; il en fut de même de cette définition : « Le césarisme, c'est la démocratie sans la liberté. »

Le gouvernement ne pouvait rester sous le coup des deux discours précédents. M. Rouher se décida à leur répondre après les avoir réunis sous le titre commun de « réquisitoire ». Le mot était juste et le réquisitoire complet, car il embrassait la politique du gouvernement dans l'ensemble et dans les détails. Le ministre d'État, ne pouvant réfuter les arguments de l'opposition, fit appel aux passions de la majorité. Des Français réfugiés à Londres venaient de célébrer l'anniversaire des journées de juin 1848. M. Rouher se servit de ce fait comme d'un argument pour détourner la discussion de son but véritable ; cet artifice peut donner une idée de la forme et du fond de son discours, qui mit fin à la discussion générale du budget. Le gouvernement avait comparu une fois de plus sur la sellette, et si aucun grief nouveau n'avait pu être allégué contre lui, tous les griefs anciens furent exposés avec une vivacité que les débats des sessions précédentes n'avaient jamais atteinte.

M. Magnin saisit le lendemain le budget rectificatif de 1867 par ses deux côtés faibles : système d'annulations de crédits entièrement fictif ; escompte de la plus-value des recettes futures alors que les chiffres connus l'amoindrissent et la transforment complètement ; M. Magnin parlait de ce qu'il savait clairement, sans digression, et rendait par cela même plus difficile la réfutation de ses arguments. M. Thiers, après lui, examina d'une façon brève et nette la situation de la dette flottante. M. Rouher essaya de lui répondre, mais il se trouvait dans une position fausse, car s'il avait raison de ne pas s'alarmer du chiffre de la dette flottante, M. Fould avait eu tort de signaler comme un danger l'élévation de cette dette, alors qu'elle était moins forte qu'aujourd'hui et surtout qu'elle le serait demain si le projet des voies et des moyens, pour les crédits nouveaux, était adopté.

M. Buffet, dans le courant de la discussion, avait dit un mot fort vrai. « Les puissances étrangères seraient plus vivement impressionnées par « le fait bien constaté d'une excellente situation financière que par l'ins- « cription au frontispice d'une loi d'un chiffre considérable. » La présentation du projet de loi ouvrant au ministre de la guerre et de la marine un nouveau crédit extraordinaire de 158 592 719 francs prouva que le gouvernement ne partageait pas cet avis. Ce projet soulevait deux questions : l'une financière, l'autre politique. M. Maurice Richard traita la question financière au point de vue du droit et soutint que les dépenses dont le gouvernement demandait l'acquittement, ne s'étaient faites que par une violation du sénatus-consulte de 1861. Le décret impérial du 31 mai 1862 rendu à la suite du sénatus-consulte de 1861, porte en effet qu'une fois les crédits ouverts par la Chambre, les ministres ne peuvent en sortir que par une loi ou par un virement. Or, il n'y avait eu ni loi ni virement pour les dépenses soumises dans ce moment au Corps législatif. Si le sénatus-consulte est mauvais, abrogez-le; s'il est bon, exécutez-le. M. Maurice Richard, envisageant ensuite la question au point de vue politique, fit remarquer que M. de Moustier avait dit, le 8 avril, à la Chambre, que la France n'avait pas soulevé la question du Luxembourg, c'est-à-dire la cession à prix d'argent de ce duché, déclaration si complètement en contradiction avec les faits [1], qu'il fallait pour la dignité des rapports de la Chambre avec le gouvernement, que cette contradiction fût expliquée.

Quelques membres de la majorité, sous l'influence des récents mécomptes de la politique impériale, sentaient la nécessité d'associer le pays plus étroitement à la direction des affaires. M. Larrabure le déclara formellement en passant en revue, à propos de la discussion du budget du ministère des affaires étrangères, les alliances de la France. Après avoir recommandé au gouvernement de maintenir le pouvoir temporel comme moyen d'accroître l'influence française dans le monde, il adressa à la politique du gouvernement des critiques aussi sévères, que celles de l'opposition, quoique un peu atténuées par la déclaration préalable qu'il voterait les crédits demandés. M. Eugène Pelletan ayant dit que le pays était capable des plus grands efforts « pour la liberté », M. Schneider se plaignit « qu'on abusât de ce mot pour troubler la discussion d'une loi de finances ». M. Larrabure avait parlé pourtant pendant une heure, en toute liberté, de la Hollande, du Danemark, du Japon, sujets aussi peu « financiers » que possible.

M. Paul Bethmont, à son tour, attaqua, dans la séance du 8, la légalité des dépenses; on rangeait, selon lui, parmi les dépenses extraordinaires, des dépenses très ordinaires, qu'on aurait pu et dû prévoir. On présente

---

1. M. Rouher répondait, le 8 avril, à M. Thiers : « La question du Luxembourg n'est pas entrée dans la voie diplomatique. Il n'existe pas de dépêche émanant du gouvernement français. » Or, le Livre jaune renferme sept dépêches antérieures au 8 avril sur la question du Luxembourg.

le budget ordinaire, dit-il, avec le mirage flatteur d'un excédant de recette, mais bientôt les dépenses supplémentaires et complémentaires font évanouir le mirage, la dette flottante s'accroît, et l'on se demande avec inquiétude : Fera-t-on un emprunt?

M. Jules Favre vint après M. Bethmont demander pourquoi le gouvernement n'avait pas daigné consulter le Corps législatif, puisqu'il était réuni quand la malheureuse question du Luxembourg, qui a nécessité les dépenses pour lesquelles on demande un bill d'indemnité, ont été faites. Le Parlement de l'Allemagne du Nord, né d'hier, a pu exprimer son avis et jeter dans la balance le poids des vœux d'une grande assemblée, tandis que le Corps législatif était réduit au silence pendant qu'on débattait l'honneur de la France et qu'on dépensait ses millions. M. Rouher voulut bien convenir qu'il y avait là une violation de la loi et des règles de toute bonne gestion financière; mais, ajouta-t-il, « il y avait dans les circonstances où le gouvernement était engagé, habileté et convenance à faire fléchir pour un instant les règles financières au profit des intérêts de la paix ». Étrange doctrine que la majorité sanctionna par ses votes.

Le budget de la justice fournit à M. Lanjuinais l'occasion, à propos de l'intervention des juges de paix dans la politique, de donner de curieux renseignements sur les mœurs électorales au temps de l'Empire. Il prouva par des pièces authentiques, que les juges de paix tenus dans certains arrondissements d'envoyer au parquet un rapport trimestriel sur l'attitude des partis, étaient non-seulement détournés de leurs véritables fonctions, mais encore invités à soutenir les candidatures officielles, et à mettre au service des élus de l'administration leur influence personnelle et leur influence judiciaire. « Vous avez entendu », disait un maire à ses administrés, « la lettre du juge de paix, vous savez que nous avons tous besoin de lui. » Cette citation de M. Lanjuinais dévoilait la situation électorale dans les campagnes.

M. Thiers et M. Jules Favre reprirent le lendemain, au début de la discussion du budget de la guerre, le procès si souvent débattu de l'expédition du Mexique. L'absence de contrôle des Chambres, telle était, selon M. Thiers, l'une des plus puissantes causes de ce désastre dont M. Jules Favre fit remonter la responsabilité directe au gouvernement. L'expédition du Mexique trouva un défenseur dans M. Granier de Cassagnac, qui, mettant sur le même rang un des événements les plus féconds et les plus glorieux du dernier siècle et une des plus grandes catastrophes de ce siècle-ci, n'hésita pas à comparer la guerre du Mexique à celle que la France entreprit en 1778 pour soutenir l'Amérique.

L'opposition de M. Ollivier devenait chaque jour plus vive. M. Forcade de la Roquette ayant dit à propos de la loi sur les sociétés commerciales que le gouvernement marchait lentement et sûrement dans la voie de la liberté, M. Émile Ollivier lui répondit avec aigreur « qu'il prenait pour la marche sage et progressive le piétinement sur place »; dans la séance du 12 juillet, il présenta le chef de l'État comme empêché par ses ministres de s'avancer dans la voie libérale, et en quelque sorte comme opprimé par eux, selon l'expression de M. Picard, argumentation puérile en présence d'une constitution qui déclarait l'Empereur seul responsable. M. Émile Ollivier crut devoir protester contre tous les bruits qui avaient mêlé son nom à des combinaisons ministérielles au moment du décret du 19 janvier. Il avait conseillé de confier l'exécution des nouvelles mesures aux ministres investis de la confiance de la majorité, et qui pouvaient seuls leur assurer son adhésion. Malheureusement, ajouta-t-il, la lettre du 19 janvier, au lieu d'avoir donné le signal de la transformation du gouvernement, d'avoir marqué son passage de la dictature à la liberté, était tombée à l'état d'expédient sans valeur, « grâce à la mollesse « avec laquelle M. Rouher et ses collègues s'étaient prêtés à cette trans-« formation qu'ils n'avaient ni prévue ni souhaitée, mais que l'honneur « leur commandait d'opérer largement et loyalement, puisqu'ils l'avaient « acceptée. C'était ainsi que s'était conduit sir Robert Peel à partir du « jour où il résolut d'accomplir la réforme des lois sur les céréales ». Les pratiques administratives, condamnées depuis longtemps, reprennent une vigueur nouvelle, ajouta l'orateur ; les partisans des réformes sont traités en parias dans les départements; le ministère, dans la Chambre même, intervient pour exclure les 46 des commissions sur les lois nouvelles. Deux des ministres les plus importants, le ministre de l'intérieur et le ministre des affaires étrangères, sont éloignés de la Chambre, et le ministre d'État, sorte de « vice-empereur sans responsabilité », s'oppose de toutes ses forces au développement de la liberté parlementaire.

M. Émile Ollivier se trompait en comparant la situation de sir Robert Peel à celle de M. Rouher : l'un était libre de prendre conseil de luimême et de sa responsabilité en face du pays ; l'autre, au contraire, responsable seulement devant l'Empereur, interprétait sans doute au gré de son maître la pensée du 19 janvier, puisqu'il restait chargé de l'appliquer. M. Émile Ollivier, à la fin de son discours, signala un commencement de désaffection dans les populations et une sorte de décomposition générale qui finirait par placer le gouvernement dans une position difficile : « A l'heure où nous sommes, il n'y a que deux moyens à « tenter : ou une guerre qui, si elle n'est pas défensive, serait néfaste « pour l'humanité et sans profit pour le pays; ou l'établissement difficile « mais glorieux d'un gouvernement constitutionnel et libre. Dieu veuille, « puisqu'il incline les cœurs des rois où il veut, que notre souverain ait « la sagesse de préférer la liberté à la guerre. »

Les personnes qui encombraient le lendemain les tribunes dans l'espoir d'entendre la réponse de M. Rouher à M. Émile Ollivier, remarquèrent que tous les membres de la majorité venaient les uns après les autres, au début de la séance, présenter des félicitations au ministre d'état. M. Rouher avait reçu de l'Empereur une lettre [1], accompagnée de la plaque en diamants de grand-croix de la Légion d'honneur, « pour le dédommager d'injustes attaques ». Le désappointement du public n'en fut pas moins grand quand il vit que M. Rouher considérant cette marque de faveur, comme une réponse suffisante à son adversaire, se contenta de refaire à sa façon l'histoire de l'expédition du Mexique, et cette fois on peut dire qu'il dépassa les bornes de son assurance ordinaire : Le but de l'expédition, disait-il l'année dernière, sera atteint [2]; l'armée ne reviendra sur nos rivages que « son œuvre accomplie », et, après la chute de Maximilien, après tant de sang et d'argent dépensés, après tant de mécomptes, de faux calculs, de pertes, de douleurs, M. Rouher avait encore le triste courage de soutenir que le prestige de la France n'était pas diminué. Rien ne troubla son optimisme prémédité, pas même ces paroles brûlantes de M. Jules Favre : « Quand vous avez compromis les finances

---

1. « Palais des Tuileries, 13 juillet 1867.

« Mon cher monsieur Rouher,

« Je vous envoie la grand-croix de la Légion d'honneur en diamants. Des diamants n'ajoutent rien à la haute distinction qui vous est conférée depuis longtemps, mais je saisis ce moyen de vous donner une nouvelle preuve de ma confiance et de mon estime.

« Au milieu de vos nombreux travaux, au milieu des attaques injustes dont vous êtes l'objet, une attention amicale de ma part vous fera oublier, je l'espère, les ennuis inséparables de votre position, pour ne vous rappeler que vos succès et les services que journellement vous rendez au pays.

« Recevez, cher monsieur Rouher, l'assurance de ma sincère amitié.

« Napoléon. »

« Le *Constitutionnel*, en reproduisant cette lettre d'après le *Moniteur*, ajoutait : « Cette lettre sera comprise de tous, et sous l'attention délicate, on verra la pensée politique. »

2. L'abandon du Mexique était déjà décidé au moment où M. Rouher prononçait ces paroles en 1866.

« de la France, quand vous avez fait du sang de la France un usage qui
« doit peser si lourdement sur vos consciences, j'ai le droit de vous dire
« que dans un pays libre, vous seriez mis en accusation. »

Le Corps législatif entama, le 12 juillet, la discussion du budget du ministère de l'intérieur. C'était une occasion de passer en revue toutes les questions se rattachant à la politique intérieure du gouvernement. La gauche ne la négligea pas, mais la discussion n'offrit aucun incident remarquable.

Le corps législatif reçut, au dernier moment de la session, communication d'un projet que le gouvernement désirait fort lui faire voter avant qu'il se séparât. L'État, en vertu de ce projet, créerait et subventionnerait deux caisses d'assurances au profit des ouvriers : l'une, pour donner au travailleur les moyens de laisser à sa mort un certain capital à sa famille ; l'autre, pour lui permettre de s'assurer une rente viagère en cas d'accident entraînant incapacité de travail. L'idée était bonne et constituait une des meilleures applications du système de l'assurance. Des compagnies s'étaient créées en Angleterre et en Belgique pour la réaliser ; il en existait une aussi en France. Le gouvernement trouvait que l'initiative privée marchait trop lentement dans cette voie, sans songer aux entraves de toute nature qu'il mettait lui-même au développement de l'esprit d'association dans les classes ouvrières, et il concluait à la nécessité de leur venir en aide par des subventions. L'État demandait donc aux souscripteurs futurs de la société, dont il proposait la création, des cotisations bien inférieures à celles qu'auraient réclamées une compagnie ; mais, en se chargeant de combler la différence, il enlevait à l'assurance sa véritable utilité qui consiste à inspirer le goût de l'économie et de la prévoyance ; il faisait à l'ouvrier, avec les deniers des contribuables, une pension ou plutôt une aumône, et son projet n'était qu'une tentative de plus pour transformer l'État en providence et pour imprimer une direction dynastique au mouvement qui poussait les ouvriers à améliorer leur sort par l'association.

La discussion du budget des affaires étrangères ne pouvait pas exciter un intérêt bien vif en ce moment. Le pays entrevoyait de graves complications à l'horizon, mais ses inquiétudes sur l'avenir, constatées par le bilan de la Banque de France, l'empêchaient de sentir trop vivement les mécomptes du passé, même lorsqu'ils étaient ravivés par l'éloquence de M. Jules Favre et par le talent de M. Garnier-Pagès. M. Rouher, d'ailleurs, prit à tâche de rassurer le Corps législatif, en déclarant que le

Fig. 39. — Ouverture de la session dans la salle des États.

gouvernement ne renoncerait à la paix que « le jour où son honneur, sa dignité, la sécurité des frontières, seraient compromis ».

Les budgets de la marine, de l'Algérie et de l'instruction publique furent rapidement votés. Le budget de l'instruction publique et des beaux-arts fournit à M. Eugène Pelletan, l'occasion de traiter la question des subventions théâtrales. M. Eugène Pelletan en demanda la suppression pure et simple, comme conséquence de la liberté des théâtres. Le but qu'on voulait atteindre en proclamant cette liberté, était de développer la concurrence et par la concurrence de créer des talents nouveaux. Que devient la concurrence si l'on accorde des subventions à tel théâtre et non à tel autre? On prétend que les subventions élèvent le niveau de l'art. Mais où sont les chefs-d'œuvre qu'elles ont produits? Il n'y a d'élevé que les appointements des artistes qui montent toujours; les cahiers des charges des théâtres subventionnés ne sont point observés; les grands prix de Rome ne peuvent se faire jouer. Critiques vraies, mais M. Eugène Pelletan, malgré son talent, ne parvint pas cependant à convaincre la Chambre.

La discussion du budget ordinaire finit le 22 juillet; la Chambre termina ses travaux à la hâte. M. Rouher, il faut en convenir, avait manœuvré pendant la session avec une habileté qui le laissait maître de la situation. Menacé, au commencement de l'année, d'être obligé de partager le pouvoir avec un rival, forcé de soutenir des réformes qu'il déclarait dangereuses l'année précédente, et de les faire accepter par une majorité qui repoussait toutes les réformes, il n'hésita pas à se donner ce démenti, et à accepter cette tâche périlleuse. Il lui fallait pour réussir, reconquérir la confiance de l'Empereur un peu ébranlée par les attaques de M. Walewski, et calmer les alarmes des partisans de l'Empire stationnaire, et au besoin réactionnaire. Il y parvint, merveilleusement aidé par l'Impératrice et par l'indécision du caractère de son maître, qui ne faisait pas un pas en avant, sans songer aussitôt à en faire un autre en arrière. Il eut l'art de faire comprendre aux meneurs de la majorité, que s'il n'était guère possible de retirer les lois nouvelles, on pouvait en atténuer la portée par des artifices de rédaction, et que d'ailleurs la véritable signification d'une loi dépendait de celui qui se trouvait chargé d'en faire l'application. L'entente entre M. Rouher et l'Empereur d'une part, et entre M. Rouher et la majorité de l'autre, avait été rendue plus facile par les fautes de M. Émile Ollivier. La disgrâce de M. Walewski fut le premier signe de cette double réconciliation. La lettre adressée par l'Empereur à

M. Rouher, suivie de l'envoi de la plaque en diamants de la Légion d'honneur, en devint la confirmation éclatante. M. Rouher, au comble de la faveur à la cour, maître du cœur de la majorité à la Chambre, semblait désormais en mesure de défier tous ses ennemis.

L'Empereur déclara le 18 novembre 1868, en s'adressant aux grands corps de l'État, réunis au Louvre, que les événements lui avaient fait éprouver le désir de s'entourer des lumières du Sénat et du Corps législatif; il voulait calmer l'inquiétude qui régnait en Europe et qui restreignait le mouvement industriel et commercial. « Cet état d'incertitude ne saurait « durer plus longtemps. Il faut accepter franchement les changements « survenus, de l'autre côté du Rhin, proclamer que, tant que nos intérêts « et notre dignité ne seront pas menacés, nous ne nous mêlerons pas des « transformations qui s'opèrent par le vœu des populations. » Ce passage, qui faisait de l'appréciation toujours renaissante d'une question de dignité le régulateur de la paix, devenait plus alarmant, quand on le rapprochait de la présentation d'une nouvelle loi du recrutement militaire.

La seconde expédition romaine avait besoin d'un commentaire; l'Empereur déclara que l'intervention, rendue nécessaire par la non-exécution de la convention du 15 septembre, n'avait cependant « rien d'hostile à l'unité et à l'indépendance de l'Italie ».

Quelques phrases sonores sur l'Exposition, sur les chemins vicinaux, sur les voyages de l'Empereur et sur l'enthousiasme des populations, précédaient d'assez tristes aveux sur le malaise général, sur la mauvaise récolte et sur l'impossibilité d'atteindre complètement par les recettes, les évaluations du budget.

La session, d'après l'Empereur, devait être principalement consacrée à l'examen du résultat des lois déposées le 19 janvier dernier : « Le temps écoulé n'a pas changé mes convictions sur l'utilité de ces réformes. Sans doute l'exercice de ces libertés nouvelles expose les esprits à des excitations dangereuses, mais je compte à la fois pour les rendre impuissantes sur le bon sens du pays, le progrès des mœurs publiques, la fermeté de la répression, l'énergie et l'autorité du pouvoir. » L'Empereur, après ces encouragements mêlés de menaces, conviait le Corps législatif à poursuivre l'œuvre commune, c'est-à-dire à « maintenir au-dessus des controverses et des passions hostiles, nos lois fondamentales que le suffrage universel a sanctionnées, et à développer en même temps nos institutions libérales sans affaiblir le principe d'autorité ». Le chef de l'État manifestait ensuite l'espoir que les assemblées électives, marchant de plus en plus dans la voie du progrès et de la civilisation, adopteraient sans hésitation les lois qui leur étaient soumises. « Ces lois contribueront à la grandeur et à la richesse du pays. De mon côté, soyez-en sûrs, je maintiendrai haut et ferme le pouvoir qui m'a été confié, car les obstacles ou les résistances injustes n'ébranleront ni mon courage, ni ma foi dans l'avenir. »

Ce discours désappointait également, ceux qui comptaient y trouver des lumières sur la politique étrangère du gouvernement, et ceux qui s'attendaient à entendre de la bouche de l'Empereur la confirmation de la politique intérieure annoncée dans la lettre du 19 janvier. Les obscurités de la politique étrangère restaient les mêmes; celles de la politique intérieure n'étaient qu'en partie dissipées; son discours, peu propre en résumé à calmer les esprits, ne fit qu'augmenter l'impatience avec laquelle on attendait les interpellations annoncées dans les deux chambres, dont l'ouverture eut lieu le lendemain.

La mort, dans le court intervalle qui séparait les deux sessions, n'ayant frappé que M. Fould, M. le président du Sénat n'eut pas à faire de trop grands frais d'éloquence funèbre. Une demande d'interpellation relative aux affaires de Rome et d'Italie fut déposée dans la première séance du Sénat et lue au grand désespoir de M. Larabit, qui trouvait inconstitutionnel le seul énoncé d'une interpellation, non examinée par les bureaux. La discussion de cette interpellation s'ouvrit le 29, par un discours de Mgr de Bonnechose, cardinal-archevêque de Rouen, qui lança les reproches les plus virulents contre le gouvernement italien, qu'il accusa presque d'avoir voulu profiter de la présence des évêques à Rome, pour les faire égorger, et pour mettre ensuite le feu à la Ville éternelle. L'archevêque de Rouen maudissant l'unité italienne, « œuvre de la fraude, de la violence, de la corruption, du crime », supplia le Sénat, pour donner du courage à l'Empereur, en face des intimidations de l'Italie, et pour lui prouver qu'il a la nation derrière lui, d'offrir un témoignage particulier d'intérêt au pouvoir temporel; sur le Sénat seul, selon Mgr de Bonnechose, reposait la fortune de la papauté, car il n'attendait rien de la conférence : « Le débat est enfermé comme dans un cercle fatal dont les négociations ne le feront pas sortir » et d'ailleurs « jamais les pontifes n'ont accepté la compétence d'un tribunal européen ».

La séance du 30, qui suivit celle-ci, fut remplie par les discours de MM. Rouland, Darboy et de Moustier, ministre des affaires étrangères, délégué par décret pour soutenir le débat au nom du gouvernement.

Apologistes à divers degrés de la politique impériale, ces trois orateurs firent appel, pour la centième fois, à la conciliation entre l'Italie et la papauté temporelle, c'est-à-dire entre deux forces qu'ils savaient fort bien être inconciliables. Le discours de Mgr Darboy, archevêque de Paris, produisit néanmoins un certain effet. L'entente avec l'Italie ouvertement conseillée au pape par un membre de l'épiscopat français, c'était un spectacle nouveau. Ce n'est pas que l'archevêque de Paris contestât le moins du monde, les droits absolus du pape, « mais dans ce monde il
« n'y a pas que des droits, nous nous trouvons souvent embarrassés dans
« des nécessités matérielles, et les faits sont des faits; ils créent des
« intérêts qui, après avoir existé un certain temps, ne tardent pas à
« s'appeler des droits ». Mgr Darboy exposa la situation avec beaucoup de netteté. « La France a tenu ses engagements. Mais son intervention
« elle-même n'est qu'un acte temporaire, qui ne peut être considéré que
« comme un remède ou un expédient. C'est plus, j'ose le dire, une com-
« plication qu'une solution, et nous nous trouvons aujourd'hui dans une
« position plus difficile que précédemment en face de l'Italie qui pourrait
« se croire humiliée. La France, de son côté, est plus engagée encore,
« elle semble ne pouvoir guère ni avancer ni reculer. Sa présence à Rome
« crée des difficultés politique qui peuvent nécessiter des explications
« avec les autres États de l'Europe, et, d'un autre côté, elle ne saurait
« abandonner des droits qu'elle s'est engagée à soutenir. Voilà la situa-
« tion. »

M. de Moustier n'essaya pas de dissimuler les inextricables embarras dans lesquels le gouvernement s'était jeté, en faisant la seconde expédition de Rome; l'Italie, dit-il, frémit de la tutelle de Napoléon III, et le Saint-Siége le somme de le restaurer entièrement. Cédera-t-il à l'Italie ou au pape? « Ramener l'Italie où elle en était il y a huit ans, *ce serait tenter Dieu.* » L'Empereur ne le fera pas. Que fera-t-il? M. de Moustier répond : « De même que nous ne demandons pas à Dieu plus que le pain quotidien, de même il est juste qu'on n'exige pas du gouvernement au delà de son devoir de chaque jour. » Un tel langage paraissait singulier dans la bouche d'un homme d'État. Il résultait tout simplement du discours du ministre des affaires étrangères que l'Empereur ferait, comme par le passé, de la conciliation entre des choses inconciliables et de la politique au jour le jour, jusqu'au moment « où le gouvernement italien
« comprendrait la nécessité de mettre fin à une situation impossible et où
« il fournirait au gouvernement impérial, les moyens de faire cesser un

« état de choses si fâcheux pour tous les intérêts ». De quels moyens s'agissait-il? M. de Moustier ne le disait pas : la situation restait donc résumée par ces mots de Mgr Darboy : L'Empereur ne peut avancer ni reculer. Évacuer les États romains le plus tôt possible, et en appeler à une conférence européenne, telle était la conclusion qu'on pouvait tirer du discours du ministre des affaires étrangères; mais comme M. de Moustier subordonnait l'évacuation à la sécurité du pape, et comme la réunion de la conférence dépendait du consentement de l'Europe, ce qui triomphait en définitive, c'était le *statu quo*. Le Sénat n'en donna pas moins raison à cette politique négative.

M. Chaix-d'Est-Ange lut, le 28 mars, son rapport sur une pétition destinée à faire beaucoup de bruit, et demandant l'exercice de la liberté de l'enseignement, machine de guerre dirigée par le parti clérical contre l'enseignement laïque. Ce rapport, pâle et décoloré comme la pensée d'un homme qui ne veut pas prendre parti, concluait cependant à l'ordre du jour. La discussion de la pétition fut fixée au 19 mai. « Sur la demande de nosseigneurs les cardinaux, retenus dans leurs diocèses par les fêtes de Pâques », M. Ségur-d'Aguesseau émit le vœu que M. Duruy figurât parmi les commissaires appelés à représenter le gouvernement dans la discussion. M. Troplong repoussa sévèrement cette demande inconstitutionnelle.

Le Sénat, en attendant le 19 mai, dut se prononcer sur une liberté non moins importante que celle de l'enseignement, la question de la liberté de la presse, à propos de la loi récemment votée par le Corps législatif.

La discussion de cette loi commença le 4 mai et dura quatre jours, ce qui est beaucoup pour un sujet aussi épuisé. Le rapporteur était M. de Maupas. Ce personnage comptait parmi les représentants de ce parti qui se prétendait, en principe, converti à la nécessité des réformes, mais qui en pratique les repoussait obstinément surtout par cette raison qu'il n'était pas chargé de leur application. M. de Maupas, sans attaquer ouvertement la loi, concluait néanmoins à son renvoi à une seconde lecture, pour éviter à l'Empire le sort des deux dernières monarchies tuées par la presse.

M. Leroy Saint-Arnaud s'étonna fort de la brusque conversion des ministres à une liberté qu'ils condamnaient naguère si sévèrement, et il demanda le maintien de la législation de 1852 en matière de presse; plus d'un sénateur était de son avis, et la loi courait grand risque d'être renvoyée à une seconde délibération, lorsque M. Rouher intervint, et fit en quelque sorte honte de leur opposition aux sénateurs récalcitrants : Eh quoi! leur dit-il, c'est au moment où le chef de l'État, envisageant d'un œil tranquille le présent et l'avenir, juge après quinze ans de règne qu'il est temps de renoncer au pouvoir discrétionnaire de 1852, de préparer le couronnement d'un grand règne et l'avènement de son héritier, que vous prétendez opposer votre expérience à la sienne?

De nombreuses voix aussitôt demandent la clôture de la discussion générale. Le président va la prononcer, mais d'autres voix réclament un vote ; M. Troplong consulte donc le Sénat ; une majorité assez considérable décide que la discussion doit continuer ; c'est à M. Sainte-Beuve à parler ; il monte à la tribune, et il débute par signaler le contraste qui existe entre le procès des comptes rendus, et la liberté rendue aux journaux de paraître sans autorisation. A quoi bon cette liberté, quand on rend leur existence impossible? il oppose ensuite les équivoques et les contradictions de la politique actuelle à la pensée impériale. Jamais, ajoute-t-il, politique plus généreuse, plus élevée que celle de la lettre du 19 janvier n'a été servie plus à contre-cœur. A mesure qu'il cite des preuves à l'appui, le bruit des conversations particulières augmente et couvre peu à peu sa voix. Quelques sénateurs affectent de lui tourner le dos, on l'interrompt grossièrement : On ne s'impose pas à une assemblée, lui crie M. de Laforce. M. de Heeckeren demande si on laissera mettre au *Moniteur* un discours que personne n'entend : « Laissez-moi achever, « dit M. Sainte-Beuve, ce sera de meilleur goût ; je tiens à avoir mon « affront jusqu'au bout. J'ai mon public ; si on me retire ici la parole, on « m'entendra ailleurs. »

Le Sénat, après ce discours, qui fut en effet mieux entendu du public que de la haute assemblée, passa au vote. Le renvoi à une seconde délibération n'en réunit pas moins, malgré M. Rouher, 23 voix contre 94. Les cardinaux votèrent contre le gouvernement.

La discussion sur la liberté de l'enseignement s'ouvrit le 19 mai par un discours du baron Dupin contre la théorie des générations spontanées, le positivisme et les recherches expérimentales qui sont la base de la science moderne. M. Sainte-Beuve, que l'avanie qu'on lui avait faite ne décourageait pas, soutint que la science n'a pas besoin d'excuse. N'est-ce pas, dit-il, une chose triste et comique à la fois que de voir des hommes éminents obligés de s'expliquer sur une foule d'accusations saugrenues? Tel professeur a, dit-on, fait l'éloge de Malthus, tel autre a irrévérencieusement parlé d'un scapulaire mis au cou d'un malade, tel

Fig. 40. — Le Président du Sénat montant l'escalier d'honneur du Luxembourg, pour se rendre à la salle des séances.

autre a appliqué les lois de la physiologie à la définition de la fièvre. On dénonce des thèses au Sénat, et cette assemblée est mise en demeure de décider si telle thèse soutenue en Sorbonne contient une négation du libre arbitre. La science veut être libre ; elle a sa méthode, son langage, auquel on ne peut imposer de règle au nom d'une croyance.

L'orateur, après avoir montré le surnaturel s'effaçant chaque jour devant la science, la vérité se modifiant selon l'individu, et renonçant à s'imposer, signala l'opposition désespérée du parti *clérical* à la pensée moderne ; Mgr le cardinal-archevêque de Bordeaux protesta contre l'emploi de ce mot qui n'a cependant rien de blessant en lui-même ; ce fut seulement le lendemain que le cardinal prit une part directe à la discussion : le matérialisme, dit-il, amène la perversion des mœurs et le renversement de l'ordre social ; sans une religion fixe, il n'y a pas de morale. Le Sénat, sauf M. Sainte-Beuve, ne comptait pas un seul de ses membres capable de contester cette assertion, M. Quentin-Bauchard moins que tout autre ; mais n'étant pas bien sûr de la réalité de l'accusation de matérialisme qu'on faisait peser sur quelques professeurs, il demandait qu'on lui en fournît les preuves. Mgr l'archevêque de Rouen lut aussitôt quelques passages du dictionnaire de MM. Littré et Robin, autrefois connu sous le nom de *Dictionnaire de Nysten*, contenant cette définition de l'homme : « Animal mammifère de l'ordre des primates, famille des bimanes, etc. » Cet article lui arracha des cris d'indignation, comme si un dictionnaire était un catéchisme, et comme si la physiologie était tenue de se conformer à la théologie.

M. Duruy, ministre de l'instruction publique, désigné comme commissaire du gouvernement selon le vœu de M. Ségur-d'Aguesseau, jugé cependant si inconstitutionnel par M. Troplong, laissa de côté la question de principe, et se retrancha dans des atténuations de faits ; M. Robert, conseiller d'État, chargé également de représenter le gouvernement dans la discussion, admettait que le professeur traitât des propriétés de la matière, de l'organisation vitale de l'anatomie humaine, en lui refusant le droit d'émettre aucune hypothèse sur la production de la pensée, sur les phénomènes intellectuels et moraux si étroitement liés aux phénomènes matériels. C'était donner au fond, raison aux pétitionnaires. Ils n'obtinrent pas cependant gain de cause. Le renvoi au ministre de l'instruction publique ne fut appuyé que par 14 voix.

La question des bibliothèques populaires revint devant le Sénat le 9 juin. Quinze habitants d'Oullins se plaignaient du choix des ouvrages admis dans la bibliothèque de cette ville. C'était en réalité se plaindre du ministre, car il est seul apte, aux termes de l'article 291 du Code pénal, à autoriser toute association de vingt personnes, fût-elle formée uniquement pour se livrer au plaisir de la lecture ; la surveillance des bibliothèques populaires appartenait donc à l'État, remplissant à leur égard l'office rempli à Rome par la congrégation de l'Index. M. Nisard soutint, en vertu de ce principe, que les bibliothèques n'appartenaient pas aux citoyens qui les avaient achetées à frais communs, et qu'elles formaient une institution publique d'enseignement soumise à l'autorité pour le choix des livres. Le commissaire du gouvernement ayant adopté cette théorie et ayant promis de s'y conformer scrupuleusement, le Sénat, tout en approuvant la pétition des quinze habitants d'Oullins, leur refusa la satisfaction de renvoyer leur pétition au ministre.

La session du Sénat continua et finit sans autre incident remarquable que le rejet, au moyen de la question préalable, d'une demande en autorisation de poursuite, formée par un citoyen contre M. Delangle.

Le Corps législatif avait inauguré sa session le même jour que le Sénat. M. le président Schneider crut pouvoir se dispenser de tout discours d'ouverture. L'élection du bureau fut marquée par un petit succès du tiers-parti qui réussit à faire nommer M. Martel secrétaire. Les députés ne tardèrent pas à apprendre qu'ils auraient à se prononcer dans leurs bureaux sur quatre demandes d'interpellation relatives à la politique extérieure, à la politique intérieure, à l'application des lois relatives à la liberté individuelle et à l'expédition de Rome. La majorité n'admit que celle-là.

La grande lutte oratoire que présageait l'interpellation sur la question romaine s'ouvrit le 2 décembre. Elle n'offrit pas tout de suite aux rares élus qui parvinrent à pénétrer dans les étroites tribunes du Corps législatif, les émotions qu'ils allaient y chercher, d'abord parce que le résultat en était connu d'avance, et ensuite parce que le pouvoir de l'éloquence, quelque grand qu'il soit, ne va pas jusqu'à rajeunir des banalités qui traînent depuis dix-huit ans dans la polémique des journaux. M. Jules Favre, qui occupa la tribune pendant toute la séance, n'eut pas de peine à démontrer que la seconde expédition de Rome était plus impardonnable que la première ; qu'elle nuisait aux intérêts du gouvernement impérial autant qu'à ceux de la papauté, et que la restauration du pouvoir temporel à Rome entraînait dans l'Italie entière, la restauration des princes déchus ; le gouvernement impérial violait le droit, abusait de la force et restait frappé d'impuissance en soulevant contre lui les cléricaux et les démocrates. L'orateur refit l'historique de notre intervention, sinon avec une originalité impossible, du moins avec une clarté saisissante; il prouva que le gouvernement impérial avait violé la convention du 15 septembre avant le gouvernement italien, et qu'en définitive, il fallait laisser Rome et l'Italie s'arranger ensemble, ou s'établir à Rome comme gendarme du *Syllabus*.

M. Jules Simon examina la question romaine à un autre point de vue : cette question, dominée par celle des concordats, ne pouvait être résolue, selon lui, que par l'abolition du système concordataire, en un mot, par la séparation entre l'Église et l'État. Voilà, dit M. Jules Simon, la solution du problème qui s'agite en Italie, problème immense, car la cause de la liberté humaine y est intéressée. Les concordats, continua l'orateur, laissent en effet subsister chez les peuples une certaine tolérance pour la liberté de penser, mais la liberté elle-même n'y règne pas. La doctrine de la séparation entre l'Église et l'État n'avait jamais été exposée dans une Chambre française avec cette clarté et cette hauteur, mais la France n'était pas encore mûre pour son application.

M. Adolphe Guéroult soutint que la politique impériale ne servait qu'à encourager le pape dans sa résistance, et que si l'Empereur retirait sa main de Rome, le pape céderait. M. Guéroult ajouta que si jusqu'ici il avait cru « que le gouvernement arriverait progressivement à l'application des idées libérales, cette croyance commençait à être fort ébranlée dans son esprit », et il termina ainsi : « Si le gouvernement persiste dans son hésitation chronique, dans sa soumission à la politique cléricale, il n'aura pas d'adversaire plus résolu que moi. » Cette déclaration ne manquait pas d'importance dans la bouche d'un homme de talent, directeur d'un journal influent, et qui seul, dans le parti démocratique, avait cru possible d'associer sa cause à celle de l'Empire.

Les catholiques, plus exigeants à mesure qu'on leur accordait davantage, avaient résolu d'obtenir du gouvernemeut l'engagement formel de maintenir le pouvoir temporel. M. Chesnelong, au nom de la nécessité de ce pouvoir, acceptée dans l'adresse de l'année dernière, demanda en leur nom, que la conférence entre les puissances dont il était question, eût pour objet, non pas de discuter les conditions d'existence du pouvoir temporel, mais de le consacrer comme une espèce de dogme à la défense duquel la France, à défaut de l'Europe, se vouerait entièrement. Le gouvernement aurait bien voulu réserver sa liberté d'action, mais M. Thiers

vint en aide à M. Chesnelong et insista sur la déclaration demandée, en sommant le gouvernement de sortir des équivoques et des ambiguïtés. M. Rouher comprit qu'il fallait à tout prix ressaisir son empire. « J'espère, dit-il, en montant à la tribune, donner à mes déclarations une telle netteté, que tous les nuages seront dissipés. « Les trois termes de la ques-
« tion sont, dit-il, Rome, Florence, Paris. Un complot parti de « *la cité*
« *des lacs* »[1], menaçait tous les trônes, les miasmes fétides de la déma-
« gogie ont rasé le sol de Paris; la presse révolutionnaire s'est élevée
« contre l'intervention; l'Empereur, en volant au secours de la papauté,
« a réprimé une révolution éhontée sans limite, dans ses espérances
« comme dans son audace. »

M. Rouher reprend : « Il y a un dilemme : le pape a besoin de Rome pour son indépendance; l'Italie aspire à Rome qu'elle considère comme un besoin impérieux de son unité. Eh bien, nous le déclarons au nom du gouvernement français, l'Italie ne s'emparera pas de Rome. Jamais !.... » La droite se levant tout entière lui répond avant qu'il ait achevé : « Non, jamais ! jamais ! » M. Rouher se tournant vers la majorité lui demande pathétiquement s'il y a entre elle et lui communauté d'idées ? Oui ! oui ! répondent les députés de la droite. « Que cet accord, reprend le ministre
« d'État, se traduise donc dans un vote unanime de confiance. Restons
« unis et compactes, car c'est là notre force. La révolution veille, cher-
« chant la brèche qui se pourrait faire : resserrez vos liens, confondez vos
« votes : le gouvernement vous a dit avec franchise ses projets, ses actes,
« sa politique. Pourriez-vous en douter encore lorsque vous avez pour
« gage la bataille de Mentana et notre drapeau qui flotte sur les murs de
« Civita-Vecchia ? »

M. Rouher s'était borné à prononcer le mot de Rome dans tous les endroits de son discours où il était question de garantir l'existence du pouvoir temporel. La majorité, pour se rendre, n'attendait qu'une explication à cet égard; le ministre d'État, conduit à la tribune par MM. Thiers et Berryer qui lui servaient en quelque sorte de témoins, déclara solennellement que s'il n'avait parlé que de Rome, c'était pour abréger le discours et que l'inviolabilité accordée par la France s'étendait à tout le territoire actuel du saint-père. M. Berryer s'écrie que son émotion ne lui permet pas de monter à la tribune; les paroles de M. Rouher comblent tous ses vœux. M. Jules Favre essaye en vain de se faire entendre. M. Rou-

---

1. Allusion au Congrès de Genève.

her, vainqueur et vaincu à la fois, est l'objet d'une véritable ovation. Les députés échangent entre eux d'interminables félicitations, sans songer que les déclarations coûtaient peu à M. Rouher. Le ministre d'État n'avait-il pas déclaré, en effet, que l'armée française ne quitterait pas le Mexique avant d'avoir solidement fondé l'empire de Maximilien? Quelle que dût être la suite de la déclaration qu'il venait de faire au sujet de Rome, il n'en est pas moins certain que sa première conséquence était de rendre la conférence impossible.

M. Rouher fut beaucoup moins net sur les affaires allemandes que sur les affaires de Rome. Le ministre de Napoléon III, lui dit M. Garnier-Pagès, se félicitait en 1866 de voir l'Allemagne s'affaiblir en se divisant en trois tronçons; forcé de renoncer à ces tronçons, il s'est rabattu à demander des compensations territoriales; repoussé de ce côté, il s'est retourné du côté de l'Autriche; Napoléon III est allé à Salzbourg; François-Joseph est venu à Paris. Qu'est-il résulté de ces entrevues? Où en est aujourd'hui la politique impériale? M. Rouher ne trouva pas de réponse à ces questions.

Les dispositions du décret du 16 janvier 1867 relatives au droit d'interpellation interdisaient au Corps législatif de formuler par un ordre du jour motivé son opinion sur les questions dont il avait autorisé la discussion. M. Buffet, à la fin de cette séance, déposa une demande d'interpellation pour obtenir la restitution au Corps législatif d'un droit dont les dernières circonstances faisaient particulièrement ressortir l'importance. L'article du décret, qui, en subordonnant le droit d'interpeller à l'autorisation de quatre bureaux, mettait en quelque sorte la minorité à la discrétion de la majorité, appelait une réforme non moins urgente. La Chambre ne jugea pas à propos d'autoriser l'interpellation de M. Buffet.

La séance du 10 décembre fut signalée par un assez grave incident. M. de Kerveguen, l'un des députés les plus obscurs de la majorité, s'était enfin fait connaître dans la dernière session, par la présentation d'un amendement à la loi sur la presse, dont tous ses collègues et tous les journaux s'étaient fort moqués. M. de Kerveguen, ayant pris goût à la célébrité, ne trouva rien de mieux pour attirer l'attention sur lui, que de porter à la tribune l'accusation de vénalité contre les principaux journaux de son pays, sans autres preuves que les assertions d'un journal d'affaires, *La Finance*, publié en Belgique, par un homme de bourse, ancien rédacteur du *Monde*. « Si les fonds secrets du budget prussien, disait la feuille belge, se sont élevés, en 1866, à 729 000 thalers, au lieu de 35 000, chiffre habituel, c'est que les subventions étrangères ont été surélevées, et que, notamment, 50 000 thalers ont été alloués à cinq grands journaux parisiens. »

La Chambre aurait dû empêcher la lecture de ce factum; M. Berryer et M. Émile Ollivier le demandèrent vainement; la majorité, tout entière au plaisir d'entendre calomnier ses adversaires, n'eut d'autre souci que d'imposer silence à MM. Havin et Guéroult, qui, nommés dans l'article, protestaient avec une véhémence bien naturelle. Le président, au lieu de rappeler la Chambre au sentiment de sa dignité et de couper court à l'incident, rappelle M. Guéroult à l'ordre. Ce dernier somme M. de Kerveguen de prendre la calomnie à son compte; M. Pelletan lui crie : « Quand on porte de pareilles calomnies à la tribune, il faut avoir le courage de les soutenir personnellement. » L'orateur continue sa lecture et, après avoir fini, il regagne triomphalement sa place, où il reçoit les félicitations de ses collègues[1].

Un débat s'engagea dans la séance du 15, sur la priorité de discussion à accorder à la loi sur la presse, que de nombreux refus d'autorisation rendaient particulièrement opportune, ou à la loi sur le droit de réunion dont le projet était déposé, ou à la loi militaire. La Chambre se prononça en faveur de cette dernière, sur l'observation de M. Larrabure que le contingent militaire de la classe de 1867 devait être fixé par un vote, et que ce vote avait besoin d'être précédé par celui de l'organisation militaire.

1. Les journaux français calomniés par la feuille belge *la Finance* étaient : le *Journal des Débats*, le *Siècle*, l'*Opinion nationale*, l'*Avenir national*. Le *Journal des Débats*, profitant de la législation anglaise qui permet la preuve des faits annoncés en matière de diffamation, avait pu atteindre dans les journaux anglais la calomnie qui y avait traîné, et que M. de Kerveguen avait ensuite ramassée dans la *Finance* de Bruxelles. Le *Siècle* et l'*Opinion nationale* ne pouvant attendre des tribunaux belges et des tribunaux français qu'une condamnation certaine, mais sans grande signification morale, puisque les lois de ces deux pays repoussent la preuve de la diffamation, durent se contenter de mettre en demeure M. de Kerveguen de justifier ses allégations devant un jury d'honneur. Ce jury, composé de MM. Marie et Jules Favre d'un côté et de MM. d'Andelarre et Martel de l'autre, devait être présidé par M. Schneider; ce dernier se récusa sous ce prétexte singulier que le verdict, quel qu'il fût, ne pouvait manquer d'être désagréable à l'un de ses collègues.

Le jury du Corps législatif ne pouvait s'appliquer à l'*Avenir national*, dont les rédacteurs ne faisaient point partie de cette assemblée ; ce journal demanda la formation d'un jury pour lui. Le *Journal des Débats*, ne pouvant non plus atteindre ses calomniateurs en Belgique, se joignit à l'*Avenir national* pour demander que la lumière se fît sur « une indigne accusation qu'il ne s'attendait pas à voir transporter des bas-fonds de la presse cléricale, à la tribune du Corps législatif. »

Il est inutile de dire quel fut le verdict du jury. L'opinion publique dispensait d'avance les journaux calomniés par M. de Kerveguen de s'y soumettre. L'auteur des articles de la *Finance* a été depuis flétri pour abus de confiance et escroquerie, par un jugement de la police correctionnelle.

Fig. 41. — La garde mobile.

La durée du service militaire était fixée, par la loi de 1832, à sept ans, à compter du 1ᵉʳ janvier de l'année du tirage au sort, soit, en réalité, six ans et demi environ; les conscrits ne rejoignant guère leurs corps que vers le milieu de l'année. La loi nouvelle portait cette durée à neuf ans à partir du 1ᵉʳ juillet, par conséquent neuf ans pleins. Les jeunes gens, il est vrai, sur ces neuf ans, n'en passaient que cinq dans l'armée active; ils servaient le reste du temps dans la réserve. Cette réserve ne pouvait être appelée à l'activité de service qu'en temps de guerre, par décret de l'Empereur et par classe, en commençant par la plus ancienne. Le mariage y était permis pendant les trois dernières années. L'armée française, avec un contingent de 100 000 hommes, se composerait donc désormais d'environ 750 000 hommes, dont 500 000 dans l'armée active et 250 000 dans la réserve.

Les jeunes gens non compris dans le contingent annuel, les exemptés pour une autre cause que le défaut de taille ou les infirmités, formaient la garde nationale mobile; elle ne pouvait être appelée à l'activité que par une loi, et elle ne devait servir qu'à l'intérieur. Quinze réunions par an, ne donnant pas lieu à plus d'un jour de déplacement, composaient tout son service. Le premier projet de loi, en déterminant *à priori* le chiffre de l'armée, portait une atteinte directe au droit du Corps législatif; le projet nouveau évitait cette atteinte dans la forme, mais, au fond, rien n'était changé, puisqu'on savait d'avance que le contingent normal serait annuellement de 100 000 hommes. La loi militaire abolissait le régime si décrié du remplacement administratif et de l'exonération avec prime, établi par la loi de 1855.

La gauche, dominée par les illusions et par les nobles sentiments qui remplissaient le cœur de tous les démocrates, manifestait une vive répugnance contre la loi, qu'elle considérait comme une tentative du gouvernement pour « encaserner » la nation tout entière. M. Jules Simon l'attaqua d'abord à ce point de vue; il s'efforça de montrer ensuite les aggravations de charge qu'elle imposait à la population. Les charges de la loi de 1832 elle-même paraissaient trop lourdes à l'orateur dont les généreuses illusions se traduisirent dans cette phrase : « Une bonne cause à défendre, celle de la justice et de la liberté, rendra notre armée invincible. »

La discussion générale de la loi se termina le 21. Celle des articles se prolongea jusqu'à la fin de l'année.

Le Corps législatif reprit, le 7 janvier, ses séances, et quelques jours après, M. Ernest Picard interpella le gouvernemeut au sujet des poursuites intentées à des journaux, prévenus d'avoir publié des comptes rendus « illicites » des débats de la Chambre. Il s'agissait d'obtenir de M. Rouher une définition nette de ce que le gouvernement entendait par ce mot de *compte rendu illicite*, mais cette tentative ne réussit pas mieux que toutes les tentatives faites précédemment dans la même intention.

La Chambre, après avoir voté le 14 janvier, par 199 voix contre 65, la loi sur le recrutement de l'armée et de la garde nationale mobile, dont la discussion avait rempli dix-huit séances, touchait au moment de discuter la loi sur la presse. Les dispositions de la Chambre à l'égard de la loi étaient si hostiles, que le bruit courut que le gouvernement, s'il ne retirait pas la loi, ne la soutiendrait qu'avec une mollesse voisine de l'abandon. L'indécision ordinaire de l'Empereur, tiraillé en sens contraire par les partisans des réformes, et par les membres du parti de l'Impératrice, semblait faire tous les jours de nouveaux progrès ; c'est une heure seulement avant la séance du 29, où devait s'ouvrir la discussion générale, qu'il fit enfin connaître à M. Rouher sa volonté de maintenir la loi.

La liberté de la presse a été, depuis 89, l'objet de tant de discussions, auxquelles ont pris part tant d'hommes éloquents et profonds, qu'on rougit involontairement, en songeant que cette grande question qu'on avait cru à jamais résolue, allait être encore une fois mise en discussion. Trouver des arguments nouveaux était impossible ; les orateurs de l'opposition le comprenaient bien, mais ils pouvaient répondre, à ceux qui leur reprochaient de reproduire les arguments de leurs devanciers, par ces mots de Benjamin Constant : « Quand, dans la pratique, on agit envers les vérités démontrées comme si elles étaient des paradoxes, on ne doit pas dans la théorie les traiter de lieux communs. » S'il était interdit aux orateurs de l'opposition d'être originaux sur le terrain des principes, ils surent tirer de la loi même, et des conséquences désastreuses que la suppression de la liberté de la presse avait eues pour nos affaires, des effets justes et saisissants. MM. Eugène Pelletan, Jules Simon, Jules Favre et Thiers prirent une part importante aux débats. M. Pinard, ministre de l'intérieur, répondit à ce dernier. C'était son début comme orateur politique ; il ne remplit pas complètement l'attente de ses amis.

Un orateur seul, M. Émile Ollivier, apporta un élément nouveau dans la discussion, en exposant pour la première fois à la tribune le principe de l'impunité de la presse, qu'il empruntait à M. Émile de Girardin, en le mitigeant par l'admission de deux cas où devait cesser cette impunité : d'abord lorsqu'un journal se rend coupable de diffamation ou d'injure ; ensuite lorsqu'il provoque directement à la perpétration d'un fait qualifié par la loi crime ou délit, et que cette provocation est suivie d'effet.

Fig. 42. — Les cardinaux votent au Sénat contre le gouvernement.

La majorité voterait-elle la loi? Le doute qui régnait à cet égard ne fit que s'accroître après le discours de M. Granier de Cassagnac, par lequel l'orateur s'efforçait de prouver qu'il y avait incompatibilité absolue entre la liberté de la presse et la stabilité des gouvernements. La franchise avec laquelle il développa sa thèse, d'ailleurs si conforme aux convictions intimes de la majorité, produisit sur elle la plus vive impression. La loi aurait très-probablement été repoussée, si le vote avait eu lieu immédiatement ; la mollesse des orateurs du gouvernement à la défendre, les félicitations envoyées par l'Empereur à M. Granier de Cassagnac, après son discours, l'air triomphant des membres du cercle de l'Arcade, faisaient craindre que le gouvernement n'eût recours à quelque moyen détourné pour enterrer la loi. L'Empereur finit cependant par comprendre qu'il s'était trop avancé pour reculer. La majorité, avertie de cette décision suprême, courba la tête. L'article 1er de la loi supprimant l'autorisation préalable, était au fond toute la loi; la Chambre l'adopta par 276 voix contre 7. « Les sept sages de la Grèce! » s'écria M. Granier de Cassagnac, qui figurait parmi eux avec MM. Creuzet, Delamarre, Édouard Fould, de Geiger, Noualhier, de Saint-Paul.

Quatre-vingts ans après 89, on était réduit à se féliciter comme d'une grande victoire, d'un vote par lequel on n'obtenait en définitive qu'une concession dont rien ne garantissait la durée.

La discussion continua, sans interruption, sur les articles de la loi, parmi lesquels l'article 3 sur le timbre n'était pas le moins important. Le timbre n'existait ni en Angleterre, ni aux États-Unis, ni en Suisse, ni en Italie; la Prusse allait l'abolir. L'obstination à le maintenir en France, pays de suffrage universel, paraissait d'autant plus choquante, qu'un journal ne faisait ses frais que s'il encaissait 300 000 francs d'annonces. Le timbre étant de 21 fr. 60 par abonnement du prix de 42 francs, le fisc prélevait donc la moitié de l'abonnement. Le journal qui ne tirait qu'à 10 000 numéros perdait ce que le timbre prélevait non sur ses bénéfices, mais sur sa recette brute. La gauche, par un premier amendement, demandait une réduction proportionnée du timbre; par un second amendement, elle visait à supprimer l'inégalité qui existait entre la presse politique et la presse non politique, par suite de l'exemption du timbre accordée à cette dernière très à tort, car les journaux auxquels elle s'appliquait publiaient souvent des nouvelles, des faits, des informations qui, sans rentrer dans la politique proprement dite par suite de l'absence d'appréciation, les faisaient néanmoins sortir du domaine de la littérature. Tout ce que la presse politique obtint de la majorité, se réduisit enfin à une réduction de 1 centime sur le timbre.

L'article 2 de la loi, substituant l'amende à la peine corporelle de l'emprisonnement, remplaçait la responsabilité de l'écrivain par celle du propriétaire et liait sa conscience par la crainte de causer des pertes matérielles à autrui. Soumettre la pensée au capital et placer le caissier au-dessus du rédacteur en chef, était-ce là le résultat qu'on voulait atteindre? Un membre de la majorité, M. Louvet, fut frappé sans doute de la crainte de voir le journaliste soustrait à un genre de peine quelconque, déposa un amendement qui rétablissait l'emprisonnement en laissant au juge la faculté de le prononcer sans l'amende ou avec l'amende qui devait être au minimum de $1/15^e$ du cautionnement et de moitié au maximum, c'est-à-dire 25 000 francs à Paris. L'amende, s'il y avait trois prévenus, le rédacteur, le gérant et l'imprimeur, pouvait donc s'élever à la somme exorbitante de 75 000 francs. C'était la confiscation, à laquelle se joindrait la privation des droits électoraux pendant cinq ans, car la loi l'infligeait à tout individu condamné pour délit de presse. M. Jules Simon soutint avec raison que la privation des droits politiques ne peut être considérée comme l'accessoire d'une autre peine. M. Jules Favre voulut, après lui, faire remarquer que le pouvoir retirait d'une main ce qu'il donnait de l'autre; M. Schneider l'avertit de ne pas dénaturer la pensée du gouvernement. M. Pelletan s'éleva contre un article en vertu duquel les hommes les plus illustres, Chateaubriand et Benjamin Constant, auraient été exposés à se voir interdire les fonctions civiques. Les protestations des orateurs de l'opposition restèrent vaines.

L'amendement fut adopté. La droite était poussée par un besoin de répression qui, chez quelques députés, allait jusqu'à la manie. MM. de Guilloutet, Creuzet, Camille Dollfus et autres ne déposèrent-ils pas en effet, le 11 février, un amendement ainsi conçu : « Toute allégation « malveillante, relative à la vie privée, publiée par la voie de la presse, est « punie d'une amende de 500 à 5000 francs; la poursuite ne peut être « exercée que sur la plainte de la partie intéressée. » Cet amendement, qui créait un délit inconnu jusqu'à ce jour dans tous les codes, fut pris en considération et renvoyé à la commission. Les auteurs en profitèrent pour le perfectionner en accordant aux magistrats du parquet, le droit de poursuivre d'office, moyennant le simple consentement de la partie intéressée, qu'il s'agît d'une allégation malveillante ou non. C'était renverser toutes les lois de la morale.

Un grave incident signala, le 14 février, la discussion de l'article additionnel de M. Berryer demandant que, chaque année, le roulement pour la composition des chambres correctionnelles se fît en audience publique, par la voie du tirage au sort, des noms des présidents, vice-présidents et juges. C'était un moyen d'atténuer les inconvénients de la justice correctionnelle, où le juge maintenu dans la chambre dont il fait partie ou appelé dans une autre uniquement d'après la volonté du président, du procureur général ou du ministre, perd en quelque sorte le privilège de l'inamovibilité. Le décret de 1859, qui formule cette jurisprudence, était devenu la source des plus scandaleux abus. Six juges du tribunal civil avaient présidé la sixième chambre depuis 1859 ; tous les six, au bout d'un an, étaient parvenus au grade supérieur. Le président de la sixième chambre correctionnelle en 1859 avait été nommé conseiller en 1860 ; le président de 1861 conseiller en 1862 ; le président de 1862 conseiller en 1863 ; le président de 1864 conseiller en 1865 ; celui de 1866 conseiller en 1867. Nous attendons le sort de celui qui préside en ce moment, ajouta M. Berryer, de sa grande et honnête voix, résonnant au milieu de la Chambre silencieuse et émue.

Le garde des sceaux essaya de faire entendre les protestations ordinaires, en l'honneur de l'incorruptibilité de la magistrature française. L'effet était produit ; M. Schneider comprit que ce qu'il y avait de mieux à faire dans l'intérêt du gouvernement, était de détourner la discussion ; il crut devoir rappeler au sentiment de sa propre dignité, puis à l'ordre, M. Eugène Pelletan, qui faisait tout haut les réflexions que les révélations de M. Berryer suggéraient à toutes les consciences droites. La majorité demanda la clôture et la fit voter. Quarante voix cependant se prononcèrent pour l'amendement de M. Berryer.

Un autre article additionnel amena, le 15, M. Berryer à la tribune. Les progrès de l'industrie ont créé des individualités qui exercent une influence puissante sur la société. Les hommes placés à la tête de certains établissements financiers administrent les intérêts privés sur une si grande échelle qu'ils peuvent être considérés comme les gérants des intérêts publics. M. Berryer demandait qu'en attaquant par la voie des journaux les directeurs des grandes compagnies et des grandes institutions financières, on pût être admis à faire contre eux la preuve des faits, comme pour les fonctionnaires. Le ministre de l'intérieur et le ministre d'État repoussèrent avec chaleur cet amendement, ainsi que celui qui avait pour objet de laisser à la désignation du président du tribunal civil, les journaux destinés à recevoir les annonces judiciaires, amendement dont M. Berryer était également l'auteur. La question semblait fort simple, et la grasse subvention des annonces du département de la Seine accordée par M. Hausmann à l'*Étendard*, journal récemment fondé et complètement dépourvu d'abonnés, suffisait à justifier l'amendement de M. Berryer : il s'agissait d'assurer la publicité de certains actes ; il n'y avait donc qu'à charger de cette tâche le journal qui comptait le plus

Fig. 43. — La bibliothèque du Corps législatif.

d'abonnés. Le ministre de l'intérieur, après avoir combattu avec acharnement cette conclusion, déclara fièrement qu'il ne tolérerait pas qu'on donnât les annonces à des journaux de désordre et de bouleversement. La majorité contre l'amendement ne fut cependant, malgré les efforts des orateurs officiels, que de 23 voix : 126 contre 103.

Une discussion très grave s'engagea, le 19 février, sur l'amendement de MM. Marie, Jules Favre et autres, demandant l'abrogation de l'article 8 de la loi du 17 mai 1819, qui punit tout « outrage à la morale publique et religieuse, ou aux bonnes mœurs. » La loi de 1819 ne mentionnait nullement d'abord la morale religieuse; Benjamin Constant réclama la suppression de la morale publique. Un député fort obscur, M. Chabron de Solilhac, étendit la portée de l'article 8, en demandant qu'un châtiment fût infligé à tout « outrage à la religion de l'État et aux autres religions. » La chambre de 1819 crut se montrer plus libérale en ne distinguant pas entre les diverses religions, et le mot de « morale religieuse » fut adopté. M. Jules Simon fit remarquer que jusque-là on avait dit simplement la *morale* et il ajouta que l'article 8 de la loi du 17 mai, article dont d'ailleurs le duc de Broglie, rapporteur, fut obligé de reconnaître le caractère vague et confus à la Chambres des pairs, était parfaitement inutile en présence du Code pénal et de la loi de 1822, qui protège les religions. M. Jules Simon pensait d'ailleurs qu'on ne protège pas la morale, mais qu'on l'enseigne par l'exemple. La chambre ne fut pas de cet avis.

La République, attaquée de tous côtés au lendemain d'une terrible guerre civile, avait cru devoir, par le décret du 11 août 1848, punir la provocation à la haine et au mépris du gouvernement. C'était un délit purement moral. Il faut en effet, pour que le délit existe, deux conditions : l'intention de nuire et l'acte nuisible. Or, un article du journal dont l'auteur s'adresse à des raisons libres, n'est pas un acte. La loi de 1848 rétablissait donc en quelque sorte la loi de lèse-majesté. M. Eugène Pelletan en proposa inutilement la suppression. La provocation à la haine et au mépris du gouvernement introduite dans la loi de 1848 fut soigneusement maintenue dans la nouvelle.

M. Thiers, dans la séance du 21, débrouilla l'obscure question du compte rendu des séances des Chambres et mit fin à l'équivoque soigneusement entretenue par le gouvernement entre ce compte rendu et la discussion des débats. L'article 42 de la Constitution, dit M. Thiers, crée un compte rendu officiel et obligatoire en ce sens que si les journaux l'insèrent, ils doivent l'insérer entièrement. Le sénatus-consulte du 21 février 1861 est venu, plus tard, modifier l'article 42 de la Constitution. Le décret du 24 novembre ouvrant un champ plus vaste à la discussion, le gouvernement instituait par ce décret un double compte rendu *in extenso* et analytique. Le sénatus-consulte n'édicte point de peines contre les infractions à cette disposition constitutionnelle ; il laisse ce soin à la législation. Le décret du 17 février 1852, devenu la loi sur la presse, punit, il est vrai, l'infraction à la règle établie par la Constitution, mais la Chambre modifiant en ce moment la loi sur la presse, l'amendement de l'opposition n'est pas, comme on le prétend, une atteinte au sénatus-consulte et ne soulève par conséquent aucune question constitutionnelle.

Le Sénat, continua M. Thiers, n'a pas voulu créer une pénalité nouvelle pour l'infidélité du compte-rendu, puisqu'il n'a pas abrogé la loi de 1852, qui réprime ce délit. Le gouvernement, jaloux de l'atteindre, crée une équivoque. Il dit aux journaux : Votre appréciation se rapproche tellement de la narration qu'elle n'est qu'un compte-rendu parallèle au compte-rendu officiel : les journaux réclament cette interprétation ; le gouvernement proteste qu'il n'a d'autre intention que de rappeler la législation aux journaux qui s'éloignent d'une appréciation loyale et modérée. L'équivoque se montre ici dans tout son jour, selon M. Thiers, car il est évident que le Sénat, sans chercher à rien réprimer, s'est borné à assurer officiellement la reproduction intégrale et authentique des débats parlementaires. Lorsque M. Darimon adressa au Sénat sa pétition relative à la liberté du compte rendu, que fit cette Assemblée ? Elle s'en tint au sénatus-consulte du 21 février, qui n'a d'autre but que d'obtenir une reproduction exacte et authentique. Le gouvernement de son côté, pendant quatre ans, renouvelle de temps en temps ses avertissements, mais il ne sévit pas. L'année dernière, il se ravise tout à coup, des journaux sont poursuivis et condamnés ; les Chambres parlent de tout, ajoute M. Thiers, et l'on voudrait empêcher les journaux de parler des Chambres ; ce serait un outrage à leur dignité, et un empêchement intolérable à la discussion dans un pays libre.

La chambre étant le pouvoir délibérant et par conséquent discutant, son principe et son honneur l'obligent à se laisser discuter ; instrument au moyen duquel la volonté de la nation se formule, elle a besoin d'être éclairée par la discussion de la presse ; la bonne politique se fait publiquement. Les hommes sérieux de tous les partis lisent les journaux d'opinions opposées, et se forment une opinion d'après ces lectures contradictoires. Le sénatus-consulte ne veut qu'une chose : l'authenticité des débats, par l'insertion de l'un des deux comptes rendus officiels; le rapport de M. Troplong, sur le sénatus-consulte du 21 février et le rejet d'un amendement de M. Bonjean, pour assurer la libre discussion, le constatent, car l'amendement ne fut repoussé qu'à cause de son inutilité; M. de Royer a confirmé cette assertion, et voilà qu'aujourd'hui le gouvernement fait condamner le *Glaneur*, l'*Intérêt public*, la *France*, le *Journal de Paris*, l'*Union*, le *Journal des Débats*, sans compter les autres, pour des délits vraiment risibles; l'un a publié les noms des orateurs dans l'ordre où ils ont parlé, l'autre a donné l'énoncé des discours et les amendements dans leur suite naturelle; celui-ci a dit qu'en présence de l'impression produite par un discours, M. Rouher avait dû se décider à rompre le silence; celui-là s'est borné à écrire ces simples mots : « La clôture a fait tomber le rideau; » le dernier s'est permis d'ajouter, en donnant la date d'une séance : « Le débat a été très animé entre le ministre de la guerre et M. Segris. »

Vous voulez, reprit M. Thiers, empêcher qu'on mêle la narration à l'appréciation. J'ai écrit des volumes, et je ne me chargerais pas d'accomplir rigoureusement cette séparation. A quoi bon d'ailleurs, puisque aux yeux de la loi il n'y a de punissable qu'un faux compte rendu. Ne faisons pas du législateur un sphinx, et sortons de l'équivoque.

Une suspension de la séance eut lieu après le discours de M. Thiers, mais malgré l'impression que l'orateur venait de produire, l'amendement n'avait aucune chance d'être adopté. Le gouvernement tenait à se servir du sénatus-consulte du 21 février, comme d'une arme pour empêcher les journaux de rendre aux débats des Chambres cet attrait dramatique, qu'ils avaient sous les précédents régimes, et qui donnait un si grand prestige à ceux qui y prenaient part.

Le grand argument des adversaires de l'amendement était la partialité et la violence des anciens comptes rendus. M. Granier de Cassagnac en vint lire un à la tribune, dans lequel M. Duchâtel, ministre de l'intérieur sous Louis-Philippe, était fort mal traité; *le Pays*, dont M. Granier de Cassagnac était le rédacteur en chef, désignait quelques jours auparavant les membres de l'opposition de *vieilles semelles ?* M. Granier de Cassagnac ne craignit pas du reste de porter la grossièreté de son journal à la tribune. M. Jules Favre ayant cité une phrase du *Pays* très injurieuse pour lui : « La rédaction du *Pays*, répondit le député du Gers, proportionne son langage aux matières et aux personnes dont elle s'occupe. » Les amis de M. Jules Favre eurent beau s'indigner de cette insolence, M. Jérôme David, qui présidait la séance, se contenta de leur répondre : « Si vous voulez être respectés, respectez les autres ; M. Granier de Cassagnac a été attaqué le premier. »

M. Émile Ollivier seul avait quelque chance de faire écouter par la majorité une protestation contre le déni de justice du président. Il courut à la tribune avec une telle impétuosité, en brandissant un numéro du *Pays* dans lequel M. Picard était traité de comédien, que M. Jérôme David crut devoir l'avertir qu'il était dans un état d'irritation tel, qu'on pouvait craindre d'avance que son discours ne s'en ressentît. M. Émile Ollivier le rassura, et après avoir rappelé la phrase que venait de prononcer M. Granier de Cassagnac, il s'indigna qu'on osât l'appliquer à un des hommes qui honoraient le plus la Chambre et le pays, par la noblesse du caractère, par la puissance et par le charme de l'éloquence : M. Granier de Cassagnac prétend qu'il proportionne son langage aux hommes et aux choses. Je réponds : Il y a des audaces avec lesquelles on ne discute pas, mais dont on fait justice. M. Granier de Cassagnac se contenta de demander le nom de l'auteur de l'article : M. Paul de Cassagnac ! lui cria-t-on des bancs de la gauche ; il répondit tranquillement : Est-ce que M. Paul de Cassagnac est député ? M. Ernest Picard avait traité d'invectives, certaines phrases du *Pays*, M. Granier de Cassagnac eut l'audace de le sommer de retirer le mot, mais ce n'est pas tout : le *Pays* avait accusé les avocats députés, de songer à leurs intérêts en demandant la publicité des débats de presse. M. Jules Favre fut rappelé à l'ordre au milieu des applaudissements de la majorité pour avoir répondu : C'est faux ! M. Granier de Cassagnac à l'issue de cette séance envoya des témoins à MM. Ollivier et Picard. Ils se refusèrent, avec raison, à toute explication.

M. de Janzé avait proposé un amendement favorable au droit de discussion qui fut repoussé, mais qui réunit néanmoins 96 voix contre 156. Il ne fut pas plus heureux dans les deux amendements qu'il présenta avec M. Maurice Richard, l'un pour substituer une pénalité moindre à la pénalité édictée par le sénatus-consulte du 17 février 1858 contre le candidat qui aurait publié ou affiché sa candidature, avant le dépôt du serment ; l'autre modifiant aussi dans le même sens la pénalité frappant toute personne convaincue d'avoir discuté la Constitution. Ce dernier amendement soulevait une grave question, celle de savoir si le Sénat avait le droit d'édicter une pénalité en dehors du Corps législatif, ou si ce droit ne pouvant être exercé qu'en vertu d'une loi, il n'exigeait pas le concours des deux pouvoirs constitutionnels. La majorité opposa la question préalable à ces deux amendements et, dans la même séance, elle répondit par un déni de justice à deux de ses membres outragés.

On se rappelle les accusations de vénalité contre la presse démocratique, portées à la tribune par M. de Kerveguen, et la complaisance avec laquelle la Chambre les avait écoutées. MM. Havin et Guéroult, désignés indirectement par M. de Kerveguen, avaient cru devoir provoquer la formation, bien inutile pour ceux qui les connaissaient, d'un jury d'honneur qui apprécierait la valeur des assertions contenues dans les papiers lus par M. de Kerveguen. Ce jury, dont M. Berryer faisait partie, avait prononcé son jugement le 23 février. M. Havin pensait que ceux qui avaient prêté l'oreille à des cancans, indignes du lieu où ils s'étaient produits, croiraient se devoir à eux-mêmes, d'en entendre la condamnation et qu'ils écouteraient la lecture de la sentence du jury, le président et la droite refusèrent de l'entendre; il ne put obtenir une minute de silence, et M. Jérôme David, pour le forcer à descendre de la tribune, leva brusquement la séance, mais les députés de l'opposition restèrent à leur place, et échangèrent de vives interpellations avec les députés de la majorité, jusqu'à ce qu'on les eût fait partir les uns et les autres en éteignant le gaz.

Le bruit de ces discussions avait eu le temps de se répandre dans les environs de l'enceinte législative. Des groupes s'étaient formés devant le Palais-Bourbon, pour saluer à leur sortie les députés de l'opposition. Le président fit défendre, le lendemain, à toute personne de stationner dans la salle des Pas-perdus, sans être accompagnée d'un député. Cette salle fut même entièrement fermée pendant une partie de la journée.

La discussion de la loi sur la presse fut interrompue jusqu'après le vote de la loi sur le contingent de 1868. L'amendement Guilloutet réunit 104 voix contre, et 132 pour. Un amendement pour affranchir les libraires du brevet obtint 70 voix. La loi fut enfin votée le 9 mars par 222 voix contre 1, la voix de M. Berryer. MM. Jules Favre, Marie et Picard se contentèrent de s'abstenir pour éviter d'avoir l'air d'approuver la législation précédente : les sept sages se divisèrent. M. Delamarre vota pour; MM. Creuzet, de Geiger, Granier de Cassagnac, Nouailhier, de Saint-Paul, s'abstinrent; M. Édouard Fould était absent.

La nouvelle loi n'était certainement pas une loi libérale. Qui pouvait se flatter de publier un journal sans tomber dans le délit de « nouvelle fausse ou erronée », d'apprécier le discours d'un député ou d'un sénateur sans le résumer, d'exposer les résultats d'une séance parlementaire sans entrer dans le domaine de la narration, de critiquer les fautes d'un gouvernement sans prêter le flanc à l'accusation d'exciter à le haïr ou à le mépriser? Cette loi imposait en outre à tout journal un cautionnement, le timbre et d'autres entraves; mais, il faut bien le reconnaître, une loi sur la presse sera toujours, en France, une loi plus ou moins sévère, tant que la liberté complète de la presse n'aura point réussi à se faire accepter du public français comme elle l'est du public anglais. Toute la loi était dans l'abolition de l'autorisation; les députés de l'opposition qui la votèrent ne s'y trompèrent pas. La création de nouveaux journaux allait, en effet, donner un nouveau ton à la polémique et exercer une grande influence sur les destinées de l'Empire.

La Chambre vota le 12 mars, en comité secret, l'autorisation de poursuites contre le *Figaro* et la *Situation* pour des articles « contenant des offenses graves envers les membres de la Chambre ». Les deux journaux furent jugés le 20 mars. M. de Villemessant ne comparut pas pour cause de maladie, et l'affaire fut disjointe en ce qui le concernait; M. Jules Richard, son collaborateur, et M. Grenier, rédacteur de la *Situation*, furent condamnés, le premier à 5000 francs, et le second à 1000 francs d'amende.

La liberté de réunion existait sous le despotisme césarien; le moyen âge ne la supprima pas tout entière, l'ancien régime l'admit en principe, le Consulat la confisqua. La Restauration rendit quelque liberté aux réunions électorales. Ce n'était pas un grand danger, dans un temps où le cens réduisait à un chiffre presque insignifiant, le nombre des électeurs. Le gouvernement de Napoléon III, désireux, disait-il, de rendre au pays toutes ses libertés, crut devoir soumettre au Corps législatif une loi sur la liberté de réunion, dont la discussion s'ouvrit le 12 mars par un excellent discours de M. Garnier-Pagès. M. Jules Simon vint à son tour le lendemain examiner la loi, et montrer les périls que dans la pratique elle pouvait faire courir aux citoyens. Les réunions politiques et religieuses, dit l'orateur de l'opposition, ne sont plus soumises à l'autorisation préalable, mais le préfet de police à Paris et les préfets dans les départements peuvent les ajourner; le ministre se réserve le droit de les interdire. Les choses restent donc à peu près ce qu'elles étaient depuis le 2 décembre : toute réunion voulant s'occuper de religion, de politique,

Fig. 44. — Le président du Corps législatif se rendant à la salle des séances.

de philosophie n'aura lieu que sous le bon plaisir administratif, et l'orateur devra se renfermer dans les limites de questions qui n'ont pas de limites, sous peine de la prison et de la privation des droits électoraux pendant quinze ans, sans compter la possibilité d'exposer aux mêmes dangers les organisateurs de la réunion. Tout citoyen pourra parler, sauf à être condamné au silence par le commissaire de police ou par le garde champêtre qui trouvera quelque parole malsonnante dans son discours. En cas de poursuite, ce n'est pas le jury qui jugera de la contravention, mais la police correctionnelle.

La loi dispense les réunions publiques électorales de toute autorisation, mais leur formation se heurte à des obstacles que M. Jules Simon énumère : Le candidat avant de réunir les habitants d'une commune est tenu de trouver sept personnes de bonne volonté pour assumer avec lui la responsabilité de la réunion projetée ; il faut ensuite qu'il aille à la découverte d'un local, recherche difficile, car le propriétaire qui loue une salle à un candidat partage sa responsabilité et celle des organisateurs de la réunion. Le local trouvé, il ira faire sa déclaration, tout cela dans les quinze jours auxquels la loi réduit désormais la période électorale. Le candidat le plus alerte, le plus favorisé par les circonstances pourra donc se mettre une fois tout au plus en communication avec ses électeurs.

Les critiques adressées à la loi par M. Jules Simon en aigrissaient fort les auteurs ; M. Rouher ne trouva rien de mieux pour les combattre que de confondre l'histoire du droit de réunion avec l'histoire des clubs ; M. Émile Ollivier lui répondit qu'un meeting cependant n'est pas un club, et que le droit de réunion est une nécessité logique du régime représentatif. Le Corps législatif, dit-il, est le produit d'une délégation, tout délégué doit être placé plus ou moins sous la serveillance de ses mandants, qui sont obligés de se réunir pour exercer cette surveillance. M. Émile Ollivier ajouta que l'Empire, devenu un gouvernement libéral et démocratique, ne pouvait manquer d'accorder au pays le droit de réunion dans toute son étendue.

La majorité accueillit ce discours avec d'autant plus de mauvaise humeur qu'elle était fort irritée de la persistance avec laquelle, malgré les démentis des journaux officieux et malgré son invraisemblance, le bruit de la dissolution du Corps législatif continuait à circuler. Pour trouver une cause de dissentiment entre la Chambre et le gouvernement, on était obligé d'invoquer la nécessité pour ce dernier de se débarrasser de quelques réactionnaires incommodes, comme si les sept sages de la

Grèce étaient assez gênants pour motiver une dissolution ; quant à ceux qui prétendaient que le Corps législatif, après cinq ans de durée, ne représentait plus l'opinion, on pouvait leur répondre qu'il en avait été de même des autres Chambres et que cependant elles avaient épuisé leur mandat. C'est au milieu de ces bruits toujours fort désagréables à la majorité, que la loi sur le droit de réunion, après sept jours de discussion, fut votée le 25 mars. MM. Bethmont, de Bussière, Carnot, Conseil, Camille Dollfus, Dorian, Édouard Fould, Garnier-Pagès, Girod-Pouzol, de Grammont, de Guilloutet, Hénon, Javal, Lanjuinais, Magnin, Marie, de Marmier, Olivier, Pelletan, Jules Simon, votèrent contre la loi, ainsi que MM. Thiers et Berryer.

La commission du budget nomma, le 6 avril, M. Busson-Billault rapporteur pour les projets de loi de finances, relatifs aux exercices 1867, 1868, 1869, et M. Gressier rapporteur pour le projet de loi d'emprunt. La Chambre interrompit ses travaux jusqu'au 21.

MM. Brame, Pouyer-Quertier et Kolb-Bernard avaient déposé une demande d'interpellation sur les conséquences du régime économique, dont la discussion s'ouvrit par un discours de M. Kolb-Bernard, un peu trop plein de considérations générales et de vagues dissertations ; M. Brame, plus pratique, cita des faits qui, sur certains points, prouvaient la décadence industrielle de la France. Ces faits devaient-ils être uniquement attribués à la liberté du commerce? M. Brame trouva un contradicteur très-décidé dans M. Auguste Chevalier, qui, aussi optimiste que M. Brame l'était peu, soutenait que jamais, à aucune époque, la situation de l'industrie française n'avait été plus brillante.

M. Thiers prit la parole à son tour ; son discours était attendu avec une vive impatience, mais s'il lui fut aisé de tracer un tableau très-sombre de la situation économique, il eut moins de facilité à en montrer la cause ; il l'attribua à la fois à la mauvaise politique extérieure du gouvernement, aux inquiétudes qu'elle faisait naître dans le pays et aux traités de commerce. M. Thiers, en divisant la responsabilité du malaise industriel, perdait de vue le but de l'interpellation, qui était de savoir au juste les conséquences du régime économique auquel la France était soumise depuis la proclamation de la liberté du commerce.

Orateur robuste, capable de parler pendant trois ou quatre heures, mais se laissant aller aux excès d'une improvisation désordonnée, parfois entremêlée de quelques éclairs d'esprit naturel, M. Pouyer-Quertier était incapable de toucher au vrai point de la question, et de comprendre que la liberté commerciale peut exister sans danger lorsqu'elle est tempérée par la liberté politique. Les griefs qu'il élevait contre la fixation des tarifs douaniers en dehors du vote de la Chambre, l'impossibilité dans laquelle se trouvaient les chambres de commerce de se consulter entre elles, l'augmentation constante des budgets, ne pouvaient être redressés que par la politique. Pourquoi, au lieu de se livrer à des plaintes inutiles, ne demandait-il pas l'initiative parlementaire et le droit d'association?

M. Émile Ollivier sentit très-bien, au contraire, que la liberté économique ne se sépare pas de la liberté politique. Ce n'est pas au libre échange, dit-il avec raison, qu'il faut s'en prendre de la crise actuelle, mais à la façon dont il a été appliqué : le régime économique le plus parfait ne sauve pas de la ruine un pays accablé d'impôts, et qui ne sait jamais si le lendemain lui apportera la paix ou la guerre; « tout est incertain où tout est arbitraire; la prospérité matérielle d'un pays dépend de la liberté dont il jouit ».

M. Rouher ne perdit pas son temps à défendre la liberté économique en elle-même; il soutint qu'elle avait été appliquée avec toute la prudence, tous les ménagements qu'exigeait une réforme aussi radicale. Son discours se terminait par cette conclusion dont personne ne contestera la justesse : « Il faut aller en avant, car là est le progrès. »

La lecture du rapport de M. Gressier sur le projet d'emprunt de 444 millions, le projet de loi sur les assurances, le tarif du transport des dépêches, la convention avec les chemins de fer occupèrent la Chambre jusqu'au 4 juin. Une discussion des plus vives eut lieu ce jour-là entre M. Émile Ollivier et M. Rouher, à l'occasion de la vérification de l'élection de la 2e circonscription électorale du Tarn. Les électeurs de ce département avaient résolu de remplacer le général Gorsse, leur député défunt, par son fils, pour le moins aussi bonapartiste que son père. M. Gorsse fils, à peu près certain de son élection, n'avait pas cru devoir prendre le titre et le caractère de candidat officiel. Le gouvernement le combattit dès lors avec la même ardeur que s'il eût été républicain. M. Émile Ollivier, en rappelant à M. Rouher ses propres paroles : « Nous main-
« tiendrons les candidatures officielles, mais s'il ne s'agit que de nuances
« entre deux candidats également dévoués, nous laisserons faire les
« électeurs, » ajouta que le ministre de l'intérieur avait eu sans doute ses raisons pour ne pas se conformer dans l'élection du Tarn aux engagements de M. Rouher. Ces raisons malheureusement tout le monde les connaît : « Il n'y a au ministère de l'intérieur qu'un ministre de parade

gardé par un ministre d'action déguisé en directeur général. » M. Rouher de répliquer aussitôt : « C'est de la discussion de parade, » et M. Ollivier de reprendre : « Si c'est de la discussion de parade, c'est vous qui auriez été mon maître dans cet art-là. »

M. Émile Ollivier avait fait allusion à M. Saint-Paul, ancien préfet, directeur du personnel et de l'administration départementale, qui passait pour diriger le ministère de l'intérieur dans le sens de la politique de résistance. Toucher à ce fonctionnaire c'était s'attaquer à M. Rouher lui-même, dont il était la créature. Aussi le ministre d'État protesta-t-il que l'incident ne passerait pas inaperçu. « Quel que soit mon peu de désir de répondre à de telles agressions, je demande la permission de dire quelques mots. » — M. Émile Ollivier : « Dites des justices et non des agressions. » — M. Rouher : « Si vous voulez que je vous en rende, je vais le dire immédiatement. »

Ce dialogue, qui ne brille précisément pas par la correction du style, témoignait du moins de la vivacité des rancunes des deux orateurs.

Le gouvernement, lancé dans toutes sortes d'aventures et de dépenses folles, avait fort négligé les chemins vicinaux ; il s'en aperçut juste à la veille du renouvellement du Corps législatif, et il demanda 100 millions qui serviraient de subvention à la viabilité vicinale, et en même temps, selon la spirituelle expression de M. Ernest Picard, de monnaie de poche aux candidats officiels. M. Jules Simon voulut parer au danger d'un tel emploi de subventions vicinales par un amendement dont l'adoption aurait rendu obligatoire l'insertion au *Bulletin des Lois* et au *Moniteur* de l'arrêté approbatif du classement des chemins vicinaux auxquels une subvention serait affectée. Le gouvernement refusa de se soumettre à cette simple formalité et il s'étonna qu'on pût marchander un vote destiné à assurer l'achèvement de travaux aussi indispensables que les chemins vicinaux : « Il y a longtemps qu'ils seraient achevés si vous n'aviez pas dépensé un milliard au Mexique. » Le président Schneider interrompit l'auteur de cette réflexion, M. Jules Favre, pour lui dire naïvement : « Je crois qu'il serait bon de revenir aux chemins vicinaux. »

La Chambre, en attendant la discussion des budgets ordinaire et extraordinaire de 1869 et les suppléments de crédit de l'exercice de 1868, put étudier dans le *Moniteur* le rapport de M. Haussmann sur la situation de la ville de Paris, qui le remplissait tout entier. C'était encore une apologie de l'administration du préfet de la Seine, mais un peu plus éloignée de son ton ordinaire d'arrogance ; sans abandonner entièrement ses théories sur Paris, qui « n'est pas une commune, mais la capitale de l'Empire, c'est-à-dire la propriété collective du pays et la cité de tous les Français », M. Haussmann, de guerre lasse, consentait à soumettre son œuvre à l'examen du Corps législatif et à partager désormais avec lui la responsabilité de la gestion des intérêts financiers de la capitale. Paris ne serait donc pas replacé sous le régime du droit commun.

Les lois de finances trouvèrent, le 29 juin, dans MM. Magnin et Garnier-Pagès des adversaires habiles. M. Garnier-Pagès démontra que l'emprunt ne liquiderait pas la situation, et qu'un déficit de 140 millions était certain pour l'année 1870. La dette flottante dégagée par lui des obscurités qui la dissimulaient en partie s'élevait à 1356 millions. Là était le vrai danger de la situation, et M. Magne, obligé de fournir de l'argent à tous ses collègues, ne trouvait rien de mieux que d'équilibrer les budgets par des emprunts. M. Calley Saint-Paul lui-même, un des sept sages de l'Empire, constatait un déficit normal de 90 à 100 millions par an. Comment faire pour ne pas emprunter? M. Calley Saint-Paul proposait de créer des titres avec les créances de l'État sur les chemins de fer, et d'émettre ce papier mississipien garanti par le gouvernement. Il avait bien un autre moyen pour mettre fin aux embarras financiers, mais c'était un secret qu'il se réservait de révéler plus tard.

M. Thiers prit la parole dans la séance du 1ᵉʳ juillet. On connaît sa méthode. Supposant toujours que les gens auxquels il parle ne savent absolument rien de la question, ce qui est vrai la plupart du temps, il l'expose dans ses détails élémentaires, il l'enseigne en un mot. Cette méthode trouvait ici d'autant mieux son application, que le budget de la France, qui devrait être aussi clair que le grand livre d'un négociant, est tellement obscur que l'homme le plus habile a beaucoup de peine à s'y reconnaître. M. Thiers avait fait ce travail, et il en exposa les résultats avec une admirable clarté devant la Chambre attentive.

Il prouva que l'Empire, depuis sa fondation, avait eu 260 ou 270 millions de découvert annuel, et qu'il avait été obligé de se procurer 4 milliards pour le dissimuler. Voilà pour le passé. Quant au présent, l'Empire a un budget de 2 milliards 300 millions de dépenses, en face de 2 milliards et quelques millions de recettes. Le nouvel emprunt ne réduira pas la dette flottante; elle sera de 950 ou 970 millions à la fin de 1869. Il faut à cette dette en ajouter trois autres dont l'État est en réalité responsable : la caisse des travaux de Paris administrée par le ministre de la Seine; M. Thiers sourit de ce *lapsus linguæ* en ajoutant qu'il ne s'en excusera pas; le crédit foncier, qui, créé pour favoriser l'agriculture, ne favorise que la bâtisse, et la caisse des chemins vicinaux; en tout 1 milliard 400 millions de dette flottante. Et c'est en présence d'une telle situation que la commission du budget propose 28 millions de réduction, 28 millions sur 4 milliards qui ne sont qu'un simple report au budget rectificatif de 1870. Deux grandes causes ont créé ce déplorable état de choses : la fausse politique du gouvernement et l'impuissance de la Chambre de lui faire entendre ces vérités qui peuvent ébranler un gouvernement quand on les dit, mais qui le détruisent quand on ne les dit pas.

M. Magne jugea prudent de remettre au lendemain sa réponse à M. Thiers; laissant de côté les critiques de M. Thiers en ce qui concerne le passé, il se contenta de contester ses prévisions fâcheuses sans y opposer autre chose que les calculs d'un optimisme que rien ne déconcerte. M. Émile Ollivier, tout en s'efforçant de rester un homme possible, ne put cependant s'empêcher de caractériser assez durement la situation financière : C'est, dit-il, la liquidation intermittente : M. Fould liquide M. Magne, M. Magne liquide M. Fould : si cela dure, on finira par en venir aux expédients, au papier-monnaie, à l'impôt sur la rente. »

M. Thiers, plus vif, plus pressant que jamais dans la séance du 3, ne trouva pas dans M. Magne un contradicteur plus heureux que la veille. M. Rouher crut devoir intervenir; mais sans prendre la peine de discuter, il monta tout droit au Capitole : le gouvernement, assure-t-il, n'a commis aucune faute politique, le déficit qu'on signale dans les finances n'est qu'une calomnie; nos dépenses, il est vrai, sont momentanément accrues par nos victoires diplomatiques et par les progrès de la science moderne, mais malgré la transformation de notre armement, la paix est assurée; l'opinion publique est confiante et satisfaite, comme le prouve le succès du gouvernement dans toutes les élections; quant à ceux qui prétendent que les ressources de la France sont épuisées, « ils ne méritent que le dédain ».

On ne se permet des gasconnades semblables à celles que M. Rouher venait de débiter, que lorsqu'on est bien sûr de faire prononcer à volonté la clôture du débat. M. Rouher n'eut, en effet, qu'un signe à faire, et la Chambre s'empressa, sur la proposition du président, de clore la discussion, malgré l'opposition de M. Émile Ollivier. La discussion générale finit le 7. Elle peut se résumer par ces mots d'un des députés les plus dévoués de la majorité, M. Haentjens : « On votera silencieusement

Fig. 45. — M. de Maupas.

pour le ministre, mais on ne le soutiendra pas; les budgets actuels sont des budgets insensés ».

La discussion du budget ordinaire de 1869 n'eut une certaine importance qu'au point de vue politique : tout avait été dit en effet au point de vue financier. M. Jules Favre passa les affaires étrangères en revue; il reprocha au gouvernement d'être hésitant dans sa politique, et de n'oser soumettre à la Chambre aucun document diplomatique qui fît connaître ses actes; M. de Moustier, ministre des affaires étrangères, lui répondit que le désir de ne soulever aucune question irritante avec l'Allemagne l'avait seul empêché de réunir les éléments d'un Livre jaune : il n'avait d'ailleurs écrit à ses agents qu'une circulaire qui datait du retour de Salzbourg où l'Empereur s'était rendu pour remplir un pieux devoir, quoi qu'en ait pu dire M. Jules Favre, et non pas pour mêler l'Autriche à des entreprises qui pourraient la détourner de son travail de régénération.

Une convention avait été conclue entre le ministre d'État et un imprimeur pour remplacer, par un nouveau journal, l'antique *Moniteur*, qui par des raisons inconnues s'était attiré le mauvais vouloir de M. Rouher. L'affaire avait son importance, car le journal qui sert d'organe officiel au gouvernement reçoit souvent des nouvelles qui peuvent influencer le cours des fonds publics, et l'opposition avait cru s'apercevoir que la feuille officielle favorisait des combinaisons de ce genre; M. Rouher repoussa cette accusation avec arrogance : « M. le ministre le prend de bien haut, » lui dit M. Pelletan, « le *Moniteur* n'a-t-il pas constamment trompé le public depuis quatre ans sur la situation du Mexique? » M. Rouher répliqua qu'il avait toujours dit la vérité à ce sujet. M. Picard : « Témoin le jour où, proclamant qu'on ne devait pas ajouter foi à mes assertions sans autorité, sur les finances mexicaines, vous trompiez des milliers de familles aujourd'hui ruinées pour avoir cru à votre parole. » M. Rouher reçut le coup sans rien dire.

La Chambre passa le 10 juillet au budget des cultes. Ce fut pour M. Guérould l'occasion de demander la séparation entre l'Église et l'État. L'Église, en professant des principes tout à fait opposés à ceux de la société moderne et en traitant de « délires » la liberté de conscience, la liberté de la presse, la liberté politique, rend tôt ou tard cette séparation inévitable, cela n'est pas douteux; mais la question n'était pas assez mûre pour être portée devant une assemblée déjà fort prévenue contre elle.

L'Église, qui, à l'époque des conciles précédents, avait invité les princes catholiques à s'y faire représenter par des ambassadeurs, n'avait pas jugé à propos de suivre cet exemple, à l'occasion du prochain concile œcuménique qui devait se tenir à Rome le 8 septembre 1869. M. Émile Ollivier demanda ce que comptait faire l'Empereur : enverrait-il des ambassadeurs malgré l'oubli du Saint-Siège, ou donnerait-il tout simplement des conseillers laïques aux évêques? M. Émile Ollivier oublia que l'Empereur, n'ayant pas été invité, selon l'antique usage, à se rendre au concile, ne pouvait pas y envoyer de représentant, et que l'infaillibilité du pape rendait inutiles les observations des évêques et encore plus celles des laïques. M. Baroche, ministre de la justice et des cultes, répondit à la fois à M. Guéroult et à M. Émile Ollivier en restant sur le terrain des généralités : la séparation entre l'Église et l'État, dit-il, regarde l'avenir, et il n'est pas permis au gouvernement de l'engager ; quant au concile, le gouvernement négocie sur la question des ambassadeurs. Rien de précis dans tout cela ; mais, M. Baroche ayant prononcé quelques mots assez dédaigneux pour les journaux qui exaltaient la politique du *Syllabus*, quelques membres de la gauche se dérangèrent de leur banc pour le féliciter.

Le budget de l'intérieur fournit à M. Jules Simon l'occasion de demander, le 13 juillet, par un amendement, la suppression du traitement du rapporteur, près la commission de colportage. C'était en réalité demander la suppression de la commission elle-même. M. Jules Simon s'éleva contre une institution qui dispose à son gré et sans responsabilité des œuvres et de la fortune des écrivains qui n'ont pour se défendre contre elle qu'un recours au ministre, recours illusoire, car l'arbitraire aux mains d'un seul n'en est pas moins l'arbitraire. La commission, sous prétexte de protéger la morale, protège surtout le gouvernement et les amis du gouvernement ; quant à ses adversaires, elle refuse nettement l'estampille à leurs discours, pendant qu'elle l'accorde à certains livres d'une chasteté fort douteuse. Le résultat de la discussion était connu d'avance, mais l'argument suivant par lequel le gouvernement défendit la commission de colportage, parut assez étonnant. Les colporteurs s'efforçant de glisser des livres obscènes dans les familles, la surveillance des mères et des pères de famille ne suffisait pas, et il était indispensable qu'elle fût remplacée par la surveillance d'une commission administrative.

La Chambre était fatiguée après huit mois de session ; la discussion sur les remaniements de circonscription, les fonds secrets, les loteries, les prisons, les enfants assistés, les grands commandements militaires, les subventions aux théâtres et aux beaux-arts, l'Algérie, se ressentirent un peu de cette lassitude.

La grosse affaire de la fin de la session était la fixation de l'indemnité pour les souscripteurs des obligations mexicaines. Elle fut traitée le 25 juillet. M. Rouher répondit à M. Berryer et à M. Jules Favre, comme un accusé qui cherche à démêler l'écheveau à chaque instant plus embrouillé de ses explications. Mais comment nier l'évidence? Maximilien aurait-il trouvé l'argent nécessaire pour quitter Miramar sans la caution de la France? Le *Moniteur* et le ministère des finances n'avaient-ils pas prêté l'un ses colonnes, l'autre ses agents à la publicité de l'emprunt? Le Sénat et la Banque de France n'avaient-ils pas fourni, dans la personne de M. de Germiny, un président à la commission de cet emprunt? M. Rouher ne pouvait rien nier de tout cela; il ne pouvait pas nier non plus que l'emprunt n'eût été dévoré avant le départ de Maximilien pour le Mexique : 24 millions envoyés à Londres pour solder les semestres en retard de la dette mexicaine; 8 millions en payement aux créanciers personnels de Maximilien, en frais de voyage et d'installation; 49 millions à la Caisse des dépôts et consignations pour faire face aux deux premières annuités de l'intérêt stipulé; que restait-il dans la caisse du trésor mexicain? Presque rien. Cet emprunt était inutile, s'il n'était pas suivi d'un second encore plus visiblement négocié par la France. M. Corta, chargé par le gouvernement impérial de la mission d'étudier les finances et les ressources du Mexique, n'en avait-il pas fait le tableau le plus brillant à la Chambre enthousiasmée? Les capitalistes moins sujets à l'entraînement, exigeant du ministre d'État de s'engager et d'engager la Chambre avec lui, M. Rouher ne s'était-il pas écrié : « Les renseignements fournis « par M. Corta ont fixé la Chambre de la façon la plus précise sur la « puissance des ressources du Mexique. Maximilien offre à ses prêteurs « les plus solides garanties; l'armée française ne reviendra sur nos « rivages que son œuvre accomplie et triomphante de toutes les résis- « tances! » Le poids de tous ces mensonges retombait tout entier sur M. Rouher; vainement prétendait-il que la fatalité avait tout brouillé. La fatalité! pouvait-il la donner pour excuse à ceux qu'il avait ruinés? Est-ce la fatalité qui l'avait forcé à leur cacher le déficit normal du budget mexicain s'élevant à 50 millions par an, sans compter les 24 millions dont on allait compter la moitié à Jecker? Le jour où l'on a vu le second emprunt du Mexique ouvert chez tous les agents du gouvernement, les petits capitalistes pouvaient-ils douter que le gouvernement lui-même n'y prît une part directe? Les discours de MM. Corta et Rouher n'étaient-ils pas les prospectus de cet emprunt? M. Rouher avait beau dire, il ne suffisait pas maintenant, pour s'exonérer de la responsabilité qui pesait sur lui, de parler « de malheurs, d'illusions, de déceptions douloureuses. » Les innombrables familles dont ses promesses mettaient l'avenir en suspens ne pouvaient se contenter d'une telle excuse.

Triste et dramatique séance, que celle où l'on accorda aux obligataires mexicains, une indemnité attendue par tant de pauvres gens avec une anxiété si poignante. Ce vote était-il juste? Non, car, s'il était vrai que le gouvernement n'eût rien épargné pour faire croire aux souscripteurs mexicains qu'il était de moitié dans cet emprunt, il n'en restait pas moins certain que les fautes du gouvernement ne devaient pas être payées par les contribuables; mais ce vote était humain, et il eût rencontré une approbation plus générale, si beaucoup de gens n'avaient craint que cette indemnité n'entrât dans la poche des banquiers, détenteurs des obligations, et que les bourses de ces messieurs ne fussent les petites bourses pour lesquelles on sollicitait pour ainsi dire la charité de la Chambre.

La Chambre, en votant les budgets ordinaire et extraordinaire de 1869, avait voté d'avance l'emprunt, puisqu'il entrait dans les prévisions de ces budgets. M. Garnier-Pagès s'acquitta de la tâche ingrate de critiquer la situation des finances en présence d'une Chambre impatiente d'en finir et ayant son opinion faite : emprunt des chemins vicinaux, emprunt des chemins de fer, emprunt de la ville de Paris, le gouvernement use de l'emprunt sous toutes les formes; que résulterait-il pourtant de l'accroissement de la dette flottante, ajouta M. Garnier-Pagès, si les demandes subites se produisaient? M. Magne convint qu'on se trouverait assez embarrassé, mais que tout cela était de la pure fantaisie, de la discussion platonique, attendu que l'Empire avait mis fin à toutes les crises.

M. Schneider lut, le 28 juillet, le décret de clôture de la session sans le faire suivre de l'allocution d'usage. Ce silence fut considéré comme un indice de la proximité des élections. Si le Corps législatif eût été destiné à accomplir sa carrière constitutionnelle, M. Schneider ne se serait-il pas fait un plaisir de lui annoncer cette bonne nouvelle? La lecture du décret fut suivie des cris habituels : « Vive l'Empereur! » auxquels MM. Bethmont et Ernest Picard répondirent par les cris de : « Vive la liberté! vive la nation! — Oui, reprit M. Belmontet, la nation qui a nommé l'Empereur! »

Ce fut le dernier mot de la session.

L'ouverture des Chambres en 1869 eut lieu le 18 janvier. Le discours de l'Empereur était attendu avec plus d'impatience que d'habitude; l'espoir d'apprendre le résultat de la conférence réunie depuis quelque temps à Paris pour réconcilier la Turquie et la Grèce se joignait aux motifs de curiosité ordinaires. L'Empereur annonça, en effet, que les plénipotentiaires étaient d'accord sur les principes de cette réconciliation.

Le chef de l'État, après avoir insisté sur les ressources militaires de la France, « mises désormais à la hauteur de ses destinées dans le monde », crut atténuer ce que cette phrase avait de menaçant (la Bourse, en effet, s'en alarma) en ajoutant : « Dans cette situation, nous pouvons proclamer hautement notre désir de la paix, et il n'y a point de faiblesse à le dire. »

La partie du discours relative à la situation intérieure, loin d'encourager les espérances de ceux qui s'attendaient à la rénovation prochaine du second Empire, contenait des allusions et des menaces « à des esprits aventureux et subversifs, cherchant à troubler la tranquillité publique ». La loi sur la presse et sur les réunions publiques fournit à l'Empereur l'occasion de se plaindre « d'une agitation factice, à laquelle, du reste, la nation reste insensible, comptant sur la fermeté du gouvernement pour maintenir l'ordre. »

Le discours se faisait remarquer par un flagrant contraste entre l'anxiété publique et l'optimisme officiel sur les questions extérieures. « J'espère que cette année, comme la précédente, dissipera bien des appréhensions », comme si 1868 n'avait pas maintenu et aggravé les appréhensions conçues en 1867. Le contraste n'était pas moins évident en ce qui concerne les affaires du dedans. « Plus des esprits aventureux et subversifs cherchent à troubler la tranquillité, disait l'Empereur, plus les transactions commerciales reprennent leur féconde activité. » Le bilan de la Banque de France disait tout le contraire.

La phrase relative à « la nécessité de maintenir hors de toute discussion les bases fondamentales de la Constitution, mises par le vote national à l'abri de toute attaque, » fut l'objet de commentaires assez peu rassurants, auxquels, il est vrai, on opposait ce passage du discours : « La nation, convoquée dans ses comices, proclamera une fois de plus, « par son choix, qu'elle ne veut pas de révolutions, mais qu'elle veut « asseoir les destinées de la France sur l'entière alliance du pouvoir et « de la liberté. »

La fin du discours, adressée spécialement aux électeurs, se terminait par un éloge complet du gouvernement impérial, « assez pénétré de tous les besoins de son époque pour adopter tous les bienfaits de la liberté, assez fort pour en supporter même les excès. » L'Empereur se vantait dans sa péroraison d'avoir « donné à la France dix-sept années de quiétude et de prospérité toujours croissante », et il ajoutait, d'après l'Évangile : « C'est aux fruits qu'il porte qu'on reconnaît la bonté de l'arbre. »

M. Troplong inaugura, le 20 janvier, par le discours d'usage, la session du Sénat, « dernière session d'une législature mémorable par des lois d'un haut intérêt et par une trempe plus libérale du ressort de nos institutions. A la fin s'ouvrira une autre période dont le suffrage universel, fidèle à lui-même, comprendra l'importance, et qui, par la majorité du Prince impérial, sera le moment d'un nouvel épanouissement de l'Empire. »

Le Sénat employa ses séances jusqu'au 29 janvier à discuter diverses pétitions, en attendant d'aborder le débat politique soulevé par l'interpellation de M. de Maupas sur les effets généraux de la loi sur la presse, qui eut lieu le 5 février.

Une sorte de tiers-parti s'était formé au Sénat, comme au Corps législatif. Il avait pour *leader* M. de Maupas, et il comptait parmi ses membres M. de La Guéronnière et parfois M. de Persigny. M. de Maupas, après s'être vivement opposé à l'établissement du nouveau régime de la presse, restait frappé de la difficulté de concilier la liberté de discussion avec certaines parties des institutions existantes et principalement avec la responsabilité personnelle du souverain. Le ministre d'État avait beau affirmer que la loi sur la presse n'avait pas été inspirée par le désir de satisfaire les aspirations libérales, mais par la nécessité de remédier à l'impuissance de la répression administrative, et, pour soustraire le gouvernement aux sourdes attaques de la presse française et surtout de la presse étrangère, il n'en était pas moins vrai que la nouvelle loi, quelle que fût sa cause, avait des effets dont les amis de l'Empire devaient se préoccuper d'autant plus qu'il était difficile de retirer les concessions faites à l'opinion.

M. de Maupas fit remarquer que la presse était moins enchaînée que la tribune, et que la première individualité sans mandat pouvait discuter les affaires de l'État plus librement qu'un sénateur ou un député. On a, il est vrai, ajouta-t-il, la ressource de poursuivre les journalistes, et l'on en use, mais rien ne s'énerve plus vite que la répression à outrance. La magistrature a beau s'y prêter, il lui est impossible de se soutenir au

Fig. 46. — Le bureau du Corps législatif.

degré d'énergie qu'elle exige sans perdre quelque chose de sa considération, tandis que les journaux voient leur crédit augmenter par les condamnations dont on les accable. L'équilibre est donc rompu entre la liberté de la presse et la liberté parlementaire. Que fait-on pour la rétablir et surtout pour assurer la protection efficace du chef de l'État, seul responsable et par conséquent point de mire perpétuel d'insinuations, de sarcasmes, d'allusions plus perfides, plus dangereuses que les attaques directes?

L'orateur était dans le vrai, car le souverain n'est réellement à l'abri des attaques de la presse que dans les pays où les journaux sont libres de diriger leurs coups sur un cabinet mobile, et dépendant d'une majorité parlementaire; tandis que la Constitution de 1852 désigne elle-même le souverain aux attaques de la presse. La responsabilité impériale pouvait ne pas avoir de grands inconvénients quand la presse n'était pas libre, mais les choses ont changé; les actes du pouvoir sont discutés avec une ardeur croissante, et la discussion remonte, comme la Constitution l'exige, au chef de l'État. M. de Maupas rappela qu'en signalant ce péril l'année précédente, il avait demandé qu'on ne modifiât le régime de la presse qu'après avoir couvert la couronne et fortifié le pouvoir des assemblées; il pria ensuite le gouvernement de lui dire quelles mesures il prenait dans ce sens, aujourd'hui que le péril les rendait plus nécessaires. Après avoir sommé le gouvernement de s'expliquer à ce sujet, il l'enferma dans cette alternative : ou diversion libérale ou réaction en sens contraire, et il se déclara pour la première; on calomniait, selon lui, les hommes du 2 décembre en leur prêtant des vues rétrogrades; le 2 décembre a été fait contre l'anarchie et non contre la liberté. La pratique de la liberté et la création d'une autorité intermédiaire capable de couvrir la couronne, peuvent seules conjurer le danger que court en ce moment l'Empire; la modification ministérielle du 17 décembre, semble indiquer qu'on l'a compris. Pourquoi, ajoute-t-il, aurait-on donné plus d'importance et d'homogénéité au cabinet et placé en quelque sorte à sa tête un président du conseil, si ce n'était pour détourner sur lui les coups dirigés contre l'Empereur?

Cette hypothèse sentait fort l'hérésie de la responsabilité ministérielle, et M. Troplong n'était pas homme à la tolérer. Il rappela vertement à M. de Maupas qu'un sénatus-consulte était indispensable pour rétablir la responsabilité ministérielle, mais l'orateur protesta qu'il n'avait garde de vouloir un ministère solidaire : qu'il fût homogène, cela lui suffisait.

Un long colloque s'engagea entre lui et le président sur la différence qu'il convient de faire entre l'homogénéité et la solidarité ou responsabilité. M. de Maupas ne parvint pas à faire comprendre comment un ministère homogène empêcherait l'Empereur d'être seul responsable en vertu de la Constitution. L'Empire, à la fois autoritaire et libéral, voulait des ministres, qui, au lieu d'être des avocats de la couronne, devaient se transformer en agents qu'on pût mettre en cause sans ébranler le pouvoir. Un empereur gouvernant personnellement sans être responsable, au moyen d'agents, soumis à une responsabilité platonique; un gouvernement constitutionnel avec une constitution absolutiste : tel était, en un mot, le problème posé par M. de Maupas.

Le préfet de police du 2 décembre ne comprenait pas que cette journée avait creusé un abîme entre l'Empire et le régime parlementaire, et que la responsabilité ministérielle elle-même ne parviendrait pas à le combler. La logique du 2 décembre dominait la situation : l'Empire devait lui obéir et accomplir sa destinée.

M. Rouher répondit à M. de Maupas sur un ton de fort mauvaise humeur, en l'accusant de vouloir tout simplement ramener l'Empire au régime parlementaire, « à ce régime funeste qui n'a jamais préservé aucun gouvernement, etc. » M. Rouher n'avait pas besoin de se placer sur ce terrain pour battre son adversaire et pour ruiner un système reposant sur une solidarité impossible et sur une homogénéité inutile; il pouvait également éviter de se contredire en fait, en soutenant que la responsabilité ministérielle existait d'une certaine façon et qu'un ministre, après un grand échec, n'hésiterait pas à donner sa démission. M. de Maupas avait beau jeu pour répondre qu'aucun précédent ne confirmait cette assertion, et qu'en 1866, M. Rouher, après avoir vu dans la proposition de M. Buffet, demandant que les ministres à portefeuille vinssent à la Chambre, un coup terrible porté à la Constitution, ne voyait pas dans la présence de ces ministres au Corps législatif un motif suffisant pour donner sa démission.

Cette discussion témoignait d'une certaine inquiétude chez les amis les plus dévoués de l'Empire. Le terrain ne semblait plus aussi assuré sous leurs pieds; ils étaient divisés en deux partis : l'un obstiné dans sa résistance, l'autre d'une conscience tardivement troublée, voulant faire oublier le passé en payant l'arriéré de la liberté; mais cette fraction, dans laquelle se rangeait M. de Maupas, ne proposait que des moyens de payement insuffisants. Si l'Empire n'était plus, comme le disait M. de

Maupas, qu'une forteresse dont les remparts croulaient sous les boulets ennemis, la responsabilité ministérielle à moitié ou entière ne pouvait le sauver. Ce qui résultait le plus clairement de son discours, c'est que l'ensemble des institutions impériales ne répondait pas aux besoins du pays.

La discussion du traité entre la ville de Paris et le Crédit foncier, était attendue avec une certaine curiosité; elle commença le 6 avril. M. Haussmann, libre de prendre la parole et de se défendre lui-même, refit le plaidoyer prononcé en sa faveur, quelques jours auparavant par M. Genteur devant la Chambre des députés. La « grande œuvre » excusait tout. De quoi d'ailleurs les députés se plaignent-ils, demanda M. Haussmann, puisque les départements n'ont rien à payer pour la transformation de Paris? On signale dans la comptabilité de la Ville une augmentation de 465 millions; n'est-ce pas la jurisprudence de la Cour de cassation qui l'a causée? La cour suprême a sacrifié l'intérêt général à l'intérêt privé, la « grande œuvre » au principe suranné de la propriété. Quant à la Cour des comptes, dont on a, dit-on, méconnu les prescriptions, il n'y a pas à se soucier le moins du monde de ses observations. On ne ferait jamais rien s'il fallait s'en tenir aux règles administratives. Il y a des moments où l'on doit savoir s'élever au-dessus de tout cela. M. Haussmann, dédaignant de se justifier, déclara qu'il resterait en place, afin de terminer une œuvre que nul autre que lui n'était capable de mener à bonne fin, et dont nos enfants seront bien heureux de payer les frais. M. Haussmann oubliait ici sa théorie : Paris ne s'appartient pas, il appartient à la France. En effet, s'il en est ainsi, la surveillance de la France doit remplacer celle que les Parisiens, dépourvus, selon lui, de tout sentiment municipal, sont incapables d'exercer, et il faut remettre au Corps législatif, le vote du budget de la ville de Paris.

Que devenaient, après le langage hautain de M. Haussmann, les aveux de M. Rouher et sa promesse au Corps législatif de déposer le bilan de la ville au 31 mars prochain?

M. Schneider ouvrit, le 19 janvier 1869, la session par une allocution, où il se plut à vanter la « courtoisie française » dont les membres du Corps législatif faisaient preuve dans leurs rapports entre eux. Le dépôt des projets des lois de finances et des deux budgets de 1870 eut lieu immédiatement après et fut suivi de trois vérifications de pouvoirs, dont une seule, celle de M. de Piennes, chambellan de l'Empereur, élu député dans le Pas-de-Calais, donna lieu à un débat assez animé. M. Bethmont combattit cette élection, au nom de la loi, qui prononce l'incompatibilité entre le titre de député et celui de fonctionnaire. La Chambre décida qu'un chambellan n'était pas un fonctionnaire, parce qu'il ne recevait aucun traitement du Trésor. Un chambellan n'est pas, en effet, un fonctionnaire, c'est un domestique particulier, dans le sens qu'ont toujours attaché aux fonctions de la domesticité, ceux qui en ont été revêtus dans les maisons royales, où le service est considéré comme un honneur. Le chambellan payé par le souverain se trouve en face de lui dans une dépendance plus étroite qu'aucun fonctionnaire. La justice n'exigeait-elle pas dès lors, qu'on lui appliquât la loi qui prive les domestiques du droit de déposer dans les affaires, où les intérêts de leurs maîtres sont en jeu?

Plusieurs demandes d'interpellation furent déposées; la première, sur l'application de la loi relative aux réunions publiques, par M. de Benoist; la seconde, sur la situation intérieure du pays, par divers membres de la gauche; la troisième, sur la direction que le gouvernement compte imprimer à la politique intérieure du pays, par MM. Buffet, Martel, Lambrecht, Brame, d'Andelarre, Chevandier de Valdrôme, Gœrg, de Chambrun, Plichon, Kolb-Bernard; la quatrième, sur l'émeute dont l'île de la Réunion avait été récemment le théâtre; la première et la dernière furent seules autorisées. L'interpellation du tiers-parti n'était pas cependant encore définitivement rejetée. Six bureaux avaient bien pris parti contre elle, mais un partage de voix avait eu lieu dans deux bureaux; et bien des gens pensaient qu'il devait être procédé à un second tour de scrutin; MM. Bethmont, Thiers et Buffet soutinrent vivement cette opinion, combattue avec non moins de vivacité par M. Rouher; non qu'à l'entendre il éprouvât le moindre embarras à répondre à l'interpellation du tiers-parti, il était prêt à le faire, mais il réclamait une interpellation plus précise dans sa forme. Cette prétention de soumettre une interpellation à une sorte d'examen officiel, réduisait le droit d'interpeller à néant. Le renvoi aux bureaux, mis aux voix, fut repoussé par 114 suffrages contre 102; la majorité, en défalquant le vote des députés attachés à la personne de l'Empereur, n'avait tenu qu'à un fil : M. Rouher venait donc de s'exposer à un grand échec pour retarder de quelques jours un débat inévitable.

Le gouvernement n'avait obtenu que 114 voix de majorité, tandis que le nombre des opposants avait été de 102. C'était la plus forte minorité qu'eût vu la Chambre depuis 1852. C'est que rien n'a plus mauvaise grâce dans une assemblée politique, que les subtilités de procédure, semblables à celles dont on use au Palais. La faute qui avait failli mettre le gouvernement en minorité dans une Chambre où un tel phénomène semblait impossible n'était du reste pas due uniquement à la maladresse de M. Rouher ; elle était la suite du système de contradictions et de demi-mesures imposé à la France depuis quelques années par un gouvernement qui cherchait à résoudre le difficile problème de donner et de retenir en même temps.

M. Jules Simon prit la parole, le 26 janvier, sur les événements de la Réunion. La demande d'une enquête, réclamée par M. Jules Simon, avec une éloquence si précise dans le récit des faits, et si modérée dans l'appréciation des personnes, ne réunit qu'une vingtaine de voix. Une sorte de restauration s'accomplit ce jour-là dans la Chambre : les journalistes reprirent possession de la loge qui leur était autrefois réservée au-dessus de celle des anciens députés.

L'interpellation de M. de Benoist eut lieu le 1ᵉʳ février ; on l'annonçait comme un tournoi qui durerait au moins deux jours et auquel les chevaliers de l'Arcade prendraient part. Tout se borna à un échange de doléances entre M. de Benoist et M. Baroche. M. de Benoist ne demandait pas qu'on rapportât la loi sur le droit de réunion ; il aurait souhaité seulement qu'on appliquât plus souvent l'article 13, qui permet d'interdire les réunions. Il prétendit que les capitaux s'alarmaient de la tolérance du gouvernement. M. de Benoist trouva moyen, au milieu de tout cela, de protester de son amour pour la liberté. Cette déclaration, dans la bouche d'un arcadien, annonçait l'approche des élections.

Le Corps législatif avait clos sa précédente session en votant un emprunt d'État de 450 millions. Il reprit, le 22 février, ses séances pour discuter un emprunt municipal de 463 millions et le déficit de la ville de Paris. Cette discussion, curieusement attendue, car c'était « l'œuvre du règne qu'on allait juger », s'ouvrit par un discours de M. Garnier-Pagès. L'orateur exposa, dans sa vérité, la situation financière de Paris et les conséquences matérielles de l'administration de M. Haussmann. M. Picard suivit ce Protée financier dans ses transformations, dans ses ruses, détours et expédients pour échapper à la loi et à la Cour des comptes. Son discours fut un des meilleurs qu'il ait prononcés au Corps législatif.

On ne pouvait répondre à MM. Garnier-Pagès et Picard qu'en opposant à leurs critiques la grandeur de l'œuvre critiquée par eux, et qu'en la présentant comme une entreprise essentiellement démocratique. Était-ce donc rendre service à la démocratie que de chasser le peuple du centre de Paris, de maintenir un octroi de 101 millions en frappant la nourriture et la houille, de prendre 2 milliards dans la caisse de la Ville et 4 milliards à l'épargne des particuliers? La démocratie fait de grandes choses par d'autres moyens. C'est ce que dit fort bien M. E. Picard, en étalant le *compte moral* des opérations de la caisse des travaux de Paris. Cette comptabilité des bons de délégation dont l'émission annuelle était inférieure, disait-on, à 100 millions et qui, un beau jour, répond à ces *satisfecit*, que lui donnent les commissions législatives, par un aveu de 465 millions de dettes contractées en six ans; cette administration en lutte avec la loi, la Cour des comptes et les principes traditionnels de l'administration française, ces 8 millions d'indemnités distribués sans contrôle, ces opérations qui roulent sur des millards et qui se règlent sous le manteau de la cheminée, n'ont rien de démocratique; tout cela doit finir, ajouta M. Picard; il avait bien raison; mais était-ce en transportant le pouvoir municipal ou plutôt une ombre de contrôle illusoire à cette majorité qui ne gardait pas même rancune à M. Haussmann de tout ce qu'il lui avait dissimulé?

M. Thiers avait depuis longtemps l'intention de consacrer à l'œuvre de Paris, un de ces discours d'exposition et d'analyse qui embrassent une question à la fois dans ses détails et dans son ensemble. Il prit la parole le 23, et sans attaquer personnellement M. Haussmann, pour lequel il montra même un certain penchant, et qu'il n'aurait pas craint, dit-il, lui-même d'employer, il fit évanouir les budgets de fantaisie, étalés devant la Chambre; il prouva que les excédents se réduisaient, pour 1868, à 25 millions, et, pour 1869, à rien. La dette grossit d'année en année, non seulement en intérêt, mais encore en amortissement, et l'amortissement, laissé en dehors du budget ordinaire, absorbe, pour 1869, tout ce qui reste disponible. Les ressources de la Ville sont épuisées et l'œuvre de transformation ne l'est pas : le premier réseau était utile, le second utile seulement dans quelques-unes de ses parties, le troisième est entièrement inutile. Le discours de M. Thiers, clair comme un plan parlé, démontra cette inutilité.

L'orateur demanda quel remède on pouvait appliquer à la situation, si ce n'était celui de remettre à un corps élu, le contrôle des finances de la Ville? La majorité considère le suffrage universel comme la base du trône et de la dynastie : c'est le principe conservateur, par excellence, appliqué à la Constitution; malheureusement il se transforme aux yeux de la majorité en principe destructeur et révolutionnaire, dès qu'on veut l'appliquer à l'administration de la ville de Paris. Il faut pourtant qu'on

Fig. 47. — Un colloque s'établit au sénat entre M. de Maupas et M. le président Troplong.

s'entende; les Parisiens ont le droit de dire que ce qu'on trouve bon pour soi, on devrait le trouver bon pour eux. M. Thiers, à défaut d'une solution, consistant à confier l'administration de Paris à un conseil nommé par le suffrage universel, se contentait d'un expédient, c'est-à-dire du contrôle législatif, du vote du budget par la Chambre.

Pendant que le Corps législatif examinait le bilan de M. Haussmann, M. Genteur, conseiller d'État, chargé de le défendre en qualité de commissaire du gouvernement, annonça tout à coup qu'une somme de 40 millions était tombée subitement dans la caisse de l'Hôtel de Ville. D'où venait-elle? D'une création de bons de délégation ou bien d'un traité pareil à ceux qu'on discutait en ce moment? Elle provenait d'un traité, pour la construction des entrepôts de Bercy, que la Ville avait escompté au Crédit foncier, et dont M. Picard eut la plus grande peine à obtenir communication. Quelle surveillance était-il permis d'attendre de la Chambre et que signifiait cette discussion sur un budget auquel on pouvait faire des ajoutés de 40 millions pendant qu'on l'examinait?

M. Forcade de La Roquette, ministre de l'intérieur, il en convenait du reste, ne pouvait produire d'autres chiffres que ceux de M. Thiers, mais il en tira d'autres conséquences. Il glorifia la « grande œuvre », au lieu de prouver que M. Haussmann avait le droit de dépasser de 400 millions les autorisations législatives; il invoqua l'opinion du roi de Prusse et un aphorisme du maçon Nadaud, ancien membre des Assemblées de 1848. « Nous avons trouvé une nation, » aurait dit le roi de Prusse à son état-major, en contemplant les merveilles de Paris; on connaît l'aphorisme de M. Nadaud prononcé par lui à la tribune : « Quand le bâtiment va, tout va! »

La théorie de M. le ministre de l'intérieur se résumait en définitive dans ce principe : plus on s'endette, plus on s'enrichit.

M. Ernest Picard, d'une riposte agile, mit en pièces ce long discours et résuma ainsi la question : qui doit céder, la loi et la Chambre, ou les violateurs de la loi? M. Picard, en parlant, tenait à la main le texte d'un traité passé le 15 février, entre la Ville et un entrepreneur, traité approuvé par la commission municipale et destiné à permettre un nouvel emprunt de 40 millions déguisé en cautionnements. Il fallait que la détresse de la Ville fût bien grande pour que M. Haussmann bravât aussi ouvertement la Chambre.

M. Bethmont demanda, le lendemain, communication du rapport de la Cour des comptes sur l'exercice de 1866, qui contenait d'importantes révélations sur les affaires de la ville de Paris. Le ministère prétendit que ce rapport était à l'impression. M. Thiers déclara pourtant qu'il l'avait tenu entre ses mains, sous forme de volume broché en bleu, et qu'il avait pu constater par une rapide lecture, que la Cour des comptes n'abandonnait rien de ses doctrines antérieures et que, malgré les prétendues réponses faites à ses observations, elle maintenait son blâme.

M. Rouher, qui prit la parole dans la séance du 26, avait promis d'étonner tout le monde par sa franchise. MM. Forcade de La Roquette et Genteur durent, en effet, être passablement surpris en entendant le ministre d'État blâmer tout ce qu'ils avaient approuvé dans leurs discours. L'étonnement ne dut pas être moindre chez M. Haussmann, chez M. Devinck, le rapporteur financier ordinaire de la ville de Paris, et chez les directeurs du Crédit foncier. Oui, s'écria M. Rouher, on a contracté 465 millions d'emprunts illégaux et déguisés; oui, on a violé un dépôt en employant à des dépenses, des sommes versées comme cautionnement; oui, on a dépassé le chiffre accordé à la dette flottante de 100 à 152 millions; oui, pendant que la Chambre délibère, le préfet et la commission engagent la Ville pour 40 millions, et font verser provisoirement dans la caisse municipale 15 millions sans attendre l'autorisation du Conseil d'État. Oui, tout cela est fâcheux et doit avoir un terme. On se plaint, ajoute M. Rouher, que la Ville ait trouvé, pour l'aider à s'endetter et à violer la loi, un établissement placé sous la surveillance du gouvernement, et qui a lui-même violé ses statuts pour prêter les millions demandés; on a raison, tout cela est illégal, irrégulier.

L'opposition condamne les bons de délégation, l'emploi comme fonds de roulement des cautionnements des entrepreneurs, le traité passé pour la construction de l'entrepôt de Bercy, comme recélant un emprunt déguisé. M. Rouher condamne, lui aussi, tout cela, et il prend l'engagement de refuser l'approbation au traité de Bercy et de porter la question devant la Chambre sous forme de loi. Mais ce n'est pas tout : l'opposition reproche au traité conclu avec le Crédit foncier de ne pas ménager suffisamment les intérêts de la ville de Paris; M. Rouher promet de faire un appel prochain à la souscription publique, et il demande l'introduction dans la loi d'un article qui lui permette de faire une émission de titres.

L'évolution était hardie et habile. M. Rouher savait que la révélation du traité de Bercy avait ouvert les yeux à beaucoup de membres de la majorité, et que l'idée de mettre l'emprunt de la ville de Paris en souscription publique, franchissait les limites qui séparent le tiers-parti et le centre gauche de la droite. M. Rouher n'avait jamais été embarrassé pour faire volte-face ; il s'exécuta galamment. M. Genteur et M. Forcade de La Roquette purent sans doute regretter qu'il ne se fût pas décité trois jours plus tôt ; mais, quant à lui, il avait atteint son but : la loi se trouvait justifiée, et des hommes qu'on aurait dû mettre en accusation, restaient au pouvoir et donnaient leur nom aux boulevards de Paris ; il est vrai que M. Rouher était resté lui-même en place après Queretaro, Sadowa et le 19 janvier.

La Chambre, à qui le ministre d'État promettait qu'elle saurait tout l'avenir et qu'on lui ferait connaître le 31 mars prochain la véritable situation de la Ville (il le fallait bien, car on avait encore beaucoup d'argent à lui demander), crut avoir remporté une grande victoire ; elle était tout simplement dupe d'une manœuvre qui avait innocenté les coupables. M. Haussmann et M. Fremy portèrent au pied du trône, leurs doléances et leurs plaintes inutiles. L'Empereur trouva que le ministre d'État avait fort bien manœuvré.

Pendant que la commission faisait les retouches nécessaires au projet de loi, la mort de Lamartine fut annoncée à la Chambre par M. Eugène Pelletan. Le président, M. Schneider, lui répondit par quelques phrases banales ; la Chambre parut étonnée qu'on lui fît part d'un événement d'une si mince importance, et elle reprit, le 1er mars, la discussion du projet de loi, relatif au traité entre la ville de Paris et le Crédit foncier. Il s'agissait de savoir dans quelles conditions se ferait l'emprunt de 465 millions, destiné à rembourser, par la ville de Paris, la créance au Crédit foncier.

MM. Peyrusse, Roulleaux-Dugage et Pagezy, députés de la majorité, avaient déposé un amendement qui tendait à affirmer que la Chambre ne consentirait pas à couvrir par son silence les irrégularités dénoncées à la tribune par le ministre d'État lui-même, et à mettre la signature de la France au bas d'un traité où figurait celle d'un établissement de crédit qui avait violé la loi et ses statuts. L'amendement n'était en réalité qu'un désaveu platonique des pratiques de M. Haussmann, une apparente et timide satisfaction donnée à l'opinion, à la veille des élections. Mais il faisait faire à la Chambre un acte d'autorité, puisqu'elle ordonnait un emprunt ; il établissait de plus une séparation entre le passé et l'avenir, aussi le gouvernement s'opposa-t-il à son adoption ; mais, pour soustraire la majorité au sentiment qui aurait pu l'entraîner, il fallait se résigner à des sacrifices. M. Fremy, gouverneur du Crédit foncier, fut obligé de confesser ses fautes à la tribune, et d'offrir la restitution de 17 millions illégalement perçus. Quel aveu! M. Rouher prit l'engagement de faire tout de suite un emprunt public de 150 à 200 millions, et, comme la parole de M. Rouher ne parut pas suffisante, M. Magne dut donner la sienne en garantie. C'était trop pour la fermeté de M. Peyrusse; il retira son amendement, repris par MM. Haentjens, Pouyer-Quertier, de Tillancourt, mais trop tard. Il ne restait plus à l'opposition qu'à démontrer que ce qu'on voulait avant tout, c'était sauver le Crédit foncier. M. Thiers s'acquitta de cette tâche avec sa clarté et sa vigueur accoutumées, en luttant à la fois contre M. Magne et contre M. Rouher. L'amendement réunit 97 suffrages contre 142. La majorité, dit M. Jules Favre, donne un vote de confiance à ceux qui ont été convaincus d'avoir violé la loi. M. Rouher avait gagné la bataille, mais sa victoire lui coûtait cher.

Il était bon cependant qu'avant de passer au vote de l'article 1er, qui « approuve le traité entre la Ville et le Crédit foncier », quelqu'un se chargeât d'expliquer ce que la Chambre allait faire. Tout avait été dit dans la discussion sur les illégalités et les abus, au point de vue politique et administratif. Restait un côté de la question, le côté des abus d'argent, plus difficiles à excuser par cette Chambre que les abus de pouvoir. M. Rouher avait jusqu'alors empêché le débat de s'aventurer sur ce terrain dangereux en jetant les hommes les plus compromis à la mer; mais M. A. Guéroult déposa dans la séance du 3, un amendement à l'appui duquel il avait additionné le détail des primes et des avantages recueillis par le Crédit foncier pour ses escomptes du papier de la Ville; le gouvernement, pressé par MM. Jules Simon, Bethmont et par la Chambre tout entière, dut se résigner à promettre, par l'intermédiaire de M. Magne, non seulement « d'user de tout son pouvoir pour obtenir satisfaction complète », c'est-à-dire pour faire restituer par le Crédit foncier les 17 millions illégalement perçus, mais encore de rendre bientôt compte du résultat de ses réclamations.

Ce n'était là qu'une escarmouche. M. Pouyer-Quertier engagea directement le combat contre M. Haussmann. Il montra que le préfet de la Seine, non content d'emprunter illégalement 465 millions, par l'intermédiaire de ceux que M. Rouher appelle des « entrepreneurs sérieux » et M. Jules Favre « des hommes de paille », ne les obtenait qu'à 5,10, quand toutes les villes de France trouvent de l'argent à 4,50; sans compter que le gouvernement, comme s'il ne suffisait pas d'accorder cet intérêt exorbitant au Crédit foncier, pour le récompenser de la violation de ses statuts, lui allouait de plus une commission, non de 45 cen-

times, maximum permis par les statuts, quoique abusif, car Paris n'a pas besoin d'intermédiaire pour emprunter, mais de 1 fr. 15, quelquefois 1 fr. 50, c'est-à-dire 70 centimes au-dessus de la commission légale. La Ville a ainsi supporté, outre une commission une fois soldée, autant de commissions, qu'il y avait d'années à courir jusqu'à l'échéance des bons escomptés. La ville de Paris a donc été non seulement endettée secrètement et illégalement, mais encore elle a été victime de l'usure à ce point que, selon M. Guéroult, le Crédit foncier, ne voulant laisser dans ses écritures aucune trace de ces commissions et de ces profits, les a inscrits en partie dans le chapitre « divers » et dissimulés aux actionnaires. « Et c'est tout cela, demanda M. Pouyer-Quertier, que l'ar-
« ticle 1er approuverait ? Non, il faut déblayer la situation, déclarer nul
« tout emprunt illégal, annuler les titres émis par l'Hôtel de Ville à des
« taux usuraires, faire à des conditions honnêtes un emprunt direct. »

C'était trop exiger de la Chambre. M. Rouher, par ses amis, faisait répandre le bruit de sa démission et posait, non pas à la tribune, mais dans les couloirs, la question de cabinet ; dès qu'il crut la majorité suffisamment effrayée, il l'adjura de voter immédiatement sans attendre les renseignements que le préfet promettait pour le 31 mars, sans connaître l'état de ses comptes et les limites de sa dette. La vive réplique de M. Picard fit pourtant renvoyer la discussion au lendemain. Le résultat en était prévu, l'article 1er fut adopté par 200 voix.

L'article 2 du projet portait : « A l'avenir, le budget extraordinaire de
« la ville de Paris, voté d'abord par le conseil municipal, sera approuvé
« par une loi. Le règlement définitif de ce budget sera approuvé dans la
« même forme. »

Il semblait tout naturel que, avant d'entrer en possession du contrôle de l'administration financière de la ville de Paris, le Corps législatif fît l'inventaire des biens dont il allait surveiller la gestion. M. Guéroult proposa donc la formation d'une commission parlementaire pour dresser le bilan de la ville de Paris. La Chambre trouva cette précaution inutile.

La gauche avait présenté cet amendement à l'article 2 : « Les électeurs
« de la Seine seront immédiatement convoqués à l'effet d'élire un conseil
« municipal. » On connaît la théorie du gouvernement : Paris n'est pas une ville, mais une capitale, et Paris, par conséquent, est hors du droit commun ; il n'y a pas de Parisiens dans Paris. M. Ernest Picard revendiqua pour Paris la large part qu'il tient dans l'histoire du pays, et son droit à former une grande cité et non une collection anonyme de quar-

tiers, une agglomération. Un conseil municipal de fonctionnaires n'était plus possible. Paris demandait à nommer ses conseillers, à s'appartenir en un mot. M. Jules Simon fit également justice de ce paradoxe, qui enlevait à la capitale de la France ses droits de cité, et des arguments historiques qu'on opposait à la réalisation de l'amendement de l'opposition. Il s'éleva comme député de Paris, qui connaît les besoins de ses électeurs et comme économiste, qui n'est pas dupe des moyens employés pour créer la cherté des loyers, de la vie, des instruments de travail, contre ces artifices dont ne s'accommodent ni la démocratie ni la morale.

La discussion se refroidissait sensiblement, depuis le vote de l'article 1er, et il n'était guère probable qu'elle se réchauffât. Restait pourtant encore à discuter un amendement ainsi conçu : « Provisoirement, « le budget de la ville de Paris, voté d'abord par le conseil municipal, « sera, jusqu'au rétablissement du principe électif, approuvé par une loi. « Le règlement définitif de ce budget sera approuvé dans la même « forme. »

Cet amendement avait un double but : soumettre le budget de la Ville à la Chambre, et laisser à Paris l'espoir de voir un jour appliquer le système électif à son conseil municipal. Les auteurs de l'amendement semblaient dire : Une première concession est faite, mais insuffisante ; l'examen de la Chambre ne doit pas se borner au budget extraordinaire, le contrôle ne peut être sérieux que s'il s'exerce sur les deux budgets. Ces réflexions, présentées par M. Martel avec autant de force que de modération, ne firent aucune impression sur le gouvernement ni sur la Chambre : leur parti était pris.

Un pouvoir incompétent, chargé d'exercer une surveillance illusoire, voilà en résumé ce qu'il y avait dans la loi qu'on allait voter ; tous le sentaient, mais à l'approche des élections on voulait avoir l'air de faire quelque chose pour Paris. En définitive, ainsi que l'avait dit M. Jules Favre, la « grande œuvre » était jugée, et ses auteurs s'étaient levés de la sellette acquittés, mais déconsidérés. La loi fut votée par 200 voix contre 41, après quinze jours de débats passionnés. L'Empire n'en avait pas moins perdu la bataille.

La Chambre discuta, le 10 mars, les interpellations de M. Maurice Richard sur la création d'un cimetière à Méry-sur-Oise et d'un boulevard traversant le cimetière Montmartre. MM. Maurice Richard et Lambrecht obtinrent qu'on examinerait si le cimetière Montmartre ne pouvait pas être contourné, comme ils le soutenaient. La question de la place du Roi-

Fig. 48. — Les Invalides fêtent l'institution de la médaille de Sainte-Hélène, comportant une pension de 250 francs.

de-Rome, et de l'aliénation des terrains domaniaux détachés du Luxembourg occupa la Chambre pendant les séances du 12 et du 13. Les partisans les plus fanatiques de la transformation de Paris, s'arrêtaient étonnés et embarrassés devant cet immense amphithéâtre vide du Trocadéro, coupé en deux par un colossal escalier aboutissant à une place déserte et coûtant 19 millions. Le percement du jardin du Luxembourg semblait non moins inutile, et l'on se demandait en tout cas si le gouvernement avait le droit d'aliéner le domaine de l'État par un simple décret, sans l'autorisation du Corps législatif. La discussion fut très vive entre M. Eugène Pelletan et M. Rouher et entre ce dernier et M. Ernest Picard. La vente de certains terrains avait donné lieu à des tripotages ; des fortunes considérables avaient surgi tout à coup ; M. Picard appela l'attention de la Chambre sur ces scandales avec une prudence discrète, qui mit M. Rouher fort en colère. Le mot de la situation fut dit par M. Segris : « Il faut garder la règle pour que la règle nous garde. »

On parlait depuis quelque temps d'une interpellation de M. Jérôme David pour demander d'abord que les candidats élus ne fussent plus autorisés à poser de nouveau leur candidature quand leur élection aurait été annulée pour cause de corruption, et ensuite que les candidatures multiples, c'est-à-dire le droit de se présenter comme candidat dans plusieurs circonscriptions à la fois, cessassent d'exister. Ces bruits étaient faux. C'était la corruption individuelle que M. Jérôme David avait uniquement en vue ; une autre corruption plus dangereuse dévorait le corps électoral : l'achat collectif des votes par le moyen de travaux publics ou d'encouragements budgétaires accordés aux communes en vue de l'élection d'un candidat. M. Jérôme David n'en tenait nul compte.

L'interpellation était-elle à l'adresse de quelqu'un? Il était impossible de le deviner dans son discours. Ses amis de la droite, ordinairement très peu sensibles au genre de préoccupations qui semblait l'animer, lui avaient probablement fait comprendre le danger de son interpellation, car il se tint dans un vague prudent, se bornant à citer une circulaire de M. Philis aux électeurs du Var, qui ne promettait pas de l'argent aux électeurs, mais qui s'engageait tout simplement à travailler à réduire les dépenses publiques, de façon à leur permettre de garder une partie de celui qu'ils avaient gagné en travaillant. Du reste, si M. Jérôme David avait eu quelques appréhensions sur les dangers que la corruption électorale faisait courir aux mœurs publiques, quelques mots de M. Rouher suffirent pour les dissiper, de façon que, après avoir parlé quelque temps sur le ton de prédicateur de la nécessité de veiller sur l'honneur électoral de la Chambre, il se mit tout d'un coup à défendre les candidatures officielles, prétendant que l'opposition avait aussi les siennes, et faisant suivre cette assertion du défilé des arguments connus, en faveur de l'intervention du gouvernement dans les élections. L'orateur, après avoir fait cette inutile interpellation, ne pouvait se dispenser d'en demander le renvoi au gouvernement. M. Rouher lui répondit que son attention n'avait nul besoin d'être éveillée sur ce sujet, et qu'aucun fait ne justifiait un surcroît de précaution contre un abus qu'il n'avait jamais eu à réprimer. M. Rouher ne se souvenait déjà plus des vérifications de pouvoir de 1867 et des annulatians qui eurent lieu à cette époque pour cause de corruption.

M. Picard, sortant des généralités où s'était complu le ministre d'État et s'appuyant sur des faits, montra preuves en main, dans un vif et mordant plaidoyer contre les candidatures officielles, où étaient les vrais dangers qui menaçaient la sincérité du suffrage universel; ces dangers, dit-il, lui viennent des moyens que le gouvernement emploie pour faire réussir ses candidats, de la corruption exercée en grand, de la pression administrative, des promesses de chemins de fer, des dons aux communes, des subventions aux églises, des mille faveurs dont dispose le gouvernement.

M. Forcade de La Roquette essaya de lui répondre. M. Émile Ollivier remplaça le ministre de l'intérieur à la tribune. Il fit un discours personnel, ce qu'on appelle un discours ministre. Prendre position, menacer M. Rouher, rallier ses amis et se faire accepter de la majorité comme un homme sûr et dévoué à l'Empire, tel était le but de ce discours, dans lequel il flatta M. de Persigny et déclara avec éclat que les révolutions sont toujours funestes. M. Rouher ne jugea pas à propos de lui répondre; M. Jules Favre garda également le silence; l'ordre du jour fut adopté par 157 voix contre 47.

La discussion générale du budget s'ouvrit le 2 avril. L'accord s'était fait rapidement entre le gouvernement et la commission du budget, dont le rapport n'était que la paraphrase de celui du Conseil d'État. MM. Busson-Billault et Gressier qui, l'année précédente, ne s'étaient point fait faute d'admonitions, trouvaient que tout allait le mieux du monde. Pouvaient-ils avoir une autre opinion à la veille des élections? Le budget de 1870 se présentait équilibré, d'abord par un reliquat de l'emprunt de 1868 de 15 360 000 francs, par le versement de l'emprunt algérien, 16 666 000 francs, soit 32 millions d'emprunt. Une annuité de 5 579 000 francs, qui devait de plus être payée pendant sept ans, aux compagnies de chemins de fer, figurait pour la première fois au budget des travaux publics. Ces 5 millions, on le comprend bien, ne représentaient que l'intérêt du capital qui serait en partie dépensé en 1870. C'était donc en réalité un emprunt de 100 millions qu'il fallait compter au budget de 1870.

Le budget de 1870 contenait en outre, relativement à 1869, une augmentation de dépenses d'environ 30 millions, mais ces dépenses n'étaient que des articles déjà prévus et votés en 1868 et reportés en 1870, afin d'alléger des budgets trop chargés pour que le dernier emprunt suffît à les équilibrer. Il ne restait donc rien pour faire face à l'imprévu, à ce qui constitue l'augmentation naturelle des dépenses d'une année à l'autre.

La nécessité d'arriver à une balance fictive avait fait réduire dérisoirement les budgets des ministères : c'est ainsi que le budget extraordinaire de la guerre se trouvait fixé à 3 millions! Des opérations analogues sur les services et les travaux publics maintenaient l'équilibre en 1870 en le détruisant d'avance en 1871.

M. Busson-Billault convenait cependant que la dette flottante était sous le coup d'un passif exigible trop considérable, car il annonçait dans son rapport une vente de rentes de la caisse de dotation, qu'on remplacerait par une inscription au budget des pensions au service desquelles les rentes sont affectées. C'était encore un autre emprunt de 100 ou 150 millions, et voilà comment on équilibrait les budgets sous l'Empire.

La suppression de l'Adresse portait une assez rude atteinte aux droits de la minorité, car la majorité, maîtresse d'autoriser ou de repousser les demandes d'interpellation, ne laissait passer que celles qui lui convenaient. L'opposition était forcée d'attendre la discussion du budget pour prendre sa revanche. La gauche profita donc de cette occasion pour résumer ses griefs, et ses amendements formèrent une sorte de programme : abolition de l'impôt inégal de la conscription, remaniement des impôts de consommation, réduction de l'effectif, enquête ayant pour objet l'étude des impôts existants et d'un projet d'impôt direct sur les valeurs mobilières, suppression du ministère d'État, du ministère des beaux-arts, du conseil privé, des six grands commandements militaires et de la garde, révision des traitements des fonctionnaires, respect du suffrage universel, précaution contre la fraude électorale, liberté de l'imprimerie, suppression des fonds secrets et augmentation du budget de l'instruction primaire, abolition du timbre, abrogation de la loi de sûreté générale. Tels étaient les points principaux du programme que la gauche n'hésita pas à porter à la tribune, en attendant que les candidats de sa nuance le portassent à leur tour dans les prochaines réunions électorales.

La discussion générale du budget, vaste cadre dans lequel pouvaient entrer toutes les questions politiques, s'ouvrit par un discours de M. Thiers, éloquente reproduction de son fameux discours résumant tous les droits dont la jouissance constitue la liberté politique. L'orateur opposait à ce résumé la façon dont le gouvernement entendait l'application de ces droits : le gouvernement, dit-il, tue la presse, supprime les réunions publiques, bouleverse les circonscriptions, impose des candidats aux électeurs, voilà comme il entend la liberté électorale. La liberté parlementaire existe-t-elle davantage ? Non, car le parlement n'a ni le droit reconnu, partout ailleurs qu'en France, de nommer son bureau, ni celui d'amender les lois. Il lui est également interdit d'user de l'initiative parlementaire, d'adresser directement une interpellation au gouvernement, d'entrer en communication avec lui au moyen d'une adresse. Il n'y a de liberté véritable que là où existe la responsabilité ministérielle. La droite, en entendant ces mots, poussa quelques exclamations qui paraissaient s'adresser au président de la Chambre autant qu'à l'orateur; M. Thiers, en abordant cette thèse, frisait en effet la discussion de la Constitution; le président, M. Alfred Le Roux, l'avertit du danger; M. Rouher ne tarda pas à se mettre de la partie : « M. Thiers viole la Constitution depuis une heure ! s'écrie-t-il. Si nous discutons la Constitution tous les jours, autant vaut déclarer la révolution en permanence! » Le président menaça l'orateur de lui retirer la parole. M. Thiers parvint cependant à terminer son discours, après avoir démontré que dans les gouvernements libres il n'appartient qu'au pays de se prononcer sur la paix ou la guerre, que c'est son intérêt le plus cher, celui de son existence.

M. Rouher répondit à M. Thiers que jamais la France n'avait été plus libre que sous Napoléon III, que le mécanisme parlementaire était usé, et qu'il n'y avait de vivant que le mécanisme de l'Empire.

M. Alfred Le Roux avait présidé mollement cette séance, au dire des membres de la majorité. Le *Pays* lui donna un avertissement sévère pour n'avoir pas rappelé M. Thiers à l'ordre.

M. Jules Favre reprit le lendemain, en jurisconsulte, la thèse de M. Thiers; la loi de sûreté générale suspend, dit-il, une menace perpétuelle sur tous les actes des citoyens; l'article 75 de l'an VIII garantit d'autant plus sûrement l'impunité des fonctionnaires que la presse qui a subi 118 procès dans les huit derniers mois ne peut remplacer l'action publique; les magistrats sont insultés quand ils acquittent des prévenus politiques. L'orateur faisait allusion à un propos tenu par un magistrat en pleine audience : ce magistrat avait dit, en parlant du tribunal de Clermont, renvoyant des fins de la plainte un journal poursuivi pour avoir ouvert dans ses colonnes une souscription pour élever un monument à Baudin : « La justice a été imprudente et imprévoyante. » M. Baroche, ministre de la justice, niait ce propos. M. Girot-Pouzol, député du Puy-de-Dôme, présent à l'audience, affirmait l'avoir entendu. L'élection de M. Girot-Pouyol avait été un échec personnel pour M. Rouher; la rancune et l'habitude de traiter très cavalièrement les candidats officiels poussèrent M. Rouher à contester avec aigreur les assertions de M. Girot-Pouzol, et enfin à répondre à ses affirmations persistantes par un brutal : Taisez-vous! que celui à qui il était adressé, fort heureusement n'entendit pas, mais qu'il lut le lendemain dans le compte rendu officiel et qu'il s'empressa de relever au début de la séance. La droite aurait bien voulu empêcher ces explications par ses cris persistants : L'ordre du jour! l'ordre du jour! mais elle ne parvint pas à épargner à M. Rouher le désagrément d'être obligé de retirer son expression inconvenante. M. Jules Favre, après cet incident, reprit son discours de la veille, qu'il termina ainsi : « Il y a une volonté unique qui nomme les « ministres, le Sénat, le Conseil d'État, tous les fonctionnaires, et qui « veut en outre nommer les députés. Que reste-t-il à la nation pour se « protéger contre un absolutisme qui cherche à se déguiser en régime « représentatif, en présence de l'Europe en armes, du peuple écrasé « d'impôts et de l'avenir menacé par la dette? »

M. Thiers avait parlé de la démission du procureur impérial de Toulouse. M. Picard ramena l'incident dans la séance du 5 avril. M. Séguier, fort bien apparenté, comptait plus d'un défenseur à la Chambre. M. de Talhouët exposa toute l'affaire : le 14 novembre 1868, M. le ministre de la justice avait expédié à tous les parquets l'ordre de saisir les journaux contenant la souscription Baudin; cet ordre arrive le 16 à Toulouse. M. Séguier, procureur impérial, écrit le 17 au procureur général que, conformément à ses ordres, il a fait saisir les journaux se trouvant dans le cas spécifié par la circulaire, et qu'il est prêt à requérir contre eux, mais à la condition de faire remarquer au tribunal que dans le fait d'une souscription ouverte à Paris, et continuée à Toulouse sans trouble ni désordre, il ne saurait voir le délit de manœuvres à l'intérieur. Dans le cas, ajoutait M. Séguier, où le ministre n'approuverait pas son attitude, il donnerait sa démission. Le ministre de la justice, informé par le procureur général de l'incident, montra un certain mécontentement contre M. Séguier, mais il ne prit aucune mesure contre lui. Les choses en restèrent là du 1er novembre au 29 décembre. Différents procès de presse furent jugés dans l'intervalle, et M. Séguier fit prononcer des condamnations. M. Baroche écrivit néanmoins au procureur général : « *Il est* « *honteux pour la justice que, dans le chef-lieu de votre ressort,* « *l'Émancipation puisse énumérer les procès qu'elle a subis en faisant* « *ressortir combien peu lui ont coûté les violations les plus flagrantes* « *de la loi.* » La lettre annonçait en même temps la révocation de M. Séguier.

Les décisions de la justice, signalées comme honteuses parce qu'elles acquittaient un journal, voilà ce qui frappa surtout les gens impartiaux dans l'exposé calme et impartial de M. de Talhouët. Le langage de M. Baroche, dans sa lettre au procureur général de Toulouse, fit comprendre comment on avait pu permettre aux journaux d'insulter les juges de Clermont. Quant à la subordination absolue, à l'obéissance passive du parquet invoquées par M. Baroche pour justifier la révocation de M. Séguier, elles se concilient mal avec la dignité du magistrat. Que le gouvernement ordonne des poursuites, cela se conçoit; mais à l'audience le magistrat qui siège au parquet n'obéit, comme celui qui siège au tribunal, qu'à sa conscience : les débats, les témoignages et les plaidoiries peuvent modifier ses conclusions, c'est un juge et non un commis.

M. Buffet ne voulut pas laisser la discussion générale du budget se clore sans parler au nom du tiers-parti. Entre la théorie de M. Thiers sur le régime représentatif et la pratique du gouvernement, il n'y avait pas, selon lui, autant de distance qu'on pouvait le supposer; aussi approuvait-il cette pratique, sauf en ce qui concerne les candidatures officielles. Le ministre de l'intérieur lui répondit en évoquant le spectre rouge. « Quoi, répliqua M. Buffet, c'est parce qu'il se fait dans quelques « bouges de Paris, des prédications subversives que vous jugez nécessaire « d'intervenir plus que jamais dans les élections, et c'est vous-même qui

Fig. 49. — Les efforts de la Presse officieuse ne parviennent pas à exciter les esprits dans les campagnes.

« vous chargez de propager ces élucubrations, qui, sans vous, ne trou-
« veraient point d'auditeurs; pouvez-vous invoquer la nécessité de pré-
« server les électeurs de la contagion socialiste et révolutionnaire, quand
« c'est vous-mêmes qui êtes les plus actifs propagateurs de cette conta-
« gion ? »

M. Louvet et M. Magnin, en examinant la situation financière, fournirent de nouveaux arguments à la thèse de M. Buffet. Si la situation
financière, comme l'affirmait M. Louvet, ne pouvait se rétablir que par
le maintien de la paix et par la renonciation aux dépenses exagérées, il
devenait de plus en plus nécessaire d'envoyer à la Chambre des députés
indépendants.

La discussion générale du budget se termina le 6 avril.

L'approche des élections avait donné au gouvernement l'idée de proposer la suppression du livret d'ouvrier; des contrats et des certificats
portés sur un carnet établiraient à l'avenir, les rapports entre les ouvriers
et les patrons; un règlement d'administration publique déterminerait les
conditions auxquelles ce livret, ou carnet, pourrait servir de passe-port.
La réforme annoncée dépendait donc d'un simple règlement de police.
M. Laroche-Joubert demanda la suppression du troisième paragraphe
du projet, contenant la disposition que l'on vient de résumer. MM. Carnot
et Jules Simon présentèrent un amendement plus radical : « La loi du
22 juin 1854 et toutes les dispositions relatives aux livrets d'ouvriers sont
et demeurent abrogées. » Il est inutile d'ajouter qu'il ne fut point pris
en considération.

La question des libertés municipales de Lyon fut portée de nouveau à
la tribune, le 12 avril, grâce à l'initiative de M. Hénon. Vint ensuite
celle des grands commandements militaires défendus avec ténacité par
le maréchal Niel, ministre de la guerre. Le budget de son département
donna lieu à une discussion rapide sur le gouvernement de l'Algérie. Les
séances jusqu'au 20, furent consacrées aux budgets de la marine et des
colonies, de l'instruction publique, du commerce et de l'agriculture.
M. Thiers fut rappelé à l'ordre pour avoir dit : « Votre liberté commerciale n'est qu'une comédie comme votre liberté politique. »

M. Picard voulut savoir de quel droit le surintendant des beaux-arts
prêtait les tableaux confiés à sa garde pour orner les appartements du
Cercle impérial dont ce dernier faisait partie. Un conseiller d'État lui
répondit que ces tableaux n'avaient été déposés dans le Cercle que
momentanément et en attendant qu'on réparât les salles du Louvre.

Une discussion plus importante s'engagea ensuite sur les juridictions politiques et sur la loi de sûreté générale. M. Ernest Picard réclama l'application du jury au jugement des délits de presse et la suppression de la loi de sûreté générale, loi terrible qui, selon les expressions du ministre de la justice, « punit des actes innocents en eux-mêmes et coupables seulement par le but qu'ils auraient pu involontairement atteindre ». Le gouvernement n'était pas d'humeur à se dessaisir d'une loi pareille, non plus qu'à supprimer les brevets d'imprimeur et la commission de colportage. Les trois dernières séances furent consacrées au vote du budget ordinaire et de la loi sur les pensions à donner aux anciens militaires, vote *in extremis* d'une dépense que la Chambre ne pouvait prévoir et qu'elle ne pouvait rejeter sans résister à la volonté impériale et sans se compromettre à la veille des élections.

Le Corps législatif qui terminait sa carrière, était le produit des élections de 1863 ; ces élections, en ramenant, grâce à la vigueur des préfets, la majorité de 1857 sur les bancs de la Chambre, n'en avaient pas moins été, on s'en souvient, très chaudement disputées. L'opposition, en maint endroit, réunit des minorités considérables ; elle eut la majorité dans les grandes villes. Les députés républicains, ou du moins ceux qui, après avoir été nommés comme tels par les électeurs, s'honoraient de leur origine ou qui ne la désavouaient pas, étaient montés du chiffre de cinq à celui de dix-sept. L'orléanisme et la légitimité durent également aux scrutins de 1863, quelques représentants illustres, entre autres MM. Thiers et Berryer. Le vote de 1863 put donc passer pour une protestation contre le régime dictatorial qui pesait sur la France ; et il apporta parmi les membres de la nouvelle Chambre des germes d'opposition qui ne firent que se répandre et se développer dans le courant de la législature.

M. Émile Ollivier, dans la première session du Corps législatif, avait accepté l'Empire sous certaines conditions qu'il s'agissait, il est vrai, de définir, mais qui ne devaient pas être bien rigoureuses, si l'on en juge par la théorie du gouvernement contenue dans son discours du 4 février 1863 : « Mon idéal n'est point que la Chambre, celle-ci ou toute autre, « soit appelée à ressaisir le pouvoir. Je n'admets pas que les assemblées « aient droit, mission et capacité pour gouverner. Je désire que le chef de « l'État soit et demeure responsable, sans exclure la responsabilité logique, « nécessaire, utile, pour tous les ministres. » L'Empereur n'ayant pas cru devoir essayer de réaliser cette combinaison de la responsabilité du chef de l'État et de la responsabilité des ministres, qui ressemble un peu à la quadrature du cercle, M. Ollivier rentra sous sa tente; on s'attendait à l'en voir bientôt sortir, pour attaquer le gouvernement, lorsque tout à coup il vota l'Adresse de 1865, sous prétexte qu'il ne pouvait moins faire, pour une majorité qui venait de le nommer rapporteur de la loi des coalitions, et d'asseoir M. Darimon au banc des secrétaires. Ces marques particulières de bienveillance pouvaient-elles justifier un vote qu'il s'était engagé à ne donner qu'à la transformation de l'Empire? M. Émile Ollivier n'en était plus à s'embarrasser de semblables questions; il venait d'accomplir son évolution de la République à l'Empire, et il lui restait à se livrer à une nouvelle manœuvre qui consistait d'abord à prendre place dans les rangs de la majorité, ensuite à en sortir après avoir donné ce gage au gouvernement, enfin à se mettre à la tête des réformistes, pour faire rendre à ce groupe les services que M. de Morny en attendait.

L'année suivante, la question extérieure primait toutes les autres questions. L'Empereur, en 1865, avait flétri la conduite de la Prusse et de l'Autriche dans les duchés. Après être allé jusqu'à déclarer que si une des puissances consentait à consulter les populations il serait avec celle-là, il se donnait un complet démenti à lui-même. L'Autriche, rompant avec la Prusse, proposait de recourir au moyen préconisé par Napoléon III; mais M. de Bismarck était à Biarritz, et l'Empereur, séduit sans doute par les idées du ministre prussien sur une nouvelle géographie du Rhin, répondit à Vienne que son intention était de continuer en Allemagne à observer « une politique de neutralité qui, sans nous empêcher parfois de nous affliger ou de nous réjouir, nous laisse cependant étrangers à des questions où nos intérêts ne sont pas directement engagés ». La commission de l'Adresse, à l'instigation du gouvernement, proposait de passer ce paragraphe du discours impérial sous silence, afin, dit-elle, de laisser toute liberté à l'Empereur. M. Thiers combattit cette proposition, et la Chambre, dans un paragraphe spécial de l'Adresse, émit le vœu que le gouvernement prévînt la guerre par une déclaration nette et précise. Le vote des réformistes ne fut pas étranger à ce résultat, non plus qu'à l'adhésion donnée par la Chambre dans la discussion de la loi du contingent à la politique conseillée par M. Thiers dans les affaires d'Allemagne, vote auquel l'Empereur répondit bientôt par le discours d'Auxerre et par la lettre du 17 juin au ministre des affaires étrangères, annonçant qu'il allait se renfermer dans « une neutralité attentive ». Vint la séance du 14 juin 1866, où la majorité ferma la bouche à M. Thiers, qui se permettait d'avoir un avis quand le souverain avait parlé. MM. Buffet, d'Andelarre, Chevandier de Valdrôme, Gœrg, de Grammont, Hallez-Claparède, de Janzé, Lambrecht, duc de Marmier, Martel, Émile Ollivier, Pieron-Leroy, Planat, de Tillancourt, votèrent contre la clôture. Les membres du groupe Latour du Moulin votèrent en général pour ou s'abstinrent. Les deux fractions réformistes composant ce que l'on commençait à appeler le tiers-parti s'étant divisées, ce groupe, après Sadowa, tomba dans un affaissement complet jusqu'au jour où M. Latour du Moulin exhuma le programme de 1864, résumé dans le fameux amendement des 42, défendu ou plutôt atténué par M. Buffet, et encore amoindri par M. Martel. M. Buffet avait déclaré qu'il n'y avait entre ses amis et la majorité aucun désaccord sur le fond, mais qu'à l'expression plus nette, plus précise d'une pensée commune, le tiers-parti jugeait utile d'ajouter une indication d'opportunité. Le libéralisme du gouvernement était évident aux yeux du tiers-parti, il ne s'agissait que de le rendre plus pratique dans la forme. L'Adresse ne suffisant pas, selon lui, pour interroger le gouvernement, car des questions peuvent naître pendant la session, il réclamait, outre le droit d'interpellation pour répondre à l'opportunité du contrôle, le droit d'amendement pour le préciser et la présence des ministres à la Chambre comme extension du décret de 1860. Le tiers-parti évitait de traiter la question au point de vue théorique de la responsabilité ministérielle.

M. Rouher, au système ambigu de M. Buffet, opposa, comme au système franchement parlementaire de M. Thiers, le plébiscite de 1852 et la Constitution; il traita le régime parlementaire « d'habit usé, flétri, suranné »; il répondit ensuite à la demande du droit d'interpellation par la menace de la suppression de l'Adresse et bientôt après par le sénatus-consulte défendant de discuter la Constitution.

Le ministre d'État ignorait-il que dès lors le sol était miné sous ses pieds, et qu'on travaillait non sans succès à la mise en œuvre prochaine d'un système politique entièrement opposé à celui qu'il avait eu mission de défendre jusqu'à ce jour? Cela n'est guère probable, mais il se croyait assez fort pour résister à ses ennemis. Il savait en tout cas que M. Émile Ollivier était depuis longtemps reçu aux Tuileries. L'Impératrice avait témoigné le désir de voir le jeune député de Paris pendant le voyage de l'Empereur en Algérie. Il accepta un dîner chez elle et revint plusieurs fois mystérieusement au château. M. Ollivier, un jour, arrivait à peine chez l'Impératrice que l'Empereur y entra. M. de Morny, en prévision de l'avenir, préparait alors les voies au rétablissement successif d'une sorte de régime constitutionnel. Des relations s'entamèrent entre l'Empereur et M. Émile Ollivier, et M. de Morny ne négligea rien pour les fortifier ; sa mort interrompit ces relations jusqu'au jour où M. Walewski, devenu président du Corps législatif, reprit, secondé par sa femme, qui jouissait d'un grand crédit auprès de l'Empereur, l'œuvre interrompue de M. de Morny. M. Walewski fut autorisé dans les derniers jours de décembre 1866 à proposer à M. Émile Ollivier le portefeuille de l'instruction publique, avec la mission de porter la parole devant les Chambres au nom du gouvernement. M. E. Ollivier refusa, disant que son moment n'était pas venu, mais il promit son concours aux réformes dont l'Empereur, malgré les assurances contraires données par M. Rouher, reconnaissait la nécessité, et dont il traça le programme dans sa lettre du 19 janvier.

La démission des ministres, après cette lettre, semblait promettre leur succession aux membres du tiers-parti, lorsque tout à coup le cabinet se reforma sous l'impulsion des trois hommes qui avaient le plus vivement combattu les réformes. La gauche, ne voyant plus alors dans le décret du 19 janvier qu'un recul sur le décret du 24 novembre, demanda à interpeller le gouvernement ; les interpellations eurent lieu, et le tiers-parti s'associa à M. Émile Ollivier pour réclamer l'ordre du jour. Il se divisa de nouveau dans le scrutin qui eut lieu après le grand discours de M. Thiers, dans la séance du 15 mars 1867. M. Émile Ollivier se rangea parmi les approbateurs de la politique impériale.

L'Empereur se montrait en toute occasion satisfait des agrandissements territoriaux de la Prusse ; le Corps législatif s'aperçut bientôt que cette prétendue satisfaction n'était qu'un artifice pour voiler sa déconvenue, et que, au moment où il vantait les avantages que les derniers événements de l'Allemagne offraient à la France, il cherchait par des agrandissements à réparer l'atteinte portée à sa puissance. Le ministre des affaires étrangères avait annoncé, le 18 avril, à la Chambre l'incident du Luxembourg, en déclarant catégoriquement que le gouvernement impérial ne l'avait nullement provoqué. Le tiers-parti savait bien que ce gouvernement avait entamé l'affaire du Luxembourg depuis deux mois, au moment où il en attribuait l'initiative à la Hollande et où il se disait uniquement occupé du soin de développer les libertés de la France ; mais il se garda bien d'insister sur ce mensonge.

Le tiers-parti, presque toujours divisé dans les questions extérieures, montrait plus d'union dans les questions intérieures. Il fut donc unanime à reconnaître que les lois présentées le 13 mars par le ministère Rouher étaient loin d'être la fidèle traduction des promesses impériales. D'où provenait ce désaccord entre la volonté du souverain et celle des ministres? Le tiers-parti répondait : Aux artifices de ces derniers, qui n'ont retiré leur démission que dans la pensée de retenir l'Empereur sur la pente des idées libérales. La majorité n'aimait pas qu'on mît en doute la parfaite union de vues existant entre l'Empereur et les membres de son cabinet; elle en voulait à M. Émile Ollivier d'opposer trop souvent le libéralisme prétendu de l'Empereur à l'esprit dictatorial et réactionnaire des ministres, et depuis quelque temps elle le traitait presque, lorsqu'il prenait la parole, comme un membre de l'opposition ; la correspondance échangée entre lui et l'Empereur avait cessé ; M. Rouher l'emportait. Le tiers-parti fit dès lors une opposition plus décidée; il forma la majorité des soixante députés qui repoussèrent la loi sur la garde mobile; il combattit comme insuffisamment libérales les lois sur la presse et sur les réunions, mais il finit par les voter. M. Buffet donna la main à M. Latour du Moulin ; M. Émile Ollivier vota contre.

Telle était la situation du tiers-parti au moment où finissait la législature de 1863. La combinaison préparée par M. de Morny avait un résultat tout contraire à celui qu'il en attendait. Les oppositions vagues et intermittentes du genre de celle dont MM. Émile Olliver, Buffet et Latour du Moulin étaient les chefs empêchent quelquefois les oppositions plus décidées de se former, mais elles sont presque toujours fatales aux gouvernements qu'elles énervent en ayant l'air de les soutenir. Le tiers-parti avait beau repousser toute comparaison entre lui et la gauche, et insister sur les différences qui les distinguaient, le public ne les apercevait point; le tiers-parti pour lui exprimait à peu près les mêmes vœux que la gauche, il les confondait dans son esprit. La raison d'être de l'empire dictatorial se trouvait dans l'existence de l'opposition de gauche, il pouvait durer longtemps encore à côté d'elle. L'action du tiers-parti suffisait pour le rendre impossible et pour l'obliger tôt ou tard à se transformer.

Fig. 50. — Une surveillance active est exercée autour de la maison de M. Thiers.

CHAPITRE X

LES ÉLECTIONS GÉNÉRALES

Discours du jour de l'an. — Rapport financier de M. Magne. — Attaques des journaux officieux contre la Belgique. — Mort de Lamartine et de M. Troplong. — Fin de l'incident belge. — Le centenaire de Napoléon Ier. — Discours de l'Empereur à Chartres. — Commencement de l'agitation électorale — Le parti de l'abstention. — Formation des comités. — Impossibilité de constituer l'*Union libérale*. — Programme du parti légitimiste. — Programme du parti catholique. — Organisation de la presse officieuse en vue des élections. — Organisation de la presse de Paris. — Le ministre de l'intérieur traite directement avec *le Figaro*. — Le spectre rouge. — Distribution des circonscriptions électorales. — Modifications que le gouvernement leur fait subir. — Ouverture de la période électorale. — Les candidats à Paris. — Première réunion électorale à la salle de la Redoute. — M. Gambetta se présente contre M. Carnot. — Lettre de M. Gambetta. — Échange de contrats entre M. Gambetta et ses électeurs. — Candidature de M. Thiers. — Candidature de M. E. Ollivier. — Défi de M. E. Ollivier à M. Bancel. — Réponse de M. Bancel. — Réunion du Châtelet. — La candidature ouvrière. — MM. A. Guéroult, Jules Ferry et Cochin en concurrence dans le VIe arrondissement. — Candidature de M. H. de Rochefort contre M. Jules Favre. — Troubles du 13 mai. — Résultat des élections de Paris et des départements. — Second tour de scrutin. — MM. d'Alton Shée, J.-V. Raspail, H. de Rochefort maintiennent leur candidature. — Charges des sergents de ville sur les boulevards. — Les blouses blanches. — Fin des troubles. — Leurs résultats. — Lettre de M. de Persigny. — Bruits de mesures libérales. — Lettre de l'Empereur à M. de Mackau. — Le *Réveil* et le *Rappel* cessent de paraître, faute d'imprimeur. — Affaire de la Ricamarie. — Allocution de l'Empereur aux troupes du camp de Châlons.

L'opinion publique, faute de renseignements, attendait chaque année avec impatience les discours de félicitation qui s'échangent, à l'occasion du jour de l'an, entre l'Empereur, le corps diplomatique et les grands corps politiques.

Elle laissa passer ceux qui furent prononcés au 1ᵉʳ janvier 1869 sans y faire attention.

Les journaux avaient signalé, l'année précédente, le sans-gêne avec lequel M. le surintendant des beaux-arts, disposant des tableaux du Louvre, avait prêté une collection de tableaux précieux de l'école flamande pour orner les salons du Cercle impérial, dont les membres passaient en général pour être plus sensibles aux émotions du jeu qu'à celles des beaux-arts. Les réclamations de la presse firent enfin cesser ce scandale. L'administration se rendit le 5 janvier aux plaintes du public, qui ne pouvait s'empêcher de songer avec terreur à ce qui avait pu se passer depuis seize ans, dans l'administration des beaux-arts soustraite à tout contrôle. On demanda vainement de toutes parts une enquête.

Le rapport qui précède annuellement la présentation des lois de finance et qui en résume le caractère général fut publié le 10 janvier. M. Magne constatait que la ressource extraordinaire de 429 millions, mise à la disposition du Trésor par la loi du 1ᵉʳ août dernier, « ne pouvait transformer instantanément nos embarras financiers en un état de choses florissant, et qu'elle ouvrait la voie des améliorations successives ». Notre situation financière, malgré le maintien de la paix, l'accroissement des recettes ordinaires et les sacrifices extraordinaires que la nation s'était imposés, ne s'améliorait point. Le rapport manquait de franchise en n'indiquant pour 1869 qu'une somme de 1 milliard 722 millions comme total des dépenses et des recettes, tandis que le budget des dépenses sur ressources spéciales s'élevant pour cette année 1869 à 273 millions, le budget spécial de la caisse d'amortissement à 76 millions, le budget des dépenses d'ordre à 100 millions, donnaient un total de près de 2 milliards 200 millions, un tiers de plus que ne faisait soupçonner le rapport. Était-ce d'ailleurs chose sérieuse que d'opposer aux augmentations de dépenses la plus-value que les impôts directs et indirects étaient censés devoir fournir, en 1869, sur les évaluations primitives du budget?

Pouvait-on voir une preuve de la bonne situation financière du pays dans le prix relativement élevé auquel s'était placé le dernier emprunt et dans la pléthore de l'encaisse de la Banque de France?

L'atmosphère politique semblait s'être calmée à l'extérieur depuis l'affaire du Luxembourg, lorsque tout à coup, comme si l'on n'avait assez de motifs de trouble en Europe, la *Patrie,* la *France,* l'*Etendard,* le *Public* et autres journaux entrèrent en campagne contre le gouvernement belge, coupable de vouloir faire une loi sur l'exploitation de ses propres chemins de fer, dans laquelle il plaisait à ces journaux de voir une marque de défiance contre la France. La question était de savoir si cette loi autoriserait la cession du chemin du Luxembourg belge à la Compagnie de l'Est. Les actions du Luxembourg étaient en majeure partie dans les mains des capitalistes anglais, favorables en majorité à la cession ; le gouvernement belge, opposé à cette mesure, aurait peut-être fini par y consentir, pour ne pas fournir de cause de mécontentement à l'Angleterre ; mais lord Clarendon le laissa maître d'agir comme bon lui semblerait. Le cabinet de Bruxelles put braver les menaces des journaux officieux français contre la Belgique et dédaigner leurs provocations.

Lamartine et M. Troplong moururent le 28 février presque à la même heure. Leur vie avait été bien différente. M. Troplong songeait à suivre la carrière administrative lorsqu'une lecture de Cujas lui révéla sa véritable vocation. Nommé substitut en 1819, il passa par tous les grades de ce qu'on appelle la magistrature debout ; avocat général à Nancy en 1829, il devint l'année suivante président de chambre à la Cour royale de la même ville, il était conseiller à la Cour de cassation et pair de France en 1846. La République, en 1848, l'éleva au fauteuil de premier président de la Cour d'appel à Paris. Les gouvernements libres avaient fait sa fortune ; il se hâta de les abandonner et de se donner corps et âme au second Empire, dont il fut le Cambacérès, moins la politique, quoiqu'on le consultât quelquefois dans les moments importants. Quant à Lamartine, raconter sa vie si triste à la fin, après avoir été si brillante, serait faire l'histoire de la littérature et de la politique, de la poésie et de l'éloquence en France. Quelques pages n'y suffiraient pas ; de telles mémoires veulent être honorées par des livres uniquement consacrés à elles.

La question belge, ou, pour employer un mot moins ambitieux, le dissentiment entre la Belgique et la France au sujet de la cession du chemin de fer du Luxembourg à la Compagnie de l'Est inquiétait de nouveau les esprits, lorsque le *Moniteur belge* et le *Journal officiel* publièrent, le 23 mars, une note identique constatant que, pour se donner un mutuel témoignage de leur confiance et de leur désir de concilier les intérêts des deux pays, les deux gouvernements instituaient « une commission mixte chargée de résoudre les questions économiques que font naître, soit les rapports existants, soit de récents projets de cession [1]. »

---

1. L'incident belge fut remplacé par l'incident du banquet du vendredi saint. Ce jour-là, cinq ou six cents personnes environ se réunirent à Saint-Mandé pour manger gras. Les

Une grande solennité approchait sans que personne s'en doutât, lorsque le 12 avril le *Journal officiel* publia une lettre de Napoléon III annonçant la célébration du centenaire de Napoléon Ier, et chargeant en même temps le ministre d'État de préparer un projet de loi en vertu duquel, à partir du 15 août prochain, tout militaire de la République et du premier Empire recevrait une pension annuelle de 250 francs. L'Empereur, dans la lettre précédant cette réclame électorale, disait, en parlant du temps écoulé depuis la naissance de Napoléon Ier :

« Pendant cette longue période, bien des ruines se sont accumulées; la « grande figure de Napoléon est restée debout. C'est elle qui nous guide « et nous protège. C'est elle qui de rien m'a fait ce que je suis.

« Célébrer la date séculaire de la naissance de l'homme qui appelait « la France la grande nation, parce qu'il avait développé en elle ces « mâles vertus qui fondent les empires, est pour moi un devoir sacré « auquel le pays tout entier voudra s'associer. A mes yeux, la meilleure « manière d'honorer ce jubilé national est de répandre un peu de bien-« être sur les anciens compagnons d'armes de l'Empereur. »

Napoléon Ier avait fait Napoléon III, rien de plus vrai; mais malheur à la France s'il était vrai qu'il la guidât encore, car le Mexique lui présageait déjà qu'elle pourrait revoir les désastres de l'Espagne et de la Russie.

Les élections générales devaient avoir lieu les 23 et 24 mai. L'ardeur de la polémique des journaux contre certaines candidatures à Paris, surtout contre celle de M. Émile Ollivier dans la 3e circonscription, trahissait déjà leur approche. M. Émile Ollivier, si prodigue de détails sur sa personne, dans son 19 *Janvier*, avait oublié d'expliquer comment, presque au lendemain de son pacte avec M. de Morny, il s'était trouvé muni de la place de commissaire du vice-roi d'Égypte auprès de la Compagnie du canal de Suez, avec 30 000 francs d'appointements. Le *Siècle*, ayant demandé au candidat de la 3e circonscription pourquoi à l'exercice de sa profession il avait préféré cette sinécure, M. Émile Ollivier lui répondit que c'était pour avoir la liberté complète de son esprit et pour pouvoir se livrer sans être distrait à l'exercice de son mandat politique et aux absorbantes études qu'il exige. La réponse parut faible; l'accès des

---

journaux cléricaux s'élevèrent avec indignation contre cette manifestation puérile, sur laquelle les journaux démocratiques gardèrent le silence, trouvant sans doute aussi injuste de blâmer ceux qui mangent gras quand il leur plaît, que ceux qui mangent maigre quand leur conscience le leur commande.

fonctions législatives, en admettant la théorie de M. Émile Ollivier, n'était donc plus permis qu'aux classes les plus riches, si une rente de 30 000 francs était indispensable pour les remplir, sans compter l'indemnité annuelle de 12 000 francs que M. Émile Ollivier touchait de l'État comme député.

L'Empereur profita de son côté du concours régional de Chartres, comprenant les départements du Calvados, de l'Eure, d'Eure-et-Loir, de la Manche, de la Sarthe, de la Seine-Inférieure et de l'Orne, pour adresser indirectement un manifeste aux électeurs. Le concours était fixé au 9 mai ; l'Empereur, harangué par le maire de Chartres, lui répondit par un assez long discours dans lequel on remarquait ce passage : « Nommé « président de la République il y a vingt ans, c'est à Chartres que je suis « venu engager tous les bons citoyens, à sacrifier au bien public leurs regrets « et leurs rancunes. Je viens leur tenir le même langage, mais avec plus « d'autorité, après dix-sept ans de calme et de prospérité. » L'Empereur pouvait tenir le même langage qu'en 1851, mais les temps étaient changés ; c'était le président de la République qui parlait il y a vingt ans, et son appel à la conciliation ne manquait alors, ni de portée politique, ni de générosité ; mais l'Empereur ne pouvait demander aux partis les mêmes sacrifices que le président de la République. Le coup d'État de décembre avait creusé un abîme entre eux et celui qui, au gouvernement « qui nous divise le moins », avait fait succéder son gouvernement personnel. L'Empereur, en signalant au maire de Chartres « les passions subversives qui attaquent l'œuvre inébranlable du suffrage universel », plaçait-il parmi ces passions le mépris des candidatures officielles, le blâme des expéditions lointaines, l'effroi d'un budget et d'un déficit toujours croissant.

L'agitation électorale commençait partout à se faire sentir. Le parti de l'abstention, toujours battu depuis dix-sept ans et toujours sur la brèche, se crut en mesure de tenter encore une fois d'amener le corps électoral de Paris à ses idées. Il ne s'agissait pas précisément cette fois de s'abstenir, mais de déposer dans l'urne des bulletins blancs qui, attribués mentalement à un candidat n'ayant pas prêté le serment, serviraient à constater sa majorité idéale, et qui en tout cas indiqueraient le nombre des citoyens décidés à ne s'associer à aucun acte de nature à maintenir ou à prolonger l'Empire. Il était fort question depuis l'année dernière de cette abstention déguisée, mais on ne s'apercevait pas que cette idée eût fait de grands progrès ; les masses veulent voter pour un homme. Une majorité de bulletins n'empêchant pas le candidat officiel d'être élu, car tel était le résultat du système proposé, cela ne pouvait offrir qu'une maigre satisfaction aux électeurs ; aussi l'abstention déguisée sous le vote en blanc ne paraissait-elle pas devoir obtenir aux élections générales de 1869 plus de succès qu'aux élections générales précédentes.

Des comités se formaient dans toutes les circonscriptions ; il fut tout de suite visible que la presse n'exercerait pas sur les électeurs une influence aussi prépondérante que dans les dernières élections ; les journaux démocratiques, le *Réveil*, le *Siècle,* l'*Avenir national*, tombèrent vite d'accord sur ce point que les électeurs avaient seuls le droit de désigner des candidats et que les candidats devaient se mettre en rapport avec les électeurs dans des réunions privées ou publiques. Un cri se fit tout de suite entendre dans ces réunions : Place aux jeunes ! Rien de plus juste, à la double condition que les jeunes fussent capables de représenter leurs concitoyens et qu'on n'exclût pas complètement les anciens de cet honneur, ce qui serait non seulement une preuve d'ingratitude, mais encore de maladresse, au moment où tant de démocrates, connus par leurs anciens services, consentaient enfin à sortir de leur retraite et à se présenter dans les départements aux suffrages des électeurs.

Si le réveil de l'opinion s'était fait lentement, il était complet ; la France entière semblait se lever pour revendiquer la liberté reniée par elle dix-sept ans auparavant. Cette revendication aurait dû rallier les partis dans une commune entente. Il n'en fut rien malheureusement. La tentative si souvent renouvelée de former une *Union libérale* composée de tous les partis pour repousser les candidats officiels échoua encore une fois. La faute, selon la *Gazette de France* et le *Journal des Débats*, en revenait aux démocrates. A eux seuls, ajoutaient ces journaux, d'en porter la responsabilité. Sans nier absolument l'exclusivisme ordinaire du parti démocratique, on est bien obligé de reconnaître que le parti légitimiste lui en avait donné l'exemple. « Quelle doit être dans les élections la conduite des légitimistes et des catholiques ? » M. de Dreux-Brézé, consulté à ce sujet, avait répondu qu'il fallait repousser les candidatures révolutionnaires autant que les candidatures officielles. « Rêverie, supercherie ou duperie, » c'est ainsi qu'il avait défini l'*Union libérale*.

L'*Union* rejetait toute alliance avec l'élément révolutionnaire et anticlérical ; une alliance avec les adversaires acharnés de ses principes, selon ce journal, constituerait la plus immorale des coalitions. L'*Univers* dès 1868 s'était prononcé sur l'attitude des catholiques. « Les candidats offi-

Fig 51. — Des affiches sont apposées contenant des appels en faveur des candidatures ouvrières.

« ciels, dit-il, rappelleront et ratifieront, au sujet de Rome, le *jamais* de
« M. Rouher; ils en feront leur programme et leur mot de passe ; il faut
« que les catholiques exigent quelque chose de plus, la reconnaissance des
« droits du pape, et l'engagement de les soutenir indépendamment de la
« politique. Si un candidat officiel et catholique se présente contre un
« candidat indépendant mais libéral, on votera pour le candidat officiel. »
La presse démocratique ne faisait donc que suivre l'exemple de la presse
légitimiste et cléricale en soutenant qu'aucune tactique ne justifie les
alliances de principes complètement opposés. Nous avons tous, il est vrai,
disait-elle, un ennemi commun : le candidat officiel. Nous voulons tous
une représentation sincère de nos opinions; mais par qui seront-elles le
mieux défendues? Évidemment par ceux qui les partagent ; une Chambre
où les démocrates enverraient des monarchistes, et les monarchistes des
démocrates, serait-elle une véritable représentation des opinions et des
partis?

L'*Union libérale*, ayant échoué à Paris, n'avait guère de chance de
réussir dans les départements. Les incurables antipathies qui empêchent les
partis en France de se réunir quand l'intérêt du pays et leur propre intérêt
le leur commandent avaient d'avance rendu impossible la formation de
l'union même dans les villes, comme Marseille, où elle avait produit aux
dernières élections générales d'heureux résultats. Plus l'ardeur des partis
était grande, plus leurs divisions étaient vives.

Le gouvernement, de son côté, ne restait pas inactif; le ministère de
l'intérieur s'était mis en mesure d'organiser la presse départementale
au point de vue des élections. Une section de publicité départementale
fut créée dans la division de la presse pour préparer chaque jour une
série de correspondances, des cadres d'articles, d'inspirations diverses,
de renseignements [1].

La presse bonapartiste en province comptait une foule de journaux
d'annonces, d'agriculture, de faits locaux, excellents, suffisants en temps
ordinaire aux besoins des populations et fermant l'accès aux journaux
politiques, mais n'étant pas des auxiliaires électoraux directs. Les feuilles

---

1. Dans une *Note sur l'organisation de la presse en vue des élections* adressée à cette époque
au ministre de l'intérieur, l'auteur se félicite des résultats de cette création. « Ils dépassent,
dit-il, toutes les espérances. Un fait en donnera la preuve. L'insertion et le commentaire
de la *Lettre à un électeur*, dans plus de quatre-vingts journaux, ont été réalisés en moins
de trois jours. Le ministre est, dès à présent, en mesure de provoquer telle publication
ou telle polémique qui lui conviendra et partout où il lui conviendra, dans un délai très
court et selon un ensemble déterminé de cent cinquante journaux au moins. »

mêmes qui s'occupaient de politique étaient rarement militantes. Leur caractère officieux, leurs relations plus ou moins avouées avec la préfecture leur avaient imposé et appris la réserve. La rédaction en était très souvent incomplète, quelquefois même tout à fait nulle.

Le gouvernement, pour parer à ces inconvénients, procéda méthodiquement. Un dossier fut fait pour chaque département. On consulta le préfet sur toutes les questions d'ensemble et de détail, et ses réponses contrôlées avec les renseignements fournis par les informations du bureau, les déclarations et la lecture quotidienne de la presse locale permirent au ministre de se prononcer sur l'adoption de quatre ordres de mesures variant d'après les circonscriptions : 1° subventions destinées à assurer soit l'existence, soit le dévouement des journaux; 2° subventions destinées à accroître leur publicité, c'est-à-dire à envoyer des numéros gratuits pendant la période électorale; 3° subventions destinées à renforcer la rédaction des feuilles dévouées au moyen de l'adjonction de rédacteurs nouveaux envoyés de Paris; 4° choix et envoi de rédacteurs, soit aux frais des candidats officiels, soit à ceux des propriétaires des journaux[1].

L'action de la presse locale assurée, il y avait lieu de se préoccuper sérieusement du rôle que la presse de Paris joue dans les départements. Le gouvernement demanda aux préfets un état de tous les journaux de Paris qui pénètrent dans chaque arrondissement. Cet état, qui n'avait jamais été dressé, révéla que, déduction faite du *Journal officiel*, le chiffre des abonnés aux journaux de l'opposition dépassait de beaucoup

---

1. L'auteur de la *Note* ajoute :

« On ne pouvait se borner cependant à limiter l'action de l'administration uniquement aux journaux dévoués. Il était essentiel de s'assurer une influence indirecte sur les feuilles d'opposition. Les moyens de les atteindre se réduisent à deux : s'assurer dans une proportion pratique du concours de quelques correspondants départementaux; user de l'espèce de monopole acquis à la maison Havas pour la dépêche télégraphique, dont elle fait service dans tous les départements et également pour les journaux de toutes les opinions.

« Sur le premier point, en dehors de la correspondance Pharaon, une sorte de compromis a été conclu avec la correspondance Cahot, qui sert vingt-sept journaux, en général de la nuance du tiers-parti. M. Cahot viendra chaque jour, pendant la période électorale, prendre les indications du ministère. Il s'est engagé à introduire dans ses envois aux journaux tout ce qui sera compatible avec leur ligne politique, sans découvrir ses relations gouvernementales.

« La correspondance Havas est de tout temps en relations quotidiennes avec le ministère. Chaque fois qu'un démenti, une rectification ou une nouvelle utile doit être mise en circulation à bref délai, elle la condense sous la forme télégraphique et la répand dans toute la France. On s'est entendu avec elle pour que ce service atteigne un plus haut degré d'intensité et remplace toutes les communications qu'on ne jugera pas convenable de faire directement. On peut juger de l'importance capitale de ce moyen de publicité rapide par ce fait que M. Havas sert trois cent sept journaux. »

celui des abonnés aux journaux du gouvernement. Le tableau, dressé, en révélant le chiffre considérable d'exemplaires du *Petit Journal officiel* qui pénètrent dans les départements, démontra en même temps l'extrême importance qu'il y aurait à se servir de ce puissant instrument de publicité. Il avait été déjà convenu avec le ministère d'État qu'une place serait réservée dans le *Petit Officiel* à une sorte de compte-rendu des faits électoraux. « On en usera, il est vrai, avec toute la discrétion
« qu'exige le caractère de ce journal; mais c'est un auxiliaire qu'il n'est
« pas permis de négliger. On a pensé qu'il serait possible d'y joindre,
« dans une certaine mesure, le *Moniteur des communes*. L'avantage
« qu'il a d'être placardé peut le rendre utile, et une note à ce sujet a
« déjà été remise au ministre. »

Le *Petit Journal* [1] n'était pas politique, mais il pénétrait dans les classes populaires, et le gouvernement s'était entendu avec son directeur.

Tous les moyens de propagande populaire, toutes les publications qui pourront paraître utiles, celles sur les réunions publiques par exemple, devaient être employés. Deux feuilles, le *Peuple* et la *Patrie*, étaient chargées de soutenir la discussion quotidienne. Les préfets avaient dressé pour chaque arrondissement la liste des personnes ou des établissements auxquels des distributions gratuites de ces journaux pouvaient être faites [2].

L'auteur de la *Note* évalue à 200 000 francs la somme qu'exige cette savante organisation.

« Ce chiffre total de 200 000 francs pourra paraitre considérable ; mais la publicité joue et jouera un rôle si important dans les prochaines élections générales, que

[1]. « M. Millaud, son directeur, d'accord avec le service de la presse, a commencé à publier un certain nombre de portraits personnels des ministres, des membres principaux de la majorité, etc. Ces portraits, très habilement faits, côtoient la politique sans l'aborder. Ce journal prépare, en outre, la publication d'un roman militaire du premier Empire, conçu dans un sens opposé aux déclarations et aux romans politiques de l'opposition dirigés contre l'armée. Ce roman doit nous être donné par le cabinet de l'Empereur. Enfin, M. Millaud étudie les moyens de donner les lithographies des divers candidats à un prix des plus minimes. Nous les ferons répandre par le moyen du colportage, qui est également organisé et qui vend en ce moment, sans débours pour le ministère, la lettre de l'Empereur au ministre d'État avec un tirage de près de 100 000 exemplaires. »

[2]. « Quel est maintenant le chiffre des journaux qui devront être expédiés par cette voie? Le journal *le Peuple*, dont le bon marché facilite l'achat, offre d'envoyer du 1er mai au 1er juin 18 000 exemplaires par jour aux adresses indiquées, moyennant 60 000 francs. La *Patrie*, avec laquelle il n'est pas nécessaire de faire un autre accord politique, enverra le nombre d'exemplaires qu'on lui demandera, sous une forme intermittente et suivant les besoins de la polémique, moyennant 125 francs le mille. La différence de prix avec le *Peuple* est considérable, et c'est pour cette raison qu'on a principalement traité avec le premier journal. »

déjà les imprimeries de Paris peuvent à peine suffire aux travaux qui leur sont commandés. L'action toujours si difficile sur la presse parisienne, action qui s'appuie avant tout sur les bons rapports, a besoin d'une sanction, et cette sanction, c'est la certitude que le gouvernement est disposé à faire des sacrifices en faveur de ceux qui le servent. L'idée d'un concours matériel ajoute beaucoup, par le temps qui court, à l'influence morale, et bien des défections et des désertions peuvent être évitées en donnant satisfaction à quelques intérêts ou à quelques besoins personnels. Si cette dernière assertion avait besoin de confirmation, on en trouverait la preuve dans l'accord même qui a été conclu avec le *Figaro*. Cet accord, dont le ministre lui-même a suivi et dirigé toutes les phases, promet de donner des résultats utiles. Il a été, comme le sait Son Excellence, une des précautions importantes du service, et l'attitude des écrivains qui dirigent ce journal est telle qu'il était à peine permis de l'espérer. »

L'auteur de la Note ajoute :

« Avec la *France*, le *Peuple*, la *Patrie*, le *Messager de Paris*, le *Constitutionnel*, le *Public*, le *Pays* et le *Dix-Décembre*, le gouvernement se présente aux élections à la tête d'un grand nombre d'organes, divers par l'esprit qui les anime et par l'influence qu'ils exercent, mais tous attachés fermement aux principes dynastiques. Des relations quotidiennes sont entretenues avec eux ; chaque jour, huit ou dix rédacteurs viennent prendre des instructions au ministère, et pendant la période électorale le service se déclare en mesure de faire publier chaque jour à Paris, aussi bien que dans les départements, tout ce qui pourra convenir au ministre. Les instruments sont prêts ; ils obéiront sans peine à une impulsion supérieure. »

Le gouvernement, non content de ces mesures, fit répandre à plus de 100 000 exemplaires un petit volume in-8°, offrant un résumé de tout ce qui s'était dit de faux, d'absurde, d'irritant, de dangereux dans les réunions publiques ; c'était le spectre rouge de 1869, modelé sur celui de 1851 [1].

La distribution des collèges électoraux dans les pays libres est assujettie à deux règles : la première est d'être faite par le pouvoir législatif ; la seconde, d'être faite de manière que les députés puissent, autant que possible, se présenter devant les mêmes électeurs, afin de faire juger leur conduite. Quoique le gouvernement eût reconnu, le 14 juillet der-

---

[1]. Les citations tronquées dont cet opuscule anonyme se compose étaient groupées de façon à faire croire aux braves gens des campagnes qu'à Paris on prêchait « l'athéisme, le régicide, la guerre civile, l'assassinat, la communauté de biens, l'abolition de la famille, le despotisme par la suppression de toute liberté individuelle et de toute supériorité sociale. » Or, au moment où paraissait cette brochure, la loi du 6 juin 1868, après avoir en effet donné l'essor à toutes les folies que dix-huit ans de silence avaient laissé germer dans les cerveaux populaires, commençait à produire de meilleurs résultats pour l'éducation des masses ; le mariage libre, mis aux voix, était repoussé au Pré-aux-Clercs, et à Belleville même personne ne prenait plus au sérieux la commune sociale de Jules Allix, ni le communisme de Gaillard père. Des orateurs capables auraient fini peut-être par se produire, si les commissaires de police, au lieu de couper court, comme s'ils obéissaient à un mot d'ordre, aux discussions dès qu'elles devenaient intéressantes, s'étaient franchement associés aux efforts nécessaires pour les discipliner.

nier, que c'était pour lui un devoir de ne pas modifier les circonscriptions électorales, à moins d'y être forcé par les fluctuations de la population, de nombreuses et graves modifications avaient été, malgré cet engagement, apportées à la délimitation des neuf circonscriptions du département de la Seine, qui restait toujours avec neuf députés seulement, malgré l'accroissement de sa population. Le département du Rhône n'ayant subi aucune modification dans le chiffre de ses habitants, il n'y avait aucune raison de changer sa topographie électorale. Une transposition de canton eut lieu cependant pour empêcher le succès de la candidature républicaine. La population de Lyon, qui forme la moitié de celle du département, ne nommait, par suite de cet arrangement, que deux députés. Bordeaux était noyé dans la campagne, pour empêcher l'élection de MM. Jules Simon et André Lavertujon; dans l'Isère, Vizille, où réside M. Casimir Périer, était rejeté dans une circonscription rurale; Saint-Marcellin, qui avait donné la majorité à M. Riondel, formait aujourd'hui deux collèges; Marseille coupé en trois tronçons et chaque circonscription des Bouches-du-Rhône modifiée, témoignaient les appréhensions du gouvernement; Mulhouse, où le candidat républicain avait aux dernières élections réuni une minorité considérable, échangeait les trois cantons où ce candidat était le plus connu contre trois cantons nouveaux. Les transformations opérées dans l'intérêt des candidatures officielles formeraient une liste trop longue à dresser [1].

La candidature officielle était d'autant plus fermement maintenue, que le gouvernement parvenait difficilement à se procurer des candidats nouveaux. L'opposition pouvait répondre à ceux qui lui reprochaient de mettre en avant trop de gens vieillis et usés qu'il lui avait été difficile depuis dix-sept ans de créer de nouvelles réputations, tandis que le gouvernement n'avait été arrêté par aucune entrave « dans l'élève des candidats » [2]; c'était donc par sa faute que l'Empire souffrait d'une véritable disette d'hommes. « Tant que le gouvernement a trouvé dans les hommes
« qui se sont ralliés à lui dès son début un recrutement suffisant, il ne
« s'est pas inquiété de l'avenir; mais il s'aperçoit aujourd'hui que la
« matière *ministérielle* se raréfie, et que, s'il est difficile de trouver des
« hommes capables d'être ministres, il n'est pas facile d'en trouver de

---

[1]. Elles n'étaient pas dirigées seulement contre les candidats de la démocratie; ceux du tiers-parti s'y voyaient exposés. Le préfet du Doubs, traitant M. Latour du Moulin lui-même en ennemi irréconciliable, avait ajouté à sa circonscription un canton de Pontarlier où il comptait peu de partisans.

[2]. Rapport sur les élections partielles de 1868 (Papiers des Tuileries).

« capables d'être préfets. Pour ce qui est de la députation, le recrute-
« ment devient très difficile. Les hommes de 1852 ont aujourd'hui seize
« années de plus, la mort sévit dans leurs rangs, et le gouvernement ne
« songe à les remplacer que lorsqu'un vide se fait. Alors on voit surgir
« une candidature à laquelle personne ne songeait, pas même celui qui
« en est l'objet [1]. »

La période électorale s'ouvrit, le 3 mai, par une circulaire des préfets relative aux boîtes électorales; on put enfin espérer qu'au bout de dix-sept ans les communes seraient pourvues de « boîtes régulières » pour recevoir les bulletins.

La question de savoir si le parti démocratique adresserait un manifeste aux électeurs, fut débattue dans plusieurs réunions composées de ses membres les plus considérables et les plus actifs. Les uns jugeaint le manifeste inutile, les autres au contraire le considéraient comme indispensable. Ces derniers l'emportèrent. M. A. Peyrat, rédacteur en chef de l'*Avenir national*, fut prié de le rédiger; il s'en défendit longtemps. Appartenant notoirement à l'école des révolutionnaires purs, connus dans l'histoire sous le nom de jacobins, il ne se flattait pas d'être l'interprète fidèle du parti démocratique, dans la rédaction d'un document où il fallait faire une place aux tendances socialistes. La difficulté fut tournée; on convint de diviser le manifeste en deux parties : la partie politique, dont M. Peyrat consentit enfin à se charger, et la partie socialiste, qui fut confiée à un autre. M. Peyrat, dans son projet, empruntait à l'article 1er de la Constitution de 1793, qui reconnaît la propriété, le résumé des principes dont le parti démocratique réclamait l'application; au mot de *propriété*, les socialistes protestèrent, des discussions interminables s'engagèrent, et rendirent le manifeste impossible. On finit par y renoncer.

Les candidats de l'opposition, d'abord très nombreux à Paris, se réduisirent bientôt, dans la 1re circonscription, à MM. Carnot et Léon Gambetta; dans la 2e circonscription, à MM. Thiers et d'Alton-Shée; dans la 3e, à M. Bancel; dans la 4e, à M. Ernest Picard; dans la 5e, à MM. Garnier-Pagès, Georges Baudin, J.-V. Raspail; dans la 6e, à MM. Guéroult, Jules Ferry et Cochin, candidat catholique libéral; dans la 7e, à MM. Jules Favre, Rochefort, Cantagrel; dans la 8e, à M. Jules Simon; dans la 9e, à M. Eugène Pelletan.

Le gouvernement présentait M. Devinck, dans la 2e circonscription;

---

[1]. Papiers des Tuileries.

Fig. 52. — Les boutiquiers du quartier du Temple, armés de bâtons, se préparent à faire justice eux-mêmes, lorsqu'ont lieu les désordres produits par les *blouses blanches*.

M. Louvet, dans la 3ᵉ ; M. Denière, dans la 4ᵉ ; M. Frédéric Lévy, dans la 5ᵉ ; M. Lachaud, avocat, dans la 7ᵉ ; M. Bouley, directeur de l'École d'Alfort, dans la 9ᵉ.

La première réunion publique électorale eut lieu, le 3 mai, dans la salle de la Redoute. D'autres réunions suivirent bientôt ; les électeurs s'y portaient en foule, on faisait queue à la porte de chaque salle, surtout de celles où un orateur en renom devait se faire entendre. Au sentiment politique se joignait une espèce de dilettantisme oratoire. M. Bancel, qui dans sa courte carrière de membre de la Législative avait semblé appelé à un grand avenir, attirait un monde incroyable à la salle Molière. Adversaire de M. Émile Ollivier, son élection était celle qui passionnait le plus l'opinion publique.

M. Gambetta était un homme jeune, d'un vrai talent, qui, en ménageant ses forces, pouvait se faire une belle place dans une assemblée, et tout le monde dans le parti démocratique souhaitait qu'il fût élu à Marseille, où il était candidat ; mais bien des gens le voyaient avec peine se porter contre M. Carnot, l'un des vétérans de son opinion.

« Motivée par un dissentiment sur une question secondaire, cette compétition serait toujours malheureuse ; mais ce dissentiment même secondaire n'existe pas. Comment donc expliquer cette double candidature ? Est-ce que M. Carnot n'est pas aujourd'hui ce qu'il était il y a six ans ? Peut-on lui reprocher un mot, un vote, la plus légère défaillance ? Non ; et alors pourquoi ne pas lui rendre un mandat dont il est toujours digne ? Est-ce ainsi qu'un parti moral comme le parti démocratique et surtout un parti vaincu doit honorer le dévouement et reconnaître les bons et loyaux services ?

« Pourquoi se diviser dans la 1ʳᵉ circonscription, quand la 7ᵉ, où le succès était certain, était vide, et lorsque, en s'y présentant, il aurait empêché (M. Gambetta) l'outrageant accueil fait à l'homme qui jetait le plus d'éclat par son talent sur le parti démocratique et qui lui a rendu le plus de services depuis dix-sept ans au barreau et à la Chambre. Si l'on repousse Carnot et Favre, pourquoi ne repousserait-on pas Picard, Pelletan, Simon ? Avec de telles excommunications, de telles épurations, où irons-nous et qui serait sans tache ? Ah ! de telles allures ne sont pas bonnes ! l'injustice décourage à la fin les plus forts, les mieux intentionnés ; l'ingratitude est le fléau des partis. » (Article de M. Peyrat dans l'*Avenir national* du 18 mai 1869).

Ce sage et courageux langage ne pouvait être entendu dans ce moment. Le bruit courut cependant pendant quelques jours que M. Léon Gambetta ne maintenait pas sa candidature dans la première circonscription. Il ne tarda pas à le démentir dans une lettre adressée au *Réveil*.

« Quand on m'offrit la candidature, j'eus des réserves et des scrupules commandés par la présence sur le même terrain du citoyen Carnot, dont personne plus que moi n'honore la vie et ne respecte le caractère ; mais, après une consciencieuse enquête et de nombreuses réunions, je mets la volonté du peuple au-dessus de mes sentiments personnels, et nulle pression ne me fera revenir sur ce parti. Je ne ferai ni programme ni profession de foi ; les comités doivent m'adresser leur programme, et j'y répondrai. Le mandataire et les mandants contracteront ainsi publiquement sous l'œil de tous. Je me bornerai à signaler le principe directeur de mes opinions et de mes actes politiques. Ce principe, c'est la souveraineté du peuple organisée d'une manière intégrale et complète ; il faut tout lui rapporter, il faut tout en déduire : les industries, les lois, les intérêts et les mœurs mêmes. Scientifiquement appliqué, ce principe peut seul achever la révolution française et fonder pour toujours l'ordre réel, la justice absolue, la liberté plénière et l'égalité véritable. »

M. Léon Gambetta finissait sa lettre par ces mots :

« Démocrate radical, dévoué avec passion aux principes de liberté et de fraternité, j'aurai pour méthode politique dans toutes les discussions de relever et d'établir en face de la démocratie césarienne la doctrine, les droits, les griefs et aussi les incompatibilités de la démocratie loyale. Pour mener à bien une telle entreprise, j'ai besoin de tenir de vos libres volontés une commission nette et précise ; je l'ai dit à vos délégués et je vous le répète, je ne comprends, je ne sollicite, je n'accepte d'autre mandat que le mandat d'une opposition irréconciliable. »

La candidature de M. Gambetta fut donc, selon son désir, acceptée sous la forme de deux contrats échangés entre lui et ses électeurs [1].

1. L'un portait ce titre :

CAHIER DE MES ÉLECTEURS

« Citoyens,
« Au nom du suffrage, base de toute organisation politique et sociale, donnons mandat à notre député d'affirmer les principes de la démocratie et de revendiquer énergiquement :
« L'application la plus radicale du suffrage universel, tant pour l'élection des maires et conseillers municipaux sans distinction de localité que pour l'élection des députés.
« La répartition des circonscriptions effectuée sur le nombre réel des électeurs de droit et non sur le nombre des électeurs inscrits.
« La liberté individuelle, désormais placée sous l'égide des lois et non soumise au bon plaisir et à l'arbitraire administratifs.
« L'abrogation de la loi de sûreté générale, la suppression de l'article 75 de l'an VIII et la responsabilité directe de tous les fonctionnaires ; les délits politiques de tout ordre déférés au jury ; la liberté de la presse dans toute sa plénitude, débarrassée du timbre et du cautionnement ; suppression des brevets d'imprimerie et de librairie ; liberté de réunion sans entrave et *sans piège* avec la faculté de discuter toute question religieuse, philosophique, politique et sociale ; l'abrogation de l'article 9 du code pénal ; liberté d'association pleine et entière ; suppression du budget des cultes et séparation de l'Eglise et de l'Etat ; l'instruction primaire laïque, gratuite et obligatoire avec concours entre les intelligences d'élite pour l'admission aux cours supérieurs également gratuits.
« La suppression des octrois, des gros traitements et des cumuls et la modification de notre système d'impôts.
« La nomination de tous les fonctionnaires publics par l'élection.
« La suppression des armées permanentes, cause de ruine pour les finances et les affaires de la nation, source de haine entre les peuples et de défiances à l'intérieur.
« L'abolition des privilèges et monopoles que nous définissons par ces mots : *primes à l'oisiveté*.
« Les réformes économiques qui touchent au problème social dont la solution, quoique subordonnée à la transformation politique, doit être constamment étudiée et recherchée au nom du principe de justice et d'égalité sociale. Ce principe, généralisé et appliqué,

Un serment n'est qu'une garantie morale, et il n'entre point dans la catégorie des garanties que l'on cherche à obtenir par le mandat impératif. Le *cahier* des électeurs de M. Gambetta était dans la forme plutôt un *programme*, un *memento* des objets que le député devait réclamer, qu'un engagement de les réclamer. Quant au fond, sauf la nomination des fonctionnaires par l'élection, et l'abolition des privilèges et monopoles définis par ces mots *primes à l'oisiveté*, il n'y avait rien dans le cahier des électeurs irréconciliables de la première circonscription, qui ne figurât dans la profession de foi de M. Carnot et de tous les membres de la gauche. Le serment prêté à la souveraineté du peuple, cela n'avait aucun sens. On ne prête serment qu'à un homme.

peut seul, en effet, faire disparaître l'antagonisme social et réaliser complètement notre formule : *Liberté, égalité, fraternité.* »

L'autre était intitulée :

« RÉPONSE AU CAHIER DES ÉLECTEURS.

« Citoyens électeurs,

« Ce mandat, je l'accepte.

« A ces conditions, je serai particulièrement fier de vous représenter, parce que cette élection se sera faite conformément aux véritables principes du suffrage universel.

« Les électeurs auront librement choisi leur candidat.

« Les électeurs auront déterminé le programme politique de leur mandataire.

« Cette méthode me paraît à la fois conforme au droit et à la tradition des premiers jours de la Révolution.

« Donc, j'adhère pleinement à la déclaration de principes et à la revendication des droits dont vous me donnez commission de poursuivre la réclamation à la tribune.

« Comme vous, je pense qu'il n'y a d'autre souverain que le peuple et le suffrage universel, et que le suffrage universel, instrument de cette souveraineté, n'a de valeur, n'oblige et ne fonde qu'à la condition d'être radicalement libre.

« La plus urgente des réformes doit donc être de l'affranchir de toute tutelle, de toute entrave, de toute pression, de toute corruption.

« Comme vous, je pense que le suffrage universel, une fois maître, suffirait à opérer toutes les destructions que réclame votre programme, et à fonder toutes les libertés, toutes les institutions dont nous poursuivons ensemble l'avènement.

« Comme vous je pense que la France, siège d'une démocratie indestructible, ne rencontrera la liberté, l'ordre, la justice, la prospérité matérielle et la grandeur morale que dans le triomphe des principes de la Révolution française.

« Comme vous, je pense qu'une démocratie régulière et loyale est, par excellence, le système politique qui réalise le plus promptement et le plus sûrement l'émancipation morale et matérielle du plus grand nombre et assure le mieux l'égalité sociale dans les lois, dans les faits et dans les mœurs.

« Mais, comme vous aussi, j'estime que la série progressive de ces réformes sociales dépend absolument du régime et de la réforme politiques, et c'est, pour moi, un axiome en ces matières que la forme emporte et résout le fond.

« C'est, d'ailleurs, cet enchaînement et cette gradation que nos pères avaient marqués et fixés dans la profonde et complète devise en dehors de laquelle il n'y a pas de salut : *Liberté, égalité, fraternité.*

« Nous voilà donc réciproquement d'accord. Notre contrat est complet. Je suis à la fois votre mandataire et votre dépositaire. Je fais plus que consentir, voici mon serment : Je jure obéissance au présent contrat et fidélité au peuple souverain.

« LÉON GAMBETTA. »

Le gouvernement se préoccupait plus encore peut-être qu'en 1863 de la candidature de M. Thiers, « ce termite fatal de la politique », « ce Talleyrand du parlementarisme », « ce Démosthènes de la discorde ». M. Thiers, de même qu'il y a six ans, avait besoin du concours de l'opposition démocratique. Elle était loin de méconnaître ses services au Corps législatif, ni son influence d'homme qui a passé sa vie dans les affaires ; elle admettait qu'une assemblée n'étant la représentation sincère d'un pays, qu'à la condition que toutes les opinions y soient représentées, au moins par leurs plus illustres interprètes, une Chambre où des hommes comme M. Thiers n'auraient pas leur place, ne serait pas l'image de la France. Elle hésitait cependant à prêter son concours à la candidature de M. Thiers ; une fraction notable du parti démocratique le lui refusait même complètement, du moins au premier tour de scrutin, et elle lui opposait M. d'Alton-Shée, ancien pair de France, homme intelligent, résolu, désintéressé, qui s'était donné sans arrière-pensée à la démocratie sous Louis-Philippe et qui, en échange des services qu'il lui avait rendus, méritait de recevoir une autre récompense que celle d'une candidature ou plutôt d'une consigne sans espoir.

La candidature de M. Émile Ollivier était devenue impossible à Paris ; de nombreux électeurs de la troisième circonscription, qu'il représentait depuis 1857, avaient lancé, dès le 22 avril, dans les journaux démocratiques la déclaration suivante : « Considérant qu'il importe à la démocratie « non seulement de reconquérir pour la France, son imprescriptible sou- « veraineté, mais encore de l'opérer au nom des principes et non des « transactions et de compromis incompatibles avec la dignité du peuple ; « M. Émile Ollivier, par sa conduite et par ses votes, par ses discours « et par ses écrits, par les démarches auxquelles il s'est livré en dehors de « ses électeurs sans leur avis et sans leur aveu, par les relations qu'il a « nouées avec ceux-là mêmes qu'il avait reçu et accepté mission de com- « battre, ne peut plus être l'organe de la revendication de nos principes et « de nos droits... »

M. Émile Ollivier n'avait rien répondu, et, depuis l'ouverture de la période électorale il ne s'était mis en communication par aucune profession de foi avec ses anciens électeurs de Paris ; mais on venait d'y recevoir celle qu'il adressait aux électeurs du Var. « La nature, disait-il, a revêtu notre « pays d'une parure incomparable : au midi, la mer bleue caresse ses « rivages ; au nord, la neige l'orne d'une blanche couronne ; les plaines fé- « condes se déroulent, au pied des collines embaumées ; les vignes amies

« du soleil s'étalent à côté des bois remplis d'ombres... » Ce poétique exorde était suivi d'un certificat qu'il se délivrait à lui-même, en constatant « qu'il n'a pas changé, lui, et qu'il n'y a de changés que ceux qui se « présentent aux élections après avoir prêché l'abstention et qui se « disent républicains après avoir prêté le serment à l'empire. »

M. Émile Ollivier ne se rendait bien compte ni de sa situation ni de celle des candidats auxquels il reprochait de prêter un serment qu'il ne voulait pas tenir. Le serment, obligatoire pour le député, était un acte constitutionnel qu'on ne pouvait pas même discuter, puisque la discussion de la constitution se trouvait interdite. Il fallait s'y soumettre ou renoncer à la députation. Le serment plaçait donc une catégorie de citoyens désireux d'entrer dans la vie parlementaire entre le parjure et la conspiration. On ne le prenait point au sérieux ; donc la loi, en l'imposant, en faisait une formalité vaine et une immoralité, en habituant la conscience publique à le mépriser. C'est pour cela que la révolution de février l'avait aboli. M. Émile Ollivier le prêta-t-il sérieusement en 1857 ? Ce n'est guère probable ; il est en tout cas certain que ses électeurs ne le comprirent pas ainsi, et maintenant, en admettant qu'il fût sincère lorsqu'il affirmait qu'il avait toujours demandé le progrès par les moyens pacifiques, il est certain que, s'il était toujours resté le même à ses propres yeux, il était loin d'en être ainsi aux yeux de la grande majorité de ses électeurs ; il ne répondait plus à leurs sentiments et à leurs espérances, et plus il parlait de tenir son serment, plus il leur semblait en contradiction avec eux, et avec lui-même.

Les électeurs de Paris attendaient que le candidat du Var voulût bien leur faire part de sa façon d'entendre ses rapports avec eux dans le passé et dans le présent ; mais, au lieu du manifeste électoral sur lequel ils comptaient, ils lurent dans les journaux cette lettre adressée par M. Émile Ollivier à M. Bancel :

« Monsieur,

« 1073 électeurs de la 3e circonscription, dont j'ignore le nom, vous ont offert une candidature contre moi, parce que je me suis rendu indigne de la confiance de la démocratie.

« Vous avez accepté cette offre ; par là, vous vous êtes engagé à reproduire, en ma présence, et à justifier l'accusation d'indignité qui est la raison de votre candidature.

« Je vous engage publiquement à remplir cet engagement.

« Agréez, etc. »

Deux de ses amis seraient chargés de s'entendre avec deux amis de M. Bancel pour choisir un vaste local, désigner un président, des sténo-

graphes fidèles et fixer le jour, l'heure et le lieu du tournoi oratoire.
« M. Bancel prendra la parole le premier comme accusateur, M. Émile Ollivier lui répondra, et le lendemain Paris et la France pourront prononcer entre nous. »

M. Bancel répondit tout simplement à ce défi théâtral que l'affaire était entre M. Émile Ollivier et ses électeurs et non entre M. Bancel et M. Émile Ollivier, et qu'il n'avait qu'à se rendre dans les réunions publiques pour répondre à leurs interpellations.

M. Émile Ollivier aima mieux convoquer les électeurs de la troisième circonscription de Paris dans une réunion publique au théâtre du Châtelet où il devait parler *seul* et où l'on n'était admis que sur la présentation d'une carte d'entrée, ce qui permettait de composer uniquement la réunion d'amis du candidat; mais les grilles du Châtelet furent forcées, et douze ou quinze cents auditeurs sans carte pénétrèrent dans la salle. M. Émile Ollivier, après s'être fait attendre assez longtemps, prit la parole vers dix heures du soir. On écouta son exorde avec une religieuse attention; mais dès que, des généralités sur le progrès, il voulut passer à sa thèse de l'Empire libéral, les protestations commencèrent. Le commissaire de police s'étant avisé de menacer la réunion de dissolution, le tumulte ne fit que s'accroître. Le représentant de l'autorité réalisa sa menace à onze heures et demie; la foule, très contrariée, évacua la salle. La place du Châtelet, les quais, l'avenue Victoria, le square de la Tour-Saint-Jacques et la rue de Rivoli se remplirent d'une foule frémissante, criant : Vive Bancel! au bruit d'applaudissements frénétiques; la *Marseillaise*, le *Chant du départ*, les *Girondins*, ne tardèrent pas à retentir, entremêlés des cris de : Vive Garibaldi! Vive la liberté! Vive la République! Cinq ou six cents agents de la brigade de sûreté accourus vers minuit et demi se ruent sur la foule à coups de poing et de casse-tête. La brasserie Dreher, à l'angle de la rue Saint-Denis et de l'avenue Victoria, est saccagée; les sergents de ville dégainent et blessent quelques personnes. Les rassemblements dispersés se reforment près de l'hôtel de ville, suivent la rue Saint-Antoine, font le tour de la colonne de Juillet, et s'avancent dans le faubourg jusqu'à la rue Sainte-Marguerite, où le représentant Baudin a été tué, en chantant la *Marseillaise* et en criant : *Vive la République!*

M. Émile Ollivier se décida enfin à adresser une profession de foi aux électeurs de la Seine; malheureusement son manifeste, moins poétique que celui dont les électeurs du Var avaient été gratifiés, n'était pas plus

Fig. 53. — Un conflit sanglant éclata entre la troupe de ligne et les mineurs de la Loire à La Ricamarie.

concluant, « Si mon mandat était de poursuivre la vengeance, je l'ai déserté; mais, s'il a été de servir la liberté, j'y ai été fidèle. » Il citait à l'appui de cette affirmation les lois libérales qu'il avait soutenues; loi sur les coalitions, loi sur les associations coopératives; loi sur une caisse de retraite, loi contre les accidents, loi de la propriété littéraire, loi de la presse, loi des chèques; il se vantait en outre d'avoir défendu la paix, qui est le premier des intérêts du pays. Mon mandat était de servir la liberté et non de poursuivre la vengeance; contrôler, critiquer, contenir, améliorer, voilà ce que j'ai promis; je ne me suis point engagé à renverser. »

Les électeurs de M. Émile Ollivier en 1857 et en 1863, en grande majorité du moins, ne voulaient ni contenir ni améliorer l'Empire, mais se venger de lui et le détruire. S'il leur avait dit nettement en 1857 et 1863 ce qu'il leur disait en 1869, il est certain qu'ils ne l'auraient pas nommé, et ils le prouvaient en lui opposant un candidat irréconciliable.

M. Émile Ollivier trouva des appuis dévoués dans le parti bonapartiste. Soutenu par M. Émile de Girardin dans son journal *la Presse*, il devenait, selon l'expression de la *Patrie*, « le point culminant de la situation. » Le *Constitutionnel* proposa même qu'il posât sa candidature dans les neuf circonscriptions de Paris. En attendant, MM. Louvet et d'Attainville, candidats officiels, se retirèrent devant lui, l'un à Paris, l'autre dans le Var.

M. Ernest Picard n'avait pas de concurrent sérieux dans la quatrième circonscription.

L'élection était plus vivement disputée dans la cinquième; les ouvriers qui, aux élections précédentes, avaient présenté un des leurs, persévérèrent dans leur intention et publièrent le 15 mai cet appel en faveur de la candidature ouvrière :

« Citoyens,

« En minorité dans le pays, les démocrates socialistes, par l'organisation du suffrage universel, se trouvent réduits :

« Soit à l'abstention par le bulletin blanc; protestation abstraite qui semble incompatible avec le sentiment populaire.

« Soit à des coalitions sans principes communs et, par conséquent, sans résultats.

« Dans cette situation, un comité vient de se former pour soutenir la candidature du citoyen Briosne, en lui donnant pour caractère d'affirmer deux principes jusqu'ici méconnus :

« Dans l'ordre politique : droit des minorités.

« Dans l'ordre économique : souveraineté du travail.

« Tolain, Demay, J. Perrachon, Guiard,
J. Bony, Saint-Simon, Brébant. »

La candidature ouvrière de M. Briosne fut donc posée dans la 5ᵉ circonscription, où M. J.-V. Raspail, déjà candidat dans la 3ᵉ circonscription du Rhône contre M. Jules Favre, maintenait sa candidature contre M. Garnier-Pagès [1].

M. Baudin, frère du député tué en décembre 1852, maintenait également, après bien des hésitations, il est vrai, dans la même circonscription, une candidature qui était surtout l'œuvre de M. Delescluze. Le rédacteur en chef du *Réveil*, partisan au fond de l'abstention et obligé d'y renoncer, caressait la pensée d'exclure en masse de la candidature, les huit députés de Paris. Chercherait-il à les remplacer par quelques-uns des hommes qui protestaient encore contre l'Empire, au prix de l'exil? On pouvait le croire ; mais ses confidents savaient qu'il ne voulait entendre parler ni de M. Ledru-Rollin, ni de M. Louis Blanc, ni de M. Victor Hugo. Il fallait pourtant trouver des candidats quelque part. M. Delescluze, pour tourner la difficulté, imagina de porter M. Georges Baudin dans les huit circonscriptions de Paris. Obligé de reconnaître que les électeurs goûtaient peu cette idée, il s'était rabattu à imposer son candidat à la 5ᵉ circonscription, mais là aussi, il dut bientôt convenir qu'elle n'était pas comprise [2].

---

1. Il demandait dans sa circulaire la sécularisation du moine et du prêtre, « qu'il leur soit permis de retourner au mariage et au travail, » et la suppression de la conscription : « Gardez-vous de condamner la jeunesse forte et aimante à tout l'abandon des passions mal contenues, et ne lui imposez pas, en faisant des soldats, la chasteté que gardent si mal les prêtres ; que tout citoyen soit soldat en remplissant à certaines époques les exercices du soldat et en volant à la défense de la patrie le jour du danger, il ne faut pas tant de temps pour apprendre à se faire tuer. » La circulaire de M. J.-V. Raspail contenait plus d'un passage singulier. Jusqu'ici, on croyait généralement que le gouvernement provisoire, le peuple de Paris, la France et par-dessus tout la force des choses avaient fait la République en 1848. Erreur, M. Raspail seul l'avait proclamée, « et si elle s'est perdue, si tous ses fondateurs ont été sacrifiés, c'est par suite de la conspiration occulte et de la lâcheté du gouvernement provisoire. » La circulaire se terminait par ce programme : « Arbitrage nommé par les parties dans la juridiction civile, au criminel transformation de la torture des prisons en écoles d'amélioration réservée aux seuls hommes dangereux; brûlons le dernier des codes des peines par la main du dernier des bourreaux ; et la société se trouvera d'un seul coup constituée de façon à développer les intelligences et non à les obscurcir. Chose bien simple et que cependant personne n'a encore pu obtenir. Je demande que, pour arriver à vivre, l'ouvrier et surtout l'ouvrière ne soient pas dans l'obligation de se tuer. »

2. M. Georges Baudin n'avait pas attendu longtemps non plus pour s'en convaincre et pour sentir en outre que les qualités nécessaires à un candidat à Paris lui manquaient absolument; il suppliait donc M. Delescluze de le délivrer d'une candidature qu'il n'avait acceptée que sur ses plus pressantes instances. M. Delescluze n'eût pas mieux demandé que de lui donner la liberté, mais il se croyait obligé par politesse de le retenir et de lui donner les meilleures espérances, dans l'espoir secret qu'il finirait par se lasser et qu'il le débarrasserait, de lui-même, d'une candidature qui devenait de plus en plus impossible. Malheureusement M. Baudin finissait toujours par prendre au sérieux les assurances de M. Delescluze et par se résigner, de peur de lui faire de la peine, à persister dans sa can-

Les réunions de la 6ᵉ circonscription n'étaient pas les moins animées. Plusieurs hommes de talent représentant des opinions depuis longtemps en guerre ouverte, MM. Adolphe Guéroult, Jules Ferry, Augustin Cochin, s'y trouvaient en présence. M. Guéroult, ancien saint-simonien, ne voyait dans la forme de gouvernement qu'une question secondaire et soutenait que tout gouvernement peut être, à un moment donné, un instrument de progrès ; il défendait dans son journal, *l'Opinion nationale*, la politique conseillée à l'Empire par le prince Napoléon, c'est-à-dire l'application par en haut, des principes de la Révolution ; républicain socialiste et autoritaire en 1848, exilé après le coup d'État, il avait pu, grâce à son indifférence en manière de forme de gouvernement, se rallier à l'Empire sans paraître un transfuge ; homme loyal dans ses variations, il n'avait du reste trompé personne, et c'était avec une espèce de regret que le parti pour qui la question de la forme du gouvernement domine, implique et résume toutes les autres, lui préférait un homme nouveau, M. Jules Ferry. Il était convenu cependant que, si dans un deuxième tour de scrutin M. Guéroult se trouvait seul en face de M. Cochin, le parti démocratique voterait pour lui.

M. Jules Ferry, récemment entré dans la carrière politique, où il avait pénétré par la double voie du barreau et du journalisme, publiait dans le *Temps* des articles qui se faisaient remarquer par leur vivacité et par leur solidité. M. Cochin, un des noms les plus honorables de la vieille bourgeoisie parisienne, appartenait à ce groupe de catholiques parlementaires qui représentait dans la politique et dans la religion une élite plutôt qu'un parti, un état-major plutôt qu'une armée ; défenseur du pouvoir temporel du pape et adversaire de la transformation de la papauté en théocratie, ce groupe faisait plus parler de lui qu'il n'exerçait une action véritable sur l'opinion.

M. Jules Favre, après quelques hésitations, avait accepté la candidature dans la 7ᵉ circonscription. Le *Siècle* et l'*Avenir* pensèrent que devant lui toutes les compétitions s'effaceraient. MM. Hérold et F. Morin, anciens et dévoués serviteurs de l'idée républicaine, se hâtèrent en effet de se retirer ; il n'en fut pas de même de M. Henri de Rochefort.

La popularité, en France, ouvre subitement des perspectives si brillantes à ses favoris, qu'il est bien difficile que leurs yeux ne soient pas éblouis, à la vue des faveurs qu'elle leur prodigue ; l'auteur de la *Lan-*

---

didature. Cette comédie eût paru plus amusante à ceux devant qui elle se jouait, si elle n'avait pas dû avoir pour dénouement un échec pour le nom respectable de Baudin.

terne se vit donc offrir l'honneur de représenter la capitale de la France. Il aurait fallu plus de sens et d'expérience à M. Henri de Rochefort qu'on en a ordinairement à son âge, pour comprendre que la meilleure manière de se rendre digne de cet honneur, était de le refuser, et surtout de ne pas le disputer à un homme comme M. Jules Favre. Il se hâta au contraire, dans une circulaire électorale datée de Bruxelles, de déclarer qu'il se présentait, parce que « la France a besoin d'hommes nouveaux qui exigent ce qu'on ose refuser ». Ce jeune homme, qui venait peut-être à peine de lire l'histoire de la Révolution, traitait dédaigneusement M. Jules Favre de girondin, se proclamait montagnard, démocrate et socialiste, et ajoutant qu' « il appuierait énergiquement tous ceux dont les efforts tendent à augmenter le bien-être du travailleur, tout en diminuant la durée parfois douloureuse de son continuel labeur. » Par quels moyens comptait-il résoudre ce difficile problème, qui consiste à augmenter le salaire en diminuant le travail? M. Henri de Rochefort ne le disait pas.

Le jeudi soir, 13 mai, dans la petite salle du gymnase de la Sorbonne, un ami de M. de Rochefort, son porte-parole, comme il se nommait lui-même, s'était présenté pour soutenir la candidature de l'auteur de la *Lanterne*. L'enthousiasme qu'elle excita dans la salle se répandit aussitôt au dehors parmi les groupes qui, n'ayant pas pu pénétrer dans l'étroite enceinte du gymnase, s'étaient formés sur la place de la Sorbonne et sur le boulevard Saint-Michel. Les étudiants et les ouvriers mêlaient au chant de la *Marseillaise* le cri de : *Vive Rochefort! vive la Lanterne! vive la République!* La police dispersa ces rassemblements très brutalement et sans sommation.

Des scènes analogues se passaient à la même heure sur le boulevard des Filles-du-Calvaire. M. F.-V. Raspail venait de faire sa profession de foi au cirque de l'Impératrice. La réunion avait fini à onze heures très pacifiquement. C'est à peine si quelques cris de *Vive la République!* s'étaient fait entendre à la sortie; mais, la foule ayant fait mine de s'arrêter un moment devant le cirque, les sergents de ville se précipitèrent sur elle, et la rejetèrent dans les rues adjacentes. Les réunions, très nombreuses ce soir-là à Belleville, avaient produit un certain encombrement aux environs des salles où elles venaient de se tenir, mais aucun trouble n'était signalé, lorsque tout à coup on vit apparaître dans la grande rue de Belleville une bande d'individus hurlant : *Mort aux propriétaires! vive l'anarchie!* La cavalerie de la garde municipale, accourue un peu tard, balaya bien vite cette troupe suspecte.

M. Piétri, préfet de police, prit prétexte de ces légers mouvements pour faire afficher le lendemain une ordonnance de police interdisant tout stationnement sur la voie publique, aux abords des réunions électorales, en y joignant la *loi des 7-9 juin* 1848 sur les attroupements, qui portait la signature de plusieurs anciens représentants du peuple, républicains, dont quelques-uns étaient même candidats en ce moment. M. Piétri n'oubliait dans tout cela qu'une chose : c'était de citer et de faire exécuter l'article 3 de cette loi, qui prescrit la présence d'un magistrat faisant les sommations et avertissant la foule avant d'employer la force.

Ces désordres, singulièrement grossis par la presse officieuse, prirent fin avec les réunions électorales, interdites cinq jours avant l'ouverture du scrutin; mais, avant la clôture de la période électorale, les départements avaient été inondés d'exemplaires de la *Patrie* dénonçant un immense complot démagogique, tramé par les réfugiés en Belgique et ayant des ramifications sur tout le territoire, dans les grandes villes de province et à Paris, jusque dans le quartier politique de la prison de Sainte-Pélagie; personne ne prit cette prétendue conspiration au sérieux, pas plus que l'apologie de l'Empire, dont les murs de Paris furent couverts le 23 mai, aux frais des comités conservateurs « libéraux », car on ne prenait plus nulle part d'autre qualification; les préfets avaient rayé le mot « officiel » de leur vocabulaire.

Le soir du 24 mai, la population remplissait les boulevards, attendant avec impatience le résultat des premiers dépouillements des scrutins, que les journaux lui apportaient successivement; de formidables applaudissements saluèrent la nomination de M. Bancel, de M. Gambetta, de M. Picard, de M. Jules Simon, de M. Pelletan. L'opposition l'avait emporté partout, sauf dans quatre circonscriptions où devait avoir lieu un ballottage dont le résultat n'était pas douteux. Le peuple, vers dix heures, regagna ses faubourgs; sur les deux rives de la Seine, c'était comme un retour de fête populaire : on riait, on chantait, on était joyeux, pas le moindre cri séditieux ou inconstitutionnel.

Le résultat général des élections dans les départements, sans être aussi favorable à l'opposition que celui de Paris, offrait néanmoins des résultats très significatifs.

Le nombre des députés nommés dans les circonscriptions où le gouvernement avait appuyé les candidats et dans celles où il était resté neutre, volontairement ou non, s'élevait à 196. Le chiffre des députés de l'opposition de gauche réélus ou élus était de 26. Deux de ses membres seulement, MM. Glais-Bizoin et Girot-Pouzol, avaient échoué. Il y avait ballottage dans 58 circonscriptions. L'opposition gagnait près de 80 000 voix à Paris; l'augmentation était dans la même proportion à Lyon, Marseille, Bordeaux, Rouen. Les nombreux ballottages s'annonçaient d'une façon favorable à l'opposition [1].

Les élections s'étaient passées en général avec calme dans les départements : c'est à peine si quelques scènes de tumulte sans gravité avaient eu lieu dans quelques villes, comme Saint-Étienne, Toulouse, Marseille, Calais, Amiens, Strasbourg, Lille.

Les amis de M. d'Alton-Shée persistèrent, au second tour de scrutin, à soutenir la candidature contre celle de M. Thiers, quoiqu'elle n'offrît plus aucune chance, à moins que des électeurs de M. Thiers ou de M. Devinck ne se détachassent de l'un ou de l'autre pour voter en sa faveur. Ce qui n'eut pas lieu. M. J.-V. Raspail, quoique nommé à Lyon, maintint également dans la 5ᵉ circonscription de Paris sa candidature contre celle de « Garnier-Pagès l'orléaniste ». Sommé par M. T. Ferré, dans une lettre rendue publique, de s'expliquer sur cette accusation, il garda le silence. M. Henri de Rochefort ne crut pas non plus devoir se retirer devant M. Jules Favre, et le *Rappel* appuya sa candidature, quoiqu'il eût déclaré qu'au second tour les voix devaient se reporter sur le candidat opposant qui en aurait eu le plus. Le second manifeste adressé aux électeurs de la 7ᵉ circonscription par l'auteur de la *Lanterne* n'était pas brillant : « Il faut que le triomphe du radicalisme soit complet; je « ne suis point un épouvantail, je suis épouvanté en présence des pro- « blèmes sociaux : sort misérable de la femme, effroyable empiètement du « capital, ignorance de l'enfant, voilà les maux qu'il faut détruire. L'ar- « bitraire et le mensonge périront quand tout le monde saura lire. »

Ces lieux communs ne justifiaient guère l'enthousiasme avec lequel la candidature de M. Henri de Rochefort était accueillie dans les réunions publiques, livrées, il est vrai, à la direction de jeunes gens sans consistance, foyers de fièvre et d'exaltation où les hommes les plus illustres du parti démocratique se voyaient accueillis, comme M. Jules Favre rue des Cordeliers, aux cris de « fourbe, traître, menteur! »

Qu'est-ce donc que la popularité? Un pamphlet, un discours la donnent en un instant à un jeune homme, et trente ans d'éloquence, de dévouement à une idée, ne la peuvent conserver à un lutteur éprouvé!

---

1. 24 candidats l'emportèrent au second tour dans les départements.

Fig. 54. — Les journaux de l'opposition, de plus en plus agressifs, sont lus avec empressement dans les lieux publics.

La raison finit cependant par l'emporter. MM. Thiers, Jules Favre et Garnier-Pagès battirent au scrutin des 6 et 7 juin MM. d'Alton-Shée, Rochefort et Raspail ; de là, dans les groupes qui attendaient le résultat des élections rue du Faubourg-Montmartre, devant les bureaux du *Rappel* et dans la cour de l'imprimerie Schiller, une certaine irritation qui se trahissait cependant à peine par quelques cris de : Vive Rochefort ! lorsque vers huit heures, sans provocation aucune, des bandes de sergents de ville, casse-tête au poing, épée à la main, chargent à cinq ou six reprises différentes ces groupes inoffensifs. La police en même temps pénètre dans les cafés, et en expulse brutalement les consommateurs. Le café de Madrid est fermé ; le public s'enfuit à la hâte du théâtre des Variétés. Plusieurs personnes, des femmes, sont grièvement blessées. On ramasse un vieillard octogénaire à demi mort. Des scènes semblables se passaient à la même heure sur le boulevard Saint-Michel.

La population affluait le lendemain, au boulevard Montmartre, plus nombreuse et plus animée que la veille, comme cela ne manque jamais d'arriver, toutes les fois qu'un point de la capitale a été le théâtre d'un événement de quelque importance. Quelques jeunes gens s'amusent à faire des autodafés du *Pays* et de l'*Univers,* aux cris de : Vive Rochefort ! vive la *Lanterne !* D'autres promènent une lanterne rouge allumée au bout d'un bâton, en chantant la *Marseillaise.* La police essaye vainement de disperser les rassemblements alimentés par cette insatiable curiosité du Parisien, pour les choses de la rue ; ils ne disparaissent qu'à minuit et demi, après le passage de la garde de Paris à pied et à cheval, à laquelle il a fallu recourir pour les balayer. Pendant ce temps-là, une bande d'individus, vêtus de blouses blanches, descendait de Belleville jusqu'au milieu du faubourg du Temple, cassait les bancs, les réverbères et les vitres, et en criant : *Vive la Lanterne ! vive l'anarchie !*

La même bande de gens vêtus de ces blouses blanches chantant la *Marseillaise* et criant *Vive Rochefort !* débouche le lendemain 9 juin vers dix heures et demie du soir sur le boulevard Montmartre. Les cafés, les magasins et les passages se ferment, sur le parours des blouses blanches, qui renversent les kiosques, arrachent les bancs, brisent les réverbères ; la garde de Paris à pied et à cheval arrive. Les blouses blanches se dispersent comme par enchantement. La rue Saint-Antoine et la rue de Charonne étaient, pendant ce temps, le théâtre de désordres semblables ; les blouses blanches empêchaient les omnibus de circuler, et il y eut des collisions entre les sergents de ville et les ouvriers.

Les troubles se renouvelèrent dans la soirée du 10, au boulevard Montmartre, à Belleville, à la Bastille, au faubourg Saint-Antoine, quoiqu'un avis de M. Piétri eût averti le public que la loi contre les attroupements serait appliquée « avec résolution ». Ne serait-il pas plus simple, demanda le *Siècle*, de confier à la garde nationale le soin de contenir la population, irritée par la conduite de la police, qui paraissait épargner les vrais perturbateurs, pour sévir sur les citoyens inoffensifs? Ce soir-là, il y eut à l'entrée de la rue Vivienne quelques pavés déchaussés, et sur le boulevard voisin des kiosques, des bancs et des réverbères brisés; des charges intermittentes de cavalerie et de sergents de ville amenèrent des arrestations, destinées évidemment à répondre aux accusations du *Siècle*. Les désordres prirent un caractère plus grave dans quelques faubourgs, surtout à Belleville. Les bandes de *blouses blanches*, maîtresses du terrain, parcouraient en toute liberté les boulevards extérieurs, poussant toutes sortes de cris ignobles et menaçants; arrivés devant une maison de prostitution, les gens de la bande s'y ruèrent et la saccagèrent de fond en comble.

Le gouvernement rendit la presse responsable de ces troubles, qui durèrent jusqu'au 12 juin, et auxquels il lui eût été si facile de mettre fin plus tôt. Les rédacteurs du *Rappel* et du *Réveil* furent presque tous arrêtés. Des perquisitions eurent lieu jusque dans les bureaux du *Siècle*, dont deux rédacteurs, MM. Louis Jourdan et Charles Limousin, durent comparaître devant le juge d'instruction. Douze cents prisonniers au moins remplissaient les prisons et surtout le fort de Bicêtre [1]. Ils ne tardèrent pas à être relâchés, mais les journaux ne cessèrent pendant plusieurs jours encore de contenir des plaintes et des protestations contre la police. Un membre de l'Académie française [2] publia dans l'*Universel* une lettre qui produisit une très vive impression sur l'opinion publique, et dans laquelle il signalait les plus odieuses brutalités exercées sous ses yeux contre des passants inoffensifs et des habitants qui se tenaient devant leurs portes.

---

1. Un arrêté ministériel expulsa le *général Cluseret*, qui, ayant pris sans autorisation du service à l'étranger, avait par conséquent perdu sa qualité de citoyen français. M. Cluseret publia, avant de partir, une lettre *à un ami* et une protestation *au président des États-Unis* et *au peuple américain*. On disait M. Cluseret lié avec les meneurs de l'*Internationale*, et la mesure prise contre lui pouvait se justifier à ce point de vue; mais il était fâcheux qu'on choisît pour l'adopter le moment où il révélait dans la presse les désordres de la Société Memphis-el-Paso, dans laquelle étaient intéressés, disait-on, des personnages et des journalistes marquants de l'Empire, dont quelques-uns, traduits plus tard en police correctionnelle, furent condamnés.

2. M. de Carné.

L'Empereur et l'Impératrice se montrèrent dans la journée du 11 sur les boulevards, où ils furent assez froidement accueillis. La promenade de Leurs Majestés n'empêchait pas de craindre, pour le 12, le renouvellement des scènes des soirées précédentes. Il plut fort heureusement ce jour-là, et douze escadrons de cavalerie passèrent et repassèrent sur le boulevard sans rencontrer personne. Les boutiquiers du quartier du Temple, armés de bâtons, faisaient depuis la veille la chasse aux blouses blanches; la garde nationale du IXe arrondissement, impatientée de l'impuissance de la police, parlait de rétablir l'ordre elle-même sur le boulevard Montmartre.

Une cinquantaine de journalistes et d'orateurs de réunions, inculpés de *complot contre la sûreté de l'État*, complot qui ne fut jamais jugé; le *Réveil*, le *Rappel* saisi cinq fois en dix jours, le *Siècle*, l'*Opinion*, l'*Électeur libre*, la *Correspondance de Paris* également saisis, ainsi qu'un nombre considérable de journaux des départements, une infinité de familles réduites à la misère, par la prison préventive de leurs chefs, tel fut le résultat de ces journées. Vainement les journaux demandèrent-ils une enquête sur les troubles. L'opinion publique n'obtint pas même la satisfaction de voir comparaître sur les bancs de la police correctionnelle, ces fameuses blouses qui, au dire des journaux officieux, menaçaient le gouvernement et qui, au lieu de marcher sur l'hôtel de ville et sur les Tuileries, avaient attaqué une maison de tolérance et fait un drapeau rouge d'une crinoline de prostituée.

Le *Constitutionnel* publia, le 13 juin, au lendemain même de ces troubles, une lettre de M. de Persigny à M. Émile Ollivier; l'ancien conspirateur de Strasbourg et de Boulogne se montrait d'autant plus inquiet, disait-il, du désordre moral qui s'étendait dans le pays, qu'il ne pouvait en trouver l'explication ni dans les lois sur la presse et sur les réunions, ni dans les autres concessions libérales de l'Empereur. « Le mal est profond, il vient des hommes et non des choses. » M. de Persigny se trompait en un sens, car si, comme il ne craignait pas de l'affirmer, l'incapacité et le scepticisme des ministres antérieurs au 19 janvier, livraient le pays à la licence sans lui donner la liberté, et l'Empereur à tous les périls de la responsabilité, sans lui en laisser les avantages, il n'en était pas moins vrai que le mal venait de plus loin : le milieu politique de l'Empire ne permettait pas à des hommes d'État véritables de s'y former; hommes et choses exerçaient les uns sur les autres une influence fâcheuse, qui s'étendait au gouvernement lui-même et qui lui donnait un déplorable caractère d'incertitude et d'hésitation.

Le langage de M. de Persigny, rapproché de celui de divers sénateurs, semblait l'indice d'une entente, entre quelques-uns des fondateurs de l'Empire, pour le transformer en une sorte de monarchie semi-parlementaire, dont on ne voyait pas très bien la forme, à travers le vague de leurs lettres et de leurs discours, mais dont la création leur semblait urgente, si l'on en juge par l'appel pressant, qui termine une autre lettre de M. de Persigny adressée à l'Empereur à la même époque, et dans laquelle il l'adjure de « persévérer dans les voies libérales qu'il a ouvertes en appelant à lui toute une génération jeune, forte, intelligente, et surtout courageuse et convaincue. »

Cette jeune génération était-elle disposée à se grouper autour des vieux instruments du coup d'État? Voilà ce que M. de Persigny aurait dû d'abord se demander; mais il ne songeait guère à aller au fond des choses, et ses lettres n'étaient que le témoignage de la lutte ardente, engagée entre les hommes de l'Empire; cette lutte donnait lieu à des bruits de prochains changements politiques. Le *Public*, qui passait pour l'organe de M. Rouher, les démentit; la *Presse*, dont les relations avec M. Émile Ollivier étaient fort intimes, annonça que, à la suite d'un rapport du ministre de l'intérieur sur les élections, l'Empereur avait pris la résolution de donner une impulsion plus libérale à son gouvernement, en accordant à la Chambre, le droit de choisir son président, en acceptant la démission de M. Haussmann, et en étendant les prérogatives parlementaires ainsi que les libertés municipales. La réduction de certains impôts et des droits d'entrée frappant les vins, les charbons et autres objets de consommation et enfin de notables encouragements aux sociétés coopératives, devaient servir de corollaires dans l'ordre économique aux mesures libérales de l'ordre politique.

Ces promesses de transformation du régime impérial, ne pouvaient prendre quelque importance aux yeux du pays, qu'à la condition d'être corroborées par un changement de ministère; aussi la *Presse* ajoutait-elle que MM. Rouher, Baroche, de La Valette et M. Gressier lui-même allaient se retirer; le maréchal Niel, l'amiral Rigault de Genouilly, M. Magne et M. Forcade de La Roquette, innocenté du résultat des élections, dont M. de Saint-Paul, directeur du personnel au ministère de l'intérieur, devenait le bouc émissaire, resteraient seuls membres du cabinet.

Le changement ne devait pas se borner là, s'il fallait en croire un article publié quelques jours plus tard par le même journal. M. de Persigny allait rentrer au pouvoir pour y introduire d'une main M. Buffet, de l'autre M. Émile Ollivier : responsabilité ministérielle, rétablissement du conseil municipal de Paris, élection des maires par les conseils municipaux, abaissement du timbre des journaux à un centime, jugement des délits de presse par le jury, suppression du ministère d'État et du ministère de la maison de l'Empereur, dédoublement du ministère du commerce et des travaux publics, et du ministère de l'agriculture pour faire une place de plus aux représentants de l'Empire transformé, élection du Sénat par le suffrage universel à deux degrés, tel était le programme féerique rêvé par la *Presse*. Le prince Napoléon s'était chargé de le présenter à l'Empereur et de le faire accepter par lui.

L'Empereur souffla sur tous ces rêves par la lettre suivante, adressée à M. de Mackau, l'un des députés les plus jeunes et les plus inconnus de la majorité :

« Vous exprimez le vœu que mon gouvernement soit assez fort pour repousser les attaques des partis et pour donner à la liberté des garanties en l'appuyant sur un pouvoir vigilant et résolu.

« Vous ajoutez, avec raison, que des concessions de principes ou des sacrifices de personnes sont toujours inefficaces en présence des mouvements populaires, et qu'un gouvernement qui se respecte ne doit céder ni à la passion, ni à l'entraînement, ni à l'émeute. Cette manière de voir est la mienne. Je suis bien aise qu'elle soit partagée par vos commettants, comme elle l'est aussi, j'en suis convaincu, par la grande majorité du pays. »

Cette lettre coupa court à toutes les illusions. « Il sera fait quelque chose, » avait pourtant dit un journal officieux, qui ordinairement ne parlait pas à la légère. Pourquoi ne faisait-on rien? On donna à entendre que les émeutes et les mouvements populaires des premiers jours du mois de juin, en étaient cause. Les excès commis par certaines bandes sur les boulevards avaient donc pour effet de consolider M. Rouher, ébranlé par les dernières élections, résultat qui n'était pas sans confirmer les soupçons du public, sur la mission remplie par ces audacieux et mystérieux perturbateurs du repos public, connus sous le nom de *blouses blanches*.

Le gouvernement, depuis la lettre de l'Empereur à M. de Mackau, redoublait de sévérité contre la presse. Le *Réveil* et le *Rappel* avaient dû cesser de paraître, faute de trouver un imprimeur. Le maintien du privilège des imprimeurs avait été présenté comme une mesure provisoire, dans la discussion de la loi sur la presse. Les journaux placés, comme le *Réveil* et le *Rappel*, dans la nécessité d'établir une imprimerie eux-mêmes, se trouvaient en attendant dans la situation d'un théâtre, réduit par l'incendie, à l'obligation d'improviser la reconstruction de la salle au prix des plus grands sacrifices d'argent.

Les plaintes légitimes des journaux lésés, furent bientôt étouffées sous les cris d'indignation qui s'élevèrent à la suite du conflit sanglant qui venait d'éclater entre la troupe de ligne et les mineurs de la Loire à la Ricamarie. Onze cadavres, parmi lesquels ceux de deux femmes, avaient été relevés sur le théâtre de la lutte. Une feuille dévouée au ministre d'État essaya de faire retomber la responsabilité de ce malheur à la fois sur un journal de Saint-Étienne, l'*Éclaireur*, récemment condamné pour délit de presse, sur le plaidoyer de ses avocats dans ce procès et sur le parti des irréconciliables, dont l'*Éclaireur* était, disait-on, l'organe. Le gouvernement, pour propager et pour corroborer cette accusation, fit saisir le numéro de l'*Éclaireur* contenant le récit de la fatale journée du 17 juin ; cette saisie était aussi maladroite qu'injuste. La grève des mineurs du bassin de Saint-Étienne n'avait pas de caractère politique. La pression exercée sur les ouvriers désireux de continuer leur travail par une bande parcourant les mines, avait été hautement blâmée par tous les journaux démocratiques, y compris l'*Éclaireur*, mais tout le blâme et toutes les exhortations du monde étaient-ils capables d'empêcher une loi aussi incomplète que la loi sur les coalitions de porter ses fruits ? Les ouvriers, empêchés de se réunir, de délibérer, de s'associer, de s'éclairer sur leurs droits, et libres en revanche de se mettre en grève, pouvaient-ils recourir à ce moyen, autrement qu'en aveugles ou en hommes qui se livrent à un acte de colère ?

Les événements de la Ricamarie ne parvinrent pas eux-mêmes à distraire les journaux impérialistes de leur éternelle polémique sur le plus ou moins de chances, qu'avait le parti libéral d'arriver au pouvoir. Quoique le prince Napoléon eût dit à ses amis : « Je suis battu, » la *Presse*, revenant sur la lettre à M. de Mackau, la présenta comme une lettre de politesse pleine de formules banales, à laquelle M. Rouher était parvenu à donner quelque importance, en la livrant avec fracas à une publicité pour laquelle elle n'était point faite. M. Jérôme David, malheureusement pour la *Presse*, venait d'être nommé à la fois vice-président du Corps législatif et grand officier de la Légion d'honneur ; il était bien difficile de ne pas considérer cette double faveur, accordée au fondateur du cercle de la rue de l'Arcade, comme une corroboration à la lettre de M. de Mackau.

Fig. 55. — On fait afficher partout la loi sur les rassemblements.

On n'a pas oublié le conflit engagé entre la France et la Belgique à propos des chemins de fer. La création d'une commission franco-belge, chargée d'étudier les rapports entre les chemins de fer des deux pays, avait été l'expédient choisi, pour mettre fin à une discussion soulevée par les journaux officieux français, et qui, d'abord inaperçue, prit ensuite des proportions assez grandes pour arrêter le mouvement des affaires et pour faire appréhender une guerre générale. Les membres de cette commission, n'ayant pu s'entendre, avaient déclaré leur mission terminée. L'opinion publique, qui s'était depuis lors rassurée, se montra fort peu émue de ce dénouement. Ce ne fut pas sans une surprise mêlée de quelque inquiétude, qu'on apprit que la commission allait se réunir de nouveau, ce qui faisait supposer que le gouvernement attachait plus d'importance qu'on ne croyait, à une négociation dans laquelle on n'avait vu jusqu'alors qu'un moyen pour lui de masquer sa retraite. L'Empereur, heureusement, devait prendre la parole le dimanche 27 juin au comice agricole de Beauvais et donner des explications sur la situation générale de l'Europe. C'est dire avec quelle impatience cette date était attendue. L'Empereur adressa dans l'intervalle aux troupes du camp de Châlons, le jour anniversaire de la bataille de Solferino, une allocution dans laquelle, après avoir témoigné sa satisfaction aux soldats de ce qu'ils n'avaient point oublié « la grande cause pour laquelle nous avons combattu il y a dix ans », il ajoutait : « Conservez le souvenir des combats de vos pères, et de ceux auxquels vous avez assisté, car l'histoire de nos guerres, c'est l'histoire de la civilisation. » L'Empereur, après cette assertion plus que téméraire, terminait par ces paroles : « Vous main-« tiendrez aussi l'esprit militaire, si nécessaire à un grand peuple. L'es-« prit militaire, c'est le triomphe des nobles passions sur les passions vul-« gaires ; c'est la fidélité au drapeau, le dévouement à la patrie. Conti-« nuez comme par le passé, et vous serez toujours les dignes fils de la « grande nation. »

Le discours si impatiemment attendu de l'Empereur en réponse à celui du maire de Beauvais fut aussi vide que la pompeuse harangue de Châlons ; mais la démission de M. Schneider, président du Corps législatif, sembla sonner le glas des réformes libérales. La nomination de M. Jérôme David au grade de grand officier de la Légion d'honneur affaiblissait, selon M. Schneider, l'autorité morale qui lui était nécessaire pour exercer ses fonctions de président du Corps législatif, et elle avait une signification politique qui l'obligeait à se retirer. La lettre dans laquelle M. Schneider expliqua sa démission produisit une très vive sensation. L'Empereur semblait obligé d'y répondre, et cette fois on pensait qu'il laisserait sans doute percer quelque chose de ses véritables intentions. L'attente du public fut encore une fois trompée : « La politique « de mon gouvernement se manifeste assez clairement pour défier toute « équivoque. Après comme avant les élections, il continuera son œuvre : « la conciliation d'un pouvoir fort avec des institutions sincèrement libé- « rales. Je compte sur votre dévouement pour m'aider dans l'accomplis- « sement de cette tâche. » Tel est le résumé de la réponse de Napoléon III. M. Schneider s'en montra satisfait, et il eut raison, car, au point de vue du régime impérial, on ne lui en devait aucune.

CHAPITRE XI

LES ÉLECTIONS COMPLÉMENTAIRES

Inquiétude générale. — Le congrès de Bâle. — Question de la propriété. — Exploitation du sol. — Les Français combattent le communisme. — Le congrès se prononce contre la propriété individuelle. — Clôture du congrès. — L'Empereur malade. — Appel de M. de Keratry à ses collègues. — La gauche ouverte et la gauche fermée. — Manifestation de la gauche — Les députés de Paris à la réunion de Clichy. — Les élections complémentaires. L'insermentation. — Elle est soutenue par le *Réveil* et par le *Rappel*. — Difficultés pratiques des candidatures insermentées. — Hésitation de quelques journaux radicaux. — Persistance du *Réveil*. — Arrivée de M. de Rochefor à Paris. — Réunion à la salle Clichy. — MM. Gambetta et Clément Laurier aux Folies-Belleville. — M. Crémieux et M. Pouyer-Quertier dans la 3e circonscription. — Théorie de l'insermentation exposée à Belleville. — Candidats de la huitième circonscription : MM. Em. Arago et Gent. — MM. Herold et André Lavertujon. — Formation du Comité central des candidatures inassermentées. — Ledru-Rollin consent à s'associer aux inassermentés. — Il refuse de se rendre à Paris. — M. Louis Blanc refuse d'accepter la candidature qui lui est offerte. — Situation de M. de Rochefort peu flatteuse pour son amour-propre. — M. Delescluze essaye d'y mettre un terme. — Désistement de Ledru-Rollin. — Election de M. de Rochefort. — Manifeste des députés de la gauche.

« On peut tout faire avec des baïonnettes, excepté s'asseoir dessus, » avait répondu le prince Napoléon au ministre de l'intérieur, qui se vantait qu'il restait à l'Empire des forces suffisantes pour braver toutes les attaques et pour écraser ses ennemis. Cela n'était pas douteux pour le moment, et cependant personne n'était rassuré. L'Empereur, retenu à Saint-Cloud par des douleurs qu'on qualifiait de rhumatismales, avait été obligé d'envoyer son fils présider à sa place aux revues du camp de Châlons; les bruits alarmants, répandus sur la santé du chef de l'État, forcèrent le gouvernement à les démentir officiellement et à annoncer l'ouverture d'une enquête sévère pour amener la découverte des auteurs de ces faux bruits. L'émotion publique, loin de se calmer, ne fit que s'accroître; une véritable panique se déclara le 7 septembre à la Bourse.

Pendant que l'Empire s'affaiblissait et s'usait au milieu du trouble des esprits et des incertitudes de la situation, le socialisme militant ouvrait, le 7 septembre, à Bale, le quatrième congrès de l'Association internationale. Il comptait 61 membres. Propriété du sol, droit de succession, crédit, instruction publique, *Trade's Unions*, à ces questions inscrites sur le programme, M. Goegg fit joindre la question de la législation directe par le peuple.

La discussion des questions du principe commença le 9, par l'étude de la propriété foncière; on proposa de l'abolir purement et simplement et de déclarer que le sol appartenant à la collectivité est inaliénable. L'administration des terres, confiée au conseil communal composé de tous les habitants majeurs de la commune, simplifiait la question du domaine foncier. La commission s'était divisée relativement à la manière d'exploiter le sol : la majorité voulait qu'il fût exploité par des communes solidaires; la minorité accordait la jouissance du sol en échange d'une rente payée à des individus ou à des associations agricoles. M. Eccarius, au nom des Anglais, demanda que l'appropriation sociale s'étendît à tout le sol cultivable, y compris les mines, les forêts, les houillères. M. de Paepe communiqua une délibération motivée du conseil général belge en faveur du collectivisme. Quelques membres du congrès auraient souhaité que la propriété foncière appartînt à la commune, mais qu'elle fût exercée individuellement. La section de Lyon et la section de Rouen tentèrent une fusion du proudhonisme et du communisme.

M. Chemalé combattit la collectivité du sol et soutint que ce qu'il faut procurer à l'ouvrier, c'est la possession des instruments de travail. M. Goegg pensait que l'abolition du salariat amènerait forcément la collectivité; mais M. Langlois et ses amis les individualistes connaissaient trop bien Proudhon pour le transformer en communiste, aussi s'empressèrent-ils d'intervenir dans le débat. M. Tolain parla le premier;

une longue lutte, qui menaçait de s'éterniser, s'établit entre le collectivisme et le communisme. Les auditeurs se virent dans la nécessité de demander la clôture, attendu que, les arguments étant connus par tous ceux qui depuis vingt ans s'occupent de la question, les membres du congrès discuteraient pendant vingt ans sans se convaincre. « Un penny de pratique vaut mieux que 100 livres sterling de théorie, » dit un ouvrier anglais. La clôture fut prononcée sur cette observation, et l'on procéda immédiatement au vote. « Le congrès décide que la société a le droit d'abolir la propriété individuelle du sol et de la transformer en propriété collective. Il déclare de plus que cette transformation est une nécessité. » Soixante-quinze membres furent d'avis de l'adopter; sur les douze membres français, quatre se prononcèrent pour l'adoption, huit s'abstinrent. On compta, sur la deuxième partie, 53 oui, 10 non, 10 abstentions.

Vint ensuite la question de l'héritage. A quoi bon, dit avec raison M. Eccarius, parler d'abolir l'héritage, quand on cherche à créer un ordre social où l'acquisition de la propriété sera impossible? M. Bakounine répondit à M. Eccarius que, si l'on n'abolissait pas d'abord l'héritage, on n'abolirait jamais la propriété. M. Liebknecht fit prononcer la clôture après un premier vote nul. Le congrès, pressé par le temps, raya de son ordre du jour l'instruction publique et le crédit. La discussion vraiment pratique du congrès roula sur les *Trade's Unions*. M. Pindy exposa le mouvement gréviste, et le congrès émit l'avis que tous les travailleurs devaient créer des sociétés de résistance dans les différents corps de métiers, et des associations nationales. M. Chemalé combattit ces sociétés de résistance, inutiles, dit-il, dans un Etat socialiste. — Oui, lui répondit-on; mais en attendant?

Les deux préoccupations principales du congrès furent de fortifier le pouvoir central de la Société internationale à Londres et de faciliter l'affiliation aux ouvriers dans les pays où la loi interdisait l'organisation par sections. Il fut décidé que tout nouveau groupe ou nouvelle section notifierait son existence au conseil central de Londres, et que ses membres pourraient assister aux séances politiques, mais non administratives du congrès. Ces mesures faisaient disparaître presque toutes les difficultés législatives imaginées pour empêcher les progrès de l'Association.

Le congrès finit le 12 septembre [1].

---

1. Les ouvriers français, craignant qu'on ne les accusât de manquer d'ardeur au profit de l'Association, tinrent à expliquer que la prudence leur était imposée par la surveillance

La santé de l'Empereur continuait pendant ce temps-là à être l'objet d'appréhensions de plus en plus vives de la part du public. Tous les jours on annonçait qu'il allait se montrer sur les boulevards, les badauds s'y rendaient en foule ; mais l'Empereur ne venait pas. Les préparatifs faits et défaits du voyage de l'Impératrice en Orient, l'armement et le désarmement du yacht impérial, l'air plus ou moins soucieux du docteur Nélaton, chirurgien de l'Empereur, tout devenait matière à suppositions alarmantes. On en vint jusqu'à dire que la foire de Saint-Cloud n'aurait pas lieu, ou tout au moins que les saltimbanques seraient invités à mettre des sourdines à leurs grosses caisses. L'Empereur se sentit enfin assez vigoureux le 10 septembre pour venir de Saint-Cloud aux Tuileries en voiture. Une dépêche officielle annonça ce grand événement à tous les préfets.

Le prince Gortschakoff était à Paris. Les bonapartistes auraient bien voulu faire croire que sa présence avait des causes politiques et qu'il s'agissait d'un nouveau Plombières ; mais le public ne croyait plus l'Empereur capable de grands desseins, et la presse, chaque jour plus hardie, se permettait non seulement de critiquer sa politique, mais encore de mettre en jeu sa personne, et de la montrer dans un état d'affaiblissement moral et physique qu'on ne craignait pas d'attribuer ouvertement à ses excès.

De fréquents conseils se tenaient à Saint-Cloud et donnaient lieu à d'amères récriminations de la part des journaux de l'Empire libéral ; ils se plaignaient surtout que le président du Corps législatif ne fût jamais convoqué à ces conseils, tandis que M. Rouher avait des entretiens quotidiens avec l'Empereur. La convocation des Chambres était demandée par tout le monde. Cette convocation, d'après les feuilles officieuses, pouvait, aux termes de la Constitution, être fixée au mois de janvier suivant, c'est-à-dire six mois après la session du mois de juillet. Le gouvernement prétendait donc être dans la légalité en fixant par un décret en date du 3 octobre cette convocation au 26 novembre.

M. de Kératry déclara nettement dans une lettre publique que, le délai fixé par la Constitution pour la session étant de six mois, ce délai serait écoulé le 25 octobre, et que par conséquent la Constitution, à

---

de la police. « Nous le savons bien, répondit M. Liebknecht. Les ouvriers de Paris ont été, sont et resteront l'avant-garde de l'armée révolutionnaire, et l'Europe sait qu'ils se montreront dignes de ce poste d'honneur. » (*Applaudissements enthousiastes.*)

Dans quelle ville se tiendrait le congrès l'année suivante? On proposa Barcelone et Verviers. Un membre s'écria : *Paris libre!* Paris fut accepté.

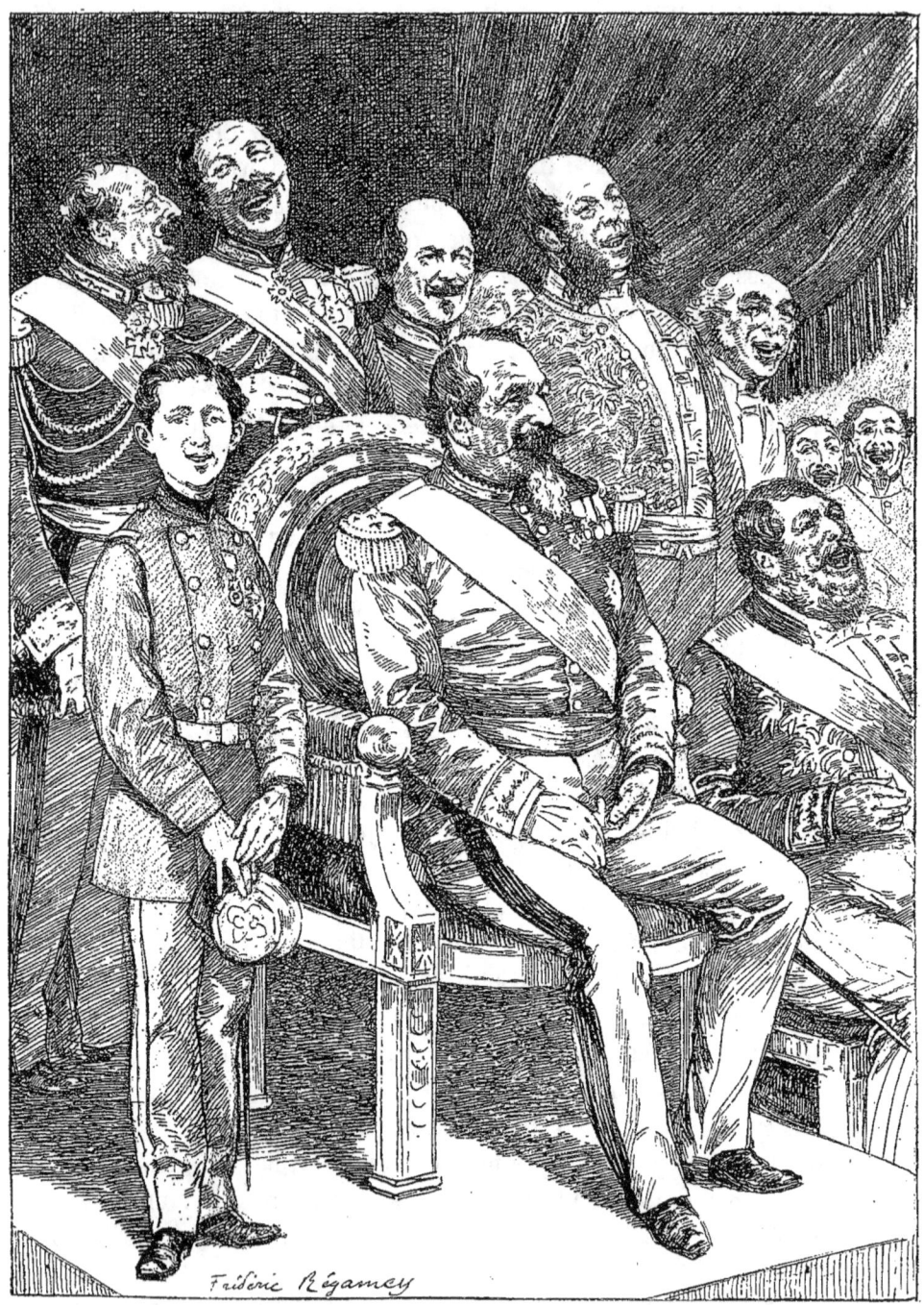

Fig. 56. — L'empereur se mit à rire au nom de Rochefort, appelé par le garde des sceaux pour prêter serment, le prince impérial rit à l'exemple de son père, les sénateurs et les députés crurent devoir en faire autant ; la cour entière se mit à rire.

laquelle « les grands et les petits doivent respect », serait violée si la Chambre n'était pas convoquée avant cette date. « A un ministère de « mauvaise foi ou incapable d'affronter les débats publics, à un sénatus- « consulte accepté avec confiance et qui ne serait plus qu'un leurre si « l'action parlementaire, qui seule peut le vivifier, est étouffée, à un « gouvernement épuisé par lui-même, incapable d'une ferme résolution, « on devra répondre, le 26 au matin, par une mise en demeure au « pouvoir exécutif méconnaissant sa constitution, et faire appel à une « nouvelle Constituante; car tous les intérêts souffrent, ils comptent sur « nous : il n'y a pas d'autre moyen de les sauver. Donc au 26 ! »

M. de Kératry donnait ce jour-là rendez-vous à ses collègues sur la place de la Concorde, pour de là se rendre au Palais-Bourbon, où ils reprendraient leurs sièges et continueraient la session. « J'y serai, ré- « pondit M. Gambetta alors en Suisse. Le suffrage universel, ce maître « des maîtres, est déjà depuis trop longtemps tenu en échec par le pou- « voir exécutif, qui n'est après tout que sa périssable créature. Il faut en « finir. Il faut que l'ordre véritable, issu de la souveraineté, s'impose à « tous; il faut que les députés du peuple mettent eux-mêmes un terme à « une scandaleuse prorogation. Empereur, ministres, sénateurs n'ont ni « le droit ni la faculté de jouer indéfiniment le suffrage universel. « Nous avons dans tous les cas mission de déjouer toutes ces misérables « temporisations d'une dictature qui se meurt d'impuissance. »

M. J.-V. Raspail annonce qu'il sera à son poste le 26 octobre, et qu'il demandera la mise en accusation du ministère; il engage en même temps « la partie saine de la population à rester calme dans ses foyers ». M. Bancel mande au *Progrès de Lyon* que, après avoir conféré avec les électeurs de la 2e circonscription du Rhône, « il se rendra à Paris, où il accomplira dans toute leur sévère rigueur ses devoirs de représentant du peuple. » M. Jules Ferry constate que l'opinion est soulevée contre « l'insolent décret du 3 octobre » et qu' « une entente entre les membres de la gauche est urgente ». Il termine en adjurant ses collègues absents de revenir à Paris.

On pousse évidemment à un mouvement pour le 26. « Le mouvement d'opinion, dit le *Réveil*, dépasse de beaucoup en intensité ceux de 1829 et de 1847. Qu'en sortira-t-il? La liberté ou le retour à la dictature? La question ainsi posée est résolue : la France veut être libre, elle le sera. » Il s'empresse d'ajouter qu'il faut se défendre des imprudences et des impatiences. L'*Avenir national* et le *Siècle* déconseillent toute manifestation populaire : « Inutile, inopportune, elle pourrait être fatale. » Le *Siècle* recommande au peuple de ne pas se mêler à la manifestation pacifique des députés, « si d'ici là rien ne vient en diminuer l'importance à leurs yeux ». C'était dissuader directement de toute manifestation les membres de la gauche. Comment ne se seraient-ils pas rendus aux conseils des journaux amis ? M. de Kératry, le promoteur de la manifestation, donne le premier l'exemple : il s'empresse de répondre à M. Jules Ferry que, en présence de sa proposition de remettre la décision de la mesure à prendre à la gauche tout entière, « il ne craint pas de déclarer qu'il ne se rendra pas le 26 octobre au Palais-Bourbon. »

M. Victor Hugo, consulté sur l'opportunité de la manifestation, répondit par une lettre datée de Bruxelles le 12, dont voici la partie importante :

« J'ai pleinement approuvé le *Rappel* demandant aux représentants de la gauche un acte auquel Paris pût s'associer, une démonstration expressément pacifique et sans armes, comme les démonstrations du peuple de Londres en pareil cas ; mais, la gauche s'abstenant, le peuple doit s'abstenir.

« Le point d'appui manque au peuple, donc point de manifestation. Le droit est du côté du peuple, la violence est du côté du pouvoir. Ne donnons au pouvoir aucun prétexte d'employer la violence contre le droit.

« Ce qui sort virtuellement de la situation, c'est l'abolition du serment.

« Une déclaration solennelle des représentants de la gauche se déliant du serment en face de la nation, voilà la vraie issue de la crise. Issue morale et révolutionnaire. J'associe à dessein ces deux mots.

« Que le peuple s'abstienne, le chassepot est paralysé ; que les représentants parlent, et le serment est aboli.

« Tels sont mes deux conseils, et, puisque vous voulez bien me demander ma pensée, la voilà tout entière. »

La pensée de l'abolition du serment politique n'était point nouvelle. M. Félix Pyat, quelques jours auparavant, écrivait à un journal : « La conscience est une victime de décembre. Il faut la réintégrer, il faut abolir le serment ! Il faut *rapatrier* la conscience. » Comment abolir le serment ? M. Félix Pyat ne l'avait pas dit. M. Victor Hugo suppléait à son silence. Le moyen de rapatrier la conscience consistait tout simplement en une déclaration des députés se déliant en face de la nation, du serment prêté par eux à l'Empereur et à l'Empire. Prêter un serment et déclarer ensuite qu'on ne veut plus le tenir, c'est une singulière façon de rendre ses droits à la morale. On conçoit que les personnes qui soumettent les actes de leur vie privée à la discipline et à la loi religieuses puissent se considérer comme affranchies par l'autorité du prêtre de l'obligation de tenir un serment ; mais l'homme qui suit uniquement les préceptes de la morale naturelle, où puisera-t-il la raison de s'en dispenser? La déclaration conseillée par M. Victor Hugo pouvait-elle avoir un résultat quelconque au point de vue politique? Non. Elle aurait tout simplement placé les députés de la gauche entre leur retraite de la Chambre et une révolution. Les phrases retentissantes de M. Félix Pyat et de M. Victor Hugo ne laissèrent pas de produire un grand effet sur les masses et de devenir un mot d'ordre aux élections complémentaires qui allaient avoir lieu.

L'abandon de la manifestation ne dispensait pas la gauche de faire quelque chose, mais quoi? Là était la difficulté. La gauche, depuis la session dernière, avait subi certaines modifications; certaines dissidences se manifestaient parmi ses membres; si des divergences d'opinion sur la conduite à tenir plutôt que sur les principes la divisaient, il n'en existait pas moins deux gauches, la *gauche ouverte* et la *gauche fermée*, représentées l'une par M. Ernest Picard, l'autre par M. Jules Simon, et dans la presse par l'*Electeur libre* et par la *Tribune*.

Les classifications en politique sont aussi nécessaires que dans les sciences, et les partis, pour exercer leur action, ont besoin de former entre eux des groupes correspondant au caractère et au tempérament de ceux qui les composent. L'opposition, dès le début de l'existence des assemblées parlementaires en France, s'était constamment partagée en trois groupes : extrême gauche, gauche, centre gauche, et la majorité en droite extrême droite et centre droit. Supprimer, comme le proposait M. E. Picard, ces diversités de groupes qui reposent sur des diversités d'esprit, c'était porter la confusion dans l'opposition et la rendre tout à fait impropre à l'action politique. Les éléments d'une extrême gauche, d'une gauche et d'un centre gauche, depuis longtemps en germe dans l'opposition, avaient pris plus de développement depuis la nouvelle loi sur la presse, la création des journaux qui en avait été la suite, et surtout depuis l'augmentation du nombre des députés de l'opposition après les dernières élections. La difficulté de maintenir ces trois factions en un groupe unique s'était déjà fait sentir et avait produit des tiraillements sensibles. A gauche, M. Thiers et quelques-uns de ses amis, fidèles jusqu'alors aux réunions de l'opposition, s'en étaient retirés; rien de mieux sans dou que d'ouvrir les rangs de la gauche à tous ceux qui voudraient y entrer, mais encore fallait-il que chacun fût certain d'y trouver une place conforme à son goût et à son tempérament; plus la gauche devenait nombreuse, plus la nécessité d'un classement parmi ses membres s'imposait. La *gauche ouverte*, comme l'entendait M. E. Picard, était un bon sentiment plutôt qu'une idée juste ; quant à la *gauche fermée*, elle représentait ce besoin qu'éprouvent les partis de se classer et de s'organiser pour la lutte, plutôt que des idées d'exclusion étroite et personnelle.

Les deux gauches s'unirent cependant encore une fois pour rédiger [1], grâce à l'ascendant de M. Jules Favre, un manifeste dans lequel la gauche déclarait que, n'ayant pas le droit de livrer au hasard, le sort de la liberté renaissante et de fournir au gouvernement « le prétexte de se retremper dans une émeute, quand on aperçoit plus clairement de jour en jour le résultat inévitable de la révolution pacifique commencée », elle ne se rendrait pas le 26 au Palais-Bourbon, et qu'elle prenait acte de la violation par le gouvernement de la Constitution qu'elle subissait et qu'elle n'avait pas à restaurer en la défendant. C'est devant l'Assemblée qu'elle demandera compte au pouvoir « de la nouvelle injure faite à la nation » ; elle montrera que « le pouvoir personnel, en feignant de s'effacer, parle toujours en maître ; elle poursuivra sur le terrain du suffrage universel et de la souveraineté nationale, le seul qui subsiste désormais, l'œuvre de revendication démocratique et radicale dont le peuple a remis le drapeau en ses mains. »

Cette déclaration, loin de calmer l'exaltation de certains groupes du parti démocratique, ne fit que l'accroître. On soumit à la signature des électeurs de la Seine une sommation aux députés « d'avoir à donner leurs démissions, afin qu'il pût être procédé à de nouvelles élections, leur déclarant que, s'ils persistaient à siéger au Corps législatif, ce ne pourrait être que par une véritable usurpation, analogue à celle qu'a commise le pouvoir impérial qui, au mépris de leur inaliénable souveraineté, a dépouillé les citoyens du droit de modifier par le vote la forme du gouvernement. »

L'analogie était passablement forcée ; mais les meneurs de réunions publiques, fauteurs de toute cette agitation, n'y regardaient pas de si près. Tous les moyens leur étaient bons pour s'entretenir. M. Jules Vallès, ancien rédacteur du *Figaro*, fort mêlé à tous les mouvements populaires, se présenta chez M. Jules Simon, dont il avait été le compétiteur malheureux aux dernières élections, pour le sommer en quelque sorte de

---

1. MM. Bancel, Bethmont, Desseaux, Dorian, Esquiros, Jules Favre, Jules Ferry, Léon Gambetta, Garnier-Pagès, Guyot-Montpayroux, Grévy, de Jouvencel, Larrieu, Lecesne, Magnin, Ordinaire, Eugène Pelletan, Ernest Picard, Jules Simon, Tachard.

se rendre à Clichy dans une réunion publique où il expliquerait pourquoi il s'était opposé à la manifestation du 26. Pareille invitation fut faite à MM. Jules Ferry, Bancel et Eugène Pelletan. Le reproche de ne pas se mettre assez souvent en contact avec le peuple avait été adressé plus d'une fois aux députés de Paris, qui ne crurent pas devoir décliner l'invitation des membres de la réunion de Clichy, bien que certains d'avance qu'ils allaient se trouver en présence d'un auditoire d'ennemis. Le président Vallès, à leur arrivée, lut une espèce de procès-verbal, constatant que la réunion était une réunion de délégués et non de citoyens, et après avoir donné connaissance de deux lettres de convocation inconvenantes adressées à MM. Jules Favre et Garnier-Pagès, qui s'étaient dispensés d'y répondre, il voulut procéder à une espèce d'interrogatoire des députés présents. M. Eugène Pelletan protesta; il n'avait pas plus que ses collègues à rendre compte de sa conduite, à des adversaires réunis pour se donner la joie puérile d'une revanche à huis clos. MM. Jules Simon et Bancel profitèrent de l'occasion pour dire nettement pourquoi ils se sont opposés à la manifestation; mais, interrompus à chaque instant, voyant leurs efforts pour se faire entendre inutiles, ils se retirent non sans peine, au milieu des injures et des vociférations, grâce à l'appui de quelques citoyens qui leur ouvrent un passage [1].

Le 26 novembre approchait, et, quoiqu'on fût désormais sans crainte sur cette journée, le préfet de police, non content d'avertir, le 25, la population que des mesures étaient prises pour assurer le respect des lois et pour maintenir efficacement l'ordre et la tranquillité, fit afficher partout la loi sur les attroupements. Ces précautions restèrent inutiles. L'Empereur put se promener, à partir de midi, sur la terrasse des Tuileries, sans apercevoir autre chose que les piétons et les voitures qui la traversent tous les jours [2].

---

1. Les journaux officieux racontèrent cette scène en la grossissant; l'agence Havas en envoya le récit exagéré dans les départements. Une partie de la presse démocratique s'éleva contre la conduite des membres de la réunion de Clichy. « Ce qui s'y est passé est déplorable, dit l'*Avenir national*, et donne bien la mesure du triste temps où nous vivons : un temps où les huées, les outrages, la calomnie sont, pour des hommes tels que MM. Jules Favre et Eugène Pelletan, la récompense de trente années de sacrifice, d'abnégation et de dévouement. » Le *Siècle* blâma les députés de s'être rendus dans une réunion où des avanies les attendaient. « J'ai cru devoir faire tout au monde pour obtenir qu'il n'y ait le 26 ni mouvement ni apparence de mouvement, écrivit M. Jules Simon au *Gaulois*; si ma popularité en souffre, tant pis pour moi, tant pis peut-être pour la cause que je sers. »

2. Le crime de Troppmann vint tout à coup faire diversion aux émotions politiques. S'il est difficile d'empêcher les grands forfaits de s'emparer de l'imagination des masses, le devoir d'un gouvernement est de s'opposer autant que possible à tout ce qui peut contri-

La grève d'Aubin se déclara sur ces entrefaites et donna lieu, comme celle de la Ricamarie, à une répression sanglante, dont le récit, dramatisé par les journaux, ne contribua pas peu à enflammer les esprits au moment de l'ouverture du scrutin, pour les élections rendues nécessaires dans les 1re, 3e, 4e et 8e circonscriptions de la Seine, dans la 2e circonscription de la Vendée et dans la 1re de la Vienne, à l'effet délire des députés en remplacement de MM. Bancel, Léon Gambetta, Ernest Picard et Jules Simon, deux fois nommés et qui avaient opté pour les départements du Rhône, des Bouches-du-Rhône, de l'Hérault, de la Gironde [1].

Le 15 novembre, la *Réforme* et la *Démocratie*, feuilles radicales, mais peu répandues, avaient seules publié des listes de candidats. Celle de la *Réforme* portait : Henri Rochefort dans la 1re circonscription, Ledru-Rollin dans la 3e, Henri Brisson dans la 4e, Emmanuel Arago et Alphonse Gent dans la 8e.

La liste de la *Démocratie* se composait des noms suivants : Henri Rochefort, 1re circonscription; Ledru-Rollin, 3e; Armand Barbès, 4e; Félix Pyat, 8e. Ces noms étaient précédés de la désignation suivante : *Candidats de la Révolution.*

L'insermentation était fortement appuyée par le *Réveil* et par le *Rappel*. M. Delescluze voulait tenter de nouveau la manœuvre, qu'il n'avait pu réaliser avec M. Baudin, c'est-à-dire porter M. Ledru-Rollin dans les quatre circonscriptions de Paris. Le *Rappel* paraissait tenir avant tout à l'élection de « l'irréconciliable masqué », de « l'homme inattendu », c'est-à-dire de M. Henri de Rochefort, devenu, par un dogme politique inventé par les théologiens du *Rappel*, « insermenté, quoique ayant prêté serment ».

L'irréconciliable masqué, l'homme inattendu, trouva cependant des concurrents dans la première circonscription, au début de la période électorale : MM. Cantagrel et Clément Laurier, appuyés par divers comités démocratiques, assermentés. La liquidation sociale était l'unique programme de M. Cantagrel. Voici comment il proposait de l'opérer : « Le

---

buer à propager cette excitation; jamais au contraire les complaisances de la police et même de la justice, pour une presse avide de détails, capables de servir aux distractions d'un public désœuvré et blasé, ne furent plus grandes que dans cette circonstance. On eût dit que le gouvernement, voyant dans le crime de Troppmann un dérivatif excellent à la politique, craignait de n'en pas tirer tout le parti possible.

1. MM. Bourbeau et Alfred Le Roux avaient été nommés ministres. Les électeurs étaient convoqués pour le dimanche 21 et le lundi 22 novembre. M. Bourbeau n'avait pas de concurrent. M. Alfred Le Roux se trouvait de nouveau en présence de M. Alfred Laval, qui avait obtenu 6000 voix au scrutin de mai. Le gouvernement pouvait compter sur ces deux élections.

Fig. 57. — Les rastels en l'honneur de la candidature officielle. L'or est jeté à pleines mains par les préfets, le clergé intervient; les candidats promettent des chemins de fer, des travaux. Les gendarmes et les gardes champêtres sont mis en campagne.

« gouvernement, à la première crise industrielle, s'adresse aux patrons
« qui auront fermé leurs ateliers et leur dit : Vous êtes ou des amis
« ou des ennemis de la chose publique. Comme amis, je viens à votre
« aide en vous délivrant d'un fardeau que vous ne pouvez supporter, et
« je vous exproprie; comme ennemis, je vous en fais autant. Amis et
« ennemis ainsi expropriés et leurs usines mises en régie, je les confie
« aux ouvriers qui supporteront les pertes ou se partageront les béné-
« fices. Au bout de six mois de ce régime provisoire, les expropriés rece-
« vront une indemnité en papier-monnaie; les nouveaux propriétaires
« feront marcher les usines avec ce papier-monnaie, et s'il ne suffit pas,
« avec l'argent du budget de la guerre et de la marine, dont les vais-
« seaux de fer, qui ne chauffent pas à moins de 1500 ou 2000 francs, ser-
« viront à transporter des marchandises encombrantes. »

Les candidats assermentés de l'opposition, dans la troisième circonscription, étaient : MM. Crémieux, Émile Durier, Laferrière, Sébille,
Pascal Duprat, Eugène Châtelain, Tony Moilin; le tiers-parti présentait
aussi un candidat dans la personne de M. Pouyer-Quertier, que son titre
de grand manufacturier devait, croyait-on, faire accepter par les nombreux commerçants établis dans la troisième circonscription.

MM. Henri Brisson, Glais-Bizoin, Allou, Henri Didier, Jules Allix,
Floquet, Arthur Picard, de Gasté, L. Simonin, se présentaient dans la
quatrième circonscription au nom de l'opposition : M. Denière au nom
du commerce, n'osant pas dire au nom du gouvernement. M. Lachaud
restait bravement candidat officiel dans la huitième circonscription contre
MM. Emmanuel Arago, Alphonse Gent, Hérold, André Lavertujon.

Le parti démocratique, maître dans les quatre circonscriptions, n'avait
à redouter que ses propres divisions et la lutte entre les insermentés et
les assermentés. Le principal argument des défenseurs des candidatures
insermentées était, comme on l'a vu, que les candidatures assermentées
n'auraient « d'autre résultat que d'engager plus avant le corps électoral
parisien dans la reconnaissance de ce qui existe ». L'élection de républicains éprouvés tels que MM. E. Arago, A. Gent, H. Brisson, Glais-Bizoin, Crémieux, Hérold, Lavertujon, serait considérée comme une reconnaissance encore plus formelle de l'Empire. Pour accepter une telle
interprétation, il fallait admettre en même temps que les électeurs qui
avaient nommé M. Gambetta et les électeurs dont les voix s'étaient portées sur M. de Rochefort *assermenté* aux élections générales s'étaient
livrés à une démonstration en faveur de l'Empire.

La valeur du serment politique ne faisait plus illusion à personne. Était-il bon de lui en donner une nouvelle, au moment où tant d'hommes de la jeune génération l'avaient prêté, non dans l'espoir d'être nommés, mais pour refaire ou pour compléter en y entrant les cadres de l'armée démocratique. Faire aujourd'hui du serment le pivot de l'élection, n'était-ce pas annuler ou compromettre l'effet du grand acte politique et démocratique accompli par les électeurs de Paris, de Lyon, de Marseille en mai dernier? Le parti démocratique demandait la dissolution du Corps législatif. Faudrait-il donc, si on l'obtenait, appliquer le système de l'*insermentation* à toute la France, et opposer partout des *insermentés* aux *assermentés*, c'est-à-dire porter le trouble et la désunion dans chaque circonscription?

Le comité Rochefort, dans la 1re circonscription, avait commencé par adresser à son candidat à Londres le cahier Gambetta. M. de Rochefort s'empressa de l'accepter dans une lettre qui se terminait ainsi :

« Nos armes à nous, ce sont :
« La liberté individuelle ;
« Des lois tolérables qui n'envoient pas mourir à Cayenne ou à Charenton le citoyen qui déplait à un ministre ;
« La responsabilité de tous les criminels, qu'ils soient ou non fonctionnaires ;
« L'instruction gratuite, la suppression des traitements scandaleux, le droit de se réunir et d'exprimer son opinion dans un journal ; enfin tout l'arsenal de ces libertés indispensables qui font que ceux qui les possèdent sont des hommes et ceux qui ne les possèdent pas des bestiaux.
« Votre programme, citoyens électeurs, est donc le mien du premier au dernier mot. Vous m'offrez l'honneur d'en revendiquer la réalisation. J'accepte avec joie cette gloire et, je crois pouvoir le dire, ce danger.
« Salut et fraternité.

« Henri Rochefort. »

On attendait de jour en jour l'arrivée de l'auteur de la *Lanterne*, lorsque le 5 novembre un jeune journaliste, chargé de le ramener en France, annonce dans une réunion à La Chapelle que le commissaire de la station de Faignies a empêché le candidat de la 1re circonscription de franchir la frontière. Des cris de colère accueillent cette nouvelle. M. Cantagrel déclare qu'en présence de cette persécution l'élection de Rochefort est une question de vie ou de mort pour le parti démocratique, et qu'il retire sa candidature. M. Clément Laurier demande à en référer à ses comités ; la séance est levée au milieu des cris de : Vive Rochefort!

Le gouvernement cependant s'était ravisé : l'ordre de laisser entrer librement l'auteur de la *Lanterne* en France parvint dans la nuit au commissaire de police de Faignies, et le lendemain soir M. de Rochefort, muni d'un sauf-conduit, assistait à une réunion publique de la rue Doudeauville, présidée par M. Vermorel. Accueilli par des acclamations, porté en triomphe à la tribune, il prend la parole au milieu du plus profond silence : l'orateur a peur, dit-il, que son émotion ne donne une faible idée de son énergie ; mais il revoit son pays après une longue absence, et il est reçu si chaleureusement ! « Depuis ma jeunesse, ajoute-« t-il, je puis dire depuis mon enfance, mon cœur n'a cessé de battre « pour vous..... J'ai prêté serment ! ne faut-il pas qu'un gouvernement « soit faible pour l'exiger? Je l'ai prêté, car le gouvernement compte « sur les refus comme moyen pour éloigner de la Chambre les gens qu'il « redoute. J'ai prêté serment dans l'intérêt de la démocratie. Je n'en « dirai pas davantage, je suis trop ému. Au revoir ! » Les applaudissements les plus enthousiastes le saluent à son départ.

Le dimanche, les réunions sont plus nombreuses que d'habitude. Le candidat de la 1re circonscription avait promis de se rendre dans plusieurs ; la salle Clichy, qui peut à peine en temps ordinaire contenir quatre ou cinq cents personnes, en renfermait quinze cents. Il est neuf heures. « Rochefort! Rochefort! » crient les spectateurs. Rochefort ne paraît pas ; l'auditoire s'impatiente ; des orateurs essayent de se faire entendre ; on ne les écoute pas ; on veut Rochefort ; il est rue de Crimée. M. Millière va le chercher. Enfin, à neuf heures trois quarts, un fiacre s'arrête devant la porte de la salle, au milieu des hurrahs de la foule qui n'a pu y pénétrer. M. H. de Rochefort y entre, on l'entoure, on lui serre la main. Il monte à la tribune, mais il ne parlera pas longuement, dit-il, brisé qu'il est par l'émotion et par la fatigue : il vient de quatre réunions. Il ne dira rien du serment, c'est une consigne de s'y opposer ; il remplira son mandat ; « mais si la Chambre ne veut pas m'entendre, si je suis obligé de porter mon mandat dans la rue, j'espère que vous n'hésiterez pas à me suivre. — Oui! oui! » lui crie-t-on de toutes parts. Le commissaire, à cet appel à la révolte, dissout la réunion.

M. Clément Laurier voulut prendre la parole ; les cris : Vive Rochefort! l'empêchèrent. Enfin il put s'expliquer : il déclara qu'il se désistait, mais il avait voulu que son désistement fût réfléchi, et quoique M. de Rochefort fût libre, il le maintenait pour ne pas semer la discorde ; il croyait bon de lui faire savoir cependant que la place d'un député n'était pas dans la rue. Interrompu, hué de tous côtés, M. Laurier s'écria : « Je ne veux pas plus du bonapartisme de la parole que de l'autre ! Avant d'être à l'avant-garde, je verrai qui en est. »

M. de Rochefort avait déclaré qu'il serait prêt à donner sa démission dans le cas où ses électeurs, au bout d'un délai fixé, ne seraient pas contents de lui. Cela mit le comble à une popularité que celle de M. Gambetta était loin d'égaler. L'élu de Marseille commençait à être discuté ; il montait au fauteuil de la présidence, dans une réunion tenue aux Folies-Belleville. Des protestations s'élevèrent. Il fut obligé de répondre qu'il ne voulait pas s'imposer et qu'on allait procéder au choix du président. On le nomma ; mais M. Gaillard père, qui s'intitulait communiste et démagogue, refusa de siéger à côté d'un traître. Il désignait le président. On parvint enfin à nommer un bureau.

Un membre de la réunion pousse le citoyen Gambetta à répliquer, ne fût-ce qu'en quelques mots, à l'épithète de traître dont l'avait gratifié le citoyen Gaillard père. « Si une injure m'était adressée, répondit M. Gambetta, je la vengerais personnellement. Je ne veux pas être à la fois président et accusé. Je n'abaisserai pas la majesté du suffrage universel jusqu'à le défendre contre l'orateur, qui n'est que l'organe d'une minorité usurpatrice. »

M. Carnot, après bien des hésitations, s'était décidé à se présenter ; sa candidature était dénoncée comme une manœuvre de la réaction ; les injures pleuvaient sur les « aristocrates » du *Siècle*[1] et sur M. Gambetta. M. Vermorel lui reproche avec virulence d'avoir trompé le peuple et de ne pas soutenir Rochefort, dont « la *Lanterne* est le réveil de la conscience publique, et dont la nomination aura pour effet de faire reconquérir le droit de réunion politique ». A ceux qui prétendent que Rochefort emploiera son traitement à payer des bocks et des glaces à ses électeurs, M. Vermorel répond : « Eh bien, oui ! ces bocks et ces glaces, ce sera la liberté ! » (*Explosion de bravos.*) Un ancien proscrit ayant demandé à discuter la candidature de M. de Rochefort, une clameur effroyable s'élève avant même qu'il ait ouvert la bouche. « Voilà enfin, s'écrie le président Vermorel, la manœuvre qui se fait jour. Le citoyen qui a demandé la parole contre Rochefort ne doit sortir d'ici que démasqué. » Ce citoyen persiste courageusement, il combat la candidature de M. de Rochefort au point de vue social et politique : le candidat dit tantôt ne pas savoir ce que c'est que le socialisme, tantôt qu'il est socialiste de naissance. Ce qu'il y a de sûr, c'est que sa politique est mauvaise, qu'il est en contradiction avec lui-même, car il veut abolir l'impôt et il va

---

1. M. Carnot faisait parti du conseil de surveillance de ce journal.

toucher des appointements, payés sur cet impôt; mais, continue l'orateur, vous approuvez ce qui sort de sa bouche, « c'est votre fétiche ». L'auditoire, indigné, se lève et menace l'orateur. On lui aurait peut-être fait un mauvais parti s'il ne s'était décidé à une prompte retraite.

C'était en effet un fétichisme véritable que la popularité de Rochefort, mais on pouvait craindre qu'elle ne résistât pas longtemps aux rudes épreuves auxquelles la soumettait M. de Rochefort lui-même, et que les auditeurs des réunions publiques ne finissent par se lasser d'entendre le tribun par excellence présenter tous les soirs le refus de l'impôt comme l'arme la plus sûre pour renverser l'Empire, et la suppression des armées permanentes comme le meilleur moyen de réaliser des économies, « attendu que tous les citoyens sauraient fort bien défendre leurs foyers, et qu'il ne voit nullement la nécessité de confier ce soin à 600 000 fusils. »

L'auteur de la *Lanterne* voyait déjà partout des journaux occupés à le calomnier. « Au moyen âge, selon lui, les moines avaient l'habitude de placer devant eux deux chaises, l'une représentant l'avocat de Dieu, et l'autre l'avocat du diable, et après un moment de silence, agenouillé devant elle, l'avocat de Dieu déclarait que le diable confessait que la Vierge était immaculée et Joseph le plus heureux des maris. » Les journaux lui font l'effet de ces moines : « ils ne songent qu'à encaisser
« des dividendes, et, si un candidat qui leur déplaît se présente, ils le
« traitent d'émeutier. Il ne veut pas, quant à lui, d'émeute, parce que le
« gouvernement la désire. Les journaux libéraux épient ses moindres
« démarches, ils l'attaquent parce qu'il a parlé de construire une vaste
« salle pour réunir ses électeurs. La chose est utile, et elle aura ce résultat
« d'amener les autres députés de la Seine à en faire bâtir une aussi. Ces
« réunions ont cet immense avantage d'empêcher les électeurs de s'en-
« dormir, ce qui est mauvais. On m'a reproché d'attaquer une femme et
« un enfant, l'Impératrice et le Prince impérial. Non, je n'ai pas attaqué
« la femme, mais la souveraine, qui n'a pas le droit, aux termes de la loi
« salique, de présider le conseil des ministres. »

Cet échantillon de l'éloquence de M. Henri de Rochefort explique pourquoi, au moment même où sa présence était attendue dans cent réunions, ses amis le firent partir brusquement pour Londres. Ils voyaient bien qu'il s'usait chaque jour davantage, et que son insuffisance ne pouvait manquer de finir par sauter aux yeux des plus prévenus.

La candidature de M. de Rochefort déplaisait certainement au *Siècle* et à l'*Avenir national;* elle n'était pas non plus trop du goût du *Réveil*.

M. Delescluze avait le sentiment de la dignité jacobine ; il flairait le charlatanisme de « ces héros qui parlaient de faire leur devoir au Corps législatif en attendant de le faire à la Convention ». Le *Rappel* seul défendait avec chaleur M. de Rochefort, l' « irréconciliable masqué ».

Si la première circonscription n'avait plus que deux candidats, M. de Rochefort et M. Carnot, qui maintenait sa candidature tardive, il n'en était pas de même des autres circonscriptions. Les compétiteurs s'y montraient encore plus nombreux et plus ardents qu'aux précédentes élections. M. Tony Moilin [1] prétend que « journaux et députés trompent indignement les citoyens, et que toutes les libertés qu'on vante ne sont bonnes qu'à faire recommencer l'affreux gâchis de 1848. » Il lui faut « l'organisation du travail, la vie et les loyers à bon marché, la liquidation de toutes les rentes, la suppression de l'armée permanente et l'armement du peuple, la séparation de l'Église et de l'État, l'adoption officielle du mariage et de l'enterrement civils, le remaniement de l'impôt. » M. Lullier s'écrie, dans sa circulaire datée de Pélagie, 15 brumaire an LXXVIII : « Le temps des discours est passé, Danton sortira de l'ombre, il le faut ! » M. Lullier « fait appel au peuple immense ; il vient lui demander des armes pour descendre dans l'arène et livrer à la tyrannie le dernier combat. » M. Maurice Joly n'apporte point de programme parlementaire aux électeurs. « L'opinion publique a dépassé les données les
« plus hardies du libéralisme pur. Je veux toutes les conséquences du suf-
« frage universel, notamment le droit pour le peuple de s'opposer à la
« promulgation des lois, le mandat annuel, le mandat impératif pendant
« la période constituante qui s'ouvrira dès que le peuple sera remis en
« possession de ses droits. »

Le citoyen Lefrançais expose qu'il s'agit moins d'envoyer du renfort à la gauche que de créer une situation politique vraiment démocratique. « Le moyen, vous le connaissez tous. (*Oui ! oui !*) On attend des électeurs de Paris une manifestation qui rende à la France l'entière conscience d'elle-même. »

M. Crémieux, par suite du désistement de MM. Emile Durier et Laferrière, était devenu le seul candidat républicain de la troisième circonscription. « On me fait l'honneur, écrivit M. Pouyer-Quertier aux membres de son comité, d'associer mon nom à une grande manifestation des idées libérales. J'accepte la lutte. »

---

[1]. Un des maires de Paris pendant la Commune.

Fig. 58. — L'Empereur convoque un grand conseil des ministres à Saint-Cloud.

Les réunions électorales de la quatrième circonscription avaient lieu ordinairement dans la salle des Folies-Belleville. « Nous avons quatre députés à nommer, dit un des orateurs habituels de la réunion ; quel avantage aurons-nous à avoir quatre députés irréconciliables de plus? Nous les avons vus, ces députés *irréconciliables*, un bien grand mot, de bien petits députés. (*Applaudissements.*) Qu'ont-ils fait? Rien, rien, rien ! Ils se sont laissé jouer par qui l'a voulu, par les 116 et par le gouvernement. En vérité, quatre de plus ou de moins de ces députés-là, cela est bien indifférent. (*Bravos!*) Que sont les députés? Des contrôleurs du pouvoir exécutif, et ils prêtent serment au contrôlé? S'il ne s'agissait d'une chose aussi profondément triste, nous dirions simplement que c'est risible. (*Très bien!*) Citoyens, je ne fais pas de fétichisme; supprimez le serment, vous êtes souverains; il n'y a pas de pouvoir qui puisse longtemps résister à votre volonté exprimée dans l'urne. Supprimez-le en votant pour un insermenté sans vous inquiéter de sa personnalité, votez pour qui vous voudrez, pour le plus misérable, pour le plus obscur, pour un chiffonnier si vous voulez, mais, je vous en supplie, votez pour un insermenté. » (*Bravos!*)

L'orateur négligeait d'expliquer comment la suppression du serment rendait au peuple sa souveraineté, mais l'auditoire n'y regardait pas de si près.

Les candidats qui se disputaient la succession de M. Jules Simon, dans la huitième circonscription, se recommandaient tous par des titres sérieux au choix des électeurs. M. Emmanuel Arago, constituant de 1848, par son nom, par son caractère, par sa position au barreau, ralliait autour de lui de nombreuses sympathies. Ses adversaires lui reprochaient seulement d'être resté trop longtemps dans le parti de l'abstention, et de se présenter au dernier moment pour recueillir les fruits d'une longue et pénible lutte à laquelle il n'avait pas pris part.

M. Alphonse Gent, son concurrent le plus redoutable, non loin duquel il avait siégé à la Constituante de 1848, avait sur lui, aux yeux d'un grand nombre d'électeurs de la huitième circonscription, l'avantage d'être le premier républicain auquel la réaction de 1850 eût fait l'application de la loi sur la transportation. Condamné à cette peine comme fauteur d'un complot contre la sûreté de l'État, il la subit à Nouka-Hiva, jusqu'au moment de l'amnistie, après un séjour de quelques années dans l'Amérique du Sud et en Espagne, deux pays dans lesquels il s'était fait une honorable position, grâce à ses connaissances de jurisconsulte. Il venait de soutenir dans le département de Vaucluse, contre le candidat officiel, une lutte qui parut un moment devoir se terminer par la victoire. Quoique M. A. Gent parlât peu de son exil et cherchât moins encore à s'en prévaloir et à en demander la récompense au suffrage universel, ce n'en était pas moins le transporté de Nouka-Hiva que ses partisans de la huitième circonscription cherchaient surtout à faire triompher au prochain scrutin.

M. Ferdinand Hérold, avocat à la Cour de cassation, et M. André Lavertujon, rédacteur en chef de la *Gironde*, pouvaient invoquer également des motifs dignes d'attention en faveur de leur candidature. M. F. Hérold, fils de l'auteur de *Zampa* et du *Pré aux Clercs*, occupait, malgré sa jeunesse, une des premières places au barreau de la Cour suprême; nul n'avait plus contribué que lui à préparer, à développer le mouvement démocratique de 1857 à 1869. Quant à M. André Lavertujon, placé par son talent à la tête de cette presse bordelaise qui a de tout temps rivalisé avec celle de la capitale, bien des gens pensaient que Paris pouvait sans déroger prendre un député à Bordeaux, au moment où Bordeaux choisissait pour le représenter un député de Paris [1]. Cet échange eût pu se faire à une époque où le suffrage universel eût été livré à des passions moins exclusives. MM. F. Hérold et A. Lavertujon comptaient tous les deux sur le patronage de M. Jules Simon; mais, outre que l'ancien député de la 8ᵉ circonscription devait éprouver un grand embarras à le partager entre deux amis, la direction du mouvement électoral dans la 8ᵉ circonscription échappait en ce moment à l'influence d'un homme. Le *Siècle,* bien que son influence eût quelque peu baissé, entraînait encore quatre ou cinq mille voix dans chaque circonscription; M. Arago comptait dans sa rédaction beaucoup de vieux amis; M. A. Gent, fixé pour le moment à Madrid, lui adressait une correspondance politique sur les affaires d'Espagne. Pour qui se prononcerait la direction du journal? Après un peu d'hésitation, le *Siècle* mit le nom de M. Arago sur sa liste. Il fut nommé.

Une réunion tenue le 1ᵉʳ novembre, rue de la Fidélité, vota la résolution suivante : « L'Assemblée, repoussant le serment, et reconnaissant la « nécessité d'affirmer, avec le plus d'éclat possible, la souveraineté du « peuple, décide : 1° les candidatures inassermentées de Ledru-Rollin, « Barbès et Félix Pyat seront posées dans les 3ᵉ, 4ᵉ et 8ᵉ circonscriptions;

---

1. M. Jules Simon.

« 2° un comité central sera chargé de propager les candidatures et d'ob-
« tenir en leur faveur le désistement des candidats démocrates et socia-
« listes antérieurement présentés. »

L'Assemblée accorda par un privilège spécial à M. de Rochefort, candidat dans la 1re circonscription, la permission de remplir une formalité qu'elle considérait comme une honte. Cette exception, il est vrai, ne fut consentie que sous la réserve formelle que M. de Rochefort, s'il était élu, refuserait le serment du haut de la tribune.

Des délégués se rendirent auprès de MM. Ledru-Rollin, Barbès et Félix Pyat pour les engager à venir à Paris pour soutenir leur candidature; ils refusèrent de se rendre à cette invitation, et compromirent par là la campagne des inassermentés qui ne pouvait dès lors avoir aucun succès.

M. de Rochefort remplit jusqu'au bout de la période électorale le rôle double et fatigant d'idole et de courtisan du peuple. Il fut nommé, et, quoiqu'il eût payé un peu cher sa victoire sur M. Carnot, son élection n'en fut pas moins, il faut le reconnaître, plus significative encore contre l'Empire que celle de M. Léon Gambetta, car c'était l'ennemi personnel de l'Empereur, l'auteur de la *Lanterne* en un mot, que Paris venait d'élire. Le vote de la 1re circonscription avait une portée qui dépassait celle des élections de juin.

Un sentiment réfléchi d'opposition plutôt que la passion et la colère fit le vote des autres circonscriptions. La 3e ne comptait pas, y compris M. Pouyer-Quertier, patronné par M. Émile Ollivier, un seul candidat sérieux à opposer à M. Crémieux. Le nombre considérable de voix obtenu par M. Henri Brisson dans la 4e prouva que les électeurs avaient voulu donner une marque d'encouragement à la jeunesse, sans se montrer ingrats envers les vieux services d'un lutteur qui combattait depuis quarante ans. Si en effet M. Glais-Bizoin n'était pas nommé, son nom figurait du moins en tête de la liste, et son élection était assurée au deuxième tour de scrutin.

La République triomphait d'ailleurs là comme partout; c'était avec raison qu'un journal put dire : « Qu'on s'en réjouisse ou qu'on s'en afflige, une chose ressort clairement du scrutin d'hier : Paris est républicain. »

Le résultat de l'élection était favorable en général au parti républicain relativement modéré, car, excepté M. de Rochefort, nommé à une majorité faible, les autres élus, MM. Crémieux, Glais-Bizoin et E. Arago, allaient s'asseoir à la Chambre à côté de ceux des signataires du *Mani-*

feste des membres de la gauche, réunis le 15 novembre chez M. Jules Favre [1].

Ce manifeste coupa court aux bruits mis en circulation par la presse

1. « Les députés de la gauche, soussignés, ont cru, au mois de juillet dernier, qu'il était de leur devoir de rester dans la réserve pour ne pas contrarier les effets de l'interpellation déposée par 116 de leurs collègues.

« Aujourd'hui que, après avoir subi un abusif et long interrègne, la Chambre va reprendre ses travaux, il leur importe de préciser la ligne de conduite qu'ils entendent suivre pour atteindre le but qu'ils se sont toujours proposé : le gouvernement du pays par lui-même, pour et par la liberté.

« Ces simples mots indiquent la transformation inévitable qui seule peut assurer le repos, la prospérité, la grandeur de la France.

« La nécessité de cette transformation s'impose chaque jour davantage à la conscience publique par l'autorité des faits, la liberté de la discussion, la puissance de la vérité.

« C'est à ces armes que les soussignés entendent recourir; ils n'en saisiraient d'autres que si la force essayait d'étouffer leur voix ; mais ils ont le ferme espoir que, soutenus par l'assentiment de leurs concitoyens, ils pourront pacifiquement réaliser les changements que réclame impérieusement l'opinion.

« Les dernières élections ont prouvé qu'elle veut en finir sans retour avec le pouvoir personnel. A cette volonté, le pouvoir personnel oppose des résistances dont il faut à tout prix avoir raison.

« Le premier soin des soussignés sera donc de déposer une interpellation, avec ordre du jour motivé, sur l'injustifiable retard apporté à la convocation du Corps législatif. Grâce à la clairvoyance du peuple de Paris, ce retard n'a point amené un mouvement dans la rue.

« Le pouvoir qui a volontairement bravé cette chance terrible a commis un acte dont les soussignés sont résolus à demander un compte sévère, et, comme corollaire, ils réclameront une loi rendant la Chambre maîtresse absolue du droit de prorogation.

« Ils doivent aussi déposer une interpellation sur les désordres dont certains quartiers de Paris ont été le théâtre au mois de juin dernier.

« L'amnistie a coupé court à l'examen du complot prétendu qu'on dénonçait bruyamment, mais elle ne peut empêcher la lumière d'éclairer ces scènes déplorables, dans lesquelles le rôle de l'autorité est encore environné de nuages.

« Il en est de même des drames sanglants qui ont jeté l'épouvante et le deuil dans deux centres industriels.

« Outre les interpellations qui leur permettent d'interroger le pouvoir et de soumettre ses actes au jugement de la Chambre, les députés peuvent user de leur droit d'initiative et formuler, par des projets de lois, les réformes qui leur paraissent immédiatement nécessaires.

« La première touche à l'élection même du Corps législatif. Aucun progrès régulier n'est à espérer sans une modification profonde de la législation sur ce point décisif.

« L'administration ne peut conserver la faculté, dont elle a fait un usage scandaleux, de former et de remanier les circonscriptions électorales ; ce droit n'appartient qu'au législateur.

« Le vote doit être affranchi de l'entrave d'un serment et préalable de toute intervention de l'autorité. Sa sincérité doit être garantie par l'indépendance municipale.

« A cet égard, tous les esprits impartiaux sont d'accord. Les soussignés ne feront qu'obéir au vœu public en demandant par un projet de loi l'élection des maires et en exigeant que Paris et Lyon soient replacés sous l'empire du droit commun.

« Ils devront en même temps assurer la liberté d'action des municipalités et les délivrer d'une tutelle qui les paralyse.

« La liberté électorale, la liberté municipale seraient inefficaces si les privilèges intolérables qui couvrent les fonctionnaires publics étaient maintenus.

« Ici encore, l'opinion est certaine, et le projet de loi qui abrogera l'article 75 de la Constitution de l'an VIII ne sera pour elle qu'une légitime et tardive satisfaction.

« Il en est de même de l'abrogation de la loi militaire. Cette loi, qui renferme une

officieuse sur un déchiremeut inévitable et prochain de la gauche. M. Ernest Picard, d'après les nouvellistes ministériels, était sur le point de se rapprocher du tiers-parti, et M. Jules Favre s'apprêtait à le suivre dans son mouvement de conversion vers les 116. Le manifeste prouva combien

double menace contre la paix et contre la liberté, épuise le pays en le privant de ses plus fécondes ressources. Elle doit disparaître et faire place à un système armant la nation pour la défense de la nation et de ses libres institutions.

« Comme sanction de ce système, c'est à la volonté nationale que doit être remis le droit de déclarer la guerre.

« Aux yeux des soussignés, ces réformes sont la condition vitale de l'ordre et du progrès.

« Pour le préparer, la presse doit être dégagée de ses entraves. Supprimer le timbre et le cautionnement ; rétablir la juridiction du jury; décréter la liberté de l'imprimerie et de la librairie : voilà ce que demande l'opposition et ce que les soussignés formuleront en vertu de leur droit d'initiative.

« Ils réclameront enfin l'abrogation de l'article 294 du Code pénal et la liberté d'association ; la révision de la loi sur les réunions, pour faire disparaître les dispositions arbitraires qui, en humiliant et en limitant l'exercice d'un droit essentiel, irritent les esprits et font naître des causes de conflits toujours regrettables.

« En indiquant ainsi les principaux sujets de leurs préoccupations actuelles, les députés soussignés n'ont pas la prétention de tracer un programme complet et d'épuiser la nomenclature des changements dont ils poursuivront la réalisation.

« Ils ont voulu simplement signaler ce qui leur semble urgent, indispensable, hors de contestation pour tous les esprits éclairés.

« Dans l'accomplissement de cette tâche, ils déclarent ne relever que de leur conscience.

« On a essayé de réhabiliter la théorie du mandat impératif, on a répété que le député, mandataire de ses électeurs, leur restait incessamment subordonné et qu'il devait les consulter sur ses desseins et sur ses votes.

« On a même ajouté qu'il était leur justiciable; que, cité devant eux, il pouvait y être jugé et condamné.

« Les députés soussignés repoussent cette prétention comme fausse et dangereuse et ne pouvant conduire, si jamais elle s'accréditait, qu'à la tyrannie des minorités. Ils sont décidés à la combattre résolument.

« Sans doute, ils seront toujours heureux de multiplier avec leurs électeurs les communications amicales et les rapports confiants. Ils se considèrent comme engagés d'honneur à défendre les principes qui les unissent à eux par le lien d'une étroite solidarité.

« Si leur conscience les en éloignait, elle leur imposerait l'obligation de faire apprécier leur conduite en déposant leur mandat; mais c'est elle seule qu'ils consulteraient. Ils n'ont ni injonctions ni ordres à recevoir.

« Le mandat impératif fausserait radicalement le suffrage universel en livrant l'élu, c'est-à-dire la majorité des électeurs, à la merci d'une minorité usurpatrice.

« Le principe électif reste seul debout au milieu des révolutions qui se succèdent; il est désormais la seule garantie de l'ordre; il est appelé à transformer, de la base au sommet, toutes les institutions du pays.

« Pour le conserver intact, il faut le dégager des compromis monarchiques qui le corrompent.

« Ont signé :

« Bancel, Barthélemy Saint-Hilaire, Bethmont, Desseaux, Dorian, Esquiros, Jules Favre, Jules Ferry, Gagneur, Gambetta, Garnier-Pagès, Grévy, Guyot-Montpayroux, Léopold Javal, Kératry, Larrieux, Le Cesne, Lefèvre-Pontalis. Malézieux, Magnin, Marion, Ordinaire, Pelletan, Ernest Picard, Rampon-Lechin, Jules Simon, Steenakers, Tachard.

une idée pareille était loin de l'esprit de ces deux députés. Les journaux inassermentés [1] l'accueillirent fort mal :

« La démocratie, dit l'un d'eux, n'a évidemment pas formé la gauche actuelle pour revendiquer des libertés que le tiers-parti obtiendra plus aisément. Si le manifeste des 28 est la synthèse du mouvement électoral de 1869, ce n'est pas la France seule, c'est l'Europe entière qui éprouvera la plus cruelle des déceptions.

« C'est pour nous un véritable chagrin — mais non pas une surprise — que de voir les irréconciliables de la veille, les Bancel, les Esquiros, les Ferry, les Gambetta, embrasser les Guyot-Montpayroux, les Javal et les Kératry, qui sont allés dîner à Saint-Cloud. Hors des principes, on doit logiquement faire de la mauvaise politique, et l'assermentation oblige tôt ou tard tout mandataire du peuple qui la subit à devenir un rouage de l'Empire libéral. La gauche n'est plus que le serre-frein de la locomotive bonapartiste ; son opposition empêchera désormais le train de dérailler.

« MM. les élus ont oublié les engagements qu'ils ont pris, les ordres qu'ils ont sollicités, les cahiers qu'ils ont contre-signés en jurant obéissance et fidélité au peuple souverain. Depuis que, verbalement, leurs pouvoirs vérifiés, ils ont juré obéissance et fidélité à l'Empereur, ils ne relèvent plus, disent-ils, que de leur *conscience*.

« La logique est terrible. On a beau, en grandes phrases, se dégager tout à la fois des compromis monarchiques qui corrompent le principe électif et des violences démagogiques qui le dégradent, on a beau affirmer « le gouvernement du pays par lui-même pour et par la liberté », et brandir comme une arme « la puissance de la vérité », en s'isolant du peuple, on se rend d'avance incapable de saisir d'autres armes, si la force essayait d'étouffer la voix des députés. On n'est plus révolutionnaire, préparateur de république. On devient réformateur et conservateur d'empire. »

On voit à quel degré d'exaltation certains journaux étaient parvenus à cette époque. Le public n'y prenait pas trop garde. Ses préoccupations étaient ailleurs. Les élections générales avaient fait naître l'impression qu'un changement de ministère était indispensable, et qu'il ne saurait être retardé sans de graves inconvénients ; les élections complémentaires la fortifièrent. Les plus incrédules commençaient à se convaincre de la nécessité pour le gouvernement de chercher un appui autre part que dans le côté droit de la Chambre. Des pourparlers, on le savait, étaient engagés entre l'Empereur et M. Émile Ollivier ; ils n'avaient pas réussi jusqu'ici, soit que le tiers-parti hésitât à entrer au pouvoir avec M. Émile Ollivier, soit que l'Empereur tînt, malgré ce dernier, à conserver dans le nouveau cabinet certains membres de l'ancien ; mais l'incertitude ne pouvait se prolonger ; il fallait en finir, chacun le sentait et paraissait convaincu que la session qui allait se rouvrir ne s'achèverait pas sans un changement de ministère, qui était en ce moment le premier besoin du pays.

---

[1]. Les mots insermentation, inassermentation, insermentés, inassermentés, qui reviennent souvent dans ce chapitre, y figurent tout simplement comme un souvenir du langage du temps ; l'auteur n'a pas la prétention de consacrer de pareils barbarismes.

Fig. 59. — Les sénateurs, en sortant de la séance, causent dans la galerie des bustes et se communiquent les inquiétudes que leur font éprouver certaines paroles, sorties de la bouche du cousin germain de l'Empereur.

CHAPITRE XII

SESSION EXTRAORDINAIRE DE 1869

Ouverture de la session extraordinaire de 1869. — La validation des pouvoirs. — Les rastels. — Signature de la demande d'interpellation du tiers-parti. — M. Segris défend les candidatures officielles. -- Les manœuvres de la dernière heure. — M. E. Pelletan rappelé à l'ordre pour avoir dit : « Le 2 décembre est un crime. » — Constitution du bureau. — Message impérial. — Protestation de M. Jules Favre contre la prorogation; il est rappelé à l'ordre. — Le nouveau ministère. — M. Rouher président du Sénat. — Il ne cesse pas d'être le conseiller secret de l'Empereur. — Réunion du tiers-parti. — Réunion du Sénat. — Préambule au sénatus-consulte lu par le garde des sceaux. — La commission du sénatus-consulte est nommée. — Discussion du sénatus-consulte. — Discours du prince Napoléon. — Indignation du ministre de l'intérieur. — Le rapporteur essaye de répondre par le persiflage au prince Napoléon. — Amendement de M. Bonjean. — Clôture de la session extraordinaire du Sénat. — Session du Corps législatif. — Conseils de M. E. Ollivier au tiers-parti. — Le centre droit. — La gauche formule quatre demandes d'interpellation. — M. Raspail demande la mise en accusation des ministres. — Formation des bureaux. — Discussion dans le deuxième bureau entre M. E. Ollivier et M. Martel. — Le centre-gauche. — Motion de M. de Rochefort. — Cassation de l'élection de M. de Saint-Hermine. — Interpellation du tiers-parti. — Proposition de MM. Raspail et de Rochefort. — Réplique de M. de Rochefort à M. Forcade de La Roquette. — Élection de M. Girault. — Élection de M. Clément-Duvernois. — Fin de la vérification des pouvoirs. — Fin de la session extraordinaire.

L'ouverture de la session extraordinaire du Corps législatif eut lieu le 27 juin. Les abords du Palais-Bourbon étaient occupés depuis midi par des groupes nombreux qui attendaient les députés de l'opposition pour les saluer au passage. C'est aux cris de : Vive Thiers! Vive Jules Favre! que ces deux députés franchirent le seuil de l'enceinte législative. M. Gambetta, entouré et pressé par la foule, eut beaucoup de peine à s'arracher à son enthousiasme. La plus grande animation régnait dans la salle, dont toutes les tribunes avaient été envahies, surtout par les dames. Les députés, très lents ordinairement à entrer en séance, étaient à leur place à deux heures précises, au moment où M. Schneider prenait place au fauteuil et où M. Rouher montait à la tribune pour lire une déclaration portant en substance : « Le délai le plus éloigné pour la « convocation du Corps législatif étant le 26 octobre, il eût été impos- « sible à cette date de présenter les projets de lois des finances et ceux « concernant les affaires de l'État. Une session extraordinaire pour la « vérification des pouvoirs devient donc nécessaire. L'étude des résul- « tats politiques produits par la dernière manifestation du suffrage uni- « versel, sera renvoyée à la session ordinaire, dans laquelle le gouver- « nement soumettra à la haute appréciation des pouvoirs publics, les « résolutions et les projets qui lui auront paru les plus propres à réaliser « les vœux du pays. »

Le débat sur la validation des pouvoirs s'engagea par deux demandes : l'une de M. Eugène Pelletan tendant à permettre l'examen des listes d'émargement électoral, dans les lieux où elles étaient déposées, l'autre de M. Ernest Picard priant le ministre de l'intérieur de vouloir bien mettre à la disposition des députés, sous forme d'un imprimé, distribué à chacun d'eux ou plus discrètement sous forme de mémoire déposé à la questure, la liste exacte des dons et promesses de dons, faits aux communes avant les élections. Le refus opposé à ces deux demandes dévoilait déjà suffisamment les intentions de la majorité ; la discussion des élections contestées, surtout celle de l'élection de M. Justin Durand dans les Pyrénées-Orientales, les mit encore mieux à nu. La droite essaya d'escamoter le débat en forçant M. Jules Simon à monter le 2 juillet, à l'improviste, à la tribune, ce qui donna à la discussion un tour passionné et une véhémence extraordinaire. M. Jules Simon ne ménagea rien dans le tableau des moyens employés pour assurer le succès de la candidature officielle : les menaces les plus terribles, les séductions les plus basses, employées tour à tour et à la fois, l'ivresse versée à pleins verres à toute une circonscription, pendant que la déportation était montrée dans le lointain aux électeurs qui refusaient de s'asseoir aux *rastels* et qui repoussaient les libations. Jamais élection ne mérita mieux une cassation immédiate. La droite se contenta d'en renvoyer l'examen au septième bureau.

Le gouvernement ne pouvait ignorer la formation récente d'une commission chargée de délibérer, sur le plan de campagne du tiers-parti, et composée de MM. Buffet, Émile Ollivier, Segris, Daru, Lefèvre-Pontalis, Chevandier de Valdrôme. Les membres de cette commission étaient convenus d'adresser une interpellation au gouvernement pour lui demander d'associer plus directement le pays, à la gestion de ses propres affaires. Le nombre des signataires de l'interpellation du tiers-parti, s'élevant le 6 juillet à quatre-vingt-dix-neuf, dépasserait évidemment la centaine[1]. La liste comprenait non seulement les noms de MM. Mége, Paulmier, d'Albuféra, mais encore ceux de M. de Mouchy, mari de la princesse Anna Murat, et de M. de Mackau, le confident épistolaire de Napoléon III. Le ministère, disait-on, n'attendra pas l'attaque du tiers-parti et va faire place à un nouveau cabinet, dans lequel entreront MM. Segris, de Talhouët, Buffet, Louvet, etc. M. Rouher paraissait inquiet. Henri III, pour circonvenir la Ligue, s'en fit le chef; le ministre d'État adopta cette politique hasardeuse, et, pour s'emparer du mouvement libéral, il crut qu'il lui suffirait d'opposer une interpellation de M. du Miral à celle du tiers-parti; mais sa tactique n'aboutit qu'à forcer les membres de cette dernière fraction, à préciser leurs réclamations et à mettre en jeu le principe du gouvernement personnel. On était déjà loin de cette déclaration que la session actuelle n'aurait d'autre but que la vérification des pouvoirs.

Cette formalité ne tenait plus que la seconde place dans les préoccupations de la Chambre : des maires illettrés faisant grossièrement sentir leur pouvoir à leurs administrés, des curés prêchant en chaire au profit d'un candidat officiel, des agents de l'administration écrivant, affichant, propageant des calomnies contre le candidat indépendant, des préfets répandant sur les communes la rosée des subventions et des secours, des boîtes à scrutin dont l'honneur se trouvait terni par des aventures nocturnes, voilà ce que MM. Ernest Picard, Eugène Pelletan, Estancelin et Bethmont mirent en lumière avec une verve infatigable; mais la majorité en avait vu bien d'autres, et elle ne cassait pas les élections pour si peu.

L'article 66 du règlement portait : « Après la vérification des pouvoirs, « et sans attendre qu'il ait été statué sur les élections contestées et « ajournées, la Chambre nomme son bureau. » M. Jules Favre signala la violation de cet article comme une facilité donnée à la continuation des intrigues ministérielles. Ces paroles reçurent une sorte de confirmation

---

1. Il atteignit le chiffre de 116.

de la bouche de M. Rouher. « Les questions, dit-il, qui s'agitent entre
« les diverses nuances de la majorité, ne sont pas des questions de per-
« sonnes ; elles intéressent les bases fondamentales du gouvernement,
« l'avenir de notre société, c'est-à-dire la digue à élever contre la révo-
« lution. »

Ces grandes phrases vides ne répondaient plus à rien. Le plan même
du gouvernement consistant d'abord à enfermer la Chambre dans la
vérification des pouvoirs, à laisser entrevoir quelques réformes à l'horizon
de la prochaine session, et, comme on dit, à voir venir, n'était plus possible. Le gouvernement, obligé de modifier ses résolutions par l'interpellation du tiers-parti, lui répondit par l'interpellation du Miral ; ses signataires espéraient en atténuer la portée, en protestant qu'il ne s'agissait
nullement de forcer l'Empereur à régner sans gouverner, à renoncer à
son initiative et à s'effacer derrière des ministres ; ce qu'on voulait obtenir, c'était la possibilité d'associer dans une certaine mesure la Chambre
à son action, de façon que les évolutions nécessaires d'un pouvoir ina-
movible fussent indiquées par des changements d'hommes. Programme
bizarre, singulière contradiction entre l'exercice du pouvoir personnel
laissé à l'Empereur, et l'obligation indirecte de prendre ses ministres dans
la Chambre. Comment ne pas se demander, en lisant les deux demandes
d'interpellation du tiers-parti et de la droite, qui, aux termes du sénatus-
consulte de 1866, n'auraient pas dû être soumises à l'examen des bureaux,
ni même déposées, ce que devenait l'interdiction absolue de discuter la
constitution ?

Il fallait pourtant en finir avec la vérification des pouvoirs. La Chambre
reprit cette besogne ingrate. M. Jules Ferry excita un violent tumulte en
faisant remarquer que la plupart des élections « incontestées » étaient
entachées d'innombrables illégalités et irrégularités, et qu'il n'y avait pas
une élection officielle qui ne méritât d'être recommencée. La droite cria
tout de suite à l'injure, à la calomnie, et ce ne fut pas sans un certain
étonnement qu'on vit M. Segris, signataire de l'interpellation du tiers-
parti, monter à la tribune et défendre les candidatures officielles, de
manière à prouver que la plus nécessaire de toutes les réformes, c'est-à-
dire la réforme électorale, n'était pas de celles dont il entendait poursuivre la réalisation.

Une des manœuvres les plus fréquemment employées par les agents du
gouvernement, contre le candidat indépendant, était de répandre contre
lui, au dernier moment de l'élection, quelque grosse calomnie à laquelle

il ne lui fût pas possible de répondre à temps. L'administration avait largement usé de ce moyen contre MM. Bancel et Jules Simon au profit de M. Lacroix Saint-Pierre dans la Drôme et de M. Werlé dans la Marne ; M. Bancel avait été accusé d'avoir porté un toast aux armées russes à l'époque de la guerre de Crimée ; quant à M. Jules Simon, un passage détaché d'un de ses discours, fut transformé en injures adressées à la population ouvrière de Reims. M. Baze, dans le Lot-et-Garonne, avait eu aussi à se défendre contre ce système perfide. Les amis de M. Noubel, député sortant de la droite, répandirent le bruit que M. Baze avait accepté la place de procureur général à Paris en 1850. Une lettre de M. Granier de Cassagnac servit cette manœuvre. Le rapporteur n'en conclut pas moins à la validation de l'élection de M. Noubel ; M. Ernest Picard repoussa vigoureusement cette conclusion. M. Noubel lui répondit d'un ton de forfanterie et de menace hautaine, que ses adversaires ayant voulu poser la question du 2 décembre devant les électeurs, ces derniers « venaient de prononcer une fois de plus ». M. Eugène Pelletan lui cria : « Le 2 décembre est un crime ! » Frappé d'un rappel à l'ordre, il l'accepta sans se rétracter.

La Chambre, malgré ces élans passagers, ne prêtait qu'une attention médiocre à ces débats électoraux ; son esprit était tout entier aux bruits de changements ministériels, qui ne cessaient de circuler. Elle mettait cependant à se constituer une lenteur complaisante, qui s'explique par l'article du règlement, exigeant qu'une fois le bureau formé, les députés validés aient seuls le droit de voter, tandis qu'en présence du bureau provisoire, ce droit était acquis aux députés contestés, de façon qu'ils pouvaient voter les uns pour les autres. La Chambre n'était nullement pressée de mettre un terme à ces retards, qui permettaient, à des députés dont l'élection réunissait contre elle des minorités de plus de soixante voix, de la faire valider, grâce à la voix de collègues, qui allaient se trouver eux-mêmes le lendemain dans un cas semblable. L'opposition réclama vainement contre ce scandale : la droite persista dans son indulgence calculée, et cinquante-sept députés, non validés, étaient encore admis à voter, quelques jours avant la constitution définitive du bureau, qui eut lieu le lundi 12 juillet.

La veille, un grand conseil auquel assistaient l'Empereur, l'Impératrice, les membres du conseil privé, les membres du conseil des ministres et M. Schneider, avait été tenu à Saint-Cloud. Que s'y était-il passé ? On était accouru à la Chambre pour l'apprendre. L'ordre avait été donné à deux heures de ne plus laisser entrer personne dans les tribunes, où les spectateurs s'étouffaient; au moment où le prince Napoléon prit place sur le devant de la loge destinée aux personnages de la cour, M. Rouher monta à la tribune et lut un message dans lequel l'Empereur, après avoir rappelé sa promesse de soumettre à l'ouverture de la prochaine session ordinaire les résolutions et les projets qui lui auront paru les plus propres à réaliser les vœux du pays, annonce qu'il vient au-devant des désirs du Corps législatif, en l'investissant désormais du droit de faire son règlement intérieur, d'élire son bureau, de voter les modifications de tarifs stipulées par des traités internationaux ainsi que le budget par chapitres : réformes qui seront accompagnées de la simplification du mode de présentation et d'examen des amendements, de l'extension du droit d'interpellation et de la suppression de l'incompatibilité entre le mandat de député et certaines fonctions publiques, notamment celles de ministre. L'Empereur avait reçu, disait-il dans son message, le conseil de recourir au plébiscite pour sanctionner ces changements; mais, tout bien pesé, il jugeait suffisant de les soumettre au Sénat pour qu'il les transformât en sénatus-consulte. Le message se terminait ainsi : « Ces modifications sont « le développement naturel de celles qui ont été successivement apportées « aux institutions de l'Empire ; elles doivent d'ailleurs laisser intactes les « prérogatives que le peuple m'a plus explicitement confiées, et qui sont les « conditions spéciales d'un pouvoir, sauvegarde de l'ordre et de la société. »

La droite ne sortit de sa froideur que pour applaudir cette phrase par de très vifs applaudissements.

Un décret du même jour prorogea la Chambre à une date que l'Empereur se réservait de fixer ultérieurement; un autre décret convoqua le Sénat pour le 2 août. Tous les ministres avaient donné leur démission.

Les membres du centre gauche, réunis le soir même au Grand-Hôtel, sous la présidence de M. Chevandier de Valdrôme, résolurent de retirer leur proposition et de la placer dans leurs archives à côté du message, comme un hommage rendu à ce dernier.

Le banc des ministres était vide à l'ouverture de la séance du lendemain; mais les bancs de la Chambre et ceux des tribunes se trouvaient aussi garnis que la veille. M. Jules Favre demanda la parole sur le procès-verbal et protesta contre la prorogation, mesure inconvenante, en contradiction formelle avec le message, contenant à la fois un outrage pour la Chambre et une marque de l'impuissance du pouvoir personnel; il fut rappelé à l'ordre.

Fig. 60. — Publication de l'Encyclique et du Syllabus

M. Schneider avait joué un certain rôle dans les derniers événements; c'est sur lui que l'on comptait pour avoir des renseignements sur la composition du nouveau ministère. Les salons de la présidence ne désemplissaient pas de complimenteurs et de curieux; mais le président du Corps législatif ne savait rien; ce ne fut que le lendemain que douze décrets datés de Saint-Cloud apprirent à la Chambre la nomination de M. Bourbeau, doyen de la Faculté de droit de Poitiers, comme ministre de l'instruction publique; M. Gressier, ministre des travaux publics; M. Alfred Le Roux, vice-président du Corps législatif, ministre du commerce et de l'agriculture; M. de Chasseloup-Laubat, ministre présidant le Conseil d'État; M. Duvergier, ministre de la justice; le prince de La Tour-d'Auvergne, ministre des affaires étrangères; le maréchal Niel, l'amiral Rigault de Genouilly, M. Magne, M. Forcade de La Roquette, gardaient leurs portefeuilles.

Le ministère d'État était supprimé.

Deux perspectives s'ouvraient devant M. Rouher : s'asseoir sur les bancs du Corps législatif, se jeter dans la politique active en devenant le chef du parti conservateur, ou s'enterrer dans quelque grande et lucrative sinécure. M. Rouher choisit ce dernier parti. La présidence du Sénat était vacante par la mort de M. Troplong; il la prit le 20 juillet, en se flattant d'y joindre, plus tard, le titre de chancelier de l'Empire. Cette résolution surprit seulement ceux qui, à force de voir M. Rouher figurer sur la scène politique, avaient fini par le prendre pour un homme d'État. Rien ne lui convenait moins que ce titre : M. Rouher avait fait preuve, soit au ministère, soit au Conseil d'État, de qualités utiles. Parvenu au premier poste du cabinet, il rappelait ces officiers généraux qui, arrivés au maréchalat par l'ancienneté, remplissent toutes les conditions pour commander une armée en temps de paix. En serait-il de même en temps de guerre? Un semblable doute s'était élevé à l'endroit de M. Rouher lorsqu'il avait été promu à la succession de M. Billault. Son assurance, la complaisance intéressée du Corps législatif, la bruyante claque de la presse officieuse, lui firent un succès; mais les esprits impartiaux sentaient le vide de cette éloquence d'avocat, n'étudiant que la chose du moment et la sachant à peine suffisamment pour satisfaire aux nécessités du moment. M. Billault, aussi ignorant que lui, avait plus d'art, plus de finesse, pour dissimuler son ignorance : c'était un grand avocat de Paris; M. Rouher n'était qu'un grand avocat de Riom. M. Billault n'eut jamais sur le gouvernement, une influence à beaucoup près aussi considérable que celle que son successeur, grâce aux circonstances et à sa longue présence au pouvoir, avait fini par exercer. M. Rouher dirigeait toutes les branches du gouvernement par-dessus les ministres, même la diplomatie. Il avait un chiffre avec les ambassadeurs, notamment avec M. Benedetti. Le titre de vice-empereur que lui avait donné M. Émile Ollivier caractérisait fort bien sa situation. En cessant d'en remplir la fonction, il ne cessa pas d'être l'inspirateur secret de son maître. Napoléon III prit, depuis ce jour jusqu'à sa chute, d'autres ministres que M. Rouher; mais il n'eut pas d'autre conseiller que lui.

Le Sénat était convoqué pour le 2 août. La haute Assemblée, chargée de retenir le pouvoir, quand il s'emportait, et de le pousser lorsqu'il allait trop lentement, n'avait jamais exercé sa mission. Le pouvoir n'avait jamais reçu le moindre avertissement sénatorial. Le Sénat n'avait donc contribué en rien aux nouvelles réformes; on pouvait même croire, sans s'exposer à être taxé de témérité, que la plupart de ses membres comptaient parmi ceux dont parla M. Rouher dans son discours d'entrée en fonctions, « qui jettent en arrière sur le chemin parcouru un regard attristé et inquiet ». Le nouveau président du Sénat s'adressa d'abord à eux ; puis il en vint à ceux « qui accusent la lenteur de la marche du gouvernement vers le progrès » ; aux uns il remontra que leurs craintes étaient imaginaires, et aux autres que leurs impatiences étaient injustes, et « qu'il était aussi impossible que la France restât stationnaire, en prenant possession du monde, que de la laisser glisser avec insouciance sur une pente conduisant à un abîme connu. » M. Rouher parla ensuite de sa tâche, rendue plus facile par l'aménité et par la courtoisie de ses collègues.

M. Duvergier, le nouveau garde des sceaux, monta à la tribune et lut un long préambule précédant le projet de sénatus-consulte. Une lecture même rapide de ce document suffisait pour faire comprendre que l'initiative des lois, donnée au Corps législatif, trouvait un contre-poids dans la faculté laissée au Sénat de s'opposer à la promulgation d'une loi. Permettre à la Chambre, nommée par le pouvoir exécutif, d'annuler les décisions de la Chambre élective, n'était-ce pas porter atteinte au suffrage universel? La responsabilité ministérielle existait et n'existait pas, car l'article 2 du sénatus-consulte, après avoir déclaré les ministres responsables, ajoutait : « Les ministres dépendent de l'Empereur. » L'article 7 concédait bien à la Chambre le droit d'adopter un ordre du jour, mais en laissant aux ministres la faculté en quelque sorte de surprendre la discussion, en réglant que le renvoi aux bureaux était de droit quand le gouvernement demandait l'ordre du jour. Les réformes contenues dans ce sénatus-consulte étaient donc contre-balancées par d'habiles précautions, qui dissimulaient la force du gouvernement sans la diminuer.

Le désir sentimental d'unir dans un lien mystique l'acte additionnel du second Empire au centenaire de l'auteur de l'acte additionnel du premier hâta les travaux du Sénat. La commission chargée d'examiner le sénatus-consulte fut nommée le 3 août. Elle comptait, outre le vice-président du Sénat, M. Boudet, quatre fonctionnaires en activité, MM. Delangle, Devienne, de La Guéronnière, de Casabianca; deux anciens ministres, MM. de Maupas et Béhic; deux anciens conseillers d'État, MM. Quentin-Bauchard et Lacaze; un ancien avocat général, M. Suin. M. Rouher, comme président du Sénat, présidait de droit la commission, et se trouvait par conséquent chargé d'organiser les réformes si longtemps combattues par lui. On fut surpris de ne pas voir figurer dans cette commission le grand docteur en théories constitutionnelles, M. de Persigny. Il faisait partie du quatrième bureau, où l'influence de M. Rouher l'empêcha d'être élu. La discussion dans les bureaux fut, en général, assez calme; le sénatus-consulte n'y rencontra pas une grande opposition, sauf dans le deuxième, où le général comte de Palikao attaqua la pensée même de l'acte, et dans le troisième, où le baron Dupin critiqua ses principales dispositions.

Le choix du rapporteur fut très laborieux. La commission hésitait entre M. Devienne et M. Delangle; elle choisit le premier, après bien des hésitations. M. Devienne lut son rapport le 25 août. Ce document, très froid, fut très froidement accueilli. L'auteur, peu habitué à parler le langage de la politique, ne s'éleva pas au-dessus du terre à terre de la pratique judiciaire. La discussion s'ouvrit le 1er septembre par des discours assez insignifiants de MM. Boulay (de la Meurthe), Quentin-Bauchard, Monnier de la Sizeranne et de La Rue. Ce dernier, ancien aide de camp de Marmont, général commandant la gendarmerie, voyait les choses fort en noir, non seulement en France, mais en Europe. Il aurait voulu, « avant que chez nous on passe la parole à l'armée », que le gouvernement ouvrît des négociations avec tous les cabinets du continent, non pour prendre une revanche de Sadowa, mais pour supprimer toutes les associations et toutes les ligues d'ouvriers.

Le discours du prince Napoléon fut plus sérieux. L'orateur commença par se couvrir en quelque sorte, en déclarant, dans un préambule nécessaire, que ses affections et ses intérêts étaient indissolublement liés à l'Empire. Plus libre après cette déclaration, il continua son discours, dont l'intention semblait être de convaincre la bourgeoisie que les Napoléon sont très capables de se convertir à « ces essais d'imitation anglaise qui sont l'objet de ses vœux depuis 1789 »; en un mot, de devenir des disciples fervents de Benjamin Constant, comme Napoléon Ier dans les Cent-Jours. L'orateur avait renoncé cette fois à sa phraséologie révolutionnaire et à ses intempérances habituelles de langage. Sa critique n'y perdit rien en hardiesse et en force, soit qu'il se félicitât de voir qu'il ne restât plus rien « d'une constitution créée au profit d'une dictature républicaine, qu'il a fallu plier aux nécessités d'un Empire autoritaire », soit qu'il discutât la responsabilité du chef de l'État « superbe, mais impalpable et se perdant dans les nuages », soit enfin qu'il analysât le rôle du Sénat « sorti de la faveur impériale ».

Le personnel des gouvernants, depuis dix-huit ans, trouva dans le prince-orateur, un appréciateur fort peu porté à l'indulgence. Quant au sénatus-consulte, il le résuma ainsi : « Tout ce qui s'y trouve est bon, mais tout ce qui est bon ne s'y trouve pas; » il se plaignit de son mutisme sur les résultats des guerres de Crimée et d'Italie, sur la réforme commerciale, sur les amnisties. Le sénatus-consulte ne définissait point, selon lui, la responsabilité impériale et la responsabilité ministérielle. La première « doit planer abstraite dans les nuages, pour ne descendre dans la réalité que dans les cas rares qui exigent un plébiscite. Elle n'existe en dehors de cela dans la Constitution que comme elle existe dans l'histoire. » Quant à la responsabilité des ministres, comment peut-elle s'exercer devant les Chambres, s'ils sont sous la dépendance de l'Empereur? L'orateur regretta que le sénatus-consulte ne s'expliquât pas là-dessus.

Le prince Napoléon, s'occupant ensuite de l'origine et de la composition du Sénat, réclama pour cette assemblée le pouvoir législatif en échange d'un pouvoir constituant illusoire; car « Dieu garde la France; si le Sénat se servait un jour de ce pouvoir qui est dans la Constitution actuelle, comme l'article 14 dans la Charte de 1814. » Le pouvoir constituant, d'après l'orateur, devait résider dans l'Empereur, le Sénat et le Corps législatif. Le Sénat ne pouvait l'exercer que dans des conditions fausses. N'était-il pas puéril, par exemple, qu'un sénatus-consulte fût nécessaire pour changer les appointements d'un conseiller d'État?

La conclusion de ce hardi discours était qu'il fallait tolérer la discussion de la Constitution ; remplacer la circonscription électorale par l'arrondissement, augmenter le nombre des députés ; laisser les maires au choix des conseils municipaux, livrer à la publicité les délibérations des conseils généraux et se moquer du spectre rouge. Cette conclusion jeta le trouble au banc des ministres. « Jamais ! » s'écria M. Forcade de La Roquette indigné, « je ne consentirai à servir une telle politique ! » Le Sénat devait la trouver encore bien moins de son goût ; aussi fit-il une véritable ovation au ministre de l'intérieur après l'interminable réponse qu'il fit au prince Napoléon. Le lendemain, M. Ségur d'Aguesseau, sous prétexte de rectifier au procès-verbal une erreur commise à son égard par le cousin de l'Empereur, se donna le plaisir de parler plusieurs fois du « discours affligeant et scandaleux » prononcé la veille. Ce ne fut qu'après qu'il eut répété plusieurs fois ces mots, écoutés par le Sénat avec une complaisance visible, que le président Rouher se décida à lui retirer la parole.

M. Devienne essaya du persiflage contre « le programme de la branche cadette » ; mais le Sénat n'en ressentait pas moins une certaine inquiétude en se rappelant certaines paroles sorties de la bouche du cousin germain de l'Empereur, dans lequel il ne pouvait s'empêcher de voir une sorte de héraut chargé d'annoncer la venue des idées de l'Empereur et de préparer leur passage. M. Devienne essaya de le rassurer en lui disant que l'Empire n'avait nullement envie de suivre les conseils de ses « ennemis ». Le mot était dur pour le prince Napoléon.

Le seul amendement de quelque importance, proposé au sénatus-consulte, fut celui de M. Bonjean concernant l'article 5. L'auteur aurait voulu que, en cas de dissentiment entre le Sénat et le Corps législatif, ce dissentiment fût soumis au jugement d'une commission composée de quinze sénateurs et de quinze députés désignés par leurs collègues ; chaque assemblée délibérerait sur le rapport de ses commissaires, et le projet qui ne réunirait pas la majorité des deux assemblées ne pourrait être représenté au plus tôt que dans la session suivante. Les modifications à la Constitution, sauf celles qui ne peuvent avoir lieu que par plébiscite, seraient votées dans les mêmes formes que les lois ; toute demande de modification à la Constitution devrait être signée de dix membres et autorisée par la majorité des bureaux. Le vote, de quelque pouvoir qu'émane la proposition, ne serait définitif qu'après trois lectures, espacées de mois en mois.

M. Delangle parla pendant trois heures pour demander la question préalable sur cet amendement, qui violait, disait-il, la Constitution de 1852, « son point de ralliement, sa loi suprême, sa religion. » Il était bien temps, vraiment, de demander l'application de la loi interdisant de discuter une Constitution soumise à une discussion incessante. M. Bonjean défendit un peu longuement son amendement. M. de Chasseloup-Laubat lui répondit non moins longuement. Il parla beaucoup de « digues », de « contre-poids », et protesta surtout qu'il ne s'agissait pas d'enlever au Prince les pouvoirs que la patrie lui avait donnés pour son salut. Si le pouvoir personnel, dit-il, accomplit une évolution, c'est pour mieux se défendre contre le grand nombre mal éclairé. L'amendement de M. Bonjean eut dix voix ; celui de M. Hubert Delisle, réclamant le rétablissement de l'adresse, en obtint cinq. Le sénatus-consulte ne réunit contre lui que trois opposants : MM. Boulay (de la Meurthe), Ernest de Girardin et le baron Vincent.

Un décret du 6 septembre prononça la clôture de la session du Sénat, qui se sépara, selon son invariable habitude, aux cris de : Vive l'Empereur !

La reprise de la session extraordinaire de 1869 eut lieu le 27 novembre [1]. Le discours impérial produisit une assez fâcheuse impression ; la forme littéraire en parut emphatique et relâchée ; certaines phrases sur le « bassin de la Méditerranée qui semble se rappeler son ancienne splendeur », sur « la France et l'Italie qui vont se donner la main à travers les Alpes », firent supposer que M. Emile Ollivier y avait collaboré. Le passage où l'Empereur, oubliant l'expédition du Mexique et sa politique si favorable au Sud, citait l'abolition de l'esclavage parmi les grandes choses accomplies dans ces derniers temps, étonna l'auditoire ; la politique impériale n'avait-elle pas tout fait pour favoriser le maintien de l'esclavage aux États-Unis ?

L'Empereur, dans ce discours vague et boursouflé, accusait nettement le désarroi du présent et l'incertitude de l'avenir. « Aidez-moi à sauver la liberté. » Ce cri, nouveau dans sa bouche, résonnait comme un aveu de faiblesse et d'impuissance. Le langage du chef de l'État prenait plus de fermeté et de résolution lorsque, après avoir reconnu que la France voulait la liberté, il ajoutait : « Je réponds de l'ordre. » Personne ne le con-

---

1. Les sénateurs et les députés eurent pour la première fois l'autorisation de s'y rendre en simple frac. L'Empereur se mit à rire au nom de Rochefort appelé par le garde des sceaux pour prêter serment ; le Prince impérial rit, à l'exemple de son père ; les sénateurs et les députés crurent devoir en faire autant. La cour tout entière se mit à rire, peut-être sans savoir pourquoi.

Fig. 61. — Le clergé reçoit l'ordre d'enseigner aux enfants les articles du syllabus.

testait, mais Napoléon III était désormais tenu d'assurer autre chose à la France. Il cherchait évidemment à rassurer à la fois les conservateurs et les libéraux, et, quoique les premiers n'eussent certes pas à se plaindre du langage aussi modeste et aussi effacé que possible du chef de l'État sur les questions extérieures, il ne réussit pas mieux à satisfaire les uns que les autres.

La cérémonie fut froide dans la salle. Les curieux groupés en grand nombre sur la place du Carrousel saluèrent de leurs sifflets les habits brodés sortant du Louvre, audace toute nouvelle.

Le public fut admis pour la première fois, le 30 novembre, à contemple MM. les sénateurs dans l'exercice de leurs fonctions. La salle des séances du Luxembourg, plus petite mais plus richement ornée que celle du Palais-Bourbon, présentait les mêmes dispositions. Les sénateurs siégeaient en habit à la française, à collet brodé d'or, chapeau à claque bordé de plumes noires, épée au côté. On s'attendait à un discours du nouveau président ; M. Rouher jugea plus prudent de garder le silence, au grand désappointement des journalistes et des curieux.

Ils furent dédommagés quelques jours plus tard. MM. le maréchal Niel, le vice-amiral Grivel et Sainte-Beuve étaient morts dans l'intervalle de la session ; M. Rouher eut à prononcer leur oraison funèbre. Tâche délicate, surtout en ce qui concernait ce dernier, mort en odeur d'hérésie après avoir témoigné expressément la volonté d'être enterré civilement. M. Rouher loua faiblement l'écrivain, dont il n'avait probablement jamais lu les œuvres, et il n'avait ni dans l'esprit, ni dans la parole assez de goût et de dextérité pour le louer. Quant à l'homme politique, en revenant sur les derniers discours de M. Sainte-Beuve, il n'y vit qu'une revendication inutile de la liberté de la pensée, car « la pensée est libre, et, si l'intolérance existe, elle vient des libres penseurs, irrités par la liberté courageuse avec laquelle des esprits élevés et convaincus combattent leurs désolantes doctrines. » On pouvait après cela s'attendre à une péroraison terrible sur la mort impie de Sainte-Beuve. M. Rouher se contenta de demander : « Pourquoi, arrivé au terme, marquer son départ par une suprême témérité ? »

La Chambre des députés ouvrit ses séances le 30 novembre ; mais, longtemps déjà avant la réunion des Chambres, tous les regards se portaient sur le groupe des 116 signataires de l'interpellation qui avait amené la prorogation de la Chambre et le sénatus-consulte du mois de septembre. Une cinquantaine de députés, appartenant à ce groupe, se réunirent le

26 novembre dans un bureau du Corps législatif, sous la présidence de M. Daru. L'objet de la délibération était une demande d'interpellation ainsi conçue : « Nous demandons à interpeller le ministère sur les raisons qui ont pu le décider à prolonger la prorogation de la Chambre jusqu'au 29 novembre. »

M. Émile Ollivier, l'homme important de la situation, assistait à la réunion. L'auditoire était impatient de savoir quel sens il entendait donner à l'interpellation, que les 116 croyaient devoir adresser au gouvernement.

Le tiers-parti, d'après M. Émile Ollivier, devait faire du sénatus-consulte et de son application le point de départ de sa politique. Il était donc pour le système mixte « des ministres responsables et dépendants ». Le terrain sur lequel il voulait placer l'opposition constitutionnelle différait si peu de celui de la majorité que MM. Keller et Latour du Moulin protestèrent contre une théorie qu'ils qualifiaient d'abdication du tiers-parti. L'opinion de M. Émile Ollivier n'en fut pas moins adoptée par la majorité des membres de la réunion, moins une vingtaine de dissidents qui représentaient ce qui restait du tiers-parti.

La réunion s'était partagée sur la question de savoir si les 116 devaient provoquer une fusion avec la droite ou attendre que la droite vînt à eux. Inviter la droite à prendre part aux délibérations des 116, c'était les noyer dans la droite. La droite n'en fut pas moins convoquée à la réunion du dimanche 28 novembre, à laquelle MM. Jérôme David, Granier de Cassagnac et un grand nombre de membres de la droite assistaient; elle était composée de 165 députés. Après une allocution de son président, M. Daru, et un discours de M. Segris, M. d'Andelarre proposa de déposer, dès la première séance de la Chambre, la demande d'interpellation formulée le samedi. M. Keller émit l'avis qu'il fût demandé au ministère compte de « tous ses actes ». M. Émile Ollivier combattit cette double proposition, et il fit adopter, par 162 voix contre 25, la motion suivante : « Toute interpellation sera ajournée jusqu'à la fin de la vérification des pouvoirs. » Les 25 opposants étaient MM. Buffet, de Chambrun, d'Andelarre, de Planat, de Barante, d'Hesecques, Fould, Desseaux, Keller, de Civrac, Latour du Moulin, Calley Saint-Paul, Boduin, de Grammont, Lefébure, de Dalmas, Cochery, Kolb-Bernard, de Choiseul-Praslin, de Kerjegu, Géliot, de La Monneraye, Tassin, Viellard-Migeon, Haentjens. C'était tout ce qui restait des 116.

Il était question depuis quelque temps de la formation d'une nouvelle réunion sous la présidence de M. Josseau. Paix ; Régime parlementaire complet ; Abrogation de la sûreté générale ; Délits politiques de presse déférés au jury ; Abolition du timbre ; Liberté des annonces judiciaires ; Fixation par la Chambre des circonscriptions électorales ; Nouvelle loi électorale ; Choix des maires dans le conseil municipal ; Décentralisation ; Remaniment de l'article 75 de l'an VIII et sa suppression absolue dans trois cas : atteintes à la liberté individuelle, à la liberté électorale, à la loi électorale ; Enquêtes parlementaires sur les traités de commerce : tel était le programme de cette réunion, qui prit le titre de centre droit et qui se composa de 108 membres au début. C'est sur ce groupe que M. Émile Ollivier comptait s'appuyer lorsqu'il serait ministre. On parlait également du programme des membres de la Chambre qui n'avaient pas voulu suivre M. Émile Ollivier dans sa récente évolution et qui formaient le centre gauche. Ces messieurs avaient nommé une commission de dix membres pour le rédiger. Ce programme semblait calqué sur celui du centre droit, sauf en ce qui concerne les circonscriptions électorales et la nomination des maires. Ces réformes ne pouvaient être opérées sans amener un changement dans la Constitution. Le centre gauche pensait que le Corps législatif devait désormais participer à toutes les modifications constitutionnelles qui seraient jugées nécessaires, et que sans attendre une loi, d'ailleurs si nécessaire, sur l'organisation départementale, cantonale et communale, les conseils municipaux pouvaient être autorisés par une loi spéciale à choisir les maires. Les signataires de ce programme étaient au nombre de 41 environ, parmi lesquels : MM. Martel, Buffet, Cochery, Riondel, de Choiseul-Praslin, de Tillancourt, Wilson, etc. Sans attacher une trop grande importance à ces classifications, on ne peut s'empêcher de reconnaître cependant qu'elles constataient la dissolution de l'ancienne majorité et la difficulté d'en constituer une nouvelle.

C'est au milieu de ces préoccupations intérieures que la Chambre, distraite ou partiale, commença ses séances et la vérification des pouvoirs.

M. le colonel Reguis ouvrit la séance comme doyen d'âge, et M. Jules Favre prit la parole pour déposer quatre demandes d'interpellation : 1° sur la conduite des différentes autorités chargées de veiller à la tranquillité publique et à l'exécution des lois au mois de juin dernier ; 2° sur le maintien des candidatures officielles ; 3° sur la répression sanglante des troubles du bassin de la Loire et du bassin de l'Aveyron ; 4° sur les motifs qui ont retardé la convocation du Corps législatif au mépris de ses droits et au risque des graves événements que pouvaient faire naître l'inquiétude et le malaise, résultat inévitable de cet ajournement.

M. Jules Favre déposa également un projet de loi plaçant dans la Chambre le pouvoir constituant.

« La souveraineté nationale, était-il dit dans l'exposé des motifs, est le principe de nos institutions et la base du droit public moderne ; elle se délègue, mais ne peut s'aliéner ni se diviser sous peine de s'anéantir ou de devenir un élément d'anarchie.

« L'auteur de la Constitution de 1852, en invoquant les principes de 89, s'est soumis à cette loi fondamentale des sociétés libres; cependant, après s'être fait attribuer le pouvoir constituant, il cherche ainsi à éluder la volonté du pays; il l'exerce par l'intermédiaire du Sénat qui émane de lui, il modifie à son gré la Constitusion, il usurpe le pouvoir législatif et reste maître de nos institutions. La souveraineté nationale est ainsi confisquée, tous les intérêts sont compromis par le manque de sécurité, le progrès est placé non dans le vœu de tous, mais dans la volonté d'un seul. Le pays a nettement déclaré par les dernières élections qu'il voulait dépendre de lui-même et non de la volonté d'une personne. Il faut se conformer à cette décision, revenir aux principes. Le pouvoir constituant ne peut appartenir qu'à la nation représentée par ses mandataires librement élus ; il ne lui suffirait pas de prendre une part illusoire au changement de sa constitution, en ratifiant par un plébiscite des résolutions arrêtées sans elle; le plébiscite supprime la discussion et porte par là l'atteinte la plus grave à la liberté du vote ; il est la forme la plus défectueuse du gouvernement direct; il n'a jamais été que le levier du despotisme. C'est l'application de ces principes que consacre le projet de loi soumis à la Chambre en vertu de l'initiative appartenant aux députés. Le projet de loi se composait de cet article unique : « Le pouvoir constituant appartiendra désormais exclusi-
« vement au Corps législatif. »

M. Raspail occupa ensuite la tribune pendant dix minutes environ. Sa voix, affaiblie par l'âge, ne permit guère de l'entendre ; on comprit qu'il demandait la mise en accusation du ministère. Cette demande, n'étant pas formulée sur le papier, ne pouvait être déposée sur le bureau ni avoir par conséquent aucun effet.

Le lendemain, mercredi 1er décembre, la Chambre s'occupa de la formation de son bureau. M. Schneider fut nommé président par 151 voix sur 272 votants. M. Alfred Le Roux obtint 53 voix. MM. Grévy, Daru, Buffet et de Talhouët étaient les candidats à la vice-présidence acceptés par la gauche et par le centre gauche. La droite portait MM. Jérôme David, du Miral, de Talhouët et Chevandier de Valdrôme. Cette élection fut assez vivement disputée. M. de Talhouët obtint 244 voix sur 271 votants ; vinrent ensuite, mais avec la moitié moins de voix, MM. du Miral, Chevandier de Valdrôme, Jérôme David. M. Napoléon Daru réunit 98 voix, M. Buffet 75 et M. Grévy 73.

La formation des bureaux s'accomplit avec le calme habituel, sauf dans le deuxième bureau, où M. Émile Ollivier, nommé président, crut devoir, contrairement à l'usage, prendre la parole après son élection et se lancer, sous prétexte de remercier ses collègues, dans de longues explications pour justifier sa séparation avec le centre gauche, qui, selon lui, marchait directement à la révolution. M. Martel lui répliqua en cherchant à son tour à établir la différence existant entre ceux qui, comme lui, voulaient l'Empire avec la liberté, et ceux qui attendaient le triomphe de la liberté de leur alliance avec une majorité qui lui a été toujours hostile.

Le nom de centre gauche, dont M. Émile Ollivier venait de se servir dans son bureau, tendait de plus en plus à remplacer celui du tiers-parti pour désigner l'opposition dont les membres ne siégeaient pas à gauche. L'ancien groupe du tiers-parti, après avoir subi bien des transformations, s'était divisé en deux fractions : l'une avait suivi M. E. Ollivier ; l'autre formait un groupe entre la fraction Ollivier et la gauche. Ces divisions. qui paraîtront peut-être contestables aujourd'hui, étaient acceptées au milieu des obscurités de la géographie politique de l'époque comme articles de foi. La désignation de centre gauche ne fut d'ailleurs appliquée par les journalistes aux anciens 116 restés indépendants de M. Émile Ollivier que sur la demande même des membres de ce groupe.

Le Corps législatif ne tint pas de séance le 2 décembre. L'*Avenir national*, en l'annonçant, ajouta : « Il rend ainsi hommage bon gré mal gré « à un sentiment qui durera en France aussi longtemps que le sentiment « de la justice et du droit. Il n'est plus possible désormais qu'une assemblée « française et libre laisse passer, sans montrer qu'elle en conserve le souve- « nir, l'anniversaire du jour où Louis-Napoléon Bonaparte, oubliant le ser- « ment qu'il avait prêté à la République, fit jeter en prison les mandataires « du peuple et changea en corps de garde le palais de la représentation « nationale. » Cet article produisit une très vive impression sur les bancs de la droite. Les membres les plus ardents de la majorité étaient d'avis d'en traduire l'auteur à la barre du Corps législatif pour avoir l'occasion, disaient-ils, de s'associer une fois de plus à l'acte du 2 décembre ; mais le gouvernement, depuis le procès Baudin, n'osait plus déférer à un tribunal, fût-ce au Corps législatif lui-même, de semblables attaques ; il craignait trop le retentissement des plaidoiries : l'article ne fut pas poursuivi.

Le 3 décembre, M. de Rochefort demanda la parole après la lecture du procès-verbal. Placé au sommet de la gauche à côté de M. Raspail, il descendit vers les bancs du milieu pour mieux se faire entendre ; mais les cris : A la tribune ! à la tribune ! retentirent sur les bancs de la droite.

Le silence ne se fit que lorsque l'orateur se fut rendu au vœu impératif de la majorité. On s'attendait à quelque chose d'extraordinaire ; le député de Paris demanda que le service des postes chargés de veiller sur la Chambre fût remis à la garde nationale, et, après cette innocente manifestation, il descendit de la tribune et gravit les hauteurs de la gauche.

La Chambre, entamant la vérification des pouvoirs, choisit, on ne sait trop pourquoi, M. de Sainte-Hermine, député de la 1re circonscription de la Vendée, comme bouc émissaire, chargé d'expier les iniquités des 89 préfets de M. Forcade de La Roquette. Son élection fut cassée sur le rapport de M. Clément Duvernois, dont l'élection ne devait pas tarder à devenir elle-même le sujet de débats très orageux. Le bruit courait même que, pour les éviter, il voulait donner sa démission, car, si le bureau n'annulait pas l'élection, il se prononcerait tout au moins pour une enquête.

On se rappelle les débats animés auxquels avait donné lieu, dans les sessions précédentes, la vérification des pouvoirs des chambellans et écuyers de l'Empereur. Le gouvernement jugea prudent de ne pas mettre la Chambre en demeure de se prononcer de nouveau sur la question d'incompatibilité soulevée par ces élections. M. de Latour-Maubourg vint déclarer, à l'ouverture de la séance du 4, que les sept officiers de la couronne, qui étaient en même temps députés, avaient donné leur démission. On apprit peu de jours après qu'ils étaient tous nommés chambellans honoraires. Voilà une démission qui ne leur coûtait pas beaucoup. Un débat très instructif s'engagea sur l'élection de M. du Miral dans la 4e circonscription du Puy-de-Dôme. La majorité obtenue par le candidat officiel n'avait été que de 698 voix, et M. Guyot-Montpayroux démontra que 95 000 francs avaient été distribués par le gouvernement rien qu'aux églises. M. Guyot-Montpayroux cita également des faits très nombreux de pression administrative, mais tout en les déplorant. M. Deseilligny, rapporteur du bureau, conclut à la validation de l'élection, « attendu que, si ces faits étaient regrettables, ils étaient compensés par des excès de polémique non moins regrettables ».

L'élection de M. Justin Durand dans la 1re circonscription des Pyrénées-Orientales, rapportée à l'improviste au moment de la prorogation, aurait passé alors inaperçue sans M. Jules Simon, qui signala rapidement tous les abus dont elle avait été l'occasion de la part de l'administration, et de la part du candidat. La Chambre ayant renvoyé le rapport au bureau, M. Jules Simon put revenir, le 7 décembre, sur cette élection, et par conséquent sur ces fameux *rastels* (râteliers) dont on avait tant

Fig. 62. — La maison de l'Empereur, l'Escadron des Cent-gardes.

parlé depuis cette élection. Le rastel, c'est la table ouverte, les tonneaux défoncés, la kermesse électorale, la goinfrerie soutenue par l'intimidation ; ceux qui ne se gorgent pas de viande et de vin au rastel, deviennent suspects ; l'agent de police, le garde champêtre, murmurent à l'oreille des femmes que leurs maris seront de nouveau transportés, s'ils votent mal, et cela dans un des départements les plus éprouvés au 2 décembre. Le Corps législatif, après le second et terrible discours de M. Jules Simon, ne craignit pas de valider cette scandaleuse élection. La majorité, dans cette séance, usa de ses couteaux de bois avec une telle violence pour interrompre les orateurs de l'opposition, que M. Estancelin crut devoir, le lendemain, présenter à l'occasion du procès-verbal sur cette inconvenante conduite quelques observations dont le président ne parut pas s'émouvoir.

MM. J.-V. Raspail et Henri de Rochefort avaient rédigé ensemble un projet de loi qu'ils soumirent, le 8, au Corps législatif :

« Un État, disaient les deux législateurs, est le multiple de la commune ; la commune est le multiple de la famille. Le conseil municipal, élu pour trois ans, nommera le maire pour un an. En cas de différends entre deux communes, un jury de dix membres les juge ; si c'est entre deux arrondissements, ils sont soumis au Corps législatif.

« Le Corps législatif, librement élu par le suffrage universel, est la commune des communes. Il règle en dernier ressort tout ce qui concerne les intérêts généraux de la nation.

« L'impôt progressif remplace tous les autres impôts ; le Corps législatif fixe annuellement le chiffre de l'impôt, il est réparti par la commune.

« Tout Français est soldat de vingt à cinquante ans ; il réside dans ses foyers et n'est astreint aux exercices militaires que tous les huit jours pendant trois heures, et tous les trois mois à un certificat de ses chefs que son éducation est terminée.

« Chaque légion nomme tous les ans ses chefs.

« Le Corps législatif nomme les généraux. »

M. Forcade de La Roquette, ministre de l'intérieur, avait traité de ridicule le projet de loi de M. J.-V. Raspail et de M. H. de Rochefort, sans que l'un ou l'autre des deux collaborateurs eût entendu les paroles du ministre de l'intérieur. M. H. de Rochefort, le lendemain, profita de la lecture du procès-verbal pour répondre à M. de Forcade :

« Si ridicule que je sois, je ne me suis jamais promené sur une plage avec un aigle sur l'épaule et du lard dans mon chapeau. »

C'était une allusion à l'aigle dont le prince Louis-Napoléon s'était muni lors de sa descente à Boulogne. La droite fit semblant de ne pas comprendre et resta impassible.

L'élection de M. Carré-Kérisouët dans les Côtes-du-Nord donna lieu à une très vive discussion, quoiqu'elle ne fût pas contestée. M. Carré-Kérisouët avait pour concurrent M. de Janzé, que le préfet avait accusé de « défection » dans une proclamation adressée aux électeurs. Ce mot, qui témoignait du servage dans lequel le gouvernement prétendait tenir les députés qui, après avoir été élus une fois sous son patronage, prétendaient ensuite s'en affranchir, ramena la question des candidatures officielles. M. Forcade de la Roquette, imitant la tactique de M. Rouher, d'accusé se fit accusateur, et reprocha à la gauche une foule de crimes, entre autres celui d'accepter le mandat impératif. M. Maurice Richard ramena la question à son point de départ, en demandant nettement au ministre : « Blâmez-vous, oui ou non, la proclamation du préfet? — Il est mort, répond M. Forcade de La Roquette ; je n'ai pas à m'occuper de lui. » Réponse étrange. La tactique de M. Rouher réussit moins au ministre de l'intérieur : si la discussion continue, M. Forcade de La Roquette va être compromis. La majorité vocifère : « La clôture! la clôture ! — Parlez ! parlez ! » répond la gauche. On vote sur la clôture ; elle n'est pas adoptée. Le débat continuera, mais sur quoi? Il n'y a pas de question pendante, attendu que la discussion s'est engagée par hasard sur un incident. On se rappelle alors qu'il s'agit de l'élection de M. Carré-Kérisouët, et on la valide.

Un incident plus grave eut lieu dans la séance du 11. M. Girault, élu dans la 2ᵉ circonscription du Cher, avait posé sa candidature en qualité de « membre de cette grande famille ouvrière qui a toujours été éloignée « des affaires publiques comme incapable, et des autres classes de la société « comme indigne d'elles ». Le deuxième bureau proposait la validation de l'élection, tout en regrettant que l'élu eût émis des doctrines que « repoussaient également nos institutions et nos mœurs ». On passe au vote, et les conclusions du bureau ne sont pas adoptées. C'est la première fois qu'un pareil scandale se produit ; de vives réclamations s'élèvent à gauche. M. Garnier-Pagès : « Personne n'a demandé à combattre les conclusions, c'est une surprise ! » — M. Gambetta : « Un coup de force ! » — M. Jules Favre : « Un acte honteux. » — M. Crémieux : « Un crime ! » — M. Ernest Picard : « Vous dissolvez la Chambre, vous vous suicidez. »

M. Buffet demande la parole ; il a de la peine à se faire entendre au milieu du tumulte. Il parle cependant, dit-il, au nom de la dignité de la Chambre, et il croit qu'il est bon que les conclusions d'un bureau ne soient pas pour la première fois rejetées sans discussion. Il propose de renvoyer l'examen de l'élection au bureau, qui en propose l'adoption, en faisant remarquer que, lors même que ses conclusions ne seraient pas admises, cela ne préjugerait pas l'annulation. « Le bureau, ajoute-t-il, peut faire d'autres propositions qui sont, soit l'ajournement, soit l'enquête. Vous ne pouvez d'avance empêcher un député de réclamer l'enquête. » M. Mathieu s'oppose au renvoi au bureau; MM. Pinard, Quesné et Morin demandent que la discussion continue. M. Estancelin ne comprendrait pas qu'on annulât une élection à cause d'une circulaire émanée du candidat. « Celle de M. Girault peut vous blesser, ajoute-t-il, mais vous n'avez pas le droit de poser une question d'indignité. »

M. Mony lui répond que la circulaire de M. Girault est d'autant plus dangereuse que le Cher est le dernier refuge de la *Marianne*. La circulaire de M. Girault, ajoute-t-il, lui a valu 2000 voix de plus. M. Pinard croit que poser la question d'indignité morale, amènerait bientôt à poser la question d'indignité politique, ce qui serait un danger; mais il y a un moyen de résoudre la question : M. Girault n'est pas ouvrier; il a menti en se donnant pour tel; voilà une cause d'annulation. La discussion remplit deux séances, mais M. Girault finit par être admis.

La vérification de l'élection de M. Clément Duvernois commença le 14. M. Clément Duvernois, trois mois avant l'élection, était complètement inconnu dans la 1re circonscription des Hautes-Alpes. M. Garnier, député de cette circonscription, fut nommé maître des requêtes, et donna sa démission en se chargeant de faire nommer M. Clément Duvernois à sa place. Le patronage de M. Garnier eût peut-être été insuffisant; mais celui de l'administration valait mieux. Le préfet fut prévenu que l'Empereur désirait fort l'élection de M. Clément Duvernois; il le fit nommer, mais à quel prix? C'est ce qu'on saurait bientôt, puisque le bureau proposait de soumettre son élection à une enquête épargnée même à M. Justin Durand; mais la droite se garda bien de l'accorder. « Le département est trop pauvre pour faire de la politique. » Ces mots du préfet résument l'élection; elle reposait sur un marché entre le riche et le pauvre. M. Clément Duvernois était le riche et le département des Hautes-Alpes le pauvre. Le marché fut validé par 135 voix seulement contre 112.

Le rapport sur l'élection de M. Calvet-Rogniat fut lu le 15. Il n'y était pas question de veau; quelques moutons électoraux se laissaient à peine entrevoir çà et là, mais ce qu'on apercevait partout, c'était le juge de paix descendant de son prétoire, le maître d'école de sa chaire pour soutenir le candidat officiel. La lecture à la tribune de la déplorable circulaire d'un juge de paix intervenant directement dans l'élection ne reçut du ministre d'autre punition que celle d'être taxée par lui de fait isolé.

L'élection de la Haute-Garonne, où M. de Rémusat avait échoué, à une imposante minorité cependant, contre M. de Campaigno, maire de Toulouse, soutenu par le moins scrupuleux des préfets de l'Empire, amena MM. Jules Ferry, Jules Favre et Thiers à la tribune : ces orateurs, outre les manifestations habituelles de l'action administrative, citèrent des faits exceptionnels : maire gardant l'urne dans sa chambre à coucher, agents du candidat opposant, mandés et retenus sans raison au parquet, etc. M. Thiers put dire avec raison : « J'ai vu beaucoup d'élections, il y en a qui m'ont révolté, celle-ci me paraît intolérable. » La vérification des pouvoirs prit fin le 29. Quatre élus seulement de M. Forcade de La Roquette ne trouvèrent pas grâce devant la Chambre : MM. de Sainte-Hermine, Gourgaud, Rouxin et I. Pereire. Ce dernier avait ouvert des rastels comme M. Justin Durand ; mais M. Pereire n'était plus bien avec le gouvernement, il fut sacrifié. L'intérêt n'est plus d'ailleurs à ce qui se passe dans la Chambre ; la vie parlementaire n'existe que dans les couloirs où se colportent les listes de ministères ; on ne s'occupe que de ce qui se passe au Grand-Hôtel, dans les réunions du centre gauche, présidé par M. d'Andelarre, et au local de la Société d'agriculture, dans les réunions du centre droit, présidé par M. Louvet. Conseils présidés par le chef de l'État, visites secrètes de M. Ollivier à l'Empereur, dîners aux Tuileries, intrigues, bruits de cour, les députés n'ont d'attention qu'à cela. L'Empire autoritaire, qui a commencé dans le sang, finit dans les cancans.

La vérification des pouvoirs achevée, un décret prononça la clôture de la session extraordinaire. Le doyen d'âge Reguis prit la place du président Schneider pendant une partie de la séance du 27. Le lendemain, l'ancien bureau fut reconstitué et la session ordinaire commença.

CHAPITRE XIII

LE CONCILE

Le clergé et le pouvoir temporel. — Tactique de la presse cléricale. — La dévotion à l'infaillibilité du pape. — Le gouvernement s'oppose à la réunion d'un congrès catholique en France. — Le congrès de Malines. — Les catholiques libéraux et les catholiques ultramontains. — La ligue de l'enseignement et les conférences dénoncées par M. l'évêque d'Orléans. — Flatteries du clergé à la famille impériale. — La première communion du Prince impérial. — L'abbé Deguerry est choisi comme instituteur religieux du prince. — M. Dupanloup et les cours de littérature pour les jeunes filles. — Attaques du clergé contre Bossuet. — Lettre restée secrète du pape à M. Darboy. — Cette lettre est tout à coup livrée à la publicité. — La *Civilta cattolica* trace le programme du concile. — Le même journal en proclame d'avance les résolutions. — Les catholiques libéraux et le concile. — La puissance civile n'aura pas de représentants au concile. — Le *Syllabus* expliqué par les Jésuites. — Nécessité d'enseigner les propositions du *Syllabus* ou de se retirer de l'Église. — M. de Montalembert et les catholiques allemands. — Affaire du Père Hyacinthe. — M. Dupanloup essaye en vain de ramener le Père Hyacinthe. — Excommunication du Père Hyacinthe. — Manifeste des catholiques libéraux et mandement de l'archevêque de Paris. — Le gouvernement bravé et menacé par l'ultramontanisme. — Proposition de la Bavière repoussée. — Avertissement à l'*Univers* par M. Dupanloup.

L'émotion causée dans le monde catholique par la publication de l'Encyclique et du *Syllabus*, soigneusement entretenue par le parti clérical, ne fit que s'accroître. Le clergé, gardien vigilant du pouvoir temporel, ne négligeait aucune occasion de rappeler au gouvernement son fameux

jamais. « Vous avez promis, Sire, dit à l'Empereur l'évêque de Char-
« tres lors de sa visite à la cathédrale de cette ville, de garantir la liberté
« du concile; vous avez protégé celui qui a toujours présidé ces augustes
« assemblées, et, tant que vous continuerez à placer un soldat français sur
« la plage qui avoisine Rome, nous serons tranquilles. » La presse religieuse, obéissant à une consigne qui prouvait peu de reconnaissance pour les services rendus et les merveilles accomplies par les chassepots, transformait le roi de Prusse en protecteur de la papauté et du prochain concile, en successeur de Charlemagne et en candidat au titre de fils aîné de l'Église. Guillaume Ier, disaient les journaux ultramontains, non content d'autoriser ses sujets à servir dans l'armée pontificale et de permettre l'ouverture d'un bureau d'enrôlement sur son territoire, offre le concours de ses troupes au pape, s'il est abandonné par la France, et la ville de Cologne, dans le cas où Rome n'offrirait pas une sécurité suffisante pour la tenue du concile, dont la convocation prochaine était annoncée. Sa Sainteté avait parlé de cette solennité dans deux allocutions, adressées aux évêques réunis à Rome, pour le centenaire du 26 juin et du 1er juillet 1867. La bulle du 29 juin de l'année suivante convoqua décidément le concile pour le 8 décembre 1869. Sans tenir compte des résistances qui se manifestèrent de la part des conseillers habituels du Vatican, Pie IX convoqua les évêques. Sa Sainteté parle, dans l'une, de la nécessité d'affirmer l'unité catholique; dans l'autre, après avoir passé en revue les maux de la société religieuse et de la société civile, elle invoque le droit et le devoir qu'a l'Église « de redresser les erreurs qui bouleversent la société civile...; de préserver les peuples contre les livres impies, les journaux pernicieux, les maîtres d'iniquité et d'erreur auxquels est confiée la malheureuse jeunesse, dont l'éducation est soustraite au clergé...; de défendre la justice...; d'assurer le progrès et la solidité des sciences humaines, » mais sans rien dire de formel et de précis. Il n'en était pas besoin; on savait qu'il s'agissait de faire proclamer par les évêques le dogme de l'infaillibilité du pape. Le *Gezu* y préparait depuis longtemps les esprits.

L'année 1867 vit naître une nouvelle dévotion, consistant à offrir à Dieu « le vœu formel de garder et de professer la doctrine de l'infaillibilité du pape, jusqu'à la mort, *usque ad effusionen sanguinis.* » Les affiliés s'engageaient à propager l'infaillibilité par tous les moyens que donnent « l'autorité et l'affection », à répandre les livres qui l'enseignent, à supprimer ceux qui la combattent. Les membres de la ligue

Fig. 63. — Le Représentant du gouvernement impérial insiste vainement pour être reçu.

devaient en garder le secret. De petites feuilles, décorées de pieux emblèmes avec l'*imprimatur* pontifical, portant le règlement de l'association, inondèrent la France par l'intermédiaire des communautés religieuses et des confréries. Le pape félicita par des brefs les personnages importants qui en faisaient partie. Les évêques ou plutôt quelques évêques s'alarmaient pendant ce temps-là de voir des théologiens, des canonistes à eux inconnus, nommés sans leur participation, accourir à Rome de toutes les parties de l'univers, appelés par le pape pour participer aux travaux de la section « politico-ecclésiastique », qui n'était pas une des moindres innovations du concile.

Pendant que la curie romaine dressait ses batteries en vue de la grande assemblée du 8 décembre, les meneurs du parti clérical ne restaient pas inactifs et cherchaient à réunir un congrès catholique dans quelque ville de France; mais, malgré sa complaisance habituelle pour eux, le gouvernement, qui poussait la défiance contre le droit de réunion jusqu'à refuser aux partisans des idées coopératives, l'autorisation de discuter en commun les moyens les plus propres pour les propager, n'osa pas accorder aux catholiques ce qu'il refusait à tous les représentants, grands et petits, des intérêts économiques, politiques et sociaux.

La Belgique offrait aux catholiques la plus libre des hospitalités. Ils l'acceptèrent, et le congrès catholique tint à Malines, le 2 septembre 1867, sa première séance. Les adhérents, au nombre de plus de trois mille, étaient Français en majorité; aussi le congrès, bien que présidé par un Belge, M. de Gerlache, et installé dans une ville belge, fut-il une manifestation religieuse française, intéressante surtout parce qu'elle mit en présence les deux grandes fractions du parti catholique, les catholiques libéraux et les catholiques ultramontains. L'évêque d'Orléans, le Père Hyacinthe, M. de Falloux, M. Cochin, M. de Montalembert, faisaient partie des adhérents au congrès. M. de Montalembert ne put s'y rendre, pour cause de maladie. Tant qu'il ne s'agit que de célébrer le pape et les zouaves pontificaux, les membres du congrès se trouvèrent d'accord; mais, lorsque M. de Falloux prononça un discours dont l'idée principale était la possibilité d'établir la conciliation entre la liberté et la foi, la froideur, pour ne pas dire l'hostilité de l'auditoire lui prouva qu'il était fort dangereux de toucher à l'Encyclique et au *Syllabus*, même de loin et avec des précautions infinies.

Le congrès se partagea en cinq sections: 1° œuvres religieuses ; 2° charité chrétienne ; 3° éducation et instruction chrétiennes ; 4° art chrétien ;

5° organisation de la presse catholique. Le débat fut très animé dans cette dernière section, où il s'agissait de résoudre un très grand problème : donner à la presse catholique à la fois des rédacteurs et des lecteurs. Le plan d'un journal international, déjà mis sur le tapis au congrès précédent, eut de nouveau les honneurs de la discussion. Le congrès discuta également la proposition d'un missionnaire, consistant à fonder une feuille intitulée : *l'Apostolat, journal des missions.* Mais, au lieu de fonder de nouveaux journaux, l'assemblée crut devoir se borner à pousser à la lecture des journaux anciens, c'est-à-dire à former des comités pour le développement de la presse catholique, dont la mission consisterait à engager les catholiques eux-mêmes à ne s'abonner qu'aux bons journaux et à ne pas leur préférer les mauvais. La section de l'enseignement nomma une commission chargée d'examiner l'utilité de créer une association pour l'extension des écoles catholiques, autrement dit de fonder une *ligue de l'enseignement orthodoxe*. La section d'*économie sociale* renonça décidément à résoudre le problème de l'organisation du travail; l'essentiel était de ramener les ouvriers à l'Église; capital, suffrage, politique, littérature, art, il s'agissait de christianiser tout cela.

Les cinq sections du congrès, tout en paraissant ne s'occuper que de questions spéciales, travaillaient à une œuvre unique : créer dans la société moderne une société catholique, composée d'associations dirigées par le clergé, surtout d'associations d'ouvriers. Le rapporteur de la section de l'instruction traça le plan d'associations prenant l'ouvrier dès l'enfance et le retenant pendant l'adolescence, la jeunesse, l'âge mûr et la vieillesse, et taillées en général sur le patron des *cercles de Saint-Joseph*, où l'on distribue aux ouvriers de la bière et du tabac, et où aux lectures pieuses on mêle quelquefois la représentation du vaudeville et de l'opérette. Les promoteurs de ces associations devaient surtout travailler à y englober les femmes [1].

Le congrès de Malines avait enflammé au plus haut point les passions religieuses. Pendant que les ultramontains défendaient le *Syllabus* avec acharnement et essayaient de détruire la société moderne, les catholiques libéraux lui refusaient les moyens de se perfectionner. Des femmes dévouées, de croyances et d'opinions diverses, mais réunies par l'amour du bien, avaient fondé, à l'aide d'efforts généreux, des écoles professionnelles ouvertes sans distinction de culte aux filles pauvres, et qui, n'étant

---

1. Le congrès ne se sépara pas sans avoir dit son fait à la libre pensée et sans avoir flétri Voltaire, « l'infamie personnifiée », ainsi que Calvin, Swingle et Luther.

que des externats, laissaient aux familles le soin de donner l'enseignement religieux à leurs enfants. M. Duruy, ministre de l'instruction publique, avait approuvé ces écoles; Mgr Dupanloup, évêque d'Orléans, ne craignit pas de les traiter d'abominables. Sa colère s'exprima en termes non moins violents contre la *ligue de l'enseignement* qui venait de se fonder en Alsace, et contre les conférences du boulevard des Capucines. « Sur le terrain de l'enseignement, toutes les phrases sur la liberté des opinions sont des sophismes coupables. » La conséquence de ce principe formulé dans une récente brochure [1] du prélat était la création d'une religion de l'État.

L'ardeur de Mgr Dupanloup ne semblait pas naturelle; on eût dit qu'il voulait par son zèle se faire pardonner ses relations avec les catholiques libéraux. On eût appris avec une sensible joie au Vatican le renvoi de M. Duruy du ministère, Mgr Dupanloup ameuta, on peut dire, contre lui l'épiscopat tout entier. Tous les ressorts furent mis en jeu pour en finir avec lui, et l'année suivante s'écoula en efforts infructueux pour le chasser du ministère.

Le mécontentement des prélats contre ce qu'ils appelaient la complicité du pouvoir avec la révolution, n'empêchait pas la plupart d'entre eux d'entretenir des relations de courtisans avec la famille impériale. L'anniversaire de la naissance de l'Empereur, de l'Impératrice et du Prince impérial leur fournissait chaque année des occasions de témoigner leur dévouement [2].

La première communion du Prince impérial devint naturellement pour l'épiscopat un nouveau sujet de congratulations obséquieuses. L'évêque de Nevers lui écrit le 7 mai 1868 pour le bénir, « en ce jour, dit-il, où Son Altesse accomplit l'acte le plus décisif de la vie chrétienne, » comme il l'a déjà béni en prenant possession de son évêché. « Et com-
« ment m'en abstenir, ajoute-t-il, quand je considère combien sont
« étroitement liés à vos destinées les plus chers intérêts de l'Église et de
« la patrie? Que Notre-Seigneur Jésus-Christ vous accorde la grâce de

---

1. *L'athéisme et le péril social.*
2. Les simples prêtres tenaient à ne pas rester en arrière des évêques; quelquefois des dons se joignaient aux compliments et aux félicitations. M. Cavalier, chanoine honoraire de Meaux, envoie au Prince impérial une image bénite et signée par M. Verrolles, vicaire apostolique de la Mandchourie, à laquelle il a dû lui-même la guérison de sa mère. Il joint à cette image « une canne coupée dans l'île de Saucian, sur un arbre ayant ses racines dans le tombeau de saint François-Xavier. Ces deux objets ont reposé dans les plis du manteau de sainte Thérèse que l'on conserve aux Carmélites de la rue d'Enfer. » (Papiers des Tuileries.)

« lui rester fidèle jusqu'à la mort, afin qu'il soit toujours avec vous et que notre France très chrétienne vous garde elle-même fidélité ! »

Napoléon III commençait à faire voyager son fils, afin d'habituer les populations à le voir et à lui rendre hommage. « Le Prince, mande « l'évêque de Quimper à l'Empereur, a charmé la population entière et « a produit une excellente impression ; tout le monde a remarqué qu'il « ressemble fort à son auguste père ; on trouve aussi en lui quelque « chose de gracieux qui rappelle sa mère. »

Le Prince impérial ayant fait sa première communion, l'Empereur jugea que le moment était venu de placer auprès de son fils une sorte d'aumônier ou plutôt d'instituteur spirituel. Il jeta les yeux sur l'abbé Deguerry, curé de la Madeleine, et bonapartiste de la veille [1]. M. Deguerry avait refusé plusieurs fois de quitter sa cure pour un évêché. Il n'entendait pas en être séparé par de nouvelles fonctions.

« En devenant l'aumônier de Son Altesse impériale, écrit-il le 11 mai 1868 au général Frossard, je ne me sépare pas de ma paroisse, ce qui me serait impossible, de même que Mgr l'archevêque de Paris ne s'est pas séparé de son diocèse lorsqu'il a été nommé grand aumônier de l'Empereur.

« Je n'ai donc eu en vue qu'un titre qui aurait été comme une attache officielle, en quelque sorte, auprès du Prince, et qui, dans l'occasion, pouvait autoriser davantage des observations jugées utiles et peut-être nécessaires [2]. »

Cependant l'exaltation fébrile à laquelle Mgr l'évêque d'Orléans semblait en proie, loin de se calmer, poussait sans cesse ce prélat à de nou-

---

1. Il avait écrit au prince Louis-Napoléon, à peine nommé président de la République, pour le supplier instamment de choisir la Madeleine comme sa paroisse, en lui rappelant que l'église de l'Assomption, qui avait été la paroisse de l'Empereur, en faisait partie.
2. L'abbé Deguerry, devenu le guide des lectures du Prince impérial, lui permit, l'année même où il reçut son titre d'aumônier, de lire les *Oraisons funèbres* de Bossuet. Si l'aumônier du Prince, en choisissant ses lectures, empiète sur le domaine du précepteur, il ne paraît guère chercher à étendre son influence en des matières où il semble qu'il dût être seul appelé à décider. Il écrit par exemple au général Frossard :

« Monsieur le gouverneur,

« Permettez-moi de vous demander si vous avez arrêté quelque chose au sujet de la pratique par le Prince impérial de l'acte suprême de la vie chrétienne ? Cette pratique se bornera-t-elle à la communion pascale ? ou bien le Prince communiera-t-il de plus à la Noël, en souvenir du renouvellement qu'il a fait de sa première communion à cette époque ? Enfin, le Prince ne devrait-il pas s'approcher des sacrements pour l'Assomption, soit la veille ou l'avant-veille, soit le lendemain, le jour même étant rempli par les distractions ?

« Cette fête est tout à la fois religieuse et nationale, et il importe qu'elle aide à entretenir dans Son Altesse impériale une grande et filiale confiance en la très sainte Vierge la mère des fidèles. »

En marge de cette lettre est écrit au crayon : « Répondu le 11 : La communion pascale. La communion à Noël suffirait. »

veaux éclats. Dans les premiers jours de l'année 1869, il lança ses foudres contre un professeur de l'Université, M. Albert, maître de conférences à l'École normale, professeur à Saint-Cyr, chargé du cours de littérature institué à la Sorbonne pour les jeunes filles. M. Albert, dans une leçon à laquelle assistaient les nièces de l'Impératrice, s'avisa de citer Bossuet et Voltaire parmi les écrivains qui avaient tracé une esquisse de l'histoire universelle, et d'établir une sorte de parallèle entre eux. « L'un, dit-il, « a trop sacrifié dans son livre fameux, à un seul peuple, une partie des « peuples qui ont vécu sur la terre ; l'autre, comprenant le premier que « les nations ne forment qu'une famille, fit sortir de cette idée l'*Essai* « *sur les mœurs*, livre admirable dans certaines parties, mais incom- « plet. » Mgr Dupanloup s'indigna de ce parallèle, et il ne fut pas le seul ; l'institutrice des nièces de l'Impératrice fit son rapport en haut lieu. Sa Majesté manda M. Duruy et exhala ses plaintes contre le professeur. M. Albert s'expliqua en chaire : « Ceux que mon enseignement offusque n'ont, dit-il, qu'à n'y point assister. Quant à moi, je ne renoncerai pas à l'indépendance de ma pensée. »

Ce n'est pas contre l'Université, mais contre le clergé lui-même que Mgr Dupanloup aurait dû prendre la défense de Bossuet. La mémoire de l'auteur des quatre propositions était depuis quelques années l'objet d'attaques fort vives de la part d'écrivains ecclésiastiques ; des travaux destinés à diminuer sa gloire avaient paru avec l'approbation de divers évêques [1]. Le pape adressa ses brefs de louange aux évêques ennemis de celui qui passait pour le modèle des évêques [2]. Ces attaques contre le grand évêque gallican, ouvertement approuvées par Sa Sainteté elle-même, ces mandements et ces brefs bruyants, lancés à la veille du concile, indiquaient clairement le but où tendait la curie romaine ; elle voulait prouver qu'elle ne reculerait devant aucun moyen pour briser les résistances et pour écraser les individualités qui porteraient ombrage au Vatican. Elle s'était du reste depuis longtemps mise à l'œuvre. « Tantôt c'est un chapitre dont on soutient la révolte contre l'évêque ; un « prêtre frappé qui en appelle à Rome ; des congrégations nouvelles « qu'on introduit dans le diocèse, malgré l'ordinaire, et qu'on soustrait de « fait à son autorité ; tantôt la liturgie romaine, les livres de doctrine

---

1. Lettre de l'évêque de Versailles à l'abbé Réaume, chanoine de Meaux, auteur très passionné d'une *Vie de Bossuet*.
2. Bref adressé par le pape à l'abbé traducteur du livre du R. P. Veninger, de la Compagnie de Jésus : *Pie IX est-il infaillible ?* et suivi d'un travail intitulé : *Le gallicanisme réfuté par Bossuet à l'aide des textes puisés dans ses œuvres.*

« ultramontaine qu'on lui impose; les actes des synodes provinciaux
« qu'on remanie et que les prélats doivent publier ensuite comme leur
« œuvre personnelle; la division qu'on maintient savamment parmi eux ;
« les dénonciations les moins fondées accueillies; une surveillance dont
« il faut sans cesse déjouer les embûches [1]. »

On se rappelle l'incident qui s'était produit en 1866 au sujet des communautés religieuses qui prétendaient se soustraire à la juridiction de l'archevêque de Paris et ne dépendre que de celle du Saint-Siège. Mgr Darboy défendit énergiquement ses droits et soutint que ces communautés ne pouvaient jouir de l'exemption, parce qu'elles n'avaient pas été érigées canoniquement. Le pape écrivit à cette époque une lettre à l'archevêque de Paris dans laquelle il lui reprochait d'invoquer les lois civiles, « absolument nulles au regard des droits et du gouvernement ecclésiastiques », surtout en ces temps « d'affreuse rébellion ». Sa Sainteté reprenait ensuite le prélat de ce qu'il professait des opinions tout à fait contraires à la divine primauté du pontife romain sur l'Église universelle tout entière. Mgr Darboy, non content de soutenir que « le pouvoir du pontife romain sur les diocèses épiscopaux n'est ni ordinaire ni immédiat, s'était permis, dans son discours au Sénat, de taxer d'abus les appels au siège apostolique. » Mais ce qui indignait surtout le saint-père, c'est que dans ce même discours, qui a été imprimé, l'archevêque de Paris « n'a pas craint de proposer plusieurs mesures contraires à la
« suprême autorité du pontife romain, et qui consistent à retenir les
« lettres apostoliques, à les soumettre au bon plaisir, à l'agrément des
« autorités civiles; il n'a pas craint non plus de déclarer qu'on devait
« accorder quelque autorité et quelque respect aux articles organiques,
« parce qu'ils répondent à une condition et à une nécessité grave de la
« société, quoique le Saint-Siège ait toujours protesté contre ces
« articles. » Pie IX, enfin, après avoir accusé Mgr Darboy de tomber dans l'erreur de Fébronius, le gourmandait d'avoir présidé aux obsèques du maréchal Magnan, grand maître des francs-maçons.

Cette lettre, écrite en octobre 1865 et colportée à cette date dans le monde religieux, mais non publiée, parut tout à coup dans les colonnes d'un journal clérical. Le Saint-Siège, en la livrant à la publicité avec un si étrange à-propos, quatre ans après qu'elle avait été écrite à la veille de la réunion du concile, au moment où l'Empereur demandait pour

---

1. *Ce qui se passe au concile.* Paris, 1870.

Fig. 64. — Le ministère du 2 janvier 1870.

l'archevêque de Paris le chapeau de cardinal, jeta une vive lumière sur ses prétentions et sur l'obéissance qu'il exigeait de l'épiscopat.

Le terrain, pour le concile, semblait suffisamment préparé. La *Civilta cattolica*, organe officiel du Vatican, publia, le 16 février 1869, un article qui traça, en quelque sorte, le programme du concile. L'auteur de l'article, après avoir examiné les points suivants : attitude du gouvernement français; sentiment de l'épiscopat français; espérances et craintes des fidèles; hostilité des non-catholiques; opinion de la presse; vœux relatifs aux définitions doctrinales du concile, ne se faisait pas faute de se moquer de la confiance du gouvernement français dans les sentiments libéraux du clergé, dévoué en grande majorité à l'ultramontanisme, mais dissimulant ses opinions pour ne pas trop lui déplaire, et il déclarait que l'Empereur, à la veille des élections, en présence des progrès du libéralisme, ne pouvait prendre un parti plus sûr que celui de s'allier étroitement avec le pape et de se déclarer le protecteur du concile. Il concluait en ces termes :

« ... Il faut remarquer, comme une note caractéristique, la persuasion
« presque universelle chez les catholiques que le futur concile sera très
« court, et que les évêques du monde entier se trouveront d'accord sur
« les questions principales, de sorte que la minorité, quelque éloquente
« qu'elle puisse être, ne pourra retenir longtemps par son opposi-
« tion.... » Et plus loin : « ...'Pour ce qui regarde la partie dogma-
« tique, les catholiques désireraient que le futur concile promulguât les
« doctrines du *Syllabus,* en énonçant par exemple, au moyen de
« formules affirmatives, et avec les développements nécessaires, les
« propositions qui y sont émises sous forme négative...

« Les catholiques recevraient avec joie la déclaration du futur concile
« sur l'infaillibilité dogmatique du souverain pontife. Cette déclaration
« aurait pour résultat d'annuler indirectement la fameuse d'éclaration
« de 1682, sans qu'on ait besoin d'une discussion spéciale sur ces
« malheureux quatre articles qui ont été si longtemps l'âme du gallica-
« nisme. Personne toutefois ne trouvera étonnant que, par un sentiment
« d'auguste réserve, Pie IX ne veuille pas prendre lui-même l'initiative
« d'une proposition qui semble se rapporter indirectement à lui; mais on
« espère que la manifestation unanime de l'Esprit-Saint, par la bouche
« des pères du concile, définira cette infaillibilité par acclamation. »

La *Civilta cattolica* courait d'autant moins rique de se tromper dans ses prévisions qu'on nommait déjà tout haut le prélat qui devait, dès la première séance du concile, se jeter aux genoux du pape et obtenir de lui l'affirmation de sa propre infaillibilité [1]. Les pères devraient répondre par leurs acclamations.

« Un grand nombre de catholiques, disait la *Civilta* en finissant, émettent le vœu que le prochain concile ferme pour ainsi dire le cycle des hommages rendus par l'Église à la Vierge immaculée, en promulguant le dogme de sa glorieuse Assomption. »

L'*Univers* publia la traduction de cet article dans son numéro du 13 février, en en faisant ressortir l'importance, que personne ne méconnaissait d'ailleurs, car on savait que son auteur, le Père Piccirillo, rédacteur en chef de la *Civilta cattolica*, travaillait souvent avec Pie IX, sur lequel il exerçait plus d'influence que le général de son ordre, le père Becks lui-même, surnommé pourtant à Rome « le pape noir », *il papa nero*.

Les catholiques libéraux, sans être convaincus de l'existence d'un danger pour le dogme ou la discipline, dans le genre de ceux qui avaient motivé jusqu'alors la convocation des conciles, ne méconnaissaient pas la gravité de la situation de l'Église, le péril de la foi attaquée non plus par l'hérésie ou par la métaphysique, mais par une ennemie plus redoutable, la science; ils ne la croyaient pourtant pas dépourvue de moyens de défense. « La foi, en réalité, n'est pas plus incompatible, disaient-ils, « avec la science qu'avec la liberté. Mais le domaine théologique a été « délimité par les grands docteurs du moyen âge, à une époque où il était « impossible de prévoir que le mouvement des idées et l'émancipation de « l'esprit humain briseraient les barrières de la scolastique : l'Église, en « voulant rester fidèle à cet enseignement, semble se poser en adversaire « de la raison et de la science. De là des malentendus, des condamnations « imprudentes et, par une conséquence inévitable, des représailles vio- « lentes qui, pour être injustes, n'en sont pas moins périlleuses [2]. » Les catholiques libéraux disaient encore :

« La discipline, qu'aucune réforme n'a assouplie depuis trois siècles, « suivant les nécessités des temps, est pour le prêtre un fréquent sujet « d'embarras et de conflit au milieu du mouvement de la vie moderne. « A un autre point de vue, la disparition d'un grand nombre d'institutions « qui n'existent plus que de nom dans le droit canon, telles que les « bénéfices, la juridiction de l'official, les immunités des clercs, les

---

1. Mgr Manning, archevêque de Westminster, directement nommé par le pape.
2. *Ce qui se passe au concile*. Paris, 1870.

« usages des Églises nationales, a amené un trouble profond dans
« l'équilibre de la hiérarchie ecclésiastique. Par suite des transforma-
« tions politiques et sociales du XIXᵉ siècle, l'harmonie de l'ancienne
« constitution de l'Église n'existe plus ; le prêtre est à la discrétion de
« l'évêque, et l'évêque se trouve sans garanties vis-à-vis du Saint-Siège.

« Enfin, le problème des rapports de la société civile et de la société
« religieuse se dresse obscur et menaçant. A l'intérieur, l'accord de
« l'Église et de l'État ; à l'extérieur, la conciliation de l'indépendance
« nécessaire au chef de l'Église catholique avec le principe moderne du
« droit des peuples : jamais ces problèmes n'ont soulevé des questions
« plus brûlantes et plus formidables[1]. »

Contrairement à tous les précédents, les gouvernements n'avaient pas été invités à se faire représenter au concile, invitation, il est vrai, inutile, car les droits des pouvoirs civils sont incontestables ; mais on était bien obligé de reconnaître que, en ne réclamant pas contre cette omission, les gouvernements n'avaient pas beaucoup affligé le Saint-Siège, et que leur indifférence semblait au contraire avoir répondu à ses plus chers désirs.

La *Civilta*, dans son fameux article, avait annoncé que le vœu le plus pressant des catholiques était de voir le futur concile ériger en dogmes les doctrines du *Syllabus*, en énonçant, au moyen de formules affirmatives et avec les développements nécessaires, les propositions qui y sont émises sous forme négative. Un jésuite de Vienne, le Père Schrader, s'était acquitté de ce travail, qui permettait de connaître d'avance les conclusions du concile.

Le Père Schrader reconnaît à l'Église le droit d'infliger des peines corporelles, en vertu de sa puissance temporelle directe et indirecte ; il constate que les papes n'ont jamais dépassé les limites de leur pouvoir ni usurpé sur les droits des princes, d'où il résulte que les papes ont encore le pouvoir de déposer les rois à leur gré et d'octroyer, suivant leur bon plaisir, des royaumes et des nations entières. Il ne serait donc désormais plus permis aux historiens, en vertu du *Syllabus* converti en dogme, d'enseigner sans tomber dans l'hérésie certaines théories librement professées jusqu'ici, notamment que les immunités des clercs ont été peu à peu concédées à l'Église par les empereurs romains et plus tard par les rois. Quant aux droits de la conscience, de la foi et de la confession religieuses, le *Syllabus* les nie ; il n'admet pas non plus que l'on

---

1. *Ce qui se passe au concile.* Paris, 1870.

confère les mêmes droits politiques aux protestants qu'aux catholiques, et qu'on permette aux protestants qui s'établissent dans les pays catholiques d'exercer librement leur culte. Le *Syllabus,* on le sait, se termine par cette déclaration : « Ceux qui tiennent pour possible et désirable la réconciliation du pape avec la civilisation moderne sont dans une erreur condamnable. » Les constitutions de tous les États de l'Europe, à l'exception de la Russie, étant le produit et l'expression de cette civilisation représentée par la liberté de la confession religieuse et du culte, par la libre expression de la croyance, par l'égalité devant la loi et devant les charges et les droits politiques, par le droit de voter les impôts, et par la participation de la nation à la confection des lois, il s'ensuivait, d'après le livre du Père Schrader, que l'Église était opposée à toutes les constitutions.

Les conditions de l'État moderne, les efforts des peuples pour restreindre son omnipotence et pour se gouverner eux-mêmes se trouvaient donc en contradiction absolue avec l'ultramontanisme. La curie romaine le déclara d'avance par l'approbation donnée au livre du Père Schrader. Restait l'application des principes du *Syllabus* à la société. La coercition ou la répression sont un devoir sacré pour l'Église dès qu'elle est assez forte pour s'en servir ; mais l'exercice du pouvoir temporel et corporel de l'Église dépendent du temps et des époques. S'il n'est pas aujourd'hui le même entre ses mains qu'au moyen âge, c'est que l'Église n'a pas la force nécessaire pour supprimer les libertés modernes ; mais cela n'empêche pas que tous ceux qui enseigneront désormais, soit au nom de l'Église, soit au nom de l'État, ne soient tenus d'enseigner les propotions extraites du *Syllabus* par le Père Schrader, ou de se séparer de l'Église.

Après la transformation en dogme de l'infaillibilité du pape et du *Syllabus*, Pie IX, non content d'avoir célébré l'Immaculée-Conception comme une révélation divine, se proposait de proclamer le dogme de l'Assomption de la Vierge Marie. Les Jésuites, de leur côté, espéraient que la sainte assemblée désignerait leur ordre comme particulièrement propre à la direction des gymnases et des établissements supérieurs d'éducation, et que les évêques s'engageraient, dans le cas où ils auraient une action immédiate sur ces écoles, à les livrer aux Pères de la Compagnie de Jésus.

L'article de la *Civilta* venait à peine de paraître que deux prélats nommés directement par le pape, Mgr Manning, archevêque de Westminster, et Mgr Deschamps, archevêque de Malines, déclarèrent dans des lettres pastorales, véritables traités sur la matière, la cause de l'infaillibilité jugée et la définition certaine. Mgr Plantier, évêque de Nîmes, dans son écrit intitulé *les Conciles généraux*, appuyait de toutes ses forces le procédé de l'acclamation, non sans récriminer contre l'Eglise gallicane et contre ses docteurs. Le carême, les noces d'or, cinquantième anniversaire de l'entrée de Pie IX dans l'Église, furent pour les évêques infaillibilistes autant d'occasions d'exprimer hautement leur opinion. Les évêques de Laval, de Strasbourg, de Rodez, de Montauban, de Carcassonne, de Tulle, etc., publièrent des mandements reproduits par la *Civilta* et l'*Univers* et qui enflammaient les ardents et entraînaient les tièdes.

L'Allemagne poussa le premier cri d'alarme contre le concile, dans une adresse des catholiques de Coblentz à l'évêque de Trèves. M. de Montalembert, dans une lettre écrite « au bord de la tombe, » avec « cette indépendance des hommes et des choses, dont la mort a seule le privilège », constate l'importance de « ce glorieux manifeste de la conscience et de la raison des catholiques ». La lettre de M. de Montalembert aux catholiques de Coblentz se terminait ainsi : « Vous me permettrez d'ajouter que « je me sens un peu humilié par la pensée que, vous autres Allemands « du Rhin, vous avez eu cette fois l'initiative d'une démonstration qui « convenait si bien aux antécédents des catholiques français. »

Pendant que les prélats allemands réunis à Fulda exprimaient le désir de voir le concile se séparer des doctrines de l'ultramontanisme, et accorder à tous les pères pendant les discussions une liberté sans laquelle ses décisions seraient dépourvues de toute valeur, Mgr Maret, évêque de Sura, seul de tous les évêques français usa, contre les propositions que l'ultramontanisme devait faire au concile, des armes de la théologie, dans son livre : *Du concile général et de la paix religieuse*. L'abbé Maret, doyen de la faculté de théologie de Paris, nommé évêque de Vannes quelque temps après la bataille de Castelfidardo, s'était vu presque refuser ses bulles, à cause de ses opinions, peu favorables, disait-on, au pouvoir temporel. Le gouvernement impérial insista vainement auprès de la curie romaine ; tout ce qu'il put obtenir pour son protégé, ce fut la dignité épiscopale sans siège. L'abbé Maret dut se contenter du titre d'évêque de Sura *in partibus infidelium*. Les premiers exemplaires de son livre furent distribués aux évêques le 19 septembre. Quelques jours après cette première attaque publique du clergé français contre les prétentions du concile, éclata la rupture d'un des plus célèbres prédicateurs de l'époque avec l'Église.

Le Père Hyacinthe, en prenant la parole dans une des conférences ouvertes au mois de juin dernier par la *Ligue internationale de la paix*, avait représenté les religions judaïque, catholique et protestante comme « les trois grandes religions des peuples civilisés ». Là-dessus, explosion d'indignation des feuilles catholiques et sommation du préposé général des Carmes à Rome d'avoir à les rétracter. Le Père Hyacinthe lui répondit, le 20 septembre, une lettre dans laquelle, après avoir protesté contre « la perversion sacrilège de l'Évangile », il ajoute : « Si les races latines sont livrées à l'anarchie sociale, la cause principale en est, non pas au catholicisme, mais à la manière dont le catholicisme est depuis longtemps compris et interprété. » Laissant tout ménagement de côté, le Père Hyacinthe s'éleva hardiment contre « ces doctrines et ces pratiques qui « se nomment romaines, mais qui ne sont pas chrétiennes, et qui, dans « leurs envahissements toujours plus audacieux et plus funestes, tendent « à changer la constitution de l'Église, le fond comme la forme de son « enseignement, et jusqu'à l'esprit de sa piété. »

Il blâma ensuite avec la même hardiesse « le divorce impie autant qu'insensé qu'on s'efforce d'accomplir entre l'Église, qui est notre mère selon l'éternité, et la société du xixe siècle, dont nous sommes les fils selon le temps et envers qui nous avons aussi des devoirs et des tendresses. » Sa lettre se terminait par cette déclaration relative au concile : « Si l'auguste assemblée n'avait pas plus de liberté dans ses délibérations qu'elle n'en a déjà dans sa préparation ; si, en un mot, elle était privée des caractères essentiels à un concile œcuménique, il pourrait bien se faire que dans un délai plus ou moins bref on vît se réunir un autre concile, représentant réellement l'Église universelle, non pas le silence des uns et l'oppression des autres. »

Cette lettre devint le sujet de tous les entretiens dans le monde politique et religieux, alors très confondus. Les journaux libéraux la publièrent sans commentaires. Les journaux ultramontains commencèrent par dire que l'auteur justifiait toutes les craintes conçues depuis longtemps à son sujet, mais qu'ils espéraient qu'il « trouverait au pied de la croix des inspirations qui lui feront regretter d'avoir un monent affligé le Carmel, l'Église et les innombrables fidèles qu'il avait édifiés par son apostolat. » Mais, quand elle vit que le Père Hyacinthe refusait de se rétracter, même devant la menace de l'excommunication majeure, la presse ultra-

Fig. 65. — Entrevue de M. Émile Ollivier et de Napoléon III.

montaine changea de langage, et l'*Univers* le couvrit des invectives qu'il a l'habitude de prodiguer à ses adversaires.

Mgr Dupanloup, en apprenant la résolution du Père Hyacinthe de ne point se soumettre, avait fait partir tout de suite et de nuit un de ses prêtres, ancien condisciple du moine rebelle, pour l'arrêter s'il était possible sur le penchant de l'abîme, mais il arriva trop tard. « Le scandale était « consommé, écrit Mgr Dupanloup à l'ancien carme, et dès maintenant « vous pouvez mesurer à la douleur de tous les amis de l'Église et à la joie « de tous ses ennemis le mal que vous avez fait...... Vous avez souffert, je « le sais ; mais, laissez-moi vous le dire, le Père Lacordaire et le Père Ravi- « gnan ont souffert plus que vous, et ils se sont élevés plus haut dans la « patience et dans la force par l'amour de l'Église et de Jésus-Christ......, « mais je veux espérer, et j'espère. Ce ne sera qu'un égarement passager. »

Le Père Hyacinthe répondit à Mgr Dupanloup qu'il était très touché du sentiment qui lui dictait sa lettre, qu'il le remerciait des prières qu'il voulait bien faire pour lui, mais qu'il ne pouvait accepter ni ses conseils ni ses repoches. « Ce que vous appelez une grande faute commise, je l'appelle un grand devoir accompli. »

Le passage de la lettre de l'évêque d'Orléans relatif aux douleurs du Père Lacordaire et du Père Ravignan jette un jour bien triste sur les attentats de la cour de Rome contre la liberté des intelligences ; la mort des âmes *perinde ac cadaver*, c'était désormais la doctrine de l'Église. Le supérieur des Carmes n'avait-il pas ordonné au Père Hyacinthe de « fausser » sa parole et de « la mutiler par des réticences » ? L'évêque d'Orléans, habitué depuis longtemps à s'imposer à lui-même de pareils sacrifices, ne pouvait se rendre compte de la répugnance des autres à les accepter ; mais tout le monde n'a pas de ces flexibilités de caractère qui permettent par exemple à un prélat, quand il croit que l'intérêt de l'Église l'exige, de transformer l'Encyclique et de lui donner un sens libéral.

Le Révérend Père préposé général des Carmes déchaussés avait fixé au Père Hyacinthe de l'Immaculée-Conception, définiteur provincial et supérieur de la maison de Paris, un délai d'un mois pour rentrer dans son couvent ; ce délai étant expiré, l'autorité supérieure de l'ordre, par décret en date du 18 octobre 1869, déposa le Père Hyacinthe de toutes les charges qu'il avait dans l'ordre, le déclarant atteint par son apostasie et sous le coup de l'excommunication majeure, ainsi que de toutes les autres censures et peines ecclésiastiques édictées par le droit commun et par les constitutions de l'ordre contre les apostats.

Les chefs du parti catholique libéral avaient enfin donné signe de vie, en publiant dans le *Correspondant* un article-manifeste délibéré en commun. L'archevêque de Paris lança également son mandement sur le futur concile; le prélat, sans aborder la question de l'infaillibilité, traçait un tableau saisissant des nécessités de l'esprit moderne, avec les formes habiles adoptées par les évêques de Fulda pour rassurer les catholiques sur la sagesse des futures décisions du concile. Là se bornèrent les efforts des catholiques libéraux. Quant au gouvernement impérial, ses journaux gardaient le silence sur la grande réunion qui allait avoir lieu à Rome. M. Rouland, dans le courant du mois de novembre, avait déposé une demande d'interpellation au Sénat. Il désirait savoir quelle serait la conduite du gouvernement dans le cas où le concile proclamerait certaines définitions contraires à notre droit public. La presse ultramontaine déclara nettement que le gouvernement ne saurait empêcher les décisions du concile et la volonté du pape d'être immédiatement répandues dans l'univers entier et obéies aussitôt par tous les fidèles. « Entre ses défenses et les ordres de l'Église, croit-il trouver en France un seul chrétien, prélat, prêtre ou fidèle qui hésite? Qu'il n'en tente pas l'expérience, et qu'il n'essaye pas de placer sa volonté en travers de ce grand courant, *car il verrait avec quelle facilité elle serait emportée et peut-être lui avec.* » Ainsi s'exprimait un journal ultramontain. C'était dire nettement au gouvernement : Nous nous moquons de vos prohibitions, et vous êtes perdu si vous essayez de faire observer les stipulations du concordat.

Voilà pourtant où l'on en était venu. Le clergé gallican n'existait plus, et le gouvernement impérial, incapable de prendre un parti à l'égard du concile, était forcé de déclarer qu'il s'en rapportait à la sagesse des évêques rassemblés à Rome. Les autres gouvernements se contentèrent également de faire leurs réserves à l'égard des décisions du concile qui pourraient être contraires aux principes sur lesquels reposent les sociétés modernes. La Bavière catholique essaya seule d'aller plus loin. Le prince de Hohenlohe, chef du cabinet, soumit un plan de résistance aux tendances de la cour de Rome, qui fut partout repoussé.

Mgr Dupanloup, au moment de partir pour Rome, crut devoir adresser au clergé de son diocèse une lettre intitulée : *Observations sur la controverse soulevée relativement à la définition de l'infaillibilité au prochain concile;* c'était la première fois qu'un évêque, parlant comme évêque, repoussait le dogme de l'infaillibilité, sinon quant au fond, du moins quant à l'opportunité. Mais on s'occupa moins de cette lettre que de celle dans laquelle il faisait part à ses prêtres, de son *Avertissement à M. Veuillot*. Les hostilités entre l'*Univers* et l'évêque d'Orléans n'avaient pas, à vrai dire, cessé depuis 1852. Mgr Dupanloup, à cette époque, avait à côté de lui beaucoup d'évêques. « M. Veuillot, « s'écrie le prélat, se constitue juge entre les évêques; il prend parti pour « ou contre eux sur les points les plus délicats de la théologie, il usurpe « sur l'épiscopat, il accuse et il calomnie ses frères dans la foi, nul ne mé- « ritera jamais mieux que lui ce mot sévère des Livres saints, *accusator* « *fratrum*. M. Veuillot, non content de rendre l'Église complice de ses « violences en donnant pour sa doctrine ses idées les plus personnelles, « crée des partis et même des hérésies dans l'Église, et il y implique les « plus illustres défenseurs de l'Église. Républicain, M. Veuillot l'a été ; « césarien, il l'est toujours. Il défigure les doctrines de l'Église qu'il pré- « tend défendre, il amasse des tempêtes contre elle, il rend le pape odieux. « Mais ce n'est pas tout encore : M. Veuillot éternise ces malentendus qui « dévorent les catholiques; si son langage était celui de tous les organes « religieux, s'il était avéré que ses doctrines sont celles de l'Église, les « haines qu'il soulève seraient aussi universelles que formidables : l'Église « serait mise au ban des nations civilisées [1]. »

Mgr Dupanloup, faisant allusion aux manœuvres de M. Veuillot pour obtenir qu'un immense *cri* s'élève et *force* les pères du concile à poser la question d'infaillibilité et à la résoudre, lui demande : « Qui êtes-vous, pour tracer aux évêques un programme ? » Il lui reproche plus loin d'avoir, dans ses articles sur le manifeste du *Correspondant*, travesti et calomnié odieusement l'acte de ces catholiques, dont il a signalé pour les flétrir les noms plus ou moins illustres, mais tous dignes du respect et de la reconnaissance de l'Église. « Ah ! Saint-Père, s'écrit-il en « finissant, vous pour qui je donnerais ma vie et mon sang comme une « goutte d'eau, après avoir consacré tant de labeurs et tant de veilles, je « souffre quand je vois ceux qui se disent vos amis vous manquer à ce « point de respect et, par des flatteries sans gravité et sans décence, parce « qu'elles sont sans mesure, vous exposer ainsi à la risée de nos ennemis « et des vôtres. »

L'intervention de Mgr Dupanloup passionna la polémique que l'évêque de Sura soutenait seul depuis plusieurs mois déjà contre les évêques de

---

1. Lettre de Mgr Dupanloup aux prêtres de son diocèse pour leur donner communication de son AVERTISSEMENT à M. Louis Veuillot, rédacteur en chef du journal *l'Univers* (21 novembre 1869).

Poitiers, de Nîmes, de Rodez, de Laval, de Montauban, etc. La controverse continuait pour ainsi dire par étapes. On touchait à la veille du concile, et la plupart des prélats étaient en route pour Rome. Les évêques de Versailles, de Westminster et de Malines écrivirent de nouvelles lettres. La curie romaine s'interposa enfin et refusa l'*imprimatur* à tous les écrits des évêques, sans distinction de parti, refus qui, par une coïncidence fâcheuse, frappa précisément l'évêque d'Orléans au moment où il allait exercer son droit de réponse.

L'ouverture du concile eut lieu le 8 décembre, sans aucun incident digne d'une attention particulière. La cérémonie dura six heures; plus de sept cents ecclésiastiques y assistaient. Le pape, dans la réunion préparatoire du concile tenue dans la chapelle Sixtine le 2 décembre, avait prononcé une allocution dans laquelle on remarquait cette phrase : « Il s'agit de trouver des remèdes à tous les maux qui de nos jours troublent la société chrétienne et civile. » Ce remède, c'était le *Syllabus*.

CHAPITRE XIV

PRÉFACE DE L'EMPIRE LIBÉRAL

Reprise des négociations entre l'Empereur et M. Émile Ollivier, par l'intermédiaire de M. Clément Duvernois. — Graves embarras du gouvernement. — Il faut qu'il recule ou qu'il avance. — L'Empire peut-il se transformer? — M. Émile Ollivier se présente pour tenter l'épreuve. — Ses conditions. — Son programme. — M. Emile Ollivier se rend déguisé à Compiègne. — Hésitation de l'Empereur. — Il fait son testament. — M. Emile Ollivier repart pour Saint-Tropez. — Il revient bientôt à Paris mandé par l'Empereur. — Il accepte le ministère. — Négociations ministérielles. — M. Daru. — M. Buffet. — Mécontentement de M. Emile de Girardin. — M. Magne s'oppose à l'entrée de M. Clément Duvernois au ministère. — Dépit déguisé de ce dernier. — Rupture entre les deux fondateurs de l'Empire libéral. — Lettre de l'Empereur du 27 décembre. — M. Emile Ollivier la communique aux deux centres. — Embarras de M. Emile Ollivier. — MM. Segris et de Talhouët n'entreront au ministère qu'avec MM. Daru et Buffet. — Il est obligé de céder. — M. Magne est sacrifié. — Formation définitive du ministère. — Effet produit sur l'opinion publique.

Pendant que la session extraordinaire suivait son cours, les négociations qui devaient aboutir à une transformation de l'Empire s'engageaient, par l'intermédiaire de M. Clément Duvernois, entre l'Empereur et M. Émile Ollivier. Entamées depuis plusieurs années, d'abord activement, puis mollement suivies, enfin abandonnées, elles avaient été reprises dans les premiers jours du mois d'octobre.

L'Empire était dans une crise grave. Les élections générales lui avaient montré tout à coup la largeur du fossé creusé entre lui et le pays ; les discussions de plus en plus ardentes du Corps législatif donnaient à réfléchir à l'Empereur. Une majorité non pas incertaine, mais capricieuse, des groupes qui, sans être des partis, en avaient les inconvénients, une opposition franchement déclarée, et trois ou quatre oppositions dissimulées créaient, dans un régime absolu, les difficultés que l'on reproche au régime parlementaire de faire naître.

L'Empereur se trouvait donc placé dans cette alternative : revenir en arrière ou marcher en avant. Reprendre la tradition de l'Empire dictatorial ou transformer l'Empire selon les données libérales. Mais il fallait bien réfléchir avant de se décider, car les dictatures abandonnées ne se reprennent pas. L'homme, de l'enfance à l'adolescence, de l'adolescence à la jeunesse, de la jeunesse à l'âge mûr et de l'âge mûr à la vieillesse, subit une série de transformations qui sont la suite des phénomènes successifs de son développement ; il a sa phase de progrès et sa phase de décadence. Il en est de même des gouvernements : il y a un moment où ils peuvent se transformer, s'améliorer ; ce moment passé, tout changement n'est pour eux qu'un pas vers la ruine.

L'Empire n'avait plus de corps. Où était le magicien qui rajeunirait le vieil Eson ? M. Émile Ollivier s'offrait pour accomplir le prodige. M. Rouher y aurait peut-être mieux réussi. Un homme qui reconnaît avoir commis une erreur, que son aveu soit hypocrite ou sincère, a plus de force qu'un transfuge pour opérer un grand changement politique. M. Émile Ollivier avait trahi le parti républicain ; de plus, sa trahison, lentement accomplie et n'aboutissant qu'à de perpétuelles et infructueuses menées, sa patience, sa longue attente dans les ténèbres donnaient à son entreprise un triste cachet d'expédient et d'intrigue. M. E. Ollivier avait des flatteurs avant d'être ministre ; mais les appuis solides lui manquaient. Ne connaissant les hommes ni au-dessus, ni au-dessous, ni à côté de lui, il contait sur lui et sur son éloquence pour suffire à tout ; s'offrant quand il croyait s'imposer, s'imaginant imprimer sa pensée au règne dont il était l'instrument, il ne représentait dans le pays et dans la Chambre qu'un programme qu'il résumait ainsi dans une lettre adressée à M. Clément Duvernois :

« A l'extérieur, je crois que la guerre, loin de rien résoudre, embrouillera tout et compromettra tout. Si les commerçants ne la craignaient pas, les esprits seraient beaucoup plus calmes. Le moment d'arrêter la Prusse est passé, irrévocablement passé, et le

Fig. 66. — M. Émile Ollivier eut un moment de découragement par suite des difficultés qu'il éprouvait à former son ministère.

salut et la grandeur de l'empire ne peuvent plus être cherchés que dans le respect du principe des nationalités. L'Empereur l'a inauguré; s'il le combat, il sera vaincu par lui; par conséquent, j'admets qu'on examine s'il y a lieu de s'opposer à l'annexion des États du Sud à la Confédération du Nord, si la Prusse veut l'opérer par la force ; je n'admets pas qu'on s'y oppose sous aucun prétexte, si cette annexion s'opère par la volonté des populations.

« A l'intérieur, je ne crois plus possible le maintien de la loi de sûreté générale, de l'article 75 et des candidatures officielles, en principe du moins. Je ne puis aller jusqu'à accorder aux conseils municipaux la nomination des maires, mais j'estime qu'une sérieuse étude doit être commencée pour opérer le plus de décentralisation possible et étendre les libertés communales. En ce qui concerne la liberté de la presse et le droit de réunion, il n'y a qu'à persévérer dans la politique actuelle : elle est excellente. Dans quelques mois, on en constatera les résultats : les irréconciliables se seront mangés entre eux; la presse se sera discréditée, usée par ses excès, le gouvernement se sera accru de ce que ses ennemis auront perdu, et, s'il est contraint de réprimer une émeute, il pourra le faire sans péril, car il n'y a que les gouvernements libres qui ne soient pas affaiblis par une répression même *nécessaire*. En d'autres termes, en présence des conservateurs inertes et déconcertés, il y a deux courants ardents, celui de la révolution, celui de la liberté. S'ils s'unissent définitivement, le péril commencera. La sagesse est de les opposer l'un à l'autre et de vaincre le premier par le second, les conservateurs devenant la réserve qui décidera de la journée. Si l'Empereur n'est pas de mon avis sur ces divers points, je ne puis lui être d'aucune utilité; s'il pense ainsi, il reste à déterminer comment je pourrai lui être le plus utile. Je ne crois pas que cela soit en m'unissant à M. Rouher dans un ministère. Plus tard, ce sera peut-être désirable; aujourd'hui, ce serait un désastre pour tous les deux. Je ne crois pas davantage que cela soit en m'annexant au ministère actuel : il semblerait que je trahis mes amis et que j'adhère à l'origine extraparlementaire du ministère.

« Si l'Empereur croit devoir m'employer, qu'il le fasse en tirant de moi le plus de profit possible; qu'il me charge par une note au *Moniteur* de former un ministère. Voilà qui frappera les esprits et sera efficace. Dans ce ministère, je proposerai quelques-uns des ministres actuels, Magne surtout, Chasseloup, les ministres de la marine et de la guerre : si cela se peut, ce qui est incertain; Forcade, mais pas à l'intérieur. Les autres ministres seraient pris dans les 116. Lesquels? Je l'ignore; car je n'ai d'engagements envers personne. Ce serait à régler de manière à ne pas blesser les sentiments personnels de l'Empereur.

« Je suis convaincu qu'un ministère ainsi composé aurait une solide majorité; mais, pour que certaines personnes du gouvernement n'aient pas la velléité de la lui ôter par l'intrigue, où je me déclare parfaitement incapable, il faudrait que je fusse autorisé à dissoudre la Chambre, si elle ne me suivait pas. Il serait bien entendu que je ferais tout ce qui est humainement possible pour éviter cette extrémité, et j'ai la confiance que je n'y serais pas réduit, précisément parce que j'en aurais le pouvoir. Dans ces conditions, je suis prêt à prendre la responsabilité de la lutte et à prendre la révolution corps à corps comme ministre [1]. »

La révolution ne se laisse pas prendre ainsi corps à corps par le premier venu, et, en admettant qu'elle se prêtât à la lutte rêvée par M. E. Ollivier, il avait, avant tout, à en entreprendre une contre la majorité et la cour, à triompher des résistances du passé et des appréhensions de

---

1. Lettre à M. Clément Duvernois, datée de Saint-Tropez, 2 octobre 1869 (Pièces saisies aux Tuileries).

l'avenir. La transformation de l'Empire offrait en attendant le singulier spectacle du sort d'une dynastie livrée à deux jeunes gens, l'un simple condottiere de plume, obscur favori d'un souverain malade et affaibli; l'autre avocat de second ordre au palais, orateur emphatique à la Chambre, homme d'État à la recherche d'un parti ou d'une fraction de parti à diriger.

M. Émile Ollivier, malgré son assurance, semblait pourtant à certains moments se rendre compte des difficultés de l'entreprise dont il assumait la responsabilité. Le 5 octobre, il écrit à M. Clément Duvernois :

« Imaginez quelle sera ma situation entre une cour, dans laquelle je suis un étranger, un ennemi, et une Chambre qui, composée en partie de créatures de Rouher, sera journellement excitée par lui contre moi. Si je ne prenais pas mes sûretés, je serais impuissant et ridicule. Mais, à mon avis, la meilleure combinaison ne serait pas celle que je vous ai indiquée. Le mieux serait de laisser le ministère tel qu'il est jusqu'à la réunion de la Chambre; je lui viendrai en aide contre les irréconciliables; les groupes et les partis s'organiseront; en ce qui me concerne, je serai amené à rompre avec la partie pointue du tiers-parti, ce qui me donnera plus de liberté dans mes allures. Alors, naturellement, une multitude de combinaisons s'offriront, et je me prêterai très volontiers à faciliter celle qui aura le plus de chances.

« L'essentiel pour l'Empereur est qu'il donne au pays l'assurance qu'il est sincèrement dans la voie parlementaire. Il n'y a pour cela que deux moyens : ou, avant la session, charger quelqu'un de former un cabinet avec un programme déterminé et convenu, ou attendre les débats de la Chambre afin d'appeler ceux qui auront groupé la majorité autour d'eux. Cette dernière conduite me paraîtrait la plus facile et la plus prudente. Si cette solution était adoptée, je ne refuserais nullement de m'entendre avant sur le programme avec l'Empereur, et de me faire ministre *in partibus* ou *in petto*.

« Quant à un ministère tiers-parti pur, il est impossible. En dehors de quelques individualités, il n'y a dans ce groupe ni talent ni autorité, et la majorité s'insurgerait.

« Le rappel de Rouher amènerait une révolte dans l'opinion. Elle userait définitivement un homme de grande valeur dont le rôle n'est pas fini et qu'il faut tenir en réserve.

« Le vrai est non de *fortifier* le ministère actuel, ce serait un rapiéçage sans valeur, mais de créer un ministère *nouveau* avec la partie libérale du ministère actuel et la partie sensée des 46.

« Toute autre solution ne réussira pas. »

On a vu dans le chapitre précédent que M. E. Ollivier avait effectué cette rupture avec ce qu'il appelle la partie pointue du tiers-parti, et même avec le tiers-parti tout entier, en se rapprochant de la droite avant l'ouverture de la session dans l'intention de former un ministère avec elle.

Il n'y a de doute dans son esprit que sur l'époque à laquelle ce nouveau ministère doit être créé.

« Vaut-il mieux qu'il le soit maintenant? Vaut-il mieux attendre la session? Je vous ai indiqué dans quelles conditions on pourrait le créer avec moi de suite. Mais je préférerais (et c'est l'opinion que j'ai exprimée à Magne) qu'on attendît la session. Jusque-là, on marche plus ou moins à tâtons. Voyez donc quelle serait ma situation si, un mois après mon arrivée au ministère, la Chambre, organisée par les Mathieu et les David, repoussait notre candidat à la présidence, qui ne saurait être autre que M. Schneider. Il faudrait se retirer platement sans avoir rien fait, couvert des risées publiques, ou bien dissoudre, ce qu'il est de bonne politique d'éviter à tout prix.

« Si, au contraire, je n'arrive aux affaires que lorsque, la Chambre et moi étant tâtés, nous nous serons mis d'accord, il n'y a plus aucune difficulté, et, ayant toute ma jeunesse, j'aurai toute ma force.

« L'idée que mon temps va s'user en intrigues, en manèges personnels, m'obsède et m'épouvante, et je ne puis m'y plier. »

M. Clément Duvernois connaissait trop bien cette longue suite d'intrigues et de manèges dont se composait la vie de M. E. Ollivier, depuis le jour où il s'était associé aux combinaisons de M. de Morny, pour être dupe de cette phrase à effet.

M. E. Ollivier était encore absent dans les premiers jours d'octobre; son éloignement prolongeait des négociations dont la conclusion devenait de jour en jour plus nécessaire. M. Clément Duvernois le fit revenir. Son retour donna le signal d'un véritable débordement de cancans politiques, s'il est permis de s'exprimer ainsi. Les listes ministérielles se succédaient dans les journaux; les reporters fournissaient sur ceux qui en faisaient partie les détails les plus personnels. Ils présentaient les futurs ministres au public comme ils lui auraient présenté les acteurs chargés des principaux rôles d'une pièce nouvelle. La transformation de l'Empire par M. E. Ollivier et Clément Duvernois prenait un faux air de comédie et de première représentation.

Le 29 octobre, M. Clément Duvernois, jugeant le moment venu de pousser au dénouement, demanda pour M. E. Ollivier une audience à l'Empereur, qui fixa immédiatement un rendez-vous au futur ministre [1].

M. Émile Ollivier partit le 30 au soir à l'heure indiquée. M. Piétri fut averti que non seulement il aurait un cache-nez, mais encore qu'il ne porterait pas de lunettes, ce qui le rendait méconnaissable.

---

[1]. « Compiègne, 30 octobre 1869.

« Mon cher monsieur Duvernois,

« L'Empereur a reçu votre lettre. Sa Majesté me charge de vous dire qu'elle verrait avec plaisir M. Émile Ollivier; mais, pour éviter les indiscrétions des journaux et de tous les petits journalistes qui encombrent Compiègne, il faudrait prendre certaines précautions pour leur échapper. Voici, par conséquent, ce qu'il faudrait faire. M. Émile Ollivier partirait demain soir, lundi, par le train de *huit heures*. Il arriverait à dix heures une minute à Compiègne. Je l'attendrai à la gare. Il pourrait repartir à deux heures trente minutes du matin, pour arriver à Paris à quatre heures quarante-cinq minutes du matin.

« Si M. Émile Ollivier a soin, en arrivant à la gare de Paris, de s'entourer la tête d'un cache-nez, il pourra passer inaperçu.

« Prévenez-moi, afin que je puisse aller le recevoir à la gare.

« Tout à vous.

« F. Piétri. »

Ce déguisement imposé à M. Émile Ollivier n'annonçait point de la part de l'Empereur une volonté bien arrêtée de modifier la direction de son gouvernement. A quoi bon toutes ces précautions, si Napoléon III avait cette ferme intention? L'Empereur, fort malade et très attristé, hésitait à prendre une décision. Son testament porte la date de la fin d'octobre 1869. C'est le 7 de ce mois, au moment où les pourparlers s'engagent entre M. E. Ollivier et C. Duvernois, qu'il dépose au Sénat les lettres patentes par lesquelles il nomme un conseil de régence dont la présidence appartiendrait à l'Impératrice, et dont feraient partie le prince Napoléon, M. Rouher, M. de La Valette, l'amiral Rigault de Genouilly, M. Jérôme David, M. Laity, ainsi que le ministre de la guerre, le commandant de l'armée de Paris et le premier président de la Cour de cassation.

L'indécision de l'Empereur venait surtout de sa répugnance à se séparer des ministres actuels; il aurait voulu leur adjoindre M. E. Ollivier et un ou deux de ses amis. M. E. Ollivier refusa de s'associer à cette combinaison.

« *Non possumus*, écrit-il à son confident ordinaire [1]; plus je réfléchis, moins j'hésite. Prendre des anciens membres de la majorité dans un ministère que je formerais serait une preuve de conciliation et de largeur d'esprit; m'annexer à eux serait une preuve de faiblesse ou de basse ambition.

« La majorité ne serait pas plus désavouée par la translation de Forcade au commerce qu'elle ne l'a été par la croix de commandeur donné à Latour du Moulin, que la majorité de 1863 ne l'a été par le renvoi de Persigny immédiatement après l'élection. Retirer Forcade de l'intérieur est certes une concession moins grave que d'avoir congédié Rouher : pourquoi, après avoir consenti à l'une, ne pas se résigner à l'autre? Pourquoi rester toujours entre deux systèmes et ne pas accepter avec résolution les exigences du mécanisme constitutionnel?

« Que perdra l'Empereur à se montrer conciliant? Rien. Je ne saurais au contraire, sans perdre toute ma force, accepter la solidarité d'élections faites selon une méthode que je déconseillerais. Que diraient mes amis? Que diraient Lambrecht, Janzé et tous ceux qui sont restés sur le champ de bataille sous les coups de l'administration Forcade? M'associer à Forcade comme ministre de l'intérieur m'est aussi impossible que de combattre Schneider comme président.

« Le sens moral abandonne ce peuple, rendons-le-lui par l'exemple, en accomplissant rigoureusement nos devoirs, et quel plus impérieux devoir que la fidélité à l'amitié et le respect de liens politiques? *Non possumus*.

« M. Rouher reviendra; mais croyez-vous que cela même soit aisé? Ne serait-ce pas pour l'Empereur une démarche plus humiliante que d'appeler un homme nouveau et le charger de former un ministère? Au point de vue de l'amour-propre, il ne peut rien y avoir de plus dur pour l'Empereur que le rappel de Rouher, et je doute fort d'ailleurs que Rouher consente à revenir autrement que comme un ministre constitutionnel avec un programme déterminé. Donc *non possumus*, et je repars dimanche pour Saint-Tropez. »

1. Lettre à M. Clément Duvernois du 5 novembre (Papiers saisis aux Tuileries).

Ce qu'il fit le 8 novembre.

L'Empereur avait fait, dans la matinée de la veille, auprès de lui une tentative dont il avait paru touché. M. Clément Duvernois, témoin de l'impression produite par cette lettre et convaincu que pour dominer dès le premier jour les éléments directs de la majorité, il fallait être ministre et non candidat ministre, redoubla d'efforts auprès de M. E. Ollivier pour lui faire comprendre que, « pour réunir dès la première heure une forte « majorité, l'éclat du talent ne suffit pas, il faut le fait accompli. Entre « les hésitations d'une fraction de l'ancienne majorité sourdement tra- « vaillée peut-être par les amis des anciens ministres, les colères de la « gauche et les intrigues du tiers-parti, Ollivier pourrait avoir un succès « douteux, presque un échec, qui le rendrait impossible pour six mois, « ou être conduit à contracter des engagements qui le compromettraient « dans l'avenir. Arriver à la Chambre en ministre, c'est conquérir la « certitude d'avoir un vote de confiance et la possibilité de gouverner. « Arriver en député, c'est tout jouer sur un discours et peut-être se « livrer au tiers-parti[1]. »

M. Clément Duvernois se crut si sûr de l'effet produit par ses raisonnements sur M. E. Ollivier, qu'il annonça son acceptation certaine du ministère moyennant quelques réserves insignifiantes :

« Sur les questions de principes, je ne vois pas qu'il y ait de difficultés sérieuses. La note au *Journal officiel*[2] n'était pas du tout dans la pensée d'Ollivier une précaution contre l'Empereur ou un moyen d'amoindrir le rôle constitutionnel de Votre Majesté. Ollivier est comme moi, sur ce point, de l'école de M. Guizot. Il n'admet pas du tout que l'Empereur doive avoir un rôle effacé ni que le trône soit un fauteuil vide. Il désire que l'Empereur gouverne avec l'opinion et dans le sens de l'opinion. Il ne veut à aucun prix amoindrir un prestige qu'il considère avec raison comme une des meilleures garanties de l'ordre. Son dévouement (un peu tendre) pour Votre Majesté le fortifie encore dans sa conviction. Ollivier ne voit au fond que deux choses qui me semblent raisonnables.

« Il veut d'abord que son entrée mette un terme à une anarchie ministérielle dont Votre Majesté a reconnu plusieurs fois les inconvénients. Il ne faut pas qu'un ministre, en s'exposant aux coups de l'opposition, soit affaibli par l'attitude incertaine ou hostile de quelques-uns de ses collègues. A une opposition révolutionnaire disciplinée, il faut opposer un gouvernement qui ne le soit pas moins. Des ministres luttant les uns contre les autres ouvertement ou sourdement, ayant chacun des coteries dans le gouvernement et des organes dans la presse, c'est là, que Votre Majesté me pardonne de le lui dire, un des plus grands périls de la situation. La dignité du gouvernement en souffre, et l'anarchie ministérielle est reflétée dans le pays par les diverses branches de l'administration.

« Voilà ce qu'Ollivier veut faire cesser en établissant un accord préalable, non point en dehors de l'Empereur, mais sous l'autorité de Votre Majesté. Ce qu'il veut bien cons-

---

1. Lettre de M. C. Duvernois à Napoléon III, 8 novembre.
2. M. E. Ollivier avait demandé que le *Journal officiel* annonçât qu'il était chargé de former le ministère.

tater ensuite, c'est qu'il ne se faufile pas dans l'ancien cabinet, mais qu'il fait partie d'un cabinet nouveau, dans lequel d'anciens éléments sont admis. La nouvelle de la démission des ministres et l'appel public d'Ollivier à Compiègne le satisferaient sur ces deux points.

« Quant à M. de Forcade, Ollivier l'acceptera. Il ne croit pas que le départ de M. de Forcade implique le désaveu des élections de 1869, puisque le départ de M. de Persigny, en 1863, n'a pas impliqué le désaveu de la majorité; mais il voit bien que c'est une concession qu'il doit faire. Il ne demandera que deux choses (du moins il me le disait tout à l'heure); il demandera que M. de Forcade accepte le programme soumis à Votre Majesté et ensuite que M. de Forcade m'accepte comme sous-secrétaire d'État.

« Sur le premier point, je n'ai rien à dire. Quant au second, il va sans dire que, si tel était le bon plaisir de l'Empereur, je m'effacerais au dernier moment, après avoir encouragé Ollivier en acceptant d'abord. Il n'y a dans ma pensée qu'un vif désir de bien servir l'Empereur en amenant un rapprochement nécessaire, mais il n'y a aucune préoccupation personnelle. Je suis un rameau obscur du grand arbre. Que l'arbre prospère, je n'ai besoin de rien autre chose. » (Lettre de M. C. Duvernois à Napoléon III, 8 novembre.)

M. E. Ollivier, parti le 8 au soir, était décidé à prendre le ministère en arrivant à Saint-Tropez, et il le mande à M. Clément Duvernois :

« 10 novembre 1869.

« Cher ami,

« J'ai beaucoup réfléchi chemin faisant; voici où j'en suis :

« 1° Je me range à votre avis et à celui de Magne. Je crois que le ministère doit être réorganisé avant la session, immédiatement après l'élection de Paris.

« 2° Plus que jamais je considère comme impossible que j'entre dans une voie de répression à l'égard de la presse. Moi, libéral, je poursuivrais alors que les réactionnaires n'ont pas poursuivi ! cela me coulerait du coup et pour toujours.

« J'ai écrit à l'Empereur dans ce sens. Vous êtes averti ; agissez en conséquence et m'annoncez dans le *Peuple* de manière à effacer l'impression de vos derniers articles. Il faut que, si vous arrivez à l'intérieur, votre signification soit liberté et non réaction ! Prenez-y garde, manœuvrez hardiment pour cela et sans retard.

« Votre dévoué,
« ÉMILE OLLIVIER. »

Depuis quelque temps, en effet, le rédacteur en chef du *Peuple* avait cru devoir modifier les allures de son journal, assez favorable jusque-là aux idées libérales; il parlait de réprimer plus sévèrement les écarts de la presse, et il annonçait que le futur ministère serait de cet avis. Cette menace était-elle sérieuse, ou s'agissait-il tout simplement d'une tactique pour rassurer la droite ?

La correspondance continuait entre l'Empereur et M. E. Ollivier, toujours hésitant en apparence à accepter le ministère, objet de sa constante ambition. Il était temps pourtant d'en finir. Une dernière lettre de Napoléon III servit à M. E. Ollivier de prétexte pour mettre fin à son indécision volontaire. Un billet à M. Clément Duvernois l'informe de sa résolution :

Fig. 67. — L'Empereur ne serait-il pas tenté de se jeter dans quelque guerre, pour ressaisir la dictature qu'un coup d'État ne pouvait plus lui rendre ?

« 11 novembre 1869.

« Après la lettre de l'Empereur, je supprime la lettre que je lui écrivais. Voici celle que je lui réponds. Je vous l'envoie pour que vous la fassiez parvenir ; remettez-la ouverte ou fermée, suivant ce que vous jugerez le meilleur ; mais lisez-la avant.

« Insistez pour Forcade au Conseil d'État : c'est parfait. Il n'est pas humilié par là, et la satisfaction de l'opinion publique de ne pas le voir à l'intérieur vous aidera habilement (sic) ; travaillez pour que cette combinaison réussisse.

« Je partirai d'ici *dimanche* ; j'arriverai d'un trait.

« La lettre de l'Empereur est si confiante, si noble, qu'elle triomphe de tous mes scrupules. Je suis décidé, et je marche au combat! Que Dieu bénisse nos armes! »

Quel lyrisme! M. E. Ollivier, arrivé le 12 à Paris, répond à l'Empereur :

« Mes journées se passent à réfléchir. Or voici ce qui m'apparait de plus en plus clairement. Votre sénatus-consulte a été une transformation dans les choses : il faut que mon avènement soit une transformation dans les personnes. Tout en respectant les situations acquises, il faut que vous vous efforciez d'attirer à vous le plus grand nombre possible de jeunes hommes, et de donner à ceux que vous ne pouvez employer de suite l'espérance d'être utilisés plus tard.

« Voilà pourquoi j'ai proposé à Votre Majesté la nomination de Duvernois au sous-secrétariat d'État de l'intérieur. Voilà pourquoi je propose aujourd'hui la nomination de M. Philis au secrétariat de justice ¹. M. Philis a trente-huit ans ; il est avocat, ami et émule de Gambetta et de Ferry ; il s'est séparé d'eux pour me rester fidèle. C'est un orateur vaillant et éprouvé, qui ramènera avec énergie les jeunes irréconciliables, avec lesquels il s'est mesuré déjà plus d'une fois. Appelez à vous la jeunesse, Sire ; elle seule peut sauver votre fils ; les vieillards égoïstes qui vous entourent ne songent qu'à eux. »

Ceci donne la mesure des illusions de M. Émile Ollivier. Mais ce n'est pas tout que d'avoir trouvé un secrétaire général pour le ministère de la justice, et un sous-secrétaire d'État pour le ministère de l'intérieur, il faut encore découvrir des ministres. M. E. Ollivier offrira donc le ministère des affaires étrangères à M. Daru, le portefeuille du commerce à M. Buffet. « Je connais, mieux encore que vous, Sire, ajoute-t-il, les inconvé-
« nients de ce personnage ; mais il a fait avec nous la loi sur les coali-
« tions, il n'est pas protectionniste, il parle bien, est honnête et jouit
« d'une réelle influence sur une partie de l'opinion ; quant à ses inconvé-
« nients, j'en fais mon affaire, et je m'ingénierai à en défendre Votre
« Majesté. Si cependant, Sire, vous ne pouviez vous résigner à M. Buffet,
« ce que je regretterais, je vous prierais de m'autoriser à m'adresser à
« M. Segris. Je voudrais ne vous entourer que de personnes qui vous
« fussent agréables. »

L'Empereur pouvait sans crainte faire de M. E. Ollivier son principal

---

1. M. C. Duvernois, consulté sur M. Philis, répondit que c'était un grand orateur et que l'impétuosité de M. E. Ollivier trouverait dans son calme un utile contre-poids.

ministre constitutionnel; il était certain d'avance que sa volonté personnelle ne rencontrerait jamais une bien vive résistance de la part de l'introducteur du régime parlementaire dans l'Empire ; M. E. Ollivier ajoute : « Nous sommes à l'entrée d'un défilé difficile, et nous ne le fran-
« chirons qu'en prenant chacun un peu sur nous. Après la session, si,
« comme je l'espère, nos jeunes recrues se sont bien conduites au feu,
« vous pourrez arranger tout cela autrement, de manière à ne vous
« imposer le sacrifice d'aucune répugnance personnelle. » M. E. Ollivier, pour tranquilliser encore mieux l'Empereur, lui offrait de confier le ministère de l'intérieur à une de ses créatures les plus dévouées, au préfet de police :

« Est-ce que M. Piétri n'aurait pas l'étoffe d'un ministre de l'intérieur ?
« Je m'en accommoderais fort bien.

« Si Chasseloup se trouve trop démuni au ministère des beaux-arts,
« on pourrait le mettre aux travaux publics, où un orateur n'est pas
« indispensable, et l'on placerait Talhouët aux beaux-arts. Il y aurait
« encore une autre combinaison : ce serait de redonner à Chasseloup son
« ancien ministère de la marine. Vous auriez ainsi un portefeuille de plus
« pour un homme nouveau, M. Mège, par exemple, qui parle bien et qui
« jouit de beaucoup de considération. Enfin, on pourrait placer Chas-
« seloup à l'intérieur avec Duvernois, jusqu'au jour où le sous-secrétaire
« d'État deviendrait ministre [1]. »

Les anciens serviteurs de l'Empire ne se doutaient pas en ce moment du sans-gêne avec lequel un nouveau venu, une recrue non encore éprouvée sur le champ de bataille les plaçait et les déplaçait à sa guise. M. de Chasseloup-Laubat servant de patron à M. Clément Duvernois, le plus important des ministères réservé *in petto* à un jeune *faiseur*, cela pouvait donner une idée de ce que deviendrait le pouvoir entre les mains de M. E. Ollivier.

L'arrivée de M. Émile Ollivier à Paris ne pouvait manquer de donner une vive impulsion aux négociations ministérielles, dont les journaux ne cessaient d'entretenir leurs lecteurs. L'année touchait pourtant à sa fin, et la transformation de l'Empire, tous les jours annoncée et chaque jour reculée, semblait sur le point de passer à l'état de fiction, lorsque le 28 décembre le *Journal officiel* parut avec les deux notes suivantes :

---

1. Lettre à l'Empereur, datée du Corps législatif, 13 novembre.

« Les ministres ont remis leur démission à l'Empereur, qui les a acceptées. Ils restent chargés de l'expédition des affaires de leurs départements respectifs jusqu'à la nomination de leurs successeurs.

« L'Empereur a adressé à M. Émile Ollivier, député au Corps législatif, la lettre suivante :

« Palais des Tuileries, le 27 décembre 1869.

« Monsieur le député,

« Les ministres m'ayant donné leur démission, je m'adresse avec confiance à votre patriotisme pour vous prier de me désigner les personnes qui peuvent former avec vous un cabinet homogène, représentant fidèlement la majorité du Corps législatif, et résolues à appliquer, dans sa lettre comme dans son esprit, le sénatus-consulte du 8 septembre.

« Je compte sur le dévouement du Corps législatif aux grands intérêts du pays, comme sur le vôtre, pour m'aider dans la tâche que j'ai entreprise de faire fonctionner régulièrement le régime constitutionnel.

« Croyez, monsieur, à mes sentiments.

« NAPOLÉON. »

M. Émile Ollivier avait enfin obtenu de l'Empereur la note qu'il demandait depuis le commencement des négociations; il était officiellement chargé de composer le ministère.

Le centre gauche et le centre droit étaient réunis la veille dans la soirée au Grand-Hôtel. La séance du centre gauche touchait à sa fin, lorsque tout à coup M. Émile Ollivier entra, au grand étonnement des membres de la réunion. Il expliqua comment, en croyant se rendre dans la réunion du centre droit, il s'était trompé de salle, et, pour s'excuser en quelque sorte d'avoir troublé la délibération de ses collègues, il leur communiqua la lettre de l'Empereur qu'il avait reçue à huit heures du soir. Le centre gauche parut recevoir cette communication avec une certaine froideur. L'accueil que lui fit le centre droit fut au contraire des plus chaleureux. Les membres de cette réunion coururent s'inscrire aux Tuileries.

Le centre droit, en effet, triomphait, car, soit que le cabinet ne dût subir qu'une simple modification, soit qu'il fût complètement renouvelé, M. E. Ollivier n'avait point dissimulé son intention d'en exclure autant que possible le centre gauche, dont les membres lui causaient une vive répugnance. M. Magne servant de pivot à sa combinaison, il se flattait de n'y admettre que des membres du centre droit; mais il ne tarda guère à s'apercevoir que la chose ne serait point aisée. MM. Segris et de Talhouët, sur lesquels il comptait principalement, lui déclarèrent formellement qu'ils ne feraient partie du nouveau cabinet que si M. Napoléon Daru et M. Buffet, les deux chefs du centre gauche, y entraient en même temps qu'eux. Cela coupait court au projet formé par M. Émile Ollivier et qui consistait à former le cabinet de membres du précédent ministère et de membres nouveaux. M. Émile Ollivier, qui avait d'abord songé à M. Daru, se serait à la rigueur accommodé de lui; mais il n'aimait pas M. Buffet et l'Empereur partageait son antipathie. Les journaux, cependant, avaient donné comme positive la formation du ministère mixte. Que faire? M. Émile Ollivier eut l'idée singulière de prier M. Buffet lui-même d'obtenir de MM. Segris et de Talhouët leur consentement à devenir ministres sans lui et sans M. Napoléon Daru. M. Buffet se prêta avec un désintéressement magnanime à cette négociation; mais il ne put vaincre les résistances de ses collègues du centre droit. M. Émile Ollivier comprit qu'il fallait s'exécuter, et, suivi de M. de Talhouët, il se rendit chez M. Buffet pour lui offrir un portefeuille. M. Buffet accepta, à condition que la même proposition serait faite à M. Napoléon Daru, et dans le cas où leur présence à tous les deux dans le cabinet ne serait pas jugée possible, il s'offrit, avec la même générosité qu'on lui a vu déployer tout à l'heure, pour amener M. Napoléon Daru à consentir à recevoir un portefeuille. M. Émile Ollivier remercia M. Buffet et courut chez M. Napoléon Daru, qu'il trouva intraitable. Entrer au ministère sans M. Buffet, M. Daru n'y saurait consentir; mais pourquoi M. Buffet persévérerait-il dans sa répugnance à entrer dans le cabinet sans lui? Il s'offrit à son tour pour essayer de la vaincre. Le temps s'écoulait au milieu de ces allées et venues. La mission de M. Émile Ollivier allait-elle échouer devant l'obstination des membres du centre droit à exiger la présence dans le cabinet d'un ou deux membres du centre gauche, et devant le refus inébranlable de M. Buffet d'y entrer sans M. Napoléon Daru, et celui de M. Napoléon Daru d'en faire partie sans M. Buffet? Les journaux citaient comme ministres possibles des hommes dont le choix témoignait de l'embarras de M. Émile Ollivier. Il eut, dans la soirée du 28, un moment de découragement, dont il fit part à l'Empereur. Il prit même la résolution, si dans la journée du lendemain 29, ses démarches restaient vaines, de renoncer à la tâche que lui confiait la lettre du 27 décembre. M. Magne devait être chargé de la remplir à sa place.

M. Émile Ollivier ne pouvait sortir d'embarras qu'en ouvrant l'entrée du cabinet à deux membres du centre gauche; mais, peu désireux d'accroître l'importance de ce groupe, il reculait devant cette nécessité, en donnant pour prétexte qu'il n'était autorisé par l'Empereur qu'à offrir un seul portefeuille au centre gauche; les journaux officieux de l'ancien Empire, très enclins à compliquer les difficultés inhérentes à sa transformation, s'empressèrent de déclarer que l'Empereur ne s'occupait nullement des négociations de M. Émile Ollivier et qu'il accepterait la liste ministérielle qui lui serait proposée, « considérant sa responsabilité « comme en dehors du choix des personnes ministérielles. La responsa- « bilité de ces choix M. Émile Ollivier doit la conserver tout entière, la « sincérité du régime parlementaire exigeant que le chef du cabinet « garde la liberté de ses mouvements [1]. »

M. Clément Duvernois publiait pendant ce temps-là dans son journal *le Peuple français*, organe particulier des Tuileries, des articles où il menaçait M. Émile Ollivier des foudres de la droite s'il prenait hors d'elle le point d'appui de son cabinet. Les partisans de l'Empire libéral commençaient à montrer une certaine inquiétude; le bruit d'une volte-face nouvelle du gouvernement prenait de la consistance, lorsque M. Émile Ollivier, enfin parvenu à composer, tant bien que mal, un ministère avec d'anciens membres du cabinet, deux ou trois personnages inconnus et MM. Segris et Chevandier de Valdrôme, s'empressa dans sa joie d'écrire à M. Magne : « Tout est terminé. Maintenant, Dieu veuille que le flot « nous porte haut et loin! Du moins nous sommes sûrs que nous saurons « tomber en hommes de cœur. Ce qui m'encourage beaucoup plus que « tout, c'est que nous serons soutenus par votre admirable parole et par « votre expérience. »

Mais le flot se retirait déjà et menaçait de laisser à sec la barque qui portait M. E. Ollivier et sa fortune; tout semblait terminé, lorsqu'au dernier moment deux membres du cabinet à peine formé, demandèrent que de nouvelles démarches fussent faites auprès du centre gauche.

La situation de M. E. Ollivier devenait à chaque instant plus périlleuse; le centre gauche, qui se serait contenté d'abord de deux petits portefeuilles, exigeait maintenant ceux des finances et des affaires étrangères. Sacrifier M. Magne, sur lequel il paraissait tant compter quelques jours auparavant, M. E. Ollivier, plutôt que de s'y résoudre, ne préférerait-il pas tomber en homme de cœur? M. Magne, s'il s'attendit jamais à quelque scrupule exagéré de fidélité de la part de son ami, ne tarda pas à être désabusé par un petit billet dans lequel le futur garde des sceaux lui fit savoir que l'alliance du centre droit et du centre gauche et, par

---

1. Le *Constitutionnel*.

conséquent, la formation du cabinet ne tenait plus qu'à une condition : c'est que tous les ministres, sauf celui de la marine et de la guerre, fussent des hommes nouveaux. M. Magne comprit qu'il ne restait plus à son admirable parole et à son expérience qu'à prendre congé de M. E. Ollivier. Il s'exécuta de bonne grâce et reçut en récompense, comme M. Forcade de La Roquette, une lettre de l'Empereur qui le remerciait de ses bons et loyaux services.

M. E. Ollivier, mécontent mais résigné, déposa les deux portefeuilles aux pieds du centre gauche.

M. Buffet, enfin persuadé par l'éloquence de M. Napoléon Daru de la nécessité d'accepter le ministère des finances, et M. Napoléon Daru, amené par la logique de M. Buffet à reconnaître l'urgence qu'il y avait à ce qu'il prît le ministère des affaires étrangères, consentirent à se rendre à l'appel de M. E. Ollivier. Un scrupule restait pourtant à M. Napoléon Daru : il voulait, avant de se charger de relever le prestige de la France un peu compromis à l'étranger depuis Sadowa, obtenir une audience du chef de l'État et s'expliquer avec lui sur certaines accusations que l'administration n'avait ménagées ni à lui ni à ses amis, lors des dernières élections, et pour effacer la trace qu'elles avaient pu laisser dans son esprit ; mais, l'Empereur ayant répondu à sa demande qu'il était sûr d'avance de la loyauté des ministres que M. E. Ollivier lui proposait, M. Napoléon Daru n'insista plus. Mais M. E. Ollivier n'était pas au bout de ses épreuves ; des hostilités redoutables et auxquelles il n'aurait pas dû s'attendre, se dressaient devant lui.

La liste du nouveau cabinet n'était cependant point encore définitivement arrêtée, et sa formation paraissait se hérisser d'heure en heure de difficultés nouvelles, si l'on en juge par le billet suivant de M. Ollivier à M. Duvernois :

« 31 décembre 1869.

« Mon cher ami,

« Je ne demanderais pas mieux que de vous avoir, vous le savez. L'Empereur le désire ; mais il croit que, dans votre intérêt, il vaudrait mieux différer, de façon que votre avènement fût plus efficace.

« Ce que vous me dites de Magne m'embarrasse. Vous savez qu'avant de me lier avec lui j'ai consulté beaucoup, et que nul n'a été plus ardent que Girardin à me conseiller de le garder. La Bourse devait baisser d'un franc si je ne le gardais pas. Maintenant me voilà lié.

« Je vous souhaite de n'être jamais chargé de former un ministère et de ne jamais vous trouver aux prises avec la férocité des amours-propres.

« A vous.

« ÉMILE OLLIVIER. »

M. CLÉMENT DUVERNOIS N'EST PAS DU MINISTÈRE

M. E. de Girardin, tantôt dévoué, tantôt hostile à M. E. Ollivier, n'avait cependant pas cessé d'être mêlé aux intrigues et aux manœuvres de ces derniers mois. Entré, dans le courant du mois de novembre, dans une phase d'hostilité, il s'était laissé amadouer par M. Clément Duvernois. M. E. Ollivier, réconcilié avec lui, le chargea d'offrir au député de Gap, dans la transformation de l'Empire, le portefeuille du commerce en échange de la sous-secrétairie d'État au ministère de l'intérieur. M. Duvernois avait accepté. Sa jeunesse, sa présence si nouvelle à la Chambre, son rôle de favori de l'Empereur, donnèrent lieu, de la part des hommes politiques à qui M. Émile Ollivier avait également proposé de faire partie du cabinet, à des objections contre l'entrée de M. Clément Duvernois au ministère. M. Magne s'en fit l'organe. M. Duvernois comprit qu'il ne trouverait pas son ancien ami d'une volonté assez ferme, pour lui sacrifier M. Magne; il écrivit à M. Émile Ollivier qu'il devait lui rendre cette justice qu'il n'avait accepté le ministère du commerce qu'après s'être convaincu que « les hommes distingués qui forment le centre gauche et « les hommes éminents qui forment la gauche du centre droit refusaient « le pouvoir. J'ai accepté alors sans hésiter un honneur assez périlleux « pour que tout le monde le refusât; mais je viens vous rendre toute « liberté, en déclarant que je refuse d'entrer désormais dans une combi- « naison où M. Magne aurait le portefeuille des finances. »

Cette fière déclaration était suivie de réflexions qui trahissaient un assez vif mécontentement non seulement contre le futur premier ministre, mais encore contre l'Empereur. Il ajoute :

« Je crois qu'il n'est pas pratique de vouloir coudre ensemble du drap neuf et du drap vieux, et qu'il faut choisir entre un cabinet d'action et un cabinet d'inaction. A vrai dire, j'ai cru que le choix de l'Empereur était fait quand je l'ai vu prendre un premier ministre de quarante ans. J'ai pensé que, après avoir donné au pays toutes les libertés de discussion, il désirait donner à ces libertés un aliment et un emploi, en entrant résolument dans la voie des réformes civiles, judiciaires, financières, commerciales, industrielles. En un mot, je croyais à un 52 libéral. Pour accomplir cette œuvre, je croyais que vous alliez faire appel à tous ces hommes jeunes que des ministres imprévoyants ont tenus à l'écart de l'administration et de la Chambre.

« Je vous voyais déjà faire appel à tout ce qu'il y a de capable dans la Chambre, dans la presse, dans le barreau. Il me semblait que, à la tête de ces troupes fraîches, un général de quarante ans pouvait livrer avec succès, ou du moins avec honneur, une bataille décisive à ceux qui veulent renverser l'Empire et à ceux qui veulent en faire un tout petit jouet. Dans cette hypothèse, j'arrivais tout naturellement; je n'étais ni un favori ni un accident; j'étais un rouage de la grande machine que vous allez mettre en marche, et, si haut que m'ait placé votre confiance, je me perdais dans la foule des nouveaux venus. Mais, franchement, que voulez-vous qu'aille faire ma jeunesse au milieu d'un personnel gouvernemental hésitant, timide, et qui croit que l'art de bien gouverner est l'art de bien dire sans rien faire?

« Je vous demanderai aussi ce que vous allez faire dans cette galère, si le devoir ne vous y enchaîne. Entourez-vous donc d'hommes sages et prudents qui vous modéreront, et laissez-nous attendre. Seulement n'oubliez pas, mon cher ami, que la France est énervée comme l'homme qui ne boirait que du café et des liqueurs sans rien manger. Si vous lui donnez la liberté politique sans lui donner une occupation par les réformes indispensables, par la décentralisation, par le remaniement des impôts, par les travaux féconds, elle deviendra épileptique, et le gouvernement parlementaire périra encore une fois par les mêmes raisons qui l'ont tué.

« Voilà donc qui est entendu; quand vous voudrez faire un gouvernement d'action, je serai votre homme sans condition et sans délai; mais je suis trop résolu pour être le membre d'un cabinet mixte, et trop clairvoyant pour être le membre d'un cabinet d'inaction [1]. »

L'un des trois fondateurs de l'Empire parlementaire, celui qui après l'Empereur avait la part la plus importante dans l'œuvre commune, M. E. Ollivier en un mot, n'était donc plus aux yeux du troisième collaborateur, qu'un ministre fainéant, bon à rejoindre les ministres des deux dernières monarchies sur la liste des hommes d'État inutiles.

L'Empire libéral reposait sur l'alliance entre le centre gauche et le centre droit. Les journaux du centre gauche étalaient une satisfaction voisine du lyrisme. « On peut voir aujourd'hui, disait l'un d'eux, ce qui eût paru impossible il y a seulement quelques mois, c'est-à-dire l'un des représentants assemblés le 2 décembre à la mairie du Xe arrondissement, et d'anciens candidats officiels du gouvernement réunis dans le même ministère où ils sont appelés par le fils de l'un des proscrits de décembre, et cette fusion s'opère aux applaudissements unanimes du pays. »

Unanimes, non, car une notable partie de la nation, fidèle à sa haine contre le coup d'État de décembre et contre la dynastie qui en était sortie, considérait non sans dégoût cette fusion, qui n'était à ses yeux qu'une immoralité politique.

La transformation plus ou moins réelle de l'Empire devait-elle être attribuée à l'esprit libéral de l'Empereur ou bien à la force même des choses? Il faut remonter à la fondation du gouvernement impérial pour répondre à cette question. Les auteurs du coup d'État qui donna naissance à l'Empire avaient, à défaut d'autres qualités, une certaine clairvoyance politique. M. de Morny comprit tout de suite l'impossibilité de la longue durée de la dictature en France; le docteur Véron se montrait

---

1. Lettre à M. Émile Ollivier du 31 décembre.
2. *Journal des Débats*.

frappé, dès la seconde année de l'Empire, du danger que présentait « le silence universel où la France était plongée, et l'espèce de léthargie où elle tombait » [1]. Le décret du 24 novembre 1860, autorisant la publicité des séances du Corps législatif, destiné à prévenir ce danger, en fit naître un autre. L'esprit public se réveilla; on en eut la preuve aux élections de 1863, et la dictature impériale en reçut un premier ébranlement. Quarante-cinq députés, trois ans plus tard, demandèrent à l'Empereur de faire un pas de plus dans la voie de la politique du 24 novembre; leur demande de réalisation de nouveaux progrès présentée, sous forme d'amendements à l'adresse, fut appuyée par soixante et un députés au moment du vote. Le tiers-parti se forma dans la Chambre. Le ministre d'État, au nom du gouvernement, repoussa catégoriquement les amendements des 45; mais bientôt l'Empereur, affaibli par les résultats de l'expédition du Mexique et de la campagne de Prusse, et cherchant un moyen de se donner une nouvelle force, reconnut dans sa lettre du 19 janvier 1867, l'opportunité des réformes réclamées par le tiers-parti. Il se raffermissait d'un côté en s'affaiblissant de l'autre, car les réformes du 19 janvier amenèrent l'interpellation des 116, qui engendra le message du 6 juillet, lequel donna naissance au sénatus-consulte du 6 septembre, d'où sortirent les élections de 1869. Ces changements successifs n'étaient donc pas des concessions volontaires de l'Empereur, mais des sacrifices à des exigences de situation et, par conséquent, des brèches faites à la dictature par lesquelles la liberté entrait dans la citadelle, incapable de résister.

Chaque changement amenait un changement nouveau. Celui auquel l'Empereur venait de se prêter, produit, comme tous les changements précédents, par la force des choses, mettrait-il enfin un terme à la nécessité des concessions et garantirait-il l'Empire contre de nouvelles exigences de la Chambre et de l'opinion? Évidemment non. Il ne pouvait que les accroître. Un moment devait inévitablement venir où l'Empereur et la Chambre se trouveraient en conflit, et où le chef de l'État, au lieu d'être disposé à faire de nouvelles concessions, éprouverait le besoin de retirer les anciennes et où, se voyant attaqué de tous côtés, il ne manquerait pas de dire comme son oncle après avoir donné l'acte additionnel : « On se plaint de ne plus sentir le vieux bras de l'Empereur. » Napoléon Ier comptait sur la victoire pour rendre la force

---

1. *Quatre ans de règne*, 1857.

à ce bras paralysé; il courut à Waterloo. N'était-il pas à craindre que son neveu n'imitât sa conduite et ne se jetât dans quelque guerre terrible, pour ressaisir la dictature qu'un coup d'Etat seul ne pouvait plus lui rendre?

FIN DU TOME CINQUIÈME

TABLE DES MATIÈRES

CHAPITRE PREMIER. — Le 19 janvier. — Procès du café de la Renaissance. — Condamnation des prévenus. — M. J. Favre est nommé membre de l'Académie française. — La lettre du 19 janvier. — Le ministère de l'Instruction publique est offert à M. Emile Ollivier. — Remplacement de l'adresse par le droit d'interpellation. — Les ministres devant le Sénat et le Corps législatif. — Lois nouvelles sur la presse et le droit de réunion. — Rétablissement de la tribune au Corps législatif. — Changement de ministère. La question du Luxembourg. — Son origine. — Négociations entre les cabinets de La Haye et de Paris. — Incertitude générale. — Emotion causée en Allemagne par la nouvelle de la cession. — M. de Moustier pose la question de paix ou de guerre. — Inconséquence du gouvernement impérial. — Position fâcheuse dans laquelle il est placé. — Il cherche à calmer l'inquiétude générale. — Les journaux bonapartistes poussent à la guerre. — M. de Bismarck consent à la neutralisation du Luxembourg 1

CHAPITRE II. — L'Exposition de l'industrie. — Ouverture de l'Exposition. — Suppression de la colline du Trocadéro. — La transformation de Paris soumise à l'examen de l'Europe. — Conséquences de cette transformation. — La passion des décorations. Situation de la littérature française. — M. Sainte-Beuve veut la rallier à l'Empire. — Pourquoi la littérature était hostile à l'Empire. — L'art français et ses origines. — Vogue de la peinture de genre. — Décadence de la musique française. — L'opérette remplace l'opéra-comique. — Effet réel produit par l'Exposition sur les autres peuples. — Le czar Alexandre II à Paris. — Arrivée du roi de Prusse à Paris. — Attentat sur la personne du Czar. — Berezowski est condamné avec admission de circonstances atténuantes. — Fête splendide aux Tuileries. — Le vice-roi d'Egypte, puis le sultan arrivent à Paris. — Arrivée du roi de Bavière et du roi de Portugal. 22

CHAPITRE III. — Mort de Maximilien. — Triste situation de l'empire mexicain. — Napoléon III consent au rétablissement de la République. — Le maréchal Bazaine se décide à partir. — Débarquement de Bazaine à Toulon; il est en disgrâce. — Maximilien recommence la lutte au Mexique. — L'armée républicaine arrive devant Queretaro. — Situation désespérée des assiégés. — Maximilien consulte les généraux. — Maximilien essaye inutilement de traiter avec les Républicains. — Maximilien est obligé de se rendre. — Il remet son épée au général Escobedo. — Instructions du ministre de la guerre. — Maximilien fait choix de deux avocats. — Les avocats ont une entrevue avec Juarez. — Inutilité de leurs efforts. — Maximilien est condamné à mort. — L'exécution est fixée au 19 juin. — Maximilien demande la grâce de ses compagnons. — Juarez la refuse. — Derniers moments de Maximilien. — Effet de la mort de Maximilien sur l'opinion publique en Europe. — Napoléon III seul responsable de la mort de Maximilien. 75

CHAPITRE IV. — Le Congrès de la paix. — L'Association internationale des travailleurs en France. — Sa situation intérieure. — Le congrès de Genève. — Ses antécédents. — Elle hésite à se jeter dans la politique. — Congrès de Lausanne. — La *Ligue de la paix* de MM. Frédéric Passy, Michel Chevalier, Arlès-Dufour, le Père Gratry, etc. — L'*Union de la paix.* — La *Société anglaise de la paix.* — Appel du *Phare de la Loire* pour former un *Congrès international de la paix.* — Son programme. — Adhésions en Angleterre, en Belgique, en Allemagne, en Italie, en Espagne. — La présidence du congrès est offerte à Garibaldi. — Son arrivée à Genève. — Premières séances du congrès. — Garibaldi proclame la déchéance de la papauté. — Le congrès tombe dans le mysticisme. — Efforts pour le ramener à son programme. — Tendance révolutionnaire de certains groupes. — Inquiétude du gouvernement genevois. — Dissolution du congrès. — Résultats du congrès 100

CHAPITRE V. — Salzbourg et Mentana (1867). — Napoléon III cherche des alliances et s'adresse à l'Autriche. — Inquiétude des esprits au moment de l'entrevue de Salzbourg. — Effet de la mission du général Dumont à Rome. — L'Empereur et l'Impératrice à Salzbourg. — Discours de l'Empereur aux maires d'Arras et de Lille. — Discours au maire d'Amiens. — Circulaire de M. de Moustier sur l'entrevue de Salzbourg. — Le candidat de l'opposition est nommé dans l'Isère. — Expédition du général Garibaldi contre Rome. — Plaintes de l'Italie. — Le gouvernement italien fait arrêter Garibaldi. — Menotti, son fils, pénètre néanmoins dans les États pontificaux. — Le gouvernement impérial est sommé d'intervenir. — Déclaration du gouvernement italien. — M. Nigra se rend à Biarritz. — Circulaire du cardinal Antonelli. — Hésitations de Napoléon III. — L'Impératrice fait décider l'intervention. — Débarquement des troupes françaises. — Combat de Mentana. — Arrivée de l'empereur d'Autriche à Paris. — Renouvellement des conseils généraux. — Lettre de l'Empereur sur les chemins vicinaux. — Mort de M. Fould. 126

CHAPITRE VI. — Symptômes de décadence de l'empire (fin de l'année 1867). — Effets du congrès de Genève. — Manifestation en l'honneur de l'Italie. — Arrestation au cimetière Montmartre. — Crise commerciale et industrielle. — La grève du milliard. — Nécessité de reconstituer le ministère. — Rapport de M. Rouher sur les hommes de l'Empire. — M. Haussmann. — MM. Piétri, Ernest Leroy, Chevreau, Vuitry, de Parieu, Duvergier, de Lavenay, Genteur, Pinard, Jollibois. — MM. Buffet, Alfred Leroux, E. Ollivier, Segris. — MM. de Persigny, Walewski, Magne, de La Guéronnière, Devienne, Vuilleray. — Inimitié entre M. Rouher et le général Fleury. — M. Pinard est nommé ministre de l'intérieur. — Réveil de la tradition révolutionnaire. — Arrestation de M. A. Naquet et de ses amis. — Triste fin de l'année 1867. — Découragement des serviteurs de l'Empire. — Décadence physique et morale de l'Empereur 144

CHAPITRE VII. — La Lanterne (1868). — Réception du jour de l'an aux Tuileries. — Les glissades du Château-d'Eau. — Rapport de M. Magne sur l'emprunt. — Le gouvernement faiblit devant le parti réactionnaire. — Lutte du parti clérical contre l'enseignement supérieur. — Craintes de guerre. — Emeute des étudiants en médecine. — Le dîner gras de M. Sainte-Beuve. — L'Empereur et l'Impératrice à Rouen. — Le premier numéro de la *Lanterne.* — M. Henri de Rochefort vaudevilliste et rédacteur du *Figaro.* — M. de Rochefort fonde la *Lanterne* en société avec M. de Villemessant. — Grand succès de ce journal. — Audace de sa poémique. — Le gouvernement fait saisir le troisième numéro. — Premières réunions publiques. — Élections du Gard et du Jura. — Réunion électorale à Nîmes dispersée par la force. — Election de M. Jules Grévy. — Le fils du général Cavaignac à la distribution des prix du concours général. — M. de Rochefort quitte la France 164

CHAPITRE VIII. — La souscription Baudin (1868). — L'Empereur à Troyes. — Il y prononce un discours pacifique. — L'Empereur à Châlons. — Le second congrès de la paix à Berne. — Programme de M. Bakounine. — Programme du Comité central. — Troisième congrès de l'Internationale à Bruxelles. — Candidature de M. Dufaure dans le Var. — Les démocrates refusent de voter pour lui. — M. Dufaure est battu. — Mort de M. Walewski. — L'Empereur quitte Biarritz et rentre à Paris. — La manifestation Baudin. — Discours lus sur sa tombe. — Souscription pour lui élever un monument.

— Le gouvernement interdit la souscription. — Procès aux journaux qui n'ont pas tenu compte de cette interdiction. — Nombreuses adhésions à la souscription. — Réunion des prévenus chez M. Crémieux. — Discussion sur le choix des défenseurs. — MM. Léon Gambetta et Clément Laurier. — Ouverture des débats. — Réquisitoire du ministère public. — Plaidoirie de M. Crémieux pour M. Charles Quentin. — Plaidoirie de M. Em. Arago pour M. Peyrat. — Plaidoirie de M. Gambetta pour M. Delescluze. — Protestation du ministère public qui menace de requérir qu'on lui ôte la parole. — M. Gambetta recommence sans se laisser intimider. — Emotion dans l'auditoire. — Lutte entre le ministère public et l'avocat. — Plaidoirie de M. Laurier pour M. Challemel-Lacour. — Plaidoirie de M. Leblond pour MM. Gaillard père et fils. — Plaidoirie de M. Hubbard pour M. Peyrouton. — Jugement du tribunal. — Le vrai condamné, c'est le gouvernement. — Mort de Berryer. — Bruit répandu d'une manifestation au cimetière Montmartre. — Clôture du cimetière, occupation des boulevards extérieurs. — La victoire de M. Pinard lui coûte le ministère. 182

CHAPITRE IX. — Histoire parlementaire de 1867 a 1869. — Discours d'ouverture de la session de 1867. — Discours de M. Troplong. — Discours obscur de M. de Persigny. — Discours de M. de la Guéronnière. — Loi sur l'Instruction primaire. — M. de Ségur d'Aguesseau reproche à M. Rouland d'avoir nommé M. Renan professeur au collège de France. — M. Sainte-Beuve prend la défense de M. Renan. — Discours de M. Sainte-Beuve sur les bibliothèques populaires. — Ouverture de la session de 1867 au Corps législatif. — M. Glais-Bizoin inaugure la tribune. — Interpellation sur le secret des lettres. — Réponse de M. Vandal. — Discours de M. Ernest Picard. — Interpellation de M. Lanjuinais sur le pouvoir constituant. — M. Lanjuinais est rappelé à l'ordre. — Discours de M. Chesnelong. — Discours de M. Jules Favre. — Réponse de M. Rouher. — Création du cercle de la rue de l'Arcade. — Intervention de M. Emile Ollivier. — L'Empereur le fait appeler pour le remercier. — Le projet de loi sur l'armée. — Le projet de loi sur les réunions publiques. — Le projet de loi sur la presse. — L'amendement de M. de Kerveguen. — L'amendement de M. Mathieu. — La loi sur l'instruction primaire. — Discours de M. Thiers sur les affaires étrangères. — Bon accueil que fait la droite à ce discours. — Réponse de M. Rouher. — Discours de M. Garnier-Pagès. — M. E. Ollivier ne voit aucun péril dans l'unité allemande. — Discours de M. Rouher. — Réponse de M. Jules Favre. — Orage soulevé par un discours de M. Thiers. — Mot violent de M. Carnot à M. Rouher. — M. Walewski quitte la présidence du Corps législatif. — M. Schneider est appelé à le remplacer. — Discussion du budget. — M. Magnin demande le retour à la spécialité. — Communication relative à l'affaire du Luxembourg. — La loi sur les conseils municipaux. — Dotation accordée à Lamartine. — Conférence pour résoudre la question du Luxembourg. — Discussion sur le Mexique. — M. Berryer et les finances franco-mexicaines. — Question de M. Ernest Picard relative à la créance Jœcker. — M. Latour-du-Moulin attaque le gouvernement au nom du Tiers-parti. — Discours de MM. E. Picard, Jules Simon, Rouher. — M. Lanjuinais et les juges de paix. — Opinion de M. Granier de Cassagnac sur l'expédition du Mexique. — M. Rouher vice-empereur. — Projet de loi sur les caisses d'assurance au profit des ouvriers. — Budget des affaires étrangères, déclaration de M. Rouher. — Les subventions théâtrales. — Fin de la session. — Session de 1868. — Discours de l'Empereur. — Sénat. — Discours violent de l'archevêque de Rouen contre l'Italie. — Discours de l'archevêque de Paris. — Discours du ministre des affaires étrangères. — La pétition en faveur de la liberté de l'Enseignement. — Discours de M. Sainte-Beuve. — Les bibliothèques populaires. — Corps législatif. — Encore la question Romaine. — M. Jules Simon demande la séparation de l'Église et de l'État. — M. Chesnelong et M. Thiers somment le gouvernement de se prononcer nettement sur le maintien du pouvoir temporel. — Le « Jamais » de M. Rouher. — Enthousiasme de la droite. — La droite repousse une demande d'interpellation de M. Buffet. — L'incident Kerveguen. — La loi sur le service militaire. — La loi sur la presse. — Les sept sages de la Grèce. — Réduction sur l'impôt du timbre. — L'amendement Louvet. — L'amendement Guilloutet. — Article additionnel de M. Berryer sur le roulement pour la composition des chambres correctionnelles. — Effet du discours de M. Berryer. — L'outrage à la morale publique et religieuse. — La provocation à la haine et au mépris du gouvernement. — M. Thiers traite la question du compte-rendu des débats parlementaires. —

Grossièreté, réprimée par le président, de M. Granier de Cassagnac à M. Jules Favre. — Déni de justice de la droite à l'égard de deux députés de la gauche. — Vote de la loi. — Poursuites contre le *Figaro*. — La loi sur la liberté de réunion. — L'interpellation sur le régime économique. — Discours de M. Thiers. — Discours de M. Pouyer-Quertier. — L'élection du Tarn. — Vif débat entre M. E. Ollivier et M. Rouher. — Les chemins vicinaux. — Rapport sur la situation de la ville de Paris. — Discussion des lois de Finances. — Discours de M. Thiers. — Réponse de M. Magne. — Nouveau discours de M. Thiers. — Discours de M. Jules Favre sur les affaires étrangères. — Question de M. E. Ollivier au sujet du Concile. — Réponse assez terne de M. Baroche. — M. Jules Simon demande la suppression de la commission de colportage. — Règlement des finances mexicaines. — Session de 1869. — Discours de l'Empereur. — Sénat. — Le Tiers-parti du Sénat. — Discours de M. de Maupas. — Réponse de M. Rouher. — Corps législatif. — Ouverture de la session. — Rétablissement de la tribune des journalistes. — MM. Garnier-Pagès et E. Picard et l'emprunt municipal. — Discours de M. Thiers. — Il se prononce, faute de mieux, pour le vote du budget de Paris par la Chambre. — M. P. Bethmont demande la communication du rapport de la Cour des comptes. — Amendement de M. Guéroult. — M. Pouyer-Quertier entre dans le débat. — Les amis de M. Rouher menacent la droite de sa démission. — Interpellation de M. Maurice Richard sur le cimetière de Méry. — La mutilation du Luxembourg. — Interpellation de M. Jérome David. — Réponse de M. E. Picard. — Discours personnel de M. E. Ollivier. — Discussion générale du budget. — Amendements de la Gauche. — M. Thiers attaque la politique du gouvernement. — La droite prétend qu'il viole la constitution. — Réponse inconvenante de M. Rouher à M. Girot-Pouzol. — Incident relatif au procureur impérial de Toulouse. — M. Thiers est rappelé à l'ordre. — Coup d'œil sur le Corps législatif. — Rôle joué par M. Thiers. — Difficultés de la formation d'un Tiers-parti. — M. E. Ollivier. — L'amendement des quarante-deux. — Un portefeuille est offert à M. E. Ollivier. — L'affaire du Luxembourg. — Opposition incertaine du Corps législatif. — Au fond rien n'est changé. 219

CHAPITRE X. — LES ÉLECTIONS GÉNÉRALES. — Discours du jour de l'an. — Rapport financier de M. Magne. — Attaques des journaux officieux contre la Belgique. — Mort de Lamartine et de M. Troplong. — Fin de l'incident belge. — Le centenaire de Napoléon Ier. — Discours de l'Empereur à Chartres. — Commencement de l'agitation électorale. — Le parti de l'abstention. — Formation des comités. — Impossibilité de constituer l'*Union libérale*. — Programme du parti légitimiste. — Programme du parti catholique. — Organisation de la presse officieuse en vue des élections. — Organisation de la presse de Paris. — Le ministre de l'intérieur traite directement avec *le Figaro*. — Le spectre rouge. — Distribution des circonscriptions électorales. — Modifications que le gouvernement leur fait subir. — Ouverture de la période électorale. — Les candidats à Paris. — Première réunion électorale à la salle de la Redoute. — M. Gambetta se présente contre M. Carnot. — Lettre de M. Gambetta. — Échange de contrats entre M. Gambetta et ses électeurs. — Candidature de M. Thiers. — Candidature de M. E. Ollivier. — Défi de M. E. Ollivier à M. Bancel. — Réponse de M. Bancel. — Réunion du Châtelet. — La candidature ouvrière. — MM. A. Guéroult, Jules Ferry et Cochin en concurrence dans le VIe arrondissement. — Candidature de M. H. de Rochefort contre M. Jules Favre. — Troubles du 13 mai. — Résultat des élections de Paris et des départements. — Second tour de scrutin. — MM. d'Alton Shée, J.-V. Raspail, H. de Rochefort maintiennent leur candidature. — Charges des sergents de ville sur les boulevards. — Les blouses blanches. — Fin des troubles. — Leurs résultats. — Lettre de M. de Persigny. — Bruits de mesures libérales. — Lettre de l'Empereur à M. de Mackau. — Le *Réveil* et le *Rappel* cessent de paraître, faute d'imprimeur. — Affaire de la Ricamarie. — Allocution de l'Empereur aux troupes du camp de Châlons. . . . 255

CHAPITRE XI. — LES ÉLECTIONS COMPLÉMENTAIRES. — Inquiétude générale. — Le congrès de Bâle. — Question de la propriété. Exploitation du sol. — Les Français combattent le communisme. — Le congrès se prononce contre la propriété individuelle. — Clôture du congrès. — L'Empereur malade. — Appel de M. de Keratry à ses collègues. — La gauche ouverte et la gauche fermée. — Manifestation de la gauche — Les députés de Paris à la réunion de Clichy. — Les élections complémentaires. L'insermentation. — Elle est soutenue par le *Réveil* et par le *Rappel*. — Difficultés pratiques des candidatures insermentées. — Hésitation de quelques journaux radicaux. — Persistance du *Réveil*. — Arrivée de M. de Rochefort à Paris. — Réunion à la salle Clichy. — MM. Gambetta et Clément Laurier aux Folies-Belleville. — M. Crémieux et M. Pouyer-Quertier dans la 3e circonscription. — Théorie de l'insermentation exposée à Belleville. — Candidats de la huitième circonscription : MM. Em. Arago et Gent. — MM. Herold et André Lavertujon. — Formation du Comité central des candidatures inassermentées. — Ledru-Rollin consent à s'associer aux inassermentés. — Il refuse de se rendre à Paris. — M. Louis Blanc refuse d'accepter la candidature qui lui est offerte. — Situation de M. de Rochefort peu flatteuse pour son amour-propre. — M. Delescluze essaye d'y mettre un terme. — Désistement de Ledru-Rollin. — Election de M. de Rochefort. — Manifeste des députés de la gauche 397

CHAPITRE XII. — Session extraordinaire de 1869. — Ouverture de la session extraordinaire de 1869. — La validation des pouvoirs. — Les rastels. — Signature de la demande d'interpellation du tiers-parti. — M. Segris défend les candidatures officielles. — Les manœuvres de la dernière heure. — M. E. Pelletan rappelé à l'ordre pour avoir dit : « Le 2 décembre est un crime. » — Constitution du bureau. — Message impérial. — Protestation de M. Jules Favre contre la prorogation; il est rappelé à l'ordre. — Le nouveau ministère. — M. Rouher président du Sénat. — Il ne cesse pas d'être le conseiller secret de l'Empereur. — Réunion du tiers-parti. — Réunion du Sénat. — Préambule au sénatus-consulte lu par le garde des sceaux. — La commission du sénatus-consulte est nommée. — Discussion du sénatus-consulte. — Discours du prince Napoléon. — Indignation du ministre de l'intérieur. — Le rapporteur essaye de répondre par le persiflage au prince Napoléon. — Amendement de M. Bonjean. — Clôture de la session extraordinaire du Sénat. — Session du Corps législatif. — Conseils de M. E. Ollivier au tiers-parti. — Le centre droit. — La gauche formule quatre demandes d'interpellation. — M. Raspail demande la mise en accusation des ministres. — Formation des bureaux. — Discussion dans le deuxième bureau entre M. E. Ollivier et M. Martel. — Le centre-gauche. — Motion de M. de Rochefort. — Cassation de l'élection de M. de Saint-Hermine. — Interpellation du tiers-parti. — Proposition de MM. Raspail et de Rochefort. — Réplique de M. de Rochefort à M. Forcade de La Roquette. — Élection de M. Girault. — Élection de M. Clément-Duvernois. — Fin de la vérification des pouvoirs. — Fin de la session extraordinaire. 427

CHAPITRE XIII. — Le Concile. — Le clergé et le pouvoir temporel. — Tactique de la presse cléricale. — La dévotion à l'infaillibilité du pape. — Le gouvernement s'oppose à la réunion d'un congrès catholique en France. — Le congrès de Malines. — Les catholiques libéraux et les catholiques ultramontains. — La ligue de l'enseignement et les conférences dénoncées par M. l'évêque d'Orléans. — Flatteries du clergé à la famille Impériale. — La première communion du Prince impérial. — L'abbé Deguerry est choisi comme instituteur religieux du prince. — M. Dupanloup et les cours de littérature pour les jeunes filles. — Attaques du clergé contre Bossuet. — Lettre restée secrète du pape à M. Darboy. — Cette lettre est tout à coup livrée à la publicité. — La *Civilta cattolica* trace le programme du concile. — Le même journal en proclame d'avance les résolutions. — Les catholiques libéraux et le concile. — La puissance civile n'aura pas de représentants au concile. — Le *Syllabus* expliqué par les Jésuises. — Nécessité d'enseigner les propositions du *Syllabus* ou de se retirer de l'Église. — M. de Montalembert et les catholiques allemands. — Affaire du Père Hyacinthe. — M. Dupanloup essaye en vain de ramener le Père Hyacinthe. — Excommunication du Père Hyacinthe. — Manifeste des catholiques libéraux et mandement de l'archevêque de Paris. — Le gouvernement bravé et menacé par l'ultramontanisme. — Proposition de la Bavière repoussée. — Avertissement à l'*Univers* par M. Dupanloup. 455

CHAPITRE XIV. — Préface de l'Empire libéral. — Reprise des négociations entre l'Empereur et M. Émile Ollivier par l'intermédiaire de M. Clément Duvernois. — Graves embarras du gouvernement. — Il faut qu'il recule ou qu'il avance. — L'Empire peut-il se transformer? — M. Emile Ollivier se présente pour tenter l'épreuve. — Ses conditions. — Son programme. — M. Emile Ollivier se rend déguisé à Compiègne. — Hésitation de l'Empereur. — Il fait son testament. — M. Emile Ollivier repart pour Saint-Tropez. — Il revient bientôt à Paris mandé par l'Empereur. — Il accepte le ministère. — Négociations ministérielles. — M. Daru. — M. Buffet. — Mécontentement de M. Emile de Girardin. — M. Magne s'oppose à l'entrée de M. Clément Duvernois au ministère. — Dépit déguisé de ce dernier. — Rupture entre les deux fondateurs de l'Empire libéral. — Lettre de l'Empereur du 27 décembre. — M. Emile Ollivier. — MM. Segris et de Talhouët n'entreront au ministère qu'avec MM. Daru et Buffet. — Il est obligé de céder. — M. Magne est sacrifié. — Formation définitive du ministère. — Effet produit sur l'opinion publique. 479

FIN DE LA TABLE DES MATIÈRES DU CINQUIÈME VOLUME

COULOMMIERS. — TYPOGRAPHIE PAUL BRODARD.

www.ingramcontent.com/pod-product-compliance
Lightning Source LLC
Chambersburg PA
CBHW072212240426
43670CB00038B/814